Déclic 1re
Maths
ENSEIGNEMENT SCIENTIFIQUE

Jean-Paul Beltramone

Anthony Appaix

Dorian Cazzaro

Christophe Plas

Philippe Serres

Conception et réalisation des vidéos

Claire Ferragut – Geoffroy Laboudigue – Lucile Mandin

hachette
ÉDUCATION

Les auteurs remercient Frédéric Léon pour la conception du *Voyage au pays des maths.*

Crédits photographiques

Couverture © «Rainbow Zebra» Cez Art ; © «Biggy Lion» Cez Art *(picto Lion)* ; Plat II © Everett Collection *(Florence Nightingale)** ; © Sophie Dabo ; © Bettmann / Getty Images *(John Tukey)* ; © Joel Paul Kaltenhofer *(Tobias Mayer)* ; © Joseph-Arnold Demannez *(Adolphe Quételet)* ; © Stas *(Alan Turing)* ; © DR *(Frank Benford)* ; © Photo12/Alamy/History and Art Collection *(Wacław Sierpiński)* ; © Wikimedia Commons *(Jacques Bernoulli)* ; © Nina Snaith ; © Everett Collection* *(Marie Curie)* ; © Jakob Emanuel Handmann *(Leonhard Euler)* ; © Jim Hayward/Shandelle Henson ; © Wikimedia Commons *(Fibonacci)* ; © Photo courtesy of Priscilla Holberton ; © AAAS *(John Forbes Nash)* ; © Christoph Bernhard Francke *(Gottfried Wilhelm von Leibniz)* ; © Shigeru Tamura *(Teiji Takagi)* ; © Wikimedia Commons *(Euclide)* ; © Marzolino *(Pierre de Fermat)** ; 6 © Reeed* ; 8 © SpeedKingz* ; 9 © Pasys* ; 13 © Daniel Hoz* ; 19 © Steve Photography* ; 20 g. © gabriel12* ; d. © Andrew Linscott* ; 21 g. © BearFotos* ; m. © Sergey Novikov* ; d. © margouillat photo* ; 22 © Belish* ; 23 g. © Dean Drobot* ; d. © Awana JF* ; 24 h.d. © Kovaleva_Ka* ; m.g. © muzsy* ; m.m. © Gorgev* ; m.d. © Soloviova Liudmyla* ; 25 g. © WildMedia* ; d. © Roman Samborskyi* ; 26 © SOMMAI* ; 28 © Victor Joly* ; 29 © Reeed* ; 30 © DaLiu* ; © Cristofano Allori ; 32 h. © Drazen Zigic* ; b. © Juice Flair* ; 33 © prapann* ; 34 © Patrick Daxenbichler* ; 40 © BGStock72* ; 41 h. © Claudia Paulussen* ; b. © The Studio* ; 42 © Paul Stringer* ; 43 © PaeGAG* ; 44 © Cristofano Allori ; 45 h. © DR ; b. © etorres* ; 47 h. © No-Te Eksarunchai* ; b. © Peshkova* ; © yevgeniy11* ; 48 © William Perugini* ; 51 © Motortion Films* ; 53 h. © prochasson frederic* ; b. © Deliris* ; 58 © NaughtyNut* ; 59 © Volodymyr Maksymchuk* ; 60 g.h. © Bocaracamara* ; g.b. © ronstik* ; d. © ChaiyaTN* ; 62 © Corri Seizinger* ; 63 © Asier Romero* ; 64 © PeopleImages.com - Yuri A* ; 65 © jinyu36* ; 66 © William Perugini* ; 67 © Puttachat Kumkrong* ; 68 h. © Monster Ztudio* ; b. © Jain Majuntin* ; 70 © Arne Beruldsen* ; 72 h. © safakcakir* ; b. © Richie Chan* ; 75 © Monika Wisniewska* ; 77 © RossHelen* ; 80 © Lopolo* ; 81 © Frederic Legrand - COMEO* ; 82 © Stokkete* ; 85 © Sova Olena* ; 86 h. © Chiyacat* ; b. © Sergey Ryzhov* ; 87 h. © Duet PandG* ; b. © Arne Beruldsen* ; 88 © RPBaiao* ; 90 © canbedone* ; 91 h. © danterd* ; b. © Marine's* ; 93 © Holly Kuchera* ; 97 © NeydtStock* ; 100 © HowDee1978* ; 104 © Duncan Andison* ; 105 © Roman Samborskyi* ; 106 © RPBaiao* ; 108 © BaLL LunLa* ; 109 © HJBC* ; 110 © Natalia van D* ; 112 h. © Mark Green* ; b. © 22Images Studio* ; 113 h. © Shyamalamuralinath* ; b. © trabantos* ; 115 © vlalukinv* ; 117 © singkam* ; 119 © Nattee Chalermtiragool* ; 120 © Pressmaster* ; 122 © Kiran Nagare* ; 123 g. © Nataliya Nazarova* ; d. © sylv1rob1* ; 125 © Zigres* ; 127 © Wikimedia Commons ; 128 h. © LookerStudio* ; b. © Alex Tihonovs* ; h. © Natalia van D* ; b. © michaelroushphotography* ; 130 © Aleksandar Malivuk* ; 132 © Designifty* ; 137 © Neil Lockhart* ; 141 © Boris Riaposov* ; 143 © Miljan Zivkovic* ; 144 © Aleksandar Malivuk* ; 145 © goodluz* ; 146 © Pixel-Shot* ; © Revel Pix LLC* ; 147 © Joyseulay* ; 148 © wavebreakmedia* ; 156 © Georgi P. Petrov* ; 161 © Africa Studio* ; 162 g. © i viewfinder* ; d. © Kardasov Films* ; 163 © Gorodenkoff* ; 165 g. © Dm_Cherry* ; d. © Andrey_Popov* ; 166 © Matrix Reloaded* ; 167 © wavebreakmedia* ;

* *Shutterstock*

Édition : Corinne Lafont
Couverture et rabat avant : Gabriel Rebufello
Maquette intérieure : ADN
Mise en page et schémas : STDI
Recherches iconographiques : Corinne Lafont et Candice Renault
Fabrication : Miren Zapirain

Hachette Éducation s'engage pour la préservation de l'environnement
*Depuis plusieurs années, nous mettons en place **des solutions innovantes et écoresponsables**, en concertation avec nos fournisseurs, pour **limiter notre empreinte carbone et diminuer l'utilisation du plastique**, en suivant **5 grands objectifs** :*

1. **Optimiser le format et la pagination** de nos ouvrages ainsi que **le grammage du papier**.
2. Utiliser du **papier certifié suivant l'un des 2 schémas de certification internationale, PEFC ou FSC.**
3. **Supprimer** peu à peu **le pelliculage plastique** de nos couvertures.
4. **Imprimer** nos ouvrages **en France ou en Europe**.
5. **Recycler** 100 % des ouvrages invendus.

PAPIER CERTIFIÉ

hachette s'engage pour l'environnement en réduisant l'empreinte carbone de ses livres. Celle de cet exemplaire est de :
1100 g éq. CO_2
Rendez-vous sur www.hachette-durable.fr

www.hachette-education.com

ISBN 978-2-01-786636-7
ISBN à utiliser pour toute commande de l'ouvrage

avant-propos

Comme le programme de l'option « mathématiques complémentaires » en classe de Terminale, celui de l'enseignement de « mathématiques spécifique » en classe de Première présente une originalité forte : il est décliné en thèmes d'étude au sein desquels sont définis des contenus associés.

Afin de respecter au mieux l'esprit de ce programme, les auteurs de ce manuel ont donc choisi de le structurer selon huit grands thèmes, respectant ceux définis par le programme officiel. Pour éviter des blocs trop volumineux, certains thèmes ont cependant été scindés en deux parties.

Un soin tout particulier a été par ailleurs porté aux « situations et problèmes » mentionnés dans le programme. Ils sont tous abordés sans exception, pour permettre au professeur de choisir ceux qu'il souhaite traiter parmi une palette de problèmes aussi large que possible.

Conformément à la lettre et à l'esprit du programme, ce manuel propose de nombreuses occasions de pratiquer la modélisation : activités en situation en début de thème, pages « apprendre à modéliser » et « Maths en situation » en fin de thème, qui sont l'occasion de traiter les problèmes suggérés par le programme, et d'autres encore, dans divers champs disciplinaires.

Avec ce manuel, la collection « Déclic » souhaite permettre aux élèves et à leurs professeurs de bénéficier d'un instrument de travail riche, accessible, agréable à utiliser, qui donne des mathématiques un panorama large et motivant.

L'activité mathématique est le fil conducteur de l'ouvrage, à travers la résolution de problèmes, l'acquisition de méthodes, le travail du raisonnement, l'exercice des automatismes, l'approche algorithmique, … Le travail du calcul et des automatismes est abordé de façon systématique, dans les activités et exercices proposés, mais aussi avec une page dédiée dans chaque thème, destinée à exercer la pratique régulière des automatismes et leur réinvestissement fréquent.

Le cours est conçu avec le souci de clarté et de concision, en respectant des critères indispensables de rigueur et d'accessibilité. Il est éclairé de nombreux exemples.

L'exploitation des outils numériques est présente dans l'ensemble du manuel.

La démarche algorithmique est régulièrement mobilisée.

Les rubriques habituelles caractéristiques de la collection sont par ailleurs largement maintenues, dans l'objectif de permettre aux élèves de mener des travaux de recherche, mais aussi de s'autoévaluer, de trouver dans leur manuel des ressources détaillées concernant méthodes et démarches, de disposer de bilans de positionnement.

L'exercice de l'autonomie des élèves est également régulièrement mobilisé, avec des rubriques « méthodes », des aides méthodologiques…

Les auteurs souhaitent que le manuel qu'ils ont conçu soit un outil efficace et motivant pour les élèves et leurs professeurs, leur permettant d'apprécier tout au long de l'année scolaire la richesse et la variété de l'activité mathématique.

Les Auteurs

Sommaire des thèmes

Présentation du manuel
et *Voyage au pays des maths* (rabat avant)

Formulaire
(rabat arrière)

Les vidéos « Automatismes »

16 vidéos pour maîtriser les automatismes des 3 domaines du programme

hachette-clic.fr/23ds1000

Les pictogrammes

TABLEUR *Feuille de calcul sur tableur nécessaire*

PYTHON *Exercice avec programmation Python*

PYTHON *Exercice avec rédaction d'un programme Python*

Exercice nécessitant la calculatrice

Calculatrice non autorisée

1 *Exercice corrigé en fin de manuel*

ACTIVITÉS MENTALES RAPIDES *Diaporama pour tester les bases*

Fichier téléchargeable sur le site collection : https://hachette-clic.fr/23ds1000

Exercice pour aller plus loin et/ou se préparer à l'option Maths complémentaires

THÈME

1 Analyse de l'information chiffrée

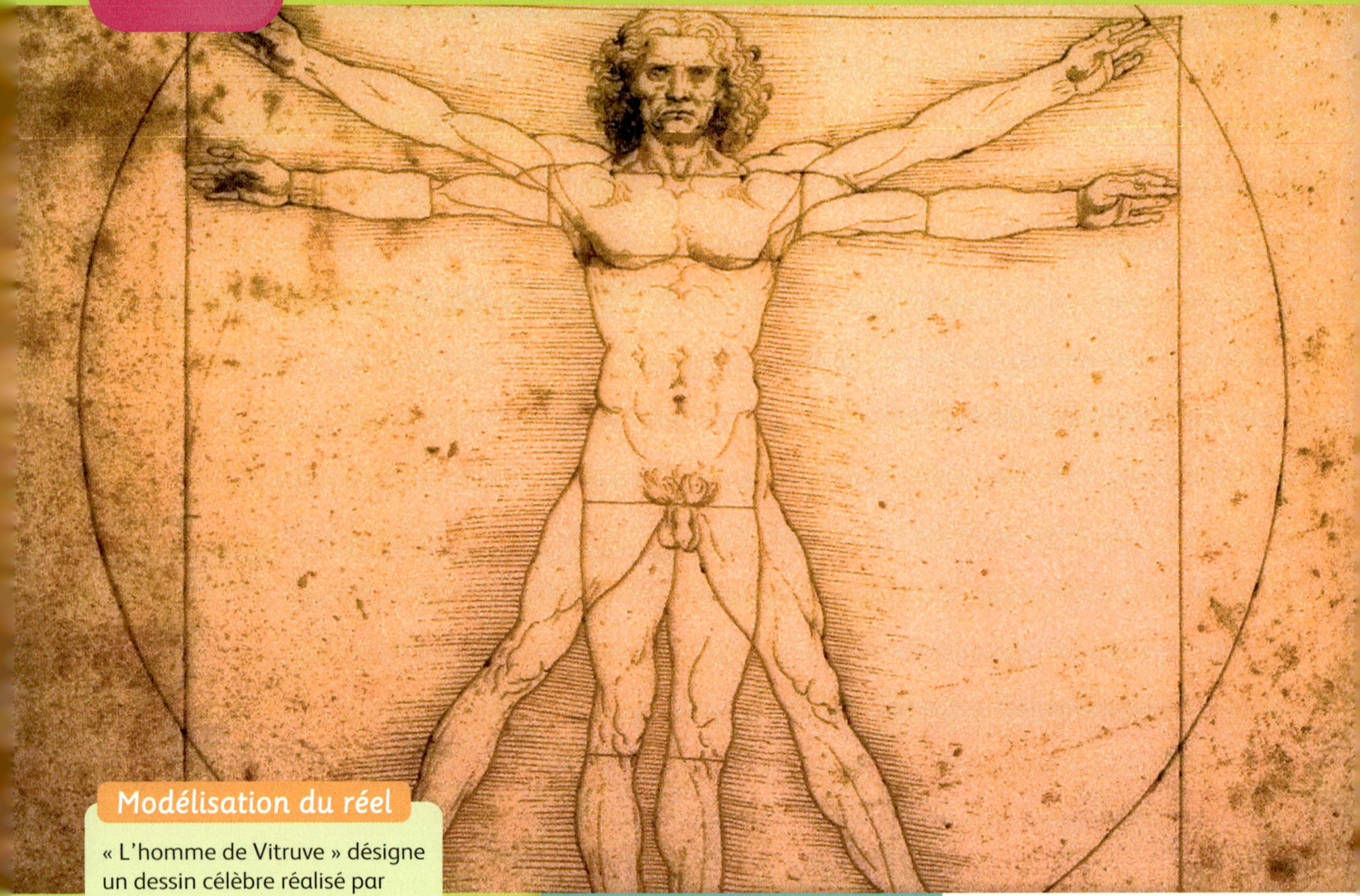

Modélisation du réel

« L'homme de Vitruve » désigne un dessin célèbre réalisé par Léonard de Vinci (1452-1519).

Il est censé représenter les proportions « idéales » ou « parfaites » du corps humain.

Cette représentation d'un idéal, typique de la période de la Renaissance, correspond-elle effectivement à une réalité dans la morphologie humaine ?

Voir Maths en situation p. 29

Les capacités du thème

- CAPACITÉ 1 Dresser un tableau croisé de deux caractères à partir d'un fichier de données
- CAPACITÉ 2 Calculer les fréquences conditionnelles et marginales à partir d'un tableau croisé d'effectifs ; interpréter un tableau croisé d'effectifs en utilisant des fréquences conditionnelles
- CAPACITÉ 3 Représenter des données à l'aide d'un diagramme ; savoir lire un diagramme
- CAPACITÉ 4 Sélectionner et représenter des données avec un tableur

Partir d'un bon pied

A Diaporama pour tester les bases

ACTIVITÉS MENTALES RAPIDES

B Effectifs, fréquences, diagramme à bâtons

Le tableau ci-dessous décrit la répartition de la flotte des 80 véhicules d'une entreprise selon leur type de motorisation.

Thermique	Hybride	Électrique	**Total**
35	…	20	80

1. Déterminer l'effectif des véhicules hybrides.

2. Calculer la fréquence de chaque type de motorisation.

3. Représenter graphiquement la répartition des véhicules par :
a. un diagramme à bâtons ; **b.** un diagramme circulaire.

C Vrai ou Faux ?

1. Une fréquence est toujours inférieure ou égale à 1.

2. Deux bâtons de même hauteur dans un diagramme à bâtons correspondent à deux fréquences égales.

3. Dans une même série statistique, deux effectifs égaux correspondent à deux fréquences égales.

automatismes

VIDÉO EXO 4 hachette-clic.fr/23ds1001

VIDÉO EXO 6 hachette ic.fr/23ds1002

Automatismes transversaux

1 Calculer les pourcentages suivants.

1. 17 % de 2 650 **2.** 73 % de 80

3. 133 % de 18 520 **4.** 0,7 % de 30

2 Donner sous forme d'une fraction les sommes et produits suivants.

1. $\frac{1}{7}+\frac{9}{14}$ **2.** $\frac{7}{3}+\frac{13}{21}$

3. $\frac{11}{9}-\frac{7}{4}$ **4.** $\frac{10}{13}\times\frac{7}{40}$

3 Reproduire et compléter le tableau suivant.

Valeur	130	1 350		
Évolution	+34 %		+18 %	−64 %
Nouvelle valeur		1 269	6 608	594

4 On imagine que l'on plie en deux quarante fois une feuille de papier dont l'épaisseur est d'un dixième de millimètre. L'ordre de grandeur de l'épaisseur du « pliage » ainsi obtenu serait de :

1. la hauteur d'un individu de taille moyenne ;

2. la hauteur d'un immeuble de 15 étages ;

3. la distance Terre-Lune ;

4. la distance Terre-Soleil.

5 Le volume d'un cylindre de rayon r et de hauteur H est donné par la formule : $V=\pi r^2 H$.

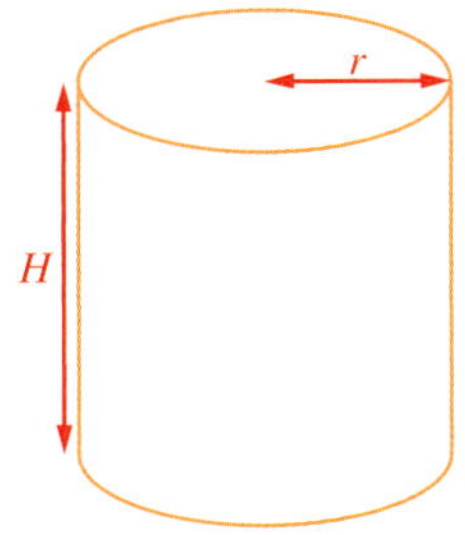

Calculer le volume, en m^3, d'une cuve cylindrique de diamètre 1,5 m et de hauteur 3 m. Donner une valeur arrondie à l'entier de sa contenance en litre.

6 Quelle évolution en pourcentage correspond à :

1. deux augmentations successives de 25 % ?

2. une augmentation de 60 % suivie d'une autre de 40 % ?

3. une augmentation de 25 % suivie d'une autre de 75 % ?

4. une augmentation de 45 % suivie d'une diminution de 45 % ?

5. une augmentation de 60 % suivie d'une diminution de 60 % ?

6. un doublement suivi d'une diminution de 50 %.

Automatismes préparatoires du thème

7 On donne ci-dessous un tableau de la répartition par classes d'âges de la population française au 1er janvier 2023

Âges	[0 ; 15[	[15 ; 29[	[30 ; 44[	[45 ; 59[	[60 ; 74[
	17,3 %	17,6 %	18,4 %	19,3 %	17,4 %

1. Quelle est la proportion, en pourcentage, de la population française de 75 ans et plus au 1er janvier 2023 ?

2. Reproduire le tableau ci-dessus en proposant des fréquences sous forme décimale arrondie au centième.

3. On regroupe les classes d'âge en trois catégories en considérant les classes : [0 ; 29[, [30 ; 59[et « 60 ans et plus ». Proposer une représentation graphique de cette nouvelle répartition.

8 Dans un restaurant, on a étudié la répartition des clients selon leur choix pour la « fin de repas ».
On obtient les résultats suivants.

Dessert seul	Café seul	Dessert et café	Ni dessert ni café
$\frac{1}{2}$	$\frac{1}{4}$	$\frac{1}{8}$	…

1. Déterminer la proportion de clients ne prenant ni dessert ni café.

2. Exprimer en pourcentage les proportions des différentes catégories de clients.

9 Le diagramme à bâtons ci-dessous décrit la part de la population rurale dans la population française.

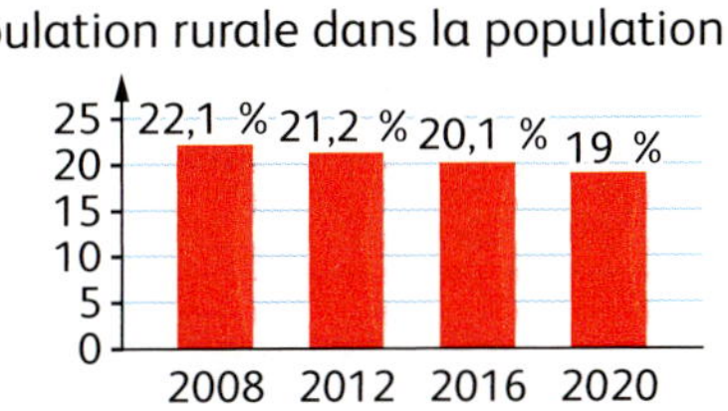

1. Quelle était la part de la population rurale en France en 2016 ?

2. Calculer le taux d'évolution de la population rurale dans la population française entre 2008 et 2020.

10 En 2021 en France, environ 1 218 000 personnes occupaient un emploi dans le domaine du numérique, dont 294 000 femmes.

1. Calculer la proportion, en pourcentage, des femmes parmi les employés dans le domaine du numérique.

2. En déduire la proportion des hommes parmi ces employés.

3. Est-il exact d'affirmer que « moins d'un emploi sur quatre dans le domaine du numérique était occupé en 2021 en France par une femme » ?

Activités en situation...

Consolider les bases

Objectif
Réactiver la notion de proportion et d'effectif autour d'une série statistique.

Dans une classe de 30 élèves, on note les résultats obtenus au dernier contrôle de Mathématiques dans le tableau incomplet ci-dessous.

Notes	6	8	9	10	12	14	16	18	**Total**
Effectifs	1	...	5	6	...	4	2	1	30

1 10 % des élèves ont eu 8. Calculer le nombre d'élèves ayant obtenu 8 au contrôle.

2 Déterminer le nombre d'élèves ayant eu 12 au contrôle.

3 Calculer la moyenne de classe.

4 Calculer le pourcentage d'élèves ayant eu une note inférieure strictement à 10.

5 Le niveau de la classe est jugé homogène si au moins 90 % des élèves ont entre 8 et 14. Le niveau de la classe est-il homogène ?

Info
Une série statistique peut être donnée à l'aide d'effectifs ou de fréquences (encore nommées proportions).
Ces fréquences peuvent elles-mêmes être exprimées par des pourcentages, des fractions ou des décimaux.

Situation 1 Moyens de transport

Objectif
Découvrir les fréquences marginales.

On réalise une étude auprès de la population d'un petit village pour savoir quels sont les moyens de transports les plus utilisés suivant la tranche d'âge des habitants. Les résultats sont réunis dans le tableau suivant.

	6-18 ans	19-25 ans	26-39 ans	40 ans et plus	**Total**
Transports en commun	255	300	600	45	
Voiture	0	65	200	455	
Vélo	45	285	50	100	
Total					

1 a. Recopier le tableau puis, pour chaque moyen de transport, calculer le nombre d'utilisateurs dans le village.
*On vient de calculer les **effectifs marginaux** par ligne.*
b. Compléter le tableau avec les informations obtenues.

2 a. Calculer les effectifs marginaux par colonne.
b. Compléter le tableau avec les informations obtenues.

3 Quel est le nombre total de personnes dans ce village ?

4 Quelle est la proportion (ou *fréquence*) des personnes de 6 à 18 ans par rapport au nombre total de personnes dans ce village ? *On vient de calculer la **fréquence marginale** des personnes entre 6 et 18 ans.*

5 Calculer la fréquence marginale :
a. des personnes se déplaçant à vélo ;
b. des personnes de plus de 40 ans ;
c. des personnes empruntant les transports en commun.

Info
Les effectifs ou fréquences « marginales » dans un tableau à double entrée correspondent aux quantités que l'on trouve dans les « marges » du tableau, ici la « marge » de droite pour la répartition selon les moyens de transport, ou la « marge » inférieure pour la répartition selon les tranches d'âge.

Situation 2 Résultats au baccalauréat

Objectif
Découvrir les fréquences conditionnelles.

On décide de regrouper les résultats d'un lycée concernant les élèves reçus au baccalauréat 2022 suivant la filière.

	Filles	Garçons	**Total**
Technologique	79		120
Générale	144	96	
Professionnelle		63	90
Total	250		450

1 Recopier et compléter le tableau ci-dessus.

2 a. Donner l'effectif des filles reçues en filière générale.
b. Donner l'effectif des élèves reçus en filière générale.
c. En déduire la fréquence des filles reçues en filière générale, par rapport au total des élèves reçus en filière générale.
*On vient de calculer la **fréquence conditionnelle** des filles reçues en filière générale parmi l'ensemble des reçus dans cette filière.*

3 Calculer la fréquence conditionnelle :
a. des garçons reçus en filière technologique parmi l'ensemble des reçus dans cette filière ;
b. des garçons reçus en filière professionnelle parmi l'ensemble des garçons ;
c. des filles reçues en filière technologique parmi l'ensemble des filles.

Info
Les fréquences conditionnelles dans un tableau s'obtiennent en isolant dans ce tableau une ligne ou une colonne non située dans les « marges ».
Ici par exemple, en isolant la ligne de la filière « professionnelle », le quotient 63/90, égal à 0,7, représente la fréquence des garçons lorsque la condition « filière professionnelle » est fixée.

Situation 3 Distance d'arrêt d'un véhicule

Objectif
Découvrir la notion de nuage de points.

La distance d'arrêt représente la distance parcourue par un véhicule entre le moment où le conducteur perçoit un obstacle et le moment où le véhicule s'immobilise complètement. Il existe une façon simple pour calculer cette distance sur un sol sec. Elle consiste à diviser la vitesse du véhicule par 10, puis à élever le résultat au carré.
Exemple :
Pour un véhicule roulant à 40 km/h, la distance d'arrêt est :

$$d_a = \left(\frac{40}{10}\right)^2 = 4^2 = 16\text{ m}$$

1 Calculer la distance d'arrêt pour un véhicule roulant à 50 km/h, puis pour un véhicule roulant à 130 km/h.

2 Recopier et compléter le tableau suivant.

Vitesse (km/h)	10	30			90	110	130
Distance d'arrêt (m)			25	49			

3 Dans un repère, placer les points obtenus grâce à ce tableau. On prendra la vitesse en abscisse et la distance d'arrêt en ordonnée, avec comme échelle 1 cm pour 10 km/h et 1 cm pour 10 m.
C'est ce qu'on appelle **le nuage de points** de la série étudiée.

4 Le point (9 ; 30) appartient-il à ce nuage de points ? et le point (50 ; 25) ?

Info
Le calcul de la distance de freinage est une question régulièrement posée lors de l'examen du code de la route.

Cours

1 Tableaux croisés d'effectifs

a Rappels

Une série statistique se définit à l'aide d'une population et d'un caractère.

Définition

La population E est l'ensemble des individus étudiés.

Le caractère est la qualité que l'on choisit d'étudier chez ces individus.

Une sous-population A est une partie de la population.

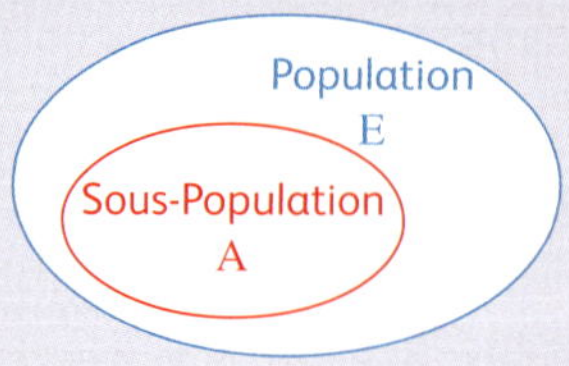

Exemple

Un lycée compte 1 536 élèves. On s'intéresse aux élèves de Seconde de ce lycée, qui sont au nombre de 487.

L'ensemble des élèves du lycée représente la population. Les élèves de Seconde sont une sous-population des élèves du lycée.

La proportion d'élèves de Seconde dans ce lycée est :
$p = \frac{487}{1\,536} \approx 0{,}32$, soit environ 32 %.

Définition

Soit A une sous-population d'une population E.

On note n_E et n_A respectivement le nombre d'individus dans la population E et dans la sous-population A. La proportion (ou fréquence) de A dans E est le nombre :

$$p = \frac{n_A}{n_E}$$

b Tableaux croisés d'effectifs

Définition

Un tableau croisé d'effectifs (ou tableau à double entrée) est un tableau donnant les effectifs portant sur deux caractères d'une même population. Les valeurs de l'un des caractères sont présentées en ligne et celles de l'autre caractère sont présentées en colonne.

Remarque

Les sommes des colonnes et des lignes (nommées « **Total** ») sont aussi appelées les « marges » du tableau.

C1 / C2	B	B'	**Total**
A	n_1	n_2	s_1
A'	n_3	n_4	s_2
Total	s'_1	s'_2	N

n_1 désigne l'effectif vérifiant à la fois A et B.
s_1 désigne l'effectif marginal de A.
N désigne l'effectif total.

Exemple

Le tableau ci-dessous donne la répartition des élèves d'un lycée suivant leur classe et leur sexe.

	2de	1re	Tle	**Total**
Filles	158	197	191	546
Garçons	187	181	169	537
Total	345	378	360	1 083

Il y a 1 083 élèves au total dans le lycée. Parmi eux, on compte 187 garçons en classe de Seconde et 191 filles en classe de Terminale.

méthode

CAPACITÉ 1 Dresser un tableau croisé de deux caractères à partir d'un fichier de données

Énoncé

Au 1er janvier 2018, 226 000 médecins étaient en activité en France. Parmi eux, on compte 102 000 médecins généralistes et 124 000 spécialistes hors médecine générale.

Parmi l'ensemble des médecins, 130 000 sont des libéraux, les autres sont salariés.

On souhaite compléter le tableau ci-contre.

1. Donner les deux caractères étudiés.

2. Compléter les marges du tableau.

3. La moitié des spécialistes sont des libéraux.
Calculer le nombre de spécialistes libéraux.

4. Compléter le tableau entièrement.

5. Donner le nombre de médecins généralistes salariés.

	Libéraux	Salariés	**Total**
Généralistes			
Spécialistes			
Total			

Solution

1. On étudie ici deux caractères. Le premier est le « type » de médecin (spécialiste ou généraliste) et le second est le « statut » du médecin (libéral ou salarié).

2. À l'aide des données de l'énoncé, on peut placer les nombres 226 000, 102 000, 124 000 et 130 000 dans le tableau.
Le nombre de médecins salariés est : 226 000 − 130 000 = **96 000**

	Libéraux	Salariés	**Total**
Généralistes			102 000
Spécialistes			124 000
Total	130 000	**96 000**	226 000

Point méthode
2. On complète la dernière ligne Total ainsi que la dernière colonne Total à l'aide des valeurs données dans l'énoncé.

3. Il y a 62 000 spécialistes libéraux, en effet : $\frac{1}{2} \times 124\,000 = 62\,000$.

4. On place 62 000 dans le tableau et on obtient les valeurs manquantes par soustractions :

	Libéraux	Salariés	**Total**
Généralistes	68 000	34 000	102 000
Spécialistes	62 000	62 000	124 000
Total	130 000	96 000	226 000

130 000 − 62 000 = 68 000 ; 124 000 − 62 000 = 62 000 ;
102 000 − 68 000 = 34 000.

5. Il y a 34 000 médecins généralistes salariés.

Point méthode
4. Une fois qu'on place correctement le nombre de spécialistes libéraux, on peut obtenir les trois cases manquantes du tableau par soustractions successives puisque les marges du tableau sont complétées.

J'applique

11 Voici le tableau incomplet donnant la répartition des employés d'une entreprise.

	Hommes	Femmes	**Total**
Moins de 40 ans	68		
Plus de 40 ans			
Total		130	250

1. Donner les deux caractères étudiés.

2. Combien y a-t-il d'employés dans l'entreprise ?

3. Combien y a-t-il de femmes et d'hommes ?

4. Décrire par une phrase ce que représente le nombre 68 dans le tableau.

5. On admet qu'il y 160 personnes qui ont moins de 40 ans. Compléter le tableau.

Cours

2 Fréquences marginales et conditionnelles

a Fréquences marginales

Définition

Étant donné un tableau croisé d'effectifs, l'effectif marginal pour une valeur d'un caractère est le nombre total d'individus de la population présentant cette valeur du caractère.

Remarque

L'effectif marginal se lit dans une « marge » du tableau.

Définition

La fréquence marginale d'une valeur d'un caractère est le quotient de l'effectif marginal de cette valeur par l'effectif total de la population.

On a : $f(\mathrm{A}) = \dfrac{\text{effectif total de A}}{\text{effectif total}}$.

Remarque

Pour calculer une fréquence marginale on utilise uniquement les valeurs contenues dans les marges du tableau.

C1 / C2	B	B′	Total
A	n_1	n_2	s_1
A′	n_3	n_4	s_2
Total	s'_1	s'_2	N

L'effectif marginal de A est s_1 et l'effectif total est N, donc :

$$f(\mathrm{A}) = \frac{s_1}{N}$$

Exemple

Le tableau suivant donne la répartition des adhérents d'un club sportif selon leur tranche d'âge et leur sexe (F ou H).

	F	H	Total
5-20	8	16	24
20-40	13	11	24
40-60	7	8	15
60 et +	2	5	7
Total	30	40	70

La fréquence marginale des femmes est : $f = \frac{30}{70} \approx 0{,}43$.

La fréquence marginale des adhérents âgés de 5 à 20 ans est de : $f = \frac{24}{70} \approx 0{,}34$.

b Fréquences conditionnelles

Définition

Soit A une valeur d'un des deux caractères et B une valeur de l'autre caractère. La fréquence conditionnelle de la valeur A parmi la valeur B est le quotient du nombre d'individus présentant les valeurs A et B par l'effectif marginal de la valeur B.

On a : $f_{\mathrm{B}}(\mathrm{A}) = \dfrac{\text{effectif vérifiant à la fois A et B}}{\text{effectif marginal de B}}$

Remarque

En reprenant le tableau précédent, n_1 est l'effectif vérifiant à la fois A et B et s'_1 est l'effectif marginal de B, donc :

$$f_{\mathrm{B}}(\mathrm{A}) = \frac{n_1}{s'_1}$$

Exemple (suite)

La fréquence conditionnelle des hommes parmi les plus de 60 ans est :

$$f = \frac{5}{7} \approx 0{,}71$$

La fréquence conditionnelle des adhérents dont l'âge est entre 40 et 60 ans parmi les hommes est :

$$f = \frac{8}{40} = 0{,}2$$

méthode

CAPACITÉ 2

Calculer les fréquences conditionnelles et marginales à partir d'un tableau croisé d'effectifs ; interpréter un tableau croisé d'effectifs en utilisant des fréquences conditionnelles

Énoncé

Un restaurant effectue un sondage auprès de ses clients d'une journée pour savoir s'ils sont très satisfaits, satisfaits ou pas satisfaits des repas à emporter et des repas sur place.

On donne les résultats du sondage dans le tableau ci-contre.

	Très satisfaits	Satisfaits	Pas satisfaits	**Total**
Sur place	10	12	8	30
À emporter	14	21	15	50
Total	24	33	23	80

1. Calculer la fréquence marginale des clients ayant pris un repas sur place.

2. Le gérant est satisfait de son restaurant si au moins 70 % de ses clients sont très satisfaits ou satisfaits. Le gérant est-il satisfait ?

3. Calculer la fréquence conditionnelle des clients très satisfaits parmi ceux ayant pris un repas sur place.

4. Suite à ce sondage, le gérant du restaurant affirme que les clients prenant un repas à emporter sont plus souvent très satisfaits que ceux qui prennent un repas sur place. A-t-il raison ?

Solution

1. 30 clients ont pris un repas sur place et 80 personnes ont répondu au sondage, donc la fréquence marginale recherchée est : $f = \frac{30}{80} = 0{,}375$, soit 37,5 %.

2. 24 clients ont répondu être très satisfaits et 33 ont répondu être satisfaits. $24 + 33 = 57$; donc 57 clients sont au moins satisfaits sur un total de 80 personnes. $\frac{57}{80} = 0{,}7125 = 71{,}25\,\% > 70\,\%$, le gérant est donc satisfait.

3. 30 clients ont pris un repas sur place et parmi eux 10 sont très satisfaits, ainsi la fréquence conditionnelle recherchée est : $f = \frac{10}{30} \approx 0{,}333$ soit environ 33,3 %.

4. La fréquence conditionnelle de clients ayant répondu être très satisfaits parmi ceux qui ont pris un repas sur place est d'environ 33,3 %. La fréquence conditionnelle de clients ayant répondu être très satisfaits parmi ceux qui ont pris un repas à emporter est $f = \frac{14}{50} = 0{,}28$ soit 28 %. Ainsi, le gérant du restaurant se trompe, ce sont les clients qui mangent sur place qui sont plus souvent très satisfaits de leur repas d'après ce sondage.

Point méthode

3. Il suffit de faire le quotient de l'effectif vérifiant les deux conditions par l'effectif marginal des personnes ayant pris un repas sur place.

Point méthode

4. Il faut comparer deux fréquences conditionnelles : celle de la question **3.** et la fréquence conditionnelle de clients ayant répondu être très satisfaits parmi ceux qui ont pris un repas sur place.

J'applique

12 On interroge 200 personnes pour savoir si elles préfèrent lire ou regarder un film. Voici le tableau des effectifs que l'on obtient :

	Lire	Regarder un film	**Total**
Femmes	62	53	115
Hommes	33	52	85
Total	95	105	200

1. Calculer la fréquence marginale des personnes préférant lire.

2. Calculer la fréquence conditionnelle des hommes parmi les personnes préférant regarder un film.

3. Au moins 55 % des femmes préfèrent lire. Est-ce vrai ?

Cours

3 Représentation graphique

a Diagrammes en barres

Définition

Un diagramme en barres (ou à bâtons) est un graphique représentant une série statistique. À chaque valeur on associe un segment vertical, ou un rectangle vertical de largeur constante et réduite, dont la longueur est proportionnelle à l'effectif (ou la fréquence).

Remarque

On peut également représenter les rectangles avec différentes couleurs suivant les caractères étudiés.

Exemple

Le diagramme en barres suivant donne la répartition des 28 élèves d'une classe suivant la LVA étudiée.

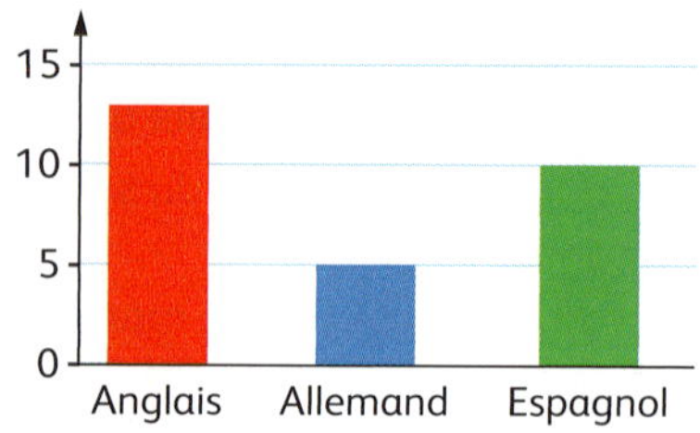

Le diagramme suivant reprend le premier en considérant le sexe.

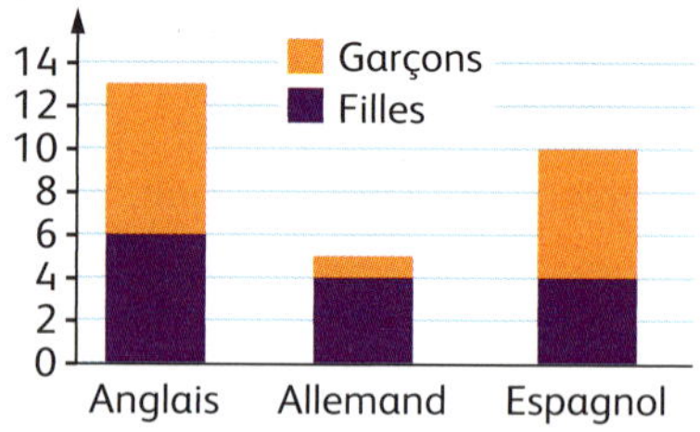

b Diagrammes circulaire

Définition

Un diagramme circulaire (ou « camembert ») est un disque partagé en secteurs angulaires dont la mesure de chaque angle est proportionnelle à l'effectif.

Remarque

La somme des mesures des secteurs angulaires est égale à 360°.

On peut également utiliser un diagramme circulaire pour représenter l'exemple précédent :

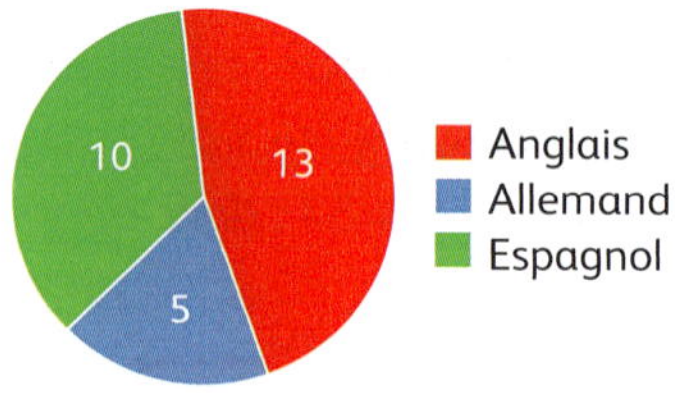

c Nuages de points

Définition

On considère une série statistique à deux variables. L'ensemble des points ayant, dans un repère donné, pour abscisses une valeur d'un caractère et pour ordonnées la valeur correspondante de l'autre caractère est appelé nuage de points.

N° individu	1	2	...	n
Caractère 1	x_1	x_2	...	x_n
Caractère 2	y_1	y_2	...	y_n

Le nuage de points associé à cette série statistique est donc formé des points de coordonnées $(x_1 ; y_1)$, $(x_2 ; y_2)$, ... et $(x_n ; y_n)$.

Exemple

Le tableau suivant donne l'évolution du prix d'un article

Année	Prix (en €)
2020	5
2021	6
2022	10
2023	12

Voici le nuage de points associé :

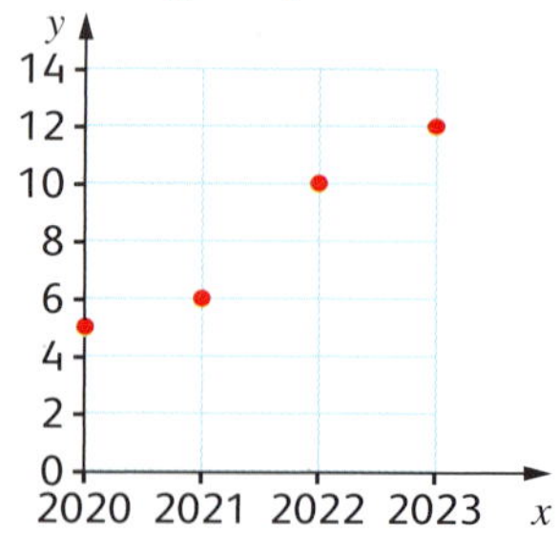

méthode

CAPACITÉ 3 Représenter des données à l'aide d'un diagramme ; savoir lire un diagramme

Énoncé

Dans un petit refuge hébergeant 20 animaux, on trouve des chiens, des chats et des lapins. Le diagramme circulaire ci-contre donne leur répartition.

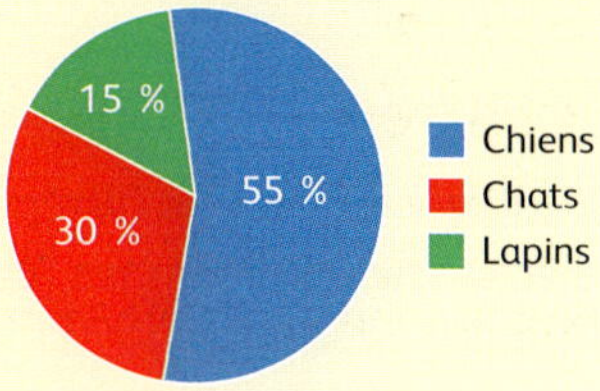

1. Vérifier qu'il y a 11 chiens, 6 chats et 3 lapins dans ce refuge.

2. Voici le tableau donnant la répartition des animaux selon leur sexe.

	Chiens	Chats	Lapins	**Total**
Femelles	3	3	2	8
Mâles	8	3	1	12
Total	11	6	3	20

a. Donner les deux caractères étudiés.

b. Calculer la fréquence conditionnelle des chiens parmi les mâles.

c. Construire un diagramme en barres donnant l'effectif des chiens, des chats et des lapins. Sur une même barre on représentera leur sexe selon deux couleurs différentes.

Solution

1. 55 % des animaux sont des chiens : $\frac{55}{100} \times 20 = 11$. Il y a 11 chiens. De la même façon, on calcule le nombre de chats et de lapins : $\frac{30}{100} \times 20 = 6$ et $\frac{15}{100} \times 20 = 3$. Il y a 6 chats et 3 lapins.

2. a. On différencie les animaux suivant leur espèce et leur sexe.

b. Il y a 8 chiens mâles parmi les 12 mâles. Donc la fréquence conditionnelle de chiens parmi les mâles est : $f = \frac{8}{12} \approx 0,67$.

c.

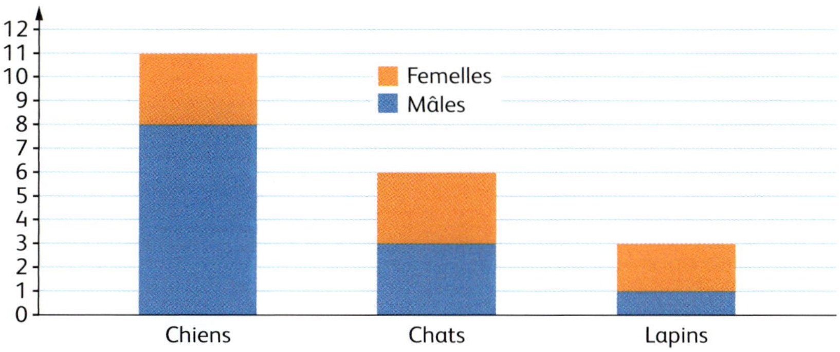

Point méthode

2. c. L'axe des ordonnées représente les effectifs. On écrit « chiens », « chats » et « lapins » en abscisses.
Il y a 11 chiens, donc on représente une barre allant jusqu'à une hauteur de 11.
On utilise une couleur pour représenter les 8 mâles et une autre couleur pour représenter les 3 femelles.
On fait de même avec les chats et les lapins sans oublier de préciser la légende.

J'applique

13 Le diagramme suivant donne les effectifs des ventes de fleurs d'un fleuriste.

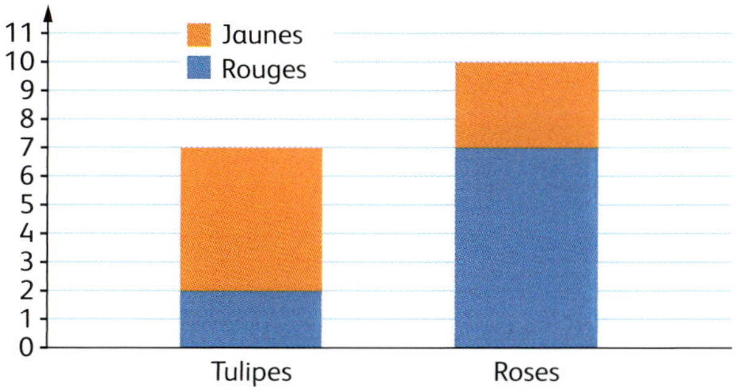

1. Donner les deux caractères étudiés.

2. Recopier et compléter le tableau suivant.

	Rouges	Jaunes	**Total**
Roses			
Tulipes			
Total			

3. Calculer la fréquence marginale des roses.

4. Calculer la fréquence conditionnelle des roses parmi les fleurs rouges.

Cours

4 Utilisation du tableur

On peut utiliser au choix le tableur du logiciel Excel, LibreOffice (Calc.) ou OpenOffice (Calc.).

a Filtre

Le tableur permet de filtrer différentes valeurs d'un caractère. Il suffit de sélectionner les colonnes (ou lignes) correspondantes puis, dans le menu *Données*, on choisit :
- *Filtrer* (avec Excel)
- *Autofiltre* (avec LibreOficce)
- *Filtre* puis *AutoFiltre* (avec OpenOffice)

b Fonctions ET/OU/NON

- La fonction **ET** renvoie VRAI si toutes les conditions sont vraies et FAUX sinon.
Sa syntaxe est : ET(test_1;test_2;…).
- La fonction **OU** renvoie VRAI si au moins l'une des conditions est vraie et FAUX sinon.
Sa syntaxe est : OU(test_1;test_2;…).
- La fonction **NON** renvoie FAUX si la condition est vraie et VRAI sinon.
Sa syntaxe est : NON(test).

Remarque

D'autres fonctions du tableur (SI, NB.SI, SOMME et ALEA) sont décrites en fin de manuel.

Voir Page Tableur p. 181

Exemple

La formule =ET(A1>10;A2>10) saisie dans la cellule B1 renvoie VRAI si les valeurs dans les cellules A1 et A2 sont toutes les deux strictement supérieures à 10 et FAUX sinon.

	A	B
1	9	FAUX
2	12	

Dans cet exemple, la valeur 9 dans la cellule A1 provoque le renvoi de FAUX en B1, où l'on a saisi =ET(A1>10;A2>10)

Exemple

La formule =OU(A1>10;A2>10) saisie dans la cellule B1 renvoie VRAI si l'une au moins des valeurs contenues dans les cellules A1 et A2 est strictement supérieure à 10 et FAUX sinon.

	A	B
1	9	VRAI
2	12	

Dans cet exemple, la valeur 12 dans la cellule A2 provoque le renvoi de VRAI en B1 où l'on a saisi =OU(A1>10;A2>10).

c Créer un graphique

Tout d'abord, on sélectionne la (ou les) série(s) de données que l'on veut représenter.

Excel	LibreOffice	OpenOffice
Dans le menu *Insertion* puis *Graphiques*, on choisit le type de graphique. 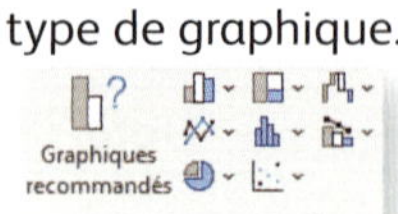	On clique sur l'icône *Diagramme* ou sur le menu *Insertion* puis *Diagramme*.	On clique sur l'icône *Diagramme* ou sur le menu *Insertion* puis *Diagramme*.

Méthode

CAPACITÉ 4 Sélectionner et représenter des données avec un tableur

Énoncé

Une entreprise souhaite verser une prime ou des cadeaux de fin d'année à ses salariés, en fonction de certains critères.

On donne ci-dessous un extrait de feuille de calcul concernant 5 salariés de l'entreprise.

	A	B	C	D	E
1	Client	Genre	Revenus	Enfant(s)	Résultat
2	M. Andre	Homme	18 000	1	
3	M. Bonnet	Homme	32 000	0	
4	Mme Cordier	Femme	28 000	2	
5	M. Dumas	Homme	51 000	1	
6	Mme Dubois	Femme	45 000	3	

1. L'entreprise décide d'attribuer une prime aux salariés ayant un revenu annuel inférieur à 24 000 € ou ayant au moins 3 enfants.

a. Qui peut bénéficier de cette prime parmi les 5 salariés ?

b. Que doit-on saisir dans la cellule E2 afin d'obtenir, par recopie vers le bas, VRAI si le salarié peut bénéficier de la prime et FAUX sinon ?

2. Pour les salariés ayant au moins 24 000 € de revenu annuel et n'ayant pas d'enfant, la société veut proposer un cadeau de fin d'année unique.

a. Qui peut bénéficier de cette offre parmi les 5 salariés ?

b. Que doit-on saisir dans la cellule E2 afin d'obtenir, par recopie vers le bas, VRAI si le salarié peut bénéficier de ce cadeau et FAUX sinon ?

3. Pour ses salariés ayant au moins un enfant, l'entreprise souhaite offrir un cadeau de fin d'année pour chaque enfant. Que doit-on saisir dans la cellule E2 afin d'obtenir, par recopie vers le bas, VRAI si le salarié peut bénéficier de cette offre et FAUX sinon ?

Solution

1. a. Les salariés M. Andre et Mme. Dubois peuvent profiter de cette offre.

b. On peut saisir `=OU(C2<24000;D2>=3)` dans la cellule E2.

2. a. Seul M. Bonnet peut profiter de cette offre.

b. On peut saisir `=ET(C2>=24000;D2=0)` dans la cellule E2.

3. Avoir au moins un enfant étant le contraire d'en avoir 0, ainsi on peut saisir `=NON(D2=0)` dans la cellule E2.

Remarque : on peut aussi saisir `=SI(D2<>0;"VRAI";"FAUX")` avec le symbole `<>` qui signifie « différent de ».

Point méthode

Dans une formule tableur, le symbole :

`=` désigne égal

`>=` signifie supérieur ou égal,

`<=` signifie inférieur ou égal

`<>` signifie différent

Point méthode

1. b. Utiliser la formule OU.

2. b. Utiliser la formule ET.

3. Utiliser la formule NON ou SI.

J'applique

14 Reprendre la feuille de calcul ci-dessus.

1. Que doit-on saisir en E2 afin d'obtenir, par recopie vers le bas, VRAI si le salarié est une femme ou a un revenu maximum de 30 000 € et FAUX sinon ?

2. Que doit-on saisir en E2 afin d'obtenir, par recopie vers le bas, VRAI si le salarié a un revenu annuel supérieur strictement à 20 000 € et 1 enfant et FAUX sinon ?

Je fais le point

J'évalue mes connaissances

VERSION INTERACTIVE
hachette-clic.fr/23ds1003

Voir corrigés

QCM

Pour chacune des questions, indiquer la (ou les) bonne(s) réponse(s).

On a interrogé 400 habitués d'un cinéma par rapport aux horaires qu'ils préfèrent pour venir voir un film. Le tableau croisé d'effectifs suivant donne la répartition de leurs réponses.

	Matin	Journée	Soir	**Total**
Semaine	28	35	70	
Week-end			109	267
Total			179	400

On sait de plus que 15 % des habitués préfèrent les séances du matin durant le week-end.

	a	b	c
1. On étudie les caractères :	de la fréquence	de la temporalité	des horaires
2. L'effectif des habitués préférant le soir en semaine est de :	70	109	179
3. Le total des habitués préférant la semaine est de :	221	179	133
4. Combien d'habitués préfèrent les séances du matin durant le week-end ?	16	40	60
5. La fréquence marginale des habitués préférant la semaine est de :	33,25 %	44,75 %	17,5 %
6. La fréquence marginale des habitués préférant le soir est de :	33,25 %	44,75 %	17,5 %
7. La fréquence conditionnelle des habitués préférant la journée parmi ceux préférant la semaine est de :	≈ 26 %	≈ 37 %	8,75 %
8. La fréquence conditionnelle des habitués du matin préférant le week-end est de :	≈ 68 %	≈ 22 %	15 %

vrai ou faux ?

Indiquer pour chaque affirmation si elle est vraie ou fausse. Justifier.

Partie A.

Dylan, professeur, compare les résultats obtenus par les élèves qu'il a interrogés au « grand oral ».
Le tableau ci-dessous donne la répartition des notes.

	Filles	Garçons
Note ⩾ 10	20	10
Note < 10	12	8

1. Le total d'élèves interrogés est de 50.
2. La fréquence marginale des élèves ayant eu au moins la moyenne est de 60 %.
3. La fréquence conditionnelle des garçons parmi les élèves n'ayant pas eu la moyenne est de 16 %.
4. Au moins 50 % des garçons ont eu au moins la moyenne.

Partie B.

Une étude fait le lien entre une maladie respiratoire et le tabagisme.

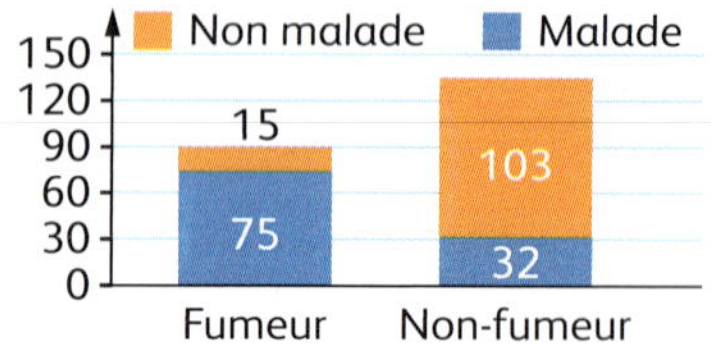

1. Les deux caractères étudiés sont « être malade » et « ne pas être malade ».
2. Cette étude compte 135 fumeurs.
3. La fréquence marginale des fumeurs est de 40 %.
4. La fréquence conditionnelle des malades parmi les fumeurs est d'environ 17 %.
5. Au moins 70 % des malades sont non-fumeurs.

Consolider les bases

15 Effectuer les calculs suivants.

1. $\frac{1}{2}\times 15$ **2.** $\frac{1}{6}\times 30$ **3.** $\frac{1}{8}\times 54$

16 Calculer :

1. Le quart de 32.
2. Le tiers de 18.
3. La moitié de 47.

17 Calculer les pourcentages suivants.

1. 70 % de 30
2. 20 % de 50
3. 60 % de 20

18 Recopier les phrases suivantes et compléter les pointillés.

1. 20 % de … est égal à 30.
2. … % de 50 est égal à 20.
3. 15 % de 80 est égal à … .

19 Parmi les 250 spectateurs d'une pièce de théâtre, 82 ont bénéficié d'un tarif réduit. Calculer le pourcentage de spectateurs ayant bénéficié du tarif réduit.

20 Dans un lycée de 945 élèves, il y a 350 élèves en classe de Seconde.

1. Calculer le pourcentage d'élèves de Seconde dans le lycée. *On arrondira le résultat à 1 % près.*
2. 52 % des élèves de Seconde sont des filles. Calculer le nombre de filles parmi les élèves de Seconde.

21 Un club sportif compte 55 séniors. Les séniors représentent 44 % des membres.
Calculer le nombre de membres dans ce club.

22 Voici les notes (coefficient 1) de Mathilde en Mathématiques :

13–15–9–11–14–13

1. Calculer sa moyenne.
2. Déterminer le pourcentage de notes en dessous de sa moyenne.

23 Dans un lycée, 64 % des élèves sont demi-pensionnaires, 32 % sont externes et les autres sont des internes.

1. Calculer le pourcentage d'internes dans ce lycée.
2. 60 % des demi-pensionnaires sont des garçons. Calculer le pourcentage de garçons demi-pensionnaires.

24 Suite à une crise d'approvisionnement, le prix d'un produit connaît une augmentation de 43 %. La crise terminée, quel pourcentage de diminution faut-il appliquer à son prix pour le ramener à sa valeur initiale ? *Arrondir à 1 % près.*

Connaître le cours

25 Le tableau suivant donne la répartition des salariés d'une entreprise.

	Hommes	Femmes	**Total**
Cadres	15		24
Techniciens	6	10	16
Total		19	40

1. Combien de cadres y a-t-il dans l'entreprise ?
2. Combien y a-t-il de femmes cadres ?
3. Combien y a-t-il d'hommes ?
4. Calculer la proportion de femmes dans l'entreprise.
5. Calculer la proportion d'hommes cadres dans l'entreprise.

26 Le tableau suivant donne la répartition des 200 élèves de Première générale d'un lycée selon leur sexe et leur régime.

	Filles	Garçons	**Total**
Externes	33	27	60
Demi-pensionnaires	87	53	140
Total	120	80	200

1. Calculer la fréquence marginale des filles.
2. a. Parmi les externes, combien y a-t-il de garçons ?
b. Combien y a-t-il d'élèves externes ?
c. En déduire la fréquence conditionnelle des garçons parmi les externes.
3. Calculer la fréquence conditionnelle des demi-pensionnaires parmi les filles.

27 Un élevage compte 250 animaux. Le diagramme circulaire ci-dessous donne leur répartition.

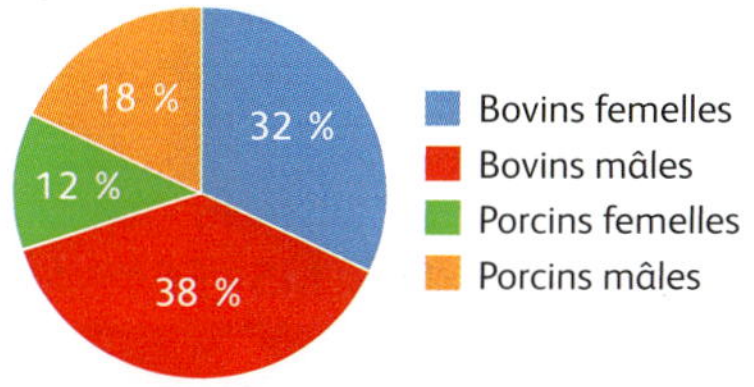

1. Quels sont les deux caractères étudiés pour chaque animal ?
2. Recopier et compléter le tableau croisé ci-dessous.

	Bovins	Porcins	**Total**
Femelles			
Mâles			
Total			

exercices Application

CAPACITÉ 1 Dresser un tableau croisé de deux caractères à partir d'un fichier de données

28 Le tableau ci-dessous donne la répartition des employés d'une entreprise.

	Femmes	Hommes	**Total**
Moins de 40 ans	12	17	
Plus de 40 ans		5	
Total			40

1. Quels sont les deux caractères étudiés dans ce tableau ?
2. Donner le nombre d'employés de moins de 40 ans.
3. Recopier et compléter ce tableau.

29 Une urne contient les boules représentées ici :

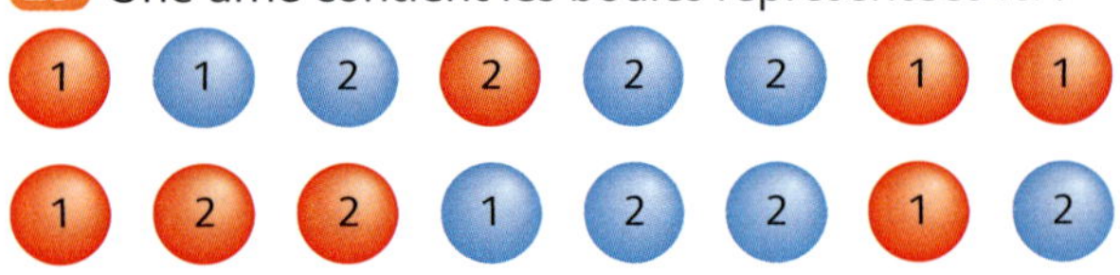

1. Quels sont les deux caractères permettant de catégoriser ces boules ?
2. Recopier et compléter le tableau croisé ci-dessous.

	Rouge	Bleue	**Total**
Numéro 1			
Numéro 2			
Total			

30 On a listé tous les participants à une course de 20 chevaux suivant leur sexe et leur âge (exemple : F5 désigne une femelle âgée de 5 ans).
F5 - M6 - M5 - F6 - F7 - F5 - F5 - M6 - M7 - F5 - F6 - F7 - M7 - F5 - F5 - F6 - F7 - M6 - M5 - F6

1. Quels sont les deux caractères permettant de catégoriser ces chevaux ?
2. Recopier et compléter le tableau croisé ci-dessous.

	5 ans	6 ans	7 ans	**Total**
Femelle				
Mâle				
Total				

3. Donner la proportion de femelles.

CAPACITÉ 2 Calculer les fréquences conditionnelles et marginales à partir d'un tableau croisé d'effectifs ; interpréter un tableau croisé d'effectifs en utilisant les fréquences conditionnelles

31 Voici la répartition des élèves de Première et Terminale d'un lycée.

	Première	Terminale	**Total**
Filles	109	155	
Garçons		208	396
Total	297		660

1. Recopier puis compléter le tableau.
2. Calculer la fréquence marginale des filles.
3. Calculer la fréquence marginale des élèves de Terminale.

32 Une urne contient des boules rouges et des boules blanches. Elles peuvent présenter un trait noir, ou non. On donne la répartition des boules dans l'urne dans le tableau suivant.

	Rouges	Blanches
Trait noir	28	72
Sans trait	22	11

1. Calculer la fréquence conditionnelle des boules ayant un trait noir parmi les boules rouges.
2. Calculer la fréquence conditionnelle des boules blanches parmi les boules qui ne présentent pas de trait noir.

33 Voici la répartition des élèves des classes de Première et Terminale d'un lycée selon leur langue vivante favorite.

	Première	Terminale	**Total**
Anglais		55	80
Espagnol	66	33	
Total		88	

1. Recopier puis compléter le tableau.
2. Calculer la fréquence marginale des élèves préférant l'anglais.
3. Calculer la fréquence conditionnelle des élèves préférant l'anglais parmi les élèves de Terminale.
4. Calculer la fréquence conditionnelle des élèves de Première parmi les élèves préférant l'espagnol.

34 On demande à des élèves d'un lycée s'ils préfèrent regarder leurs films en version originale (VO) on en version française (VF).
Le tableau suivant donne la répartition des réponses suivant les classes des élèves.

	Seconde	Première	Terminale	**Total**
VO	5	27	16	48
VF	51	9	24	84
Total	56	36	40	132

1. Parmi les élèves de Terminale, quel est le pourcentage d'élèves préférant la VO ?
2. Parmi les élèves de Première, quel est le pourcentage d'élèves préférant la VO ?
3. Calculer les fréquences des classes dans chaque mode de visionnage. *On arrondira les résultats à* 10^{-2}.

CAPACITÉ 3 Représenter des données à l'aide d'un diagramme ; savoir lire un diagramme

35 On a interrogé 1 000 Français sur le moyen qu'ils utilisent principalement pour se tenir au courant de l'actualité.
Les résultats de ce sondage sont donnés par le diagramme circulaire ci-dessous.

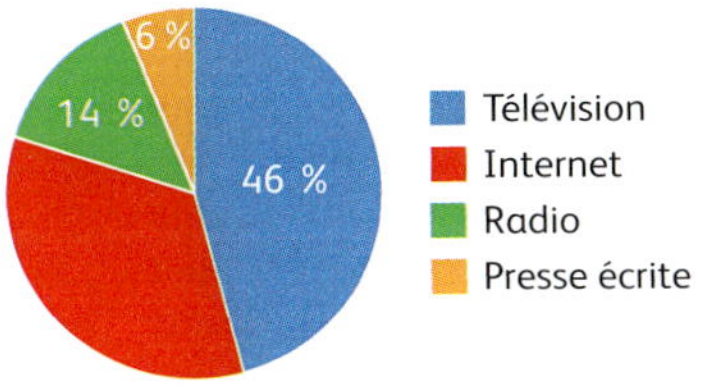

1. Calculer l'effectif des sondés utilisant principalement la radio.
2. Déterminer la proportion des sondés utilisant principalement Internet.
3. Déterminer la mesure du secteur angulaire correspondant à l'utilisation de la télévision.

36 Vrai ou faux ?
On donne le tableau suivant. D'après les données du tableau suivant, dire si les affirmations suivantes sont vraies ou fausses. Justifier les réponses.

Taille (cm)	155	162	171	174	178	184
Poids (kg)	62	58	71	65	75	83

1. Les caractères étudiés sont l'âge et le sexe.
2. Le nuage de points associé à cette série comporte 6 points.
3. Le point (58 ; 162) est un point du nuage de points associé à cette série.
4. Même question pour le point (174 ; 65).

37 On interroge 30 personnes dans un camping et on leur demande leur activité préférée entre la pétanque, la piscine et la randonnée. On a répertorié les réponses dans le tableau croisé ci-dessous.

	Femmes	Hommes	**Total**
Pétanque	2	5	
Piscine	8	5	
Randonnée	6	4	
Total			30

1. Compléter les marges du tableau.
2. Construire un diagramme en barres donnant l'effectif pour chacune des activités. On veillera à représenter de deux couleurs différentes les hommes et les femmes.

38 Le diagramme en barres ci-dessous donne la répartition des employés d'une entreprise suivant les moyens de transport utilisés pour se rendre au travail.

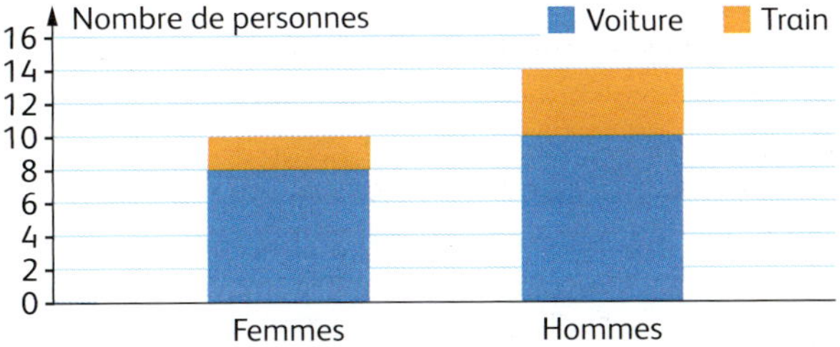

1. a. Combien y a-t-il de femmes dans l'entreprise ?
b. Combien y a-t-il d'employés dans l'entreprise ?
c. En déduire la fréquence marginale des femmes.
2. a. Combien y a-t-il de femmes prenant le train pour se rendre au travail ?
b. « Une femme sur cinq prend le train pour se rendre au travail ». Est-ce vrai ? Justifier.
3. a. Donner les deux caractères étudiés.
b. Construire un tableau croisé d'effectifs décrivant la répartition des employés en fonction de ces deux caractères.
c. Calculer la fréquence conditionnelle des hommes parmi les employés prenant le train pour se rendre au travail.

39 Le graphique ci-dessous donne l'évolution du nombre d'habitants dans une petite ville.

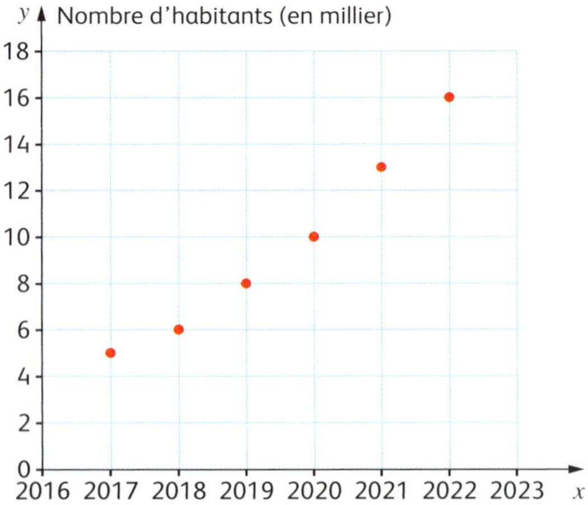

1. Donner les deux caractères étudiés ici.
2. Quel était le nombre d'habitants en 2020 ?
3. Recopier et compléter le tableau de données ci-dessous.

Année	2017	2018	…	…	…	…
Habitants	5	…	…	…	…	…

4. D'après les archives, il y avait 4 100 habitants en 2015 et 4 500 en 2016. Quelles sont les coordonnées des points que l'on peut ajouter au nuage de points précédent ?
5. Entre 2022 et 2023, la population a augmenté de 12,5 %. Calculer le nombre d'habitants en 2023 et donner les coordonnées du point correspondant dans le nuage de points.

CAPACITÉ 4 Sélectionner et représenter des données avec un tableur

40 TABLEUR Le tableau suivant donne la répartition des dépenses, en euro, de Léo durant deux mois.

	A	B	C
1		Mois 1	Mois 2
2	Loyer	730	730
3	Nourriture	300	280
4	Loisirs	120	210
5	Autres	450	500

1. Recopier cette feuille de calcul sur tableur.
2. Construire un diagramme circulaire des dépenses de Léo durant le premier mois.
3. Construire un diagramme en barres donnant les dépenses de Léo par secteur : Loyer, Nourriture, Loisirs et Autres. On veillera à faire apparaître les dépenses de chaque mois de deux couleurs différentes et de faire apparaître la légende sur le graphique.

41 Les clients d'un hôtel en pension complète sont invités à évaluer la qualité de leur séjour en attribuant deux notes sur 5 : une sur le confort de leur chambre et une sur la qualité de leurs repas. Voici la feuille de calcul donnant les notes des cinq premiers clients :

	A	B	C	D	E
1		Confort	Repas	Résultat 1	Résultat 2
2	Client n°1	2	4		
3	Client n°2	3	5		
4	Client n°3	4	4		
5	Client n°4	2	1		
6	Client n°5	3	2		

1. On saisit la formule =OU(B2>=3;C2>=3) dans la cellule D2 que l'on recopie vers le bas. Qu'est-il affiché dans les cellules D2, D3, D4, D5 et D6 ?
2. On saisit la formule =ET(B2>=3;C2>=3) dans la cellule E2 que l'on recopie vers le bas. Qu'est-il affiché dans les cellules E2, E3, E4, E5 et E6 ?
3. On considère que le client est satisfait si les deux notes sont supérieures ou égales à 3. Laquelle des deux cellules donne la satisfaction du client ?

42 Un donneur sanguin « universel » désigne une personne du groupe sanguin O et de rhésus négatif. La feuille de calcul ci-dessous donne le groupe sanguin et le rhésus de 10 individus.

	A	B	C	D
1	Numéro de l'individu	Groupe	Rhésus	Donneur universel
2	1	O	négatif	
3	2	O	positif	
4	3	A	négatif	
5	4	B	négatif	
6	5	O	positif	
7	6	A	négatif	
8	7	AB	positif	
9	8	A	positif	
10	9	O	négatif	
11	10	B	positif	

1. Les individus 1 et 2 sont-ils des donneurs universels ?
2. Compléter la formule à saisir dans la cellule D2, qu'on recopiera vers le bas, renvoyant VRAI si l'individu est un donneur universel et FAUX sinon :

=ET(B2="…";C2="…")

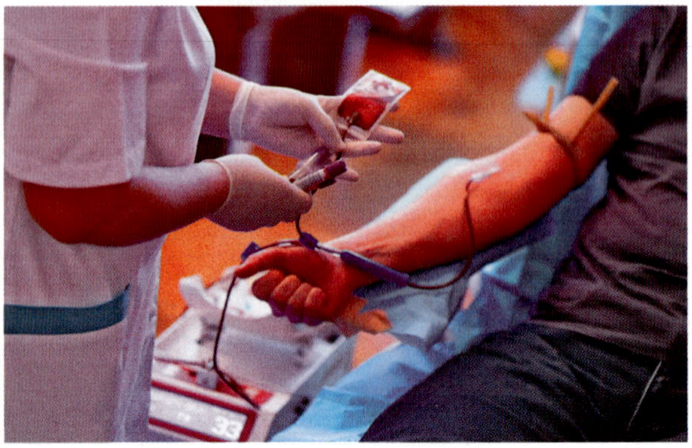

Exercices Entraînement

1 Tableaux croisés d'effectifs

43 On a relevé les notes de 30 élèves d'une classe au premier devoir de Mathématiques.

- La moitié des élèves, dont 5 garçons, a eu plus de 12.
- 11 élèves, dont 8 garçons, ont eu entre 8 et 12.
- Les autres élèves, dont la moitié sont des garçons, ont eu moins de 8.

1. Recopier et compléter le tableau croisé ci-dessous.

	Moins de 8	Entre 8 et 12	Plus de 12	**Total**
Filles				
Garçons				
Total				30

2. Calculer la proportion de filles.

3. Calculer la proportion d'élèves ayant eu moins de 8 au devoir.

44 On interroge au hasard des personnes dans la rue sur leurs habitudes vis-à-vis des jeux vidéo, plus précisément sur les supports qu'ils utilisent le plus. On a regroupé une partie des informations dans le tableau suivant.

	6-14 ans	15-25 ans	26-39 ans	Plus de 40 ans	**Total**
Console	120		300	130	600
Ordinateur	30			70	
Smartphone		600		400	
Total			800	600	3 000

On sait aussi que 50 % des personnes interrogées jouent sur Smartphone et que parmi ces personnes, 250 ont entre 6 et 14 ans. De plus, 31,25 % des personnes entre 26 et 39 ans jouent sur ordinateur contre 550 personnes de 15 à 25 ans.

1. Quels sont les deux caractères étudiés chez les personnes interrogées ?

2. Donner :

a. le nombre total de personnes interrogées ;

b. le nombre de personnes entre 15 et 25 ans jouant sur Smartphone.

3. Recopier le tableau ci-dessus, puis reporter les informations de l'énoncé.

4. Terminer de compléter le tableau.

45 Ewan a une collection de 150 mangas et bandes dessinées. Dans sa collection, 20 % abordent le thème de la comédie et 50 % celui de la science-fiction. De plus, 70 % de sa collection est composée de mangas. 40 % de ses mangas traitent de science-fiction. Les comédies sont réparties équitablement entre mangas et BD.

1. Parmi les 150 mangas et bandes dessinées que possède Ewan, combien abordent le thème de la comédie ?

2. De combien de mangas est composée la collection d'Ewan ?

3. Recopier et compléter le tableau suivant.

	Aventure	Comédie	Sc. fiction	**Total**
Manga				
BD				
Total				

2 Fréquences marginales et conditionnelles

46 Un virus touche une partie d'une population. Un test de dépistage est mis en place afin d'isoler les personnes malades.

Le tableau ci-dessous donne les premiers résultats du test.

	Test positif	Test négatif	**Total**
Malade	700	900	
Sain	300	8 100	
Total			10 000

1. Compléter les marges du tableau.

2. a. Calculer la fréquence marginale des personnes malades.

b. Calculer la fréquence marginale des tests positifs.

3. a. Calculer la fréquence conditionnelle des personnes malades parmi les tests positifs.

b. Calculer la fréquence conditionnelle des tests négatifs parmi les personnes malades.

4. On appelle faux positif une personne dépistée comme malade alors qu'elle ne souffre pas de la maladie.

On considère que le test est fiable si le taux de faux positifs est de moins de 5 %. Ce test est-il fiable ?

47 Vrai ou faux ?

On a demandé à 400 personnes leur occupation préférée. On donne les résultats dans ce tableau.

	25 ans et moins	Entre 26 et 50 ans	Plus de 50 ans	**Total**
Sport	49	42	14	105
Films	32	58	30	120
Lecture	27	26	22	75
Total	108	126	66	300

Dire si les affirmations suivantes sont vraies ou fausses.

1. 40 % des personnes préférant le sport ont entre 26 et 50 ans.

2. 49 % des moins de 25 ans préfèrent le sport.

3. 46 % des personnes entre 26 et 50 ans préfèrent lire.

4. 25 % des personnes préférant les films ont plus de 50 ans.

5. 36 % des moins de 25 ans préfèrent lire.

48 Une association sportive de 360 adhérents propose trois sports : volley, boxe française et vélo. Chaque adhérent est inscrit à un seul sport parmi les trois.

L'association compte 160 adhérents adultes, les autres étant juniors.

On sait aussi que 25 % des adhérents sont inscrits au volley et 40 % à la boxe française. De plus, 50 juniors sont inscrits en volley et 60 adultes sont inscrits en vélo.

1. Recopier et compléter le tableau.

	Volley	Boxe française	Vélo	**Total**
Juniors				
Adultes				
Total				

2. Calculer la fréquence marginale des adhérents adultes.

3. Calculer la fréquence marginale des adhérents inscrits au vélo.

4. Calculer la fréquence conditionnelle des adhérents juniors parmi ceux inscrits à la boxe.

5. Calculer la fréquence conditionnelle des adhérents inscrits au volley parmi les adultes.

3 Représentation graphique

49 Un agriculteur trie les 1 500 fruits qu'il doit vendre. Le diagramme circulaire ci-dessous donne leur répartition.

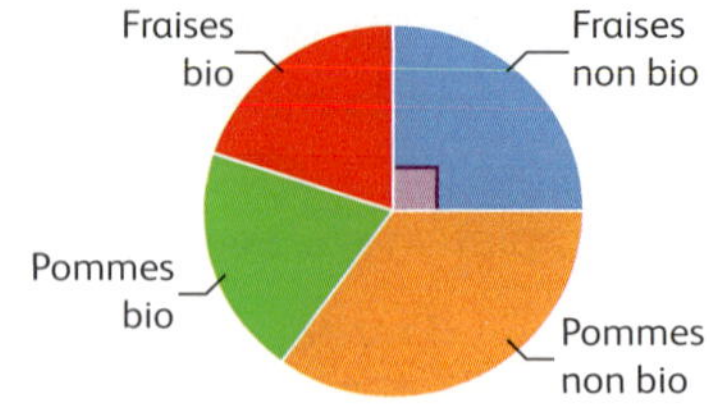

1. Quels sont les deux caractères étudiés ici ?

2. Déterminer l'effectif des fraises non bio produites.

3. Les pommes non bio représentent 35 % de la production. Déterminer leur effectif.

4. Pommes et fraises bios sont en même quantité. Déterminer la proportion de fraises et de pommes bios.

5. Recopier et compléter le tableau croisé ci-dessous.

	Bio	Non bio	**Total**
Fraises			
Pommes			
Total			

50 On donne les résultats des élèves reçus au baccalauréat dans un lycée général et technologique.

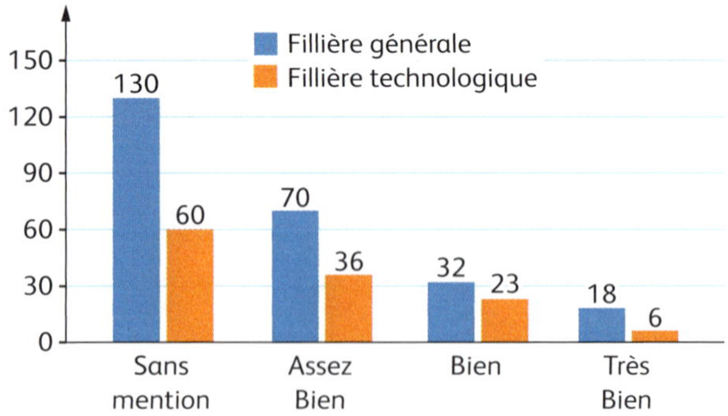

1. Quels sont les deux caractères étudiés ici ?

2. Calculer la fréquence marginale des mentions *Bien* parmi les élèves reçus au bac.

3. Calculer la fréquence marginale des élèves reçus au bac en filière générale.

4. Construire un tableau croisé d'effectifs décrivant la répartition des élèves reçus au bac en fonction de ces deux caractères.

5. Calculer la fréquence conditionnelle des élèves de la filière technologique parmi les mentions *Assez Bien*.

51 On s'intéresse à l'évolution de la population de renards dans une zone protégée. Le tableau suivant donne le nombre de renards (en millier) pour chaque année étudiée.

Année	2010	2012	2014	2016	2017
Individus	1	2	....	4	4,5

1. Le nombre d'individus a augmenté de 50 % entre 2012 et 2014. Quel est alors le nombre d'individus en 2014 ?

2. Construire le nuage de points associé au tableau ci-dessus.

3. On admet que l'évolution année par année est modélisée par une fonction affine.

a. Tracer la droite passant par les points du nuage.

b. Déterminer le nombre de renards en 2013 et en 2015.

c. En supposant que ce modèle d'évolution se poursuit jusqu'en 2025, estimer le nombre de renards dans cette zone protégée en 2025.

4 Utilisation du tableur

52 Une entreprise accorde une prime à ses représentants réalisant au moins 15 000 € de chiffre d'affaires dans le trimestre. Cette prime représente 1,5 % du chiffre d'affaires réalisé par l'intéressé.

	A	B	C	D	E
1	Représentant	Mois 1	Mois 2	Mois 3	Total trimestre
2	Numéro 1	1 200,00 €	5 500,00 €	3 000,00 €	
3	Numéro 2	6 000,00 €	4 000,00 €	6 500,00 €	
4	Numéro 3	8 000,00 €	3 000,00 €	5 000,00 €	

1. Quelle formule doit-on saisir dans la cellule E2 afin de compléter la colonne par recopie vers le bas ?

2. a. Qui des trois représentants obtient la prime ?

b. Quelle formule doit-on saisir dans la cellule F2 afin d'obtenir, par recopie vers le bas, OUI si la prime est attribuée au représentant et NON sinon ?

3. a. Calculer le montant de la prime pour chacun des représentants concernés.

b. Quelle formule doit-on saisir dans la cellule G2 afin d'obtenir, par recopie vers le bas, le montant de la prime attribuée au représentant ?

53 **Exercice guidé**

Dans la feuille de calcul d'un tableur, on a relevé les notes de 50 étudiants à deux épreuves d'un examen.

	A	B	C	D	E
1		Épreuve 1	Épreuve 2	Moyenne	Admis ?
2	Étudiant n°1	12	10		
3	Étudiant n°2	8	13		
4	Étudiant n°3	11	14		
5	Étudiant n°4	7	9		
6	Étudiant n°5	8	12		
7	Étudiant n°6	12	15		
8	Étudiant n°7	5	9		
9	Étudiant n°8	10	16		

1. Quel sera le numéro de la dernière ligne de ce tableau ?

2. Quelle formule doit-on saisir dans la cellule D2 afin d'obtenir, par recopie vers le bas, la moyenne des étudiants sur les deux épreuves ?

3. Pour réussir à l'examen, un étudiant doit avoir obtenu deux notes supérieures ou égales à 10. Quelle formule doit-on saisir dans la cellule E2 afin d'obtenir, par recopie vers le bas, VRAI si l'étudiant a réussi son examen ou FAUX si l'étudiant a échoué à son examen ?

4. Reprendre la question précédente en supposant cette fois-ci que, pour qu'un étudiant réussisse l'examen, il faut qu'au moins l'une de ses deux notes soit supérieure ou égale à 10.

5. Reprendre la question **3.** en supposant cette fois-ci que, pour réussir l'examen, un étudiant doit avoir une note moyenne supérieure ou égale à 10.

6. On souhaite connaître le nombre d'étudiants qui ont réussi l'examen. On suppose que la colonne E indique, pour chaque étudiant, VRAI s'il a réussi l'examen et FAUX sinon.

Quelles formules doit-on saisir dans les cellules I1 et I2 afin d'obtenir le nombre total d'étudiants ayant réussi l'examen et le nombre d'étudiants ayant échoué.

	G	H	I
1	Nombre de réussites		
2	Nombre d'échecs		

Pistes de résolution

3. On pourra utiliser la fonction ET.

4. On pourra utiliser la fonction OU.

5. On pourra utiliser la fonction SI.

Voir Page Tableur p. 181

6. On pourra utiliser la fonction NB.SI.

Voir Page Tableur p. 181

Apprendre à modéliser

DÉVELOPPER DES COMPÉTENCES

Paradoxe de Simpson

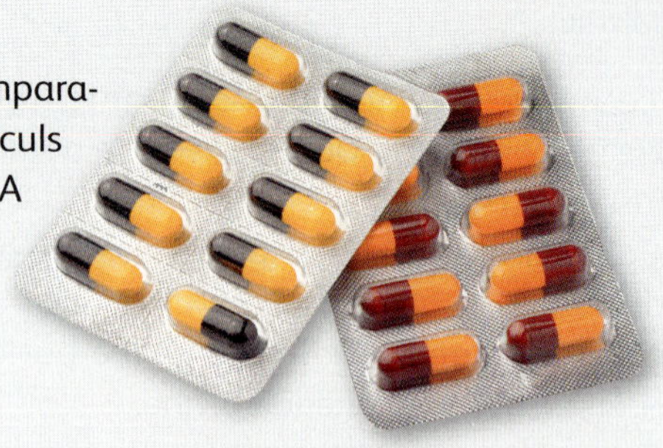

Quatre médecins britanniques ont mené en 1986 une étude comparative quant à l'efficacité de différents traitements contre les calculs rénaux. Ces modes de traitement, que l'on nommera Traitement A et Traitement B dans la suite, ont respectivement été mis au point dans les années 1972-1980 et dans les années 1980-1985. On a reporté les résultats dans deux tableaux différents suivant la taille du calcul rénal.

Petits calculs rénaux

	Réussite	Échec	**Total**
Traitement A	81	6	87
Traitement B	234	36	270
Total	315	42	357

Gros calculs rénaux

	Réussite	Échec	**Total**
Traitement A	192	71	263
Traitement B	55	25	80
Total	247	96	343

On s'intéresse aux deux affirmations suivantes.

Affirmation 1

Que ce soit sur les petits calculs rénaux ou sur les gros, le traitement A est plus efficace que le B.

Affirmation 2

Sur l'ensemble des calculs rénaux, le traitement B est efficace à 83 % environ alors que le traitement A n'est efficace qu'à 78 % environ.

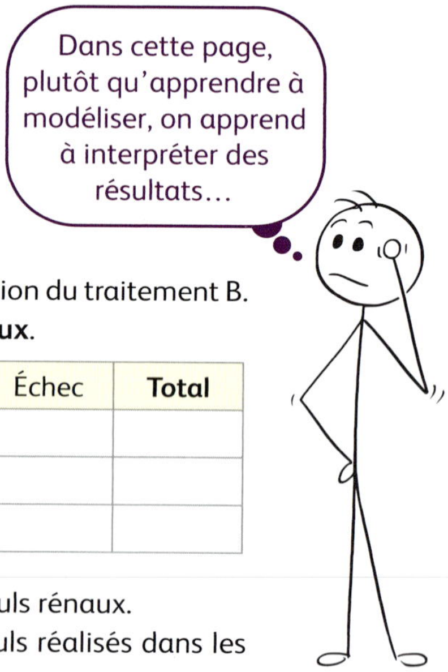

1. a. Justifier que le taux de réussite du traitement A est d'environ 93 % sur les petits calculs rénaux.

b. Vérifier que l'affirmation 1 est vraie.

2. Vérifier que l'affirmation 2 est vraie également.

3. En quoi ces deux affirmations mettent en évidence un paradoxe ?

4. a. On considère les **petits calculs rénaux**. Calculer la fréquence marginale d'utilisation du traitement A et la fréquence marginale d'utilisation du traitement B.

b. Reprendre la question précédente dans le cas des **gros calculs rénaux**.

5. a. Recopier et compléter le tableau ci-contre réunissant les deux traitements.

	Réussite	Échec	**Total**
Petits calculs rénaux			
Gros calculs rénaux			
Total			

b. Calculer la fréquence conditionnelle de réussite parmi les gros calculs rénaux.

c. Calculer la fréquence conditionnelle de réussite parmi les petits calculs rénaux.

6. Expliquer les passages surlignés du texte suivant à l'aide des calculs réalisés dans les questions précédentes.

> La taille du calcul rénal a une influence sur le choix du traitement (les calculs de taille élevée ont été plus souvent traités par le traitement A) ainsi que sur le résultat du traitement (les calculs de taille élevée sont plus difficiles à soigner). Ainsi, la taille du calcul a un véritable impact sur les fréquences de succès. On dit que c'est un facteur de *confusion*.

7. Quel traitement un médecin doit-il conseiller à un patient souffrant de calculs rénaux ? Expliquer.

Maths en situation...

54 … en économie Égalité Hommes-Femmes en France

Doc. 1 Diplôme le plus élevé selon le sexe en 2021, en %

	Aucun diplôme, Brevet des collèges	CAP, BEP ou équivalent	Bac ou équivalent	Bac + 2	Bac + 3 ou plus	Non déterminé
Femmes	17,7	20,0	18,6	15,8	27,6	0,3
Hommes	17,7	26,5	17,9	12,8	24,8	0,3

Doc. 2 Répartition en 2021

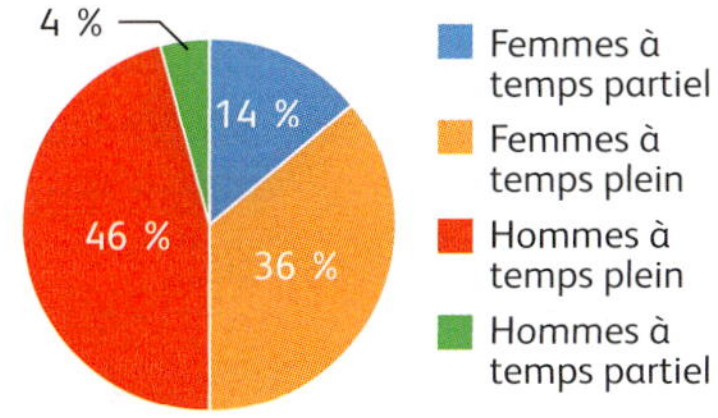

Doc. 3 Catégorie socioprofessionnelle selon le sexe en 2021

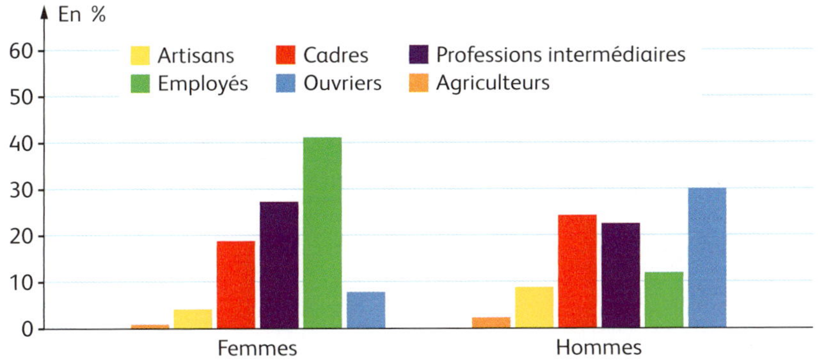

Doc. 4 Écart de salaires en équivalent temps plein entre femmes et hommes

« Les différences de salaires entre les femmes et les hommes se réduisent depuis 2010.
En 2020, les femmes ont toutefois un salaire net en équivalent temps plein inférieur de 14,8 % à celui des hommes. L'écart de salaire reste plus élevé chez les cadres (16,4 % en défaveur des femmes), même s'il s'est réduit de près de 6 points depuis 2010. »

Source : INSEE

Partie 1 Étude de documents

1. Dire si les affirmations suivantes sont vraies ou fausses.

a. Plus de 60 % des femmes ont un diplôme niveau bac ou supérieur.

b. Près d'une femme sur quatre est cadre contre un homme sur cinq.

c. Quatre femmes sur dix sont employées contre environ un homme sur dix.

d. Il y a presque quatre fois plus de femmes que d'hommes qui ont un emploi en temps partiel.

e. En 2020 les femmes cadres ont un salaire équivalent temps plein 16,4 % plus important que celui des hommes cadres.

2. De combien était environ l'écart de salaire entre hommes et femmes chez les cadres en 2010 ?

Partie 2 Représentation graphique

1. Quel diagramme serait le plus adapté pour représenter le **document 1** ?

2. Réaliser ce diagramme.

Partie 3 Construction d'un tableau

1. À l'aide du diagramme circulaire, compléter le tableau croisé d'effectifs (en %) suivant :

	Femmes	Hommes	**Total**
Temps plein			
Temps partiel			
Total			100 %

2. Calculer la fréquence conditionnelle des femmes travaillant à temps partiel parmi les personnes à temps partiel.

Maths en situation…

55 … en écologie — Émissions de gaz à effet de serre

On s'intéresse aux émissions de gaz à effet de serre (en million de tonne équivalent CO_2) des pays européens dans les principaux secteurs pour l'année 2017. On prendra comme exemple trois pays, dont les relevés associés sont répertoriés dans le tableau ci-contre.

	Énergie	Agriculture	Processus industriels	Autres	**Total**
Allemagne	766	66	64	40	936
France	327	76	44	35	482
Royaume-Uni	379	41	30	55	505

Source INSEE : TEF 2017

On arrondira les résultats à 0,01 près.

1. Citer les deux caractères étudiés ici.

2. Déterminer la fréquence conditionnelle :

a. de l'énergie par rapport aux émissions françaises ;

b. de l'agriculture par rapport aux émissions françaises ;

c. des processus industriels par rapport aux émissions françaises.

3. Comparer les résultats obtenus avec les mêmes émissions en Allemagne et au Royaume-Uni.

4. Par rapport à leurs émissions totales, quel est le pays émettant le plus de gaz à effet de serre (GES) pour :

a. l'énergie ?

b. l'agriculture ?

c. les processus industriels ?

5. On sait de plus qu'au total, 4 483 millions de tonnes de GES ont été émis en Europe cette même année. Quelle est la fréquence marginale des émissions de ces trois pays par rapport aux émissions européennes ?

56 … en politique — Élections présidentielles 2022 TABLEUR

Au second tour des élections présidentielles 2022 restaient les deux candidats suivants : M. Emmanuel Macron et Mme Marine Le Pen.

Le détail des suffrages ainsi que les résultats obtenus pour chaque candidat dans chaque commune sont regroupés dans un fichier excel. Voici un aperçu de ce fichier :

	A	B	C	D	E	F
1	Code du département	Libellé du département	Code de la commune	Libellé de la commune	Etat saisie	Inscrits
2	01	Ain	001	L'Abergemen	Complet	643
3	01	Ain	002	L'Abergemen	Complet	213
4	01	Ain	004	Ambérieu-en	Complet	8763
5	01	Ain	005	Ambérieux-e	Complet	1282
6	01	Ain	006	Ambléon	Complet	103

1. Déterminer à l'aide d'un filtre les communes ayant plus de 200 000 inscrits. Parmi ces villes, laquelle a le plus fort taux d'abstention ?

2. Existe-t-il une ou plusieurs communes ayant eu zéro votant ? Si oui, les préciser.

3. Combien de communes ont eu zéro abstention et zéro vote nul ?

4. Dans combien de communes M. Emmanuel Macron a-t-il eu 100 % des votes par rapport aux suffrages exprimés ?

5. Reprendre la question précédente avec Mme Marine Le Pen.

6. Établir la liste des communes dans lesquelles les deux candidats sont à égalité des suffrages exprimés.

Aide tableur

Pour filtrer les données du tableur, il suffit de sélectionner les colonnes correspondantes puis, dans le menu *Données*, choisir :
- *Filtrer* (avec Excel)
- *Autofiltre* (avec LibreOficce)
- *Filtre* puis *AutoFiltre* (avec OpenOffice).

Maths en situation...

57 … en Beaux Arts — Proportions du corps humain

Dans les carnets de Léonard de Vinci, on peut lire au chapitre concernant les proportions du corps humain le texte suivant :

> Vitruvius, the architect, says in his work on architecture that the measurements of the human body are distributed by Nature as follows : that is 4 fingers make 1 palm, and 4 palms make 1 foot […]. The length of a man's outspreak arms is equal to his height.

Traduction de Jean-Paul Richter, 1883.

L'objectif de cet exercice est d'examiner sur un petit échantillon si l'envergure d'un être humain est égale à sa hauteur.

24 professeurs de mathématiques volontaires ont pour cela rassemblé leur taille et leur envergure, en centimètre.

Les données sont triées par ordre croissant de taille.

Taille (x)	Envergure (y)
156	157
158	151
159	156
160	161
160	160
162	160
164	164
165	170
165	160
167	164
169	170
169	167
169	169
170	172
170	168
174	171
175	176
176	177
176	172
176	180
176	178
179	196
180	176
182	180

Les calculs seront arrondis au dixième.

On pourra compléter les données avec les mesures des élèves de la classe, ou utiliser uniquement le tableau de données fourni.

1. Pour chaque couple de données, placer les points de coordonnées $(x_i ; y_i)$ dans un graphique (la taille en abscisse et l'envergure en ordonnée).

2. Justifier que le nuage de points obtenu peut être approché par une droite.

3. Déterminer le point $G(\bar{x} ; \bar{y})$, appelé « point moyen » du nuage, dont les coordonnées sont $\bar{x}$ et $\bar{y}$, moyennes respectives des séries Taille et Envergure.

4. Partager les données en deux séries de même effectif (éventuellement à une unité près) selon l'ordre croissant des données. Calculer les coordonnées de $G_1(\overline{x_1} ; \overline{y_1})$ et $G_2(\overline{x_2} ; \overline{y_2})$, points moyens de chacune de ces deux séries.

5. Placer les points G, G_1 et G_2 sur le graphique.

6. La droite (G_1G_2) est appelée droite de Mayer pour le nuage de points obtenu.
Déterminer une équation de cette droite.

7. Vérifier que le point G appartient à cette droite.

8. Préciser la valeur de l'ordonnée à l'origine de la droite (G_1G_2). Que peut-on penser quant à l'assertion de Vitruve au regard de cet échantillon ?

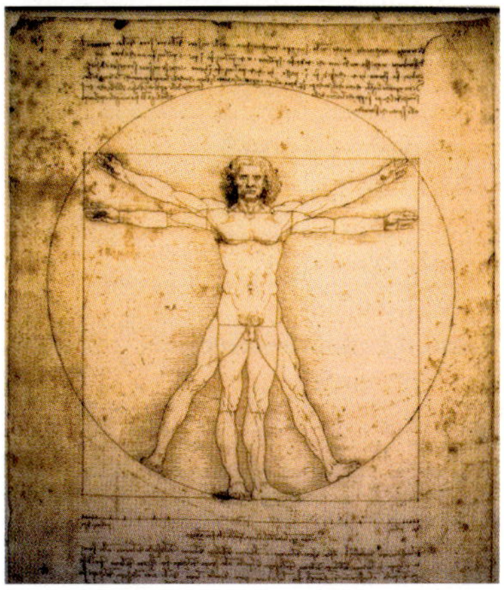

THÈME

2 Phénomènes aléatoires

Modélisation du réel

La Toscane est une région d'Italie célèbre pour ses cyprès. Au début du XVIIe siècle, le grand duc de Toscane Cosme II (1590-1621) avait remarqué qu'en lançant trois dés, on trouvait plus souvent 10 que 9 en ajoutant les faces obtenues. Il exposa le « paradoxe » à Galilée, son précepteur, qui étudia le problème et fut précurseur des probabilités avec son « calcul des hasards ».

Voir Apprendre à modéliser p. 44

Les capacités du thème

- CAPACITÉ 1 : Construire un tableau d'effectifs – Calculer des probabilités conditionnelles
- CAPACITÉ 2 : Construire un arbre de probabilité – Calculer des probabilités conditionnelles à l'aide d'un arbre pondéré

Partir d'un bon pied

A Diaporama pour tester les bases

ACTIVITÉS MENTALES RAPIDES

B QCM : Loi de probabilité

Un jeu permet d'obtenir les résultats 1, 2, 4 et 5 avec les probabilités données ci-contre.

Résultats	1	2	4	5
Probabilités	0,2	0,3	x	0,4

1. La probabilité d'obtenir le résultat 4 est égale à :

a. 1,1 **b.** 0 **c.** 0,1 **d.** 0,2

2. La probabilité d'obtenir un résultat pair est égale à :

a. 0,5 **b.** 0,3 **c.** 0,4 **d.** 0,2

C Vrai/Faux : Expériences répétées

1. On lance deux fois une pièce de monnaie équilibrée.
La probabilité d'obtenir deux fois « pile » est égale à $\frac{1}{3}$.

2. On a lancé quatre fois une pièce de monnaie équilibrée, et on a obtenu quatre fois « pile ». Au cinquième lancer, il y a plus de chances d'obtenir « face » que « pile ».

automatismes

VIDÉO EXO 2 hachette-clic.fr/23ds1004

VIDÉO EXO 3 hachette ic.fr/23ds1005

Automatismes transversaux

1 On donne ci-contre la représentation graphique d'une fonction f.

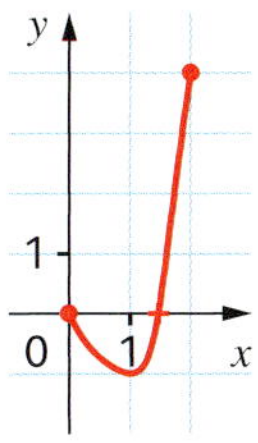

1. Quel est l'ensemble de définition de f ?
2. Quelle est l'image par f de 0 ? de 1 ? de 2 ?
3. Combien 0 a-t-il d'antécédents par f ? Avec la précision permise par le graphique, donner les valeurs de ces antécédents.
4. Donner deux exemples de nombres qui n'ont pas d'antécédent par f.

2 Un produit coûte 180 €. Pendant les soldes, son prix diminue de 40 % après une première remise, puis encore de 20 % après une seconde remise.
1. Calculer le prix après la première remise.
2. Calculer le prix après la seconde remise.
3. Calculer le taux de diminution global.

3 Compléter le tableau suivant, où l'on écrit les nombres sous trois formes : fractionnaire, décimale et en pourcentage.

$\frac{1}{5}$			$\frac{3}{4}$		
0,2	0,5				1,333...
20 %		80 %		275 %	

4 Vrai ou faux ?
Raymond a parcouru à vélo 20 km par jour en moyenne, tous les jours pendant 10 ans.
Il a parcouru au total environ 70 000 km.

5 L'équation $2x + 3 = x - 5$ admet pour solution :
1. -2 **2.** $2x + 8$ **3.** -8 **4.** 8

6 Pour faire un gâteau au yaourt, on mélange un pot de yaourt, deux pots de sucre, trois de farine, un demi d'huile. Quel est le pourcentage d'huile, en volume ?

7 Dans un communiqué de presse, le service de communication d'une très grande entreprise a diffusé le graphique suivant pour rendre compte de l'évolution de la participation à deux journées de grève rapprochées dans l'entreprise.

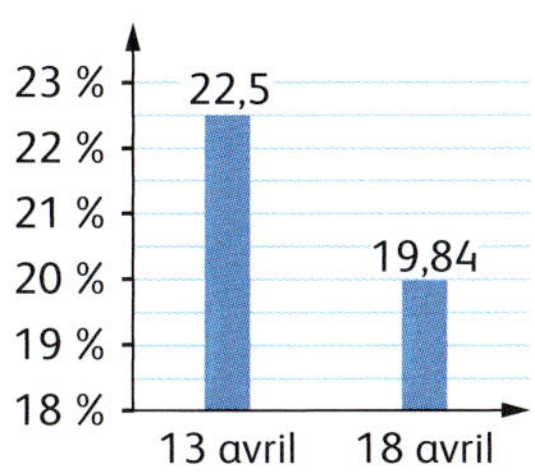

1. Commenter ce graphique. Quel problème majeur pose-t-il ?
2. Comment « corriger » ce graphique pour qu'il ne pose plus ce problème ?

Automatismes préparatoires du thème

8 Vocabulaire
1. Préciser un adjectif qui, en français, signifie « soumis au hasard », « dépendant du hasard », ...
2. Rappeler la définition d'un univers, d'un événement, d'une loi de probabilité.
3. Dans une expérience aléatoire, les expressions suivantes sont utilisées pour suggérer une situation particulière. Quelle est cette situation ?
« tirage au hasard », « dé équilibré », « dé non truqué », « boules indiscernables au toucher »
4. Préciser le sens de « situation d'équiprobabilité ».

9 **1.** On lance deux dés équilibrés. Les différentes sommes possibles des deux valeurs obtenues sont 2, 3, 4, ..., 11, 12. Ces sommes sont-elles équiprobables ?
2. Citer deux situations d'équiprobabilité et deux situations de non équiprobabilité.

10 On donne ci-dessous une loi de probabilité.

a	b	c	d
x	x	$2x$	0,25

Déterminer la valeur de x, en précisant une écriture décimale, fractionnaire et en pourcentage.

11 Calculer la valeur du réel y à partir de la loi de probabilité ci-dessous.

1	2	3
$\frac{1}{3}$	$\frac{1}{6}$	$3y$

12 Un dé cubique dont les faces sont numérotées de 1 à 6 est truqué. Toutes les faces ont la même probabilité d'apparition, sauf le 6, trois fois plus probable. Calculer la probabilité d'apparition de chaque face.

13 Une station-service est équipée de nombreuses pompes. L'expérience prouve que, lorsqu'un client se présente à la station, toutes les pompes ont une même probabilité de 0,0625 d'être choisies par le client. Combien de pompes la station compte-t-elle ?

14 On lance un dé équilibré dont les six faces sont numérotées de 1 à 6.
1. Calculer la probabilité des événements :
I : « le résultat est impair » ;
T : « le résultat est inférieur ou égal à 3 » ;
S : « le résultat est supérieur ou égal à 4 ».
2. Calculer la probabilité des événements :
$$I \cap T \,;\, I \cup T \,;\, T \cap S \text{ et } T \cup S$$

Activités en situation...

Consolider les bases

Objectif
Réactiver les calculs de probabilités d'un événement, d'une réunion, d'un événement contraire.

Le tableau ci-dessous donne la répartition des élèves de Première d'un lycée en fonction du sexe et de la seconde langue étudiée.

	Espagnol	Allemand	Autres	Total
Filles	175	25	12	212
Garçons	149	17	9	175
Total	324	42	21	387

On choisit un élève de Première au hasard et on note les événements E : « l'élève étudie l'espagnol » et F : « l'élève est une fille ».
Les probabilités demandées seront arrondies au centième.

1 Calculer la probabilité de chacun des événements E et F.

2 Décrire par une phrase l'événement $E \cap F$ et calculer sa probabilité.

3 Décrire par une phrase l'événement $E \cup F$ et calculer sa probabilité.

4 Décrire par une phrase l'événement $\overline{E}$ et calculer sa probabilité.

Situation 1 Vélo neuf ou d'occasion ? électrique ou pas ?

Objectif
Découvrir la notion de probabilité conditionnelle à partir d'un tableau d'effectif.

Le tableau ci-dessous récapitule les ventes de vélos dans une boutique spécialisée en 2022.

	Vélos neufs	Vélos d'occasion	Total
Vélos électriques	363	143	506
Vélos non électriques	286	308	594
Total	649	451	1 100

Le vendeur choisit au hasard la facture d'un vélo vendu en 2022.
On note E l'événement : « la facture est celle d'un vélo électrique » et N : « la facture est celle d'un vélo neuf ».

1 Calculer les probabilités $P(E)$, $P(N)$ et $P(E \cap N)$.

2 Le vendeur a sélectionné la facture d'un vélo électrique.
a. Combien y a-t-il de factures de vélos électriques ?
b. Parmi les factures de vélos électriques, combien correspondent à des vélos neufs ?
c. En déduire la probabilité que la facture soit celle d'un vélo neuf sachant qu'il s'agit de la facture d'un vélo électrique. Cette probabilité est une probabilité **conditionnelle**, on la note $P_E(N)$.

3 Calculer $\dfrac{P(E \cap N)}{P(E)}$. Que remarque-t-on ?

4 **a.** Calculer la probabilité conditionnelle, notée $P_N(E)$, que la facture soit celle d'un vélo électrique sachant qu'il s'agit d'une facture d'un vélo neuf.
b. Quelle égalité peut-on écrire avec $P(N)$, $P(E \cap N)$ et $P_N(E)$?

Info
2 c. Dans un tableau d'effectifs, pour calculer des probabilités conditionnelles, on isole une ligne ou une colonne du tableau dans laquelle on réalise les calculs. Ici, on isole la ligne « vélos électriques ».

Situation 2 Tirage sans remise

Objectif
Construire et exploiter un arbre pondéré.

Une urne contient quatre boules indiscernables au toucher : deux noires et deux rouges. On tire au hasard une boule dans l'urne, **puis sans la remettre**, on en tire une seconde. On note les événements A : « la première boule tirée est noire » et B : « la seconde boule tirée est noire ».

1 Quelle est la probabilité $P(\mathrm{A})$ d'obtenir une boule noire au premier tirage ?

2 a. Après avoir tiré une boule noire au premier tirage, combien reste-t-il de boules dans l'urne ? Combien de noires ?
b. En déduire la probabilité de tirer une boule noire au second tirage sachant qu'on en a tiré une au premier.
c. Déterminer la probabilité conditionnelle $P_{\mathrm{A}}(\overline{\mathrm{B}})$.

3 a. Recopier et compléter l'arbre ci-contre, appelé arbre **pondéré**, dans lequel on indique sur chaque branche les probabilités correspondantes.
b. À quel événement correspond le chemin **complet** A suivi de B ?
c. La probabilité d'un chemin **complet** est égale au **produit** des probabilités inscrites sur chaque branche du chemin.
Quelle est la probabilité de tirer deux boules noires ? deux rouges ?
d. Parmi les formules ci-dessous, laquelle est correcte dans ce cas ?

$P(\mathrm{A}\cap\mathrm{B})=P(\mathrm{A})\times P(\mathrm{B})$ $\quad$ $P(\mathrm{A}\cup\mathrm{B})=P(\mathrm{A})\times P(\mathrm{B})$

$P(\mathrm{A}\cap\mathrm{B})=P(\mathrm{A})\times P_{\mathrm{A}}(\mathrm{B})$ $\quad$ $P(\mathrm{A}\cup\mathrm{B})=P(\mathrm{A})\times P_{\mathrm{A}}(\mathrm{B})$

Info
2 b. On obtient la probabilité **conditionnelle** de l'événement B sachant que l'événement A est réalisé, on la note $P_{\mathrm{A}}(\mathrm{B})$.

Info
3 Dans l'arbre, sur une branche du second niveau, on écrit la probabilité de l'événement extrémité de la branche sachant que l'événement origine de cette branche est réalisé.

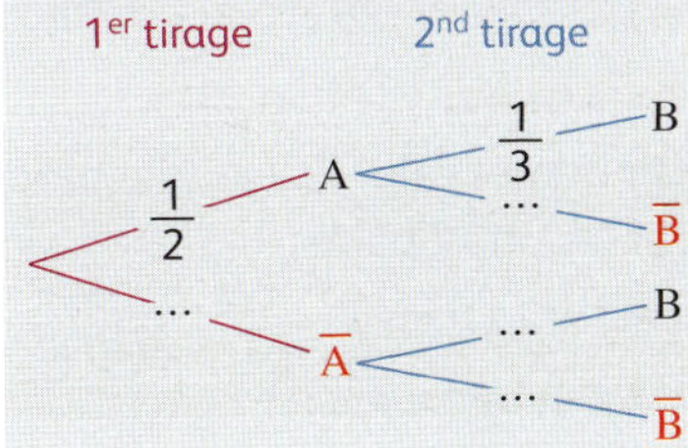

Situation 3 Tirages avec ou sans remise

Objectif
Comparer des situations indépendantes ou non.

Un sac contient dix jetons numérotés de 1 à 10.
Premier cas
On tire au hasard un jeton du sac, on note le numéro puis on le remet dans le sac avant d'en tirer un second.
Second cas
On tire au hasard un jeton du sac, on note le numéro puis sans le remettre dans le sac, on en tire un second.

On note les événements A « le premier numéro tiré est pair » et B « le second numéro tiré est pair ».

1 On se place dans le premier cas et on suppose qu'on obtient un numéro pair au premier tirage.
a. Combien y a-t-il alors de jetons dans le sac avant de procéder au deuxième tirage ? combien de numéros pairs ?
b. Le résultat du premier tirage a-t-il une influence sur le résultat du second tirage ?
c. Calculer la probabilité conditionnelle d'obtenir un numéro pair au second tirage sachant qu'on en a obtenu un au premier tirage.

2 Reprendre les questions ci-dessus dans le second cas.

3 a. Construire un arbre pondéré pour chacun des cas.
b. Calculer la probabilité d'obtenir deux numéros pairs dans chacun des cas. Les probabilités obtenues sont-elles égales ? Pourquoi ?

Info
1 b. Lorsque la réalisation d'un événement n'influence pas la réalisation d'un autre événement, on dit qu'ils sont **indépendants**.

Cours

1 Probabilités conditionnelles et indépendance

On considère une expérience aléatoire et on appelle Ω l'univers qu'on lui associe.
Soient A et B deux événements de probabilité non nulle de Ω.

a Probabilité conditionnelle

Définition

On appelle probabilité conditionnelle de B sachant A, la probabilité que l'événement B se réalise sachant que l'événement A est réalisé. Elle est notée $P_A(B)$ et est définie par :

$$P_A(B) = \frac{P(A \cap B)}{P(A)}$$

Remarques

- On admet que P_A est une probabilité, elle suit donc les règles établies pour les probabilités :
  - $0 \leqslant P_A(B) \leqslant 1$
  - $P_A(\overline{B}) = 1 - P_A(B)$
- Avec la définition ci-dessus, on a :

$$P(A \cap B) = P(A) \times P_A(B)$$

et

$$P(A \cap B) = P(B) \times P_B(A)$$

Ainsi, si on connaît, par exemple $P(A)$ et $P_A(B)$, on peut calculer $P(A \cap B)$.

- $P_A(A) = 1$: sachant que l'événement A est réalisé, il devient certain !

Au jeu, le tricheur manipule, parfois sans le savoir, des probabilités conditionnelles… Par exemple, s'il voit un as dans le jeu de son voisin, la probabilité de l'événement « mon voisin possède un as dans son jeu » est égale à 1, il est devenu certain !

Exemple

On choisit au hasard un élève d'une classe de Première dont le tableau ci-dessous donne les occupations devant les écrans pendant le week-end.

	Télévision	Internet	Total
Filles	5	10	15
Garçons	3	13	16
Total	8	23	31

On note T : « l'élève choisi préfère regarder la télévision » et F : « l'élève choisi est une fille ».

- La probabilité que l'élève regarde la télévision sachant que c'est une fille est :

$$P_F(T) = \frac{P(F \cap T)}{P(F)} = \frac{\frac{5}{31}}{\frac{15}{31}} = \frac{5}{15} = \frac{1}{3}$$

- La probabilité que l'élève soit une fille sachant que l'élève préfère regarder la télévision est :

$$P_T(F) = \frac{P(F \cap T)}{P(T)} = \frac{\frac{5}{31}}{\frac{8}{31}} = \frac{5}{8}$$

b Indépendance de deux événements

Définition

Les deux événements A et B sont indépendants lorsque :

$$P_A(B) = P(B) \text{ ou } P_B(A) = P(A)$$

Remarque

- $P_A(B) = P(B)$ se traduit par : la probabilité de B ne dépend pas de la réalisation de A.

Autrement dit, lorsque deux événements sont indépendants, la réalisation de l'un ne modifie pas la probabilité de l'autre.

- Si A et B sont indépendants, alors $P(A \cap B) = P(A) \times P(B)$.

On reprend l'exemple ci-dessus. On a $P(T) = \frac{8}{31}$ et $P_F(T) = \frac{1}{3}$.
Ces deux probabilités ne sont pas égales.
Ainsi les événements F et T ne sont pas indépendants.

méthode

CAPACITÉ 1 Construire un tableau d'effectifs – Calculer des probabilités conditionnelles

Énoncé

Dans une association de 420 membres, les activités proposées sont le jeu d'échecs et le jeu de go. Les membres sont classés selon leur tranche d'âge : les « juniors » et les « séniors ».

On sait que 315 membres, dont 63 juniors, jouent aux échecs et que 84 membres sont des juniors.

On choisit un membre au hasard. On note respectivement J et E les événements « le membre est un junior », « le membre joue aux échecs ».

	Échecs	Go	Total
Junior	63		84
Sénior			
Total	315		420

1. Recopier et compléter le tableau d'effectifs ci-contre.

2. Calculer la probabilité des événements J et E.

3. Traduire par une phrase l'événement $J \cap E$ et calculer sa probabilité.

4. Calculer la probabilité que le membre choisi joue aux échecs sachant que c'est un junior. Que peut-on remarquer ?

5. Calculer la probabilité conditionnelle $P_{\overline{E}}(J)$ et interpréter le résultat dans le contexte de l'exercice.

Solution

1. $420-84=336$; $420-315=105$; $315-63=252$; $84-63=21$; $105-21=84$.

	Échecs	Go	Total
Junior	63	21	84
Sénior	252	84	336
Total	315	105	420

2. L'expression « on choisit un membre au hasard » induit une situation d'équiprobabilité.

Ainsi, $P(J)=\dfrac{84}{420}=0{,}2$; $P(E)=\dfrac{315}{420}=0{,}75$.

3. L'événement $J \cap E$ signifie que le membre choisi est un junior et qu'il joue aux échecs. On a donc : $P(E \cap J)=\dfrac{63}{420}=0{,}15$.

4. On doit calculer : $P_J(E)=\dfrac{P(J\cap E)}{P(J)}=\dfrac{0{,}15}{0{,}2}=0{,}75$.

On peut aussi calculer : $P_J(E)=\dfrac{\text{nb d'éléments de } J\cap E}{\text{nb d'éléments de } J}=\dfrac{63}{84}=0{,}75$.

On remarque que : $P_J(E)=P(E)$; J et E sont donc indépendants.

5. $P_{\overline{E}}(J)=\dfrac{\text{nb d'éléments de } J\cap \overline{E}}{\text{nb d'éléments de } \overline{E}}=\dfrac{21}{105}=0{,}2$. La probabilité que le membre choisi soit un junior sachant qu'il joue au go est de 0,2.

Point méthode

2. Pour calculer la probabilité d'un événement A en situation d'équiprobabilité, on applique la propriété :

$$P(A)=\frac{\text{nb d'éléments de } A}{\text{nb d'éléments de } \Omega}$$

Point méthode

4. et **5.** Pour calculer une probabilité conditionnelle, on applique la définition :

$$P_A(B)=\frac{P(A\cap B)}{P(A)}$$

En situation d'équiprobabilité, cette définition se ramène à :

$$P_A(B)=\frac{\text{nb d'éléments de } A\cap B}{\text{nb d'éléments de } A}$$

J'applique

15 Le tableau ci-dessous donne la répartition des joueurs de tennis et de padel d'un club.

	Tennis	Padel	Total
Femmes	55	39	94
Hommes	70	36	106
Total	125	75	200

On choisit au hasard un membre du club. On note T et F les événements respectifs : « le membre joue au tennis » et « le membre est une femme ».

1. Calculer la probabilité des événements F, T et $F \cap T$.

2. Calculer les probabilités conditionnelles $P_T(F)$ et $P_{\overline{T}}(\overline{F})$. Interpréter les résultats.

3. Les événements F et T sont-ils indépendants ?

Cours

2 Arbres pondérés et probabilités conditionnelles

Lorsqu'on réalise une expérience aléatoire mettant en jeu plusieurs événements, on peut modéliser la situation par des **arbres pondérés** à deux niveaux comme ci-dessous, où A et B sont deux événements de Ω avec $P(A) \neq 0$.

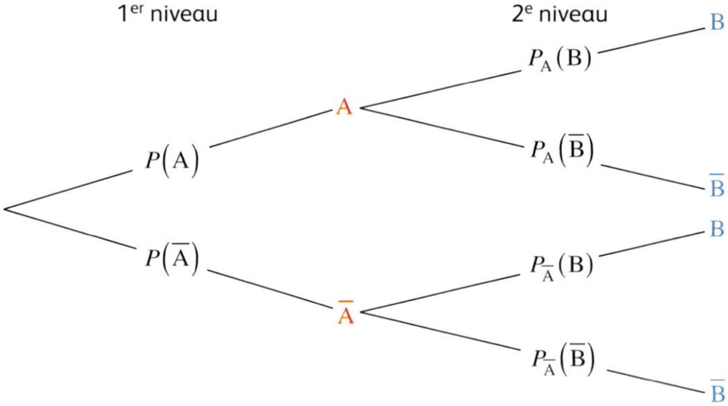

• Sur les branches de premier niveau, on indique la probabilité de l'événement A et celle de $\overline{A}$, sur celles de second niveau on indique les probabilités de l'événement de l'extrémité (à droite) sachant que l'événement à son origine (à gauche) est réalisé.
Par exemple, la probabilité correspondant à la branche qui relie A à B est $P_A(B)$.

• Le chemin complet A suivi de B représente l'événement $A \cap B$.

• La somme des probabilités sur toutes les branches de même origine est égale à 1.

Propriété

La probabilité d'un chemin complet est égale au produit des probabilités inscrites sur chaque branche du chemin.

Remarque

Cette propriété repose sur l'égalité : $P(A \cap B) = P(A) \times P_A(B)$.

Exemple

Dans une classe de Première, 60 % des élèves sont des filles.
• La probabilité qu'un élève soit une fille est $P(F) = 0{,}6$. Parmi les filles (F), 70 % étudient l'espagnol (E) en LVB.
• Ainsi, la probabilité conditionnelle de E sachant F est :

$$P_F(E) = 0{,}7$$

On peut représenter la situation avec l'arbre pondéré ci-dessous.

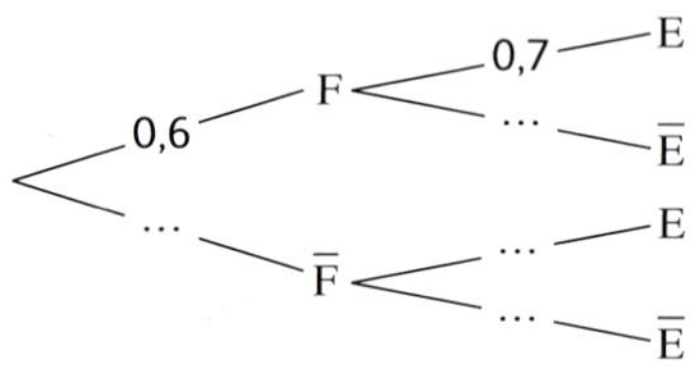

La probabilité qu'un élève de cette classe soit une fille (F) étudiant l'espagnol en LVB (E) est :

$$P(F \cap E) = P(F) \times P_F(E) = 0{,}6 \times 0{,}7 = 0{,}42$$

3 Succession d'épreuves indépendantes

Définition

Lorsqu'on effectue plusieurs expériences aléatoires successives dont les résultats ne s'influencent pas entre eux, on dit qu'il y a **succession d'épreuves indépendantes**.

Remarques

• Lors de la répétition de deux épreuves indépendantes identiques, les probabilités de chaque issue ne changent pas.

• On peut assimiler la répétition de deux épreuves indépendantes identiques à deux tirages successifs avec remise. En effet, lors de deux tirages successifs avec remise, les résultats du premier tirage n'influencent pas ceux obtenus au second tirage.

• Pour représenter une répétition de deux épreuves indépendantes identiques, on peut utiliser un arbre pondéré à deux niveaux. Les événements et leurs probabilités restent les mêmes entre le premier niveau et le second niveau de l'arbre.

Exemple

Une urne contient 2 jetons rouges et 3 verts. On tire au hasard successivement **avec remise** deux jetons de l'urne. En raison de l'hypothèse « avec remise », le résultat du premier tirage n'influence pas celui du second. C'est une répétition de deux épreuves indépendantes identiques qu'on peut modéliser à l'aide d'un arbre pondéré.

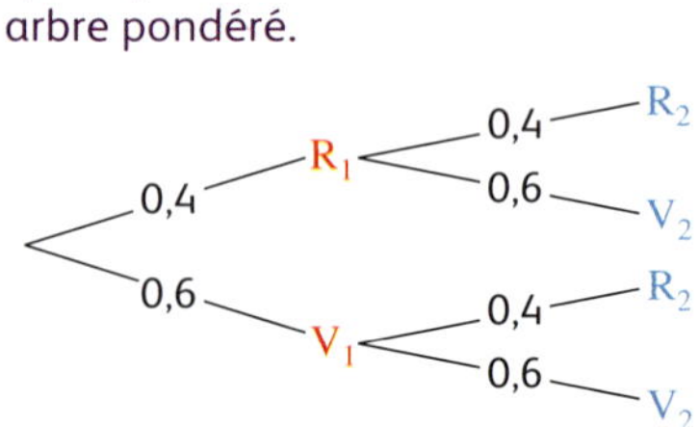

méthode

CAPACITÉ 2 Construire un arbre de probabilité – Calculer des probabilités conditionnelles à l'aide d'un arbre pondéré

Énoncé Parmi les élèves d'un lycée, 80 % regardent principalement des séries, les autres regardent principalement des films. De plus, 40 % des élèves regardant des films préfèrent les regarder en version originale, contre 30 % pour les élèves regardant des séries. On interroge un élève au hasard et on considère les événements S : « l'élève interrogé regarde principalement des séries » et O : « l'élève interrogé regarde son programme en version originale ».

1. Donner les probabilités $P(S)$, $P_S(O)$ et $P_{\overline{S}}(O)$.

2. Représenter la situation à l'aide d'un arbre pondéré.

3. Calculer $P(S \cap O)$ et interpréter ce résultat dans le contexte de l'énoncé. On admet que $P(O) = 0{,}32$.

4. En déduire $P_O(S)$. Les événements O et S sont-ils indépendants ?

Solution

1. L'énoncé permet de répondre directement à la question.
« 80 % regardent principalement des séries » donc $P(S) = 0{,}8$.
« 40 % des élèves regardant des films préfèrent les regarder en version originale » donc $P_{\overline{S}}(O) = 0{,}4$.
« …contre 30 % pour les élèves regardant des séries » donc $P_S(O) = 0{,}3$.

Aide
80 % = 0,8
50 % = 0,5
40 % = 0,4

2.

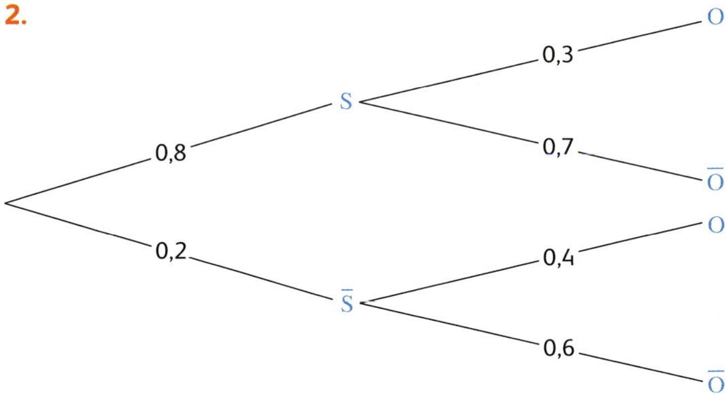

Point méthode
2. La somme des probabilités des branches issues d'un même nœud est égale à 1.

3. L'événement $S \cap O$ est modélisé par le chemin passant par S jusqu'à O. La probabilité d'un chemin est le produit des probabilités des branches qui le composent, on a alors :

$$P(S \cap O) = P(S) \times P_S(O) = 0{,}8 \times 0{,}3 = 0{,}24$$

Ainsi, 24 % des élèves regardent des séries et préfèrent les voir en version originale.

4. On applique la formule : $P_O(S) = \dfrac{P(S \cap O)}{P(O)} = \dfrac{0{,}24}{0{,}32} = 0{,}75$.

Les événements O et S sont indépendants s'ils vérifient l'égalité $P_O(S) = P(S)$. Or $P(S) = 0{,}8$ et $P_O(S) = 0{,}75$. Les événements O et S ne sont donc pas indépendants.

J'applique

16 Compéter l'arbre de probabilité suivant.

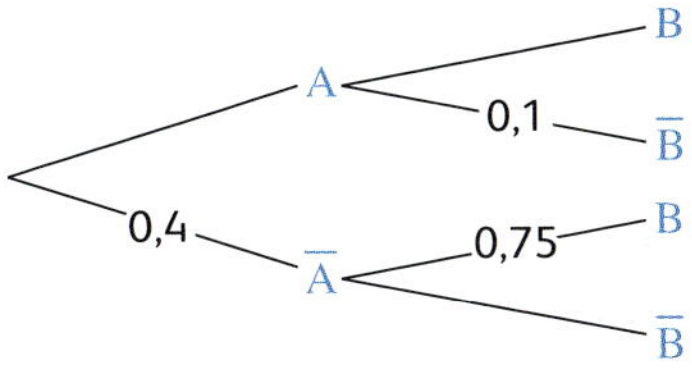

17 À l'aide de l'arbre ci-dessous, donner les valeurs des probabilités suivantes.

1. $P(A)$

2. $P_{\overline{A}}(B)$

3. $P_A(\overline{B})$

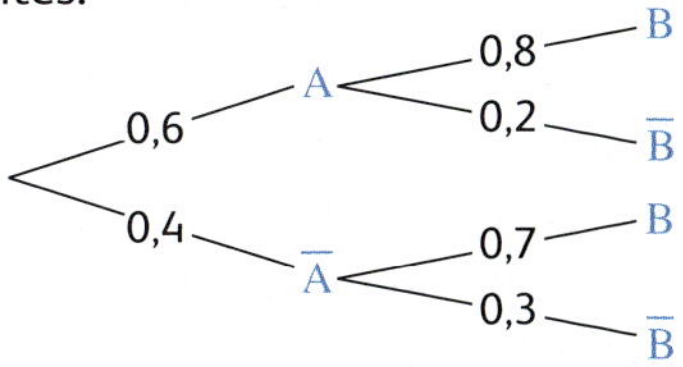

Je **fais** le **point**

J'évalue mes connaissances

VERSION INTERACTIVE
hachette-clic.fr/23ds1006

Voir corrigés

QCM

Pour chacune des questions, indiquer la (ou les) bonne(s) réponse(s).
Si besoin, les probabilités sont données arrondies au millième.

Le tableau ci-dessous donne la répartition des 800 élèves d'un lycée selon leur sexe et leur régime.

	Filles	Garçons	Total
Externes	140	60	200
Demi-pensionnaires	240	260	500
Internes	40	60	100
Total	420	380	800

On choisit un élève du lycée au hasard et on note E, D, I et F les événements respectifs « l'élève choisi est externe », « l'élève choisi est demi-pensionnaire », « l'élève choisi est interne » et « l'élève choisi est une fille ».

	a	b	c
1. $P(\text{E})$ est égale à :	0,175	0,7	0,25
2. $P(\overline{\text{F}})$ est égale à :	0,525	0,475	0,075
3. $P(\text{F} \cap \text{D})$ est égale à :	0,571	0,3	0,48
4. La probabilité que l'élève choisi soit interne sachant que c'est une fille est notée :	$P_{\text{F}}(\text{I})$	$P(\text{I} \cap \text{F})$	$P_{\text{I}}(\text{F})$
5. $P_{\text{D}}(\overline{\text{F}})$ est égale à :	0,684	0,52	0,325
6. La probabilité que l'élève choisi soit un garçon externe est notée :	$P(\text{E} \cap \overline{\text{F}})$	$P_{\text{E}}(\overline{\text{F}})$	$P_{\overline{\text{F}}}(\text{E})$
7. La probabilité que l'élève choisi ne soit pas interne est égale à :	0,125	$P(\text{E})$	0,875
8. La probabilité que l'élève choisi soit un garçon sachant qu'il est interne est égale à :	0,6	0,158	$P_{\text{I}}(\overline{\text{F}})$

vrai ou faux ?

Indiquer pour chaque affirmation si elle est vraie ou fausse. Justifier.

Partie A.

On considère l'arbre pondéré ci-contre où A et B sont deux événements.

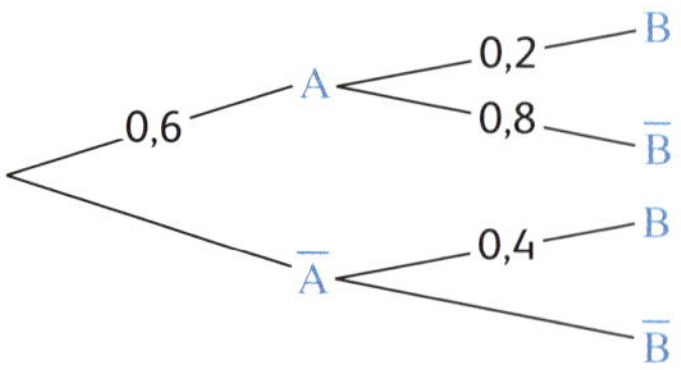

1. $P_{\text{A}}(\text{B}) = 0{,}2$

2. $P(\overline{\text{A}}) = 0{,}4$

3. $P(\text{A} \cap \text{B}) = 0{,}8$

4. $P_{\text{A}}(\overline{\text{B}}) = 0{,}8$

5. $P(\overline{\text{A}} \cap \text{B}) = 0{,}4$

6. $P_{\overline{\text{A}}}(\overline{\text{B}}) = 0{,}6$

7. On admet que $P(\text{B}) = 0{,}28$.
Les événements A et B sont indépendants.

Partie B.

Dans une grande entreprise, 30 % des salariés sont cadres et parmi eux, 25 % pratiquent le télétravail. Parmi les salariés non cadres, seulement 10 % pratiquent le télétravail.

On choisit au hasard un salarié et on note C et T les événements respectifs : « le salarié est cadre » et « le salarié pratique le télétravail ».

1. $P(\overline{\text{C}}) = 0{,}7$

2. $P(\text{C} \cap \text{T}) = 0{,}25$

3. $P_{\text{C}}(\overline{\text{T}}) = 0{,}75$

4. $P(\overline{\text{C}} \cap \text{T}) = 0{,}1$

5. On admet que 14,5 % des salariés pratiquent le télétravail.

a. Les événements C et T sont indépendants.

b. $P_{\text{T}}(\text{C}) \approx 0{,}517$

Consolider les bases

18 On lance un dé à huit faces, numérotées de 1 à 8 et on s'intéresse au résultat obtenu.

1. a. Décrire l'univers de cette expérience aléatoire.

b. Combien d'issues possède-t-elle ?

2. On considère l'événement A : « obtenir un nombre pair ».

a. Décrire l'événement à l'aide des issues de cette expérience aléatoire.

b. En déduire la probabilité $P(\mathrm{A})$.

19 Un triathlon par équipe regroupe trois types de participants, selon leur âge : Junior, Senior et Vétéran. Chaque participant a la possibilité de s'inscrire dans un seul des sports proposés. On récapitule le nombre d'inscrits dans chaque discipline dans le tableau suivant.

	Cyclisme	Natation	Course à pied	Total
Junior		247	377	945
Senior	398	139		710
Vétéran	257	456	342	
Total	976		892	2 710

Le jour de l'épreuve on interroge un participant au hasard.

On arrondira les résultats au dixième.

1. Reproduire et compléter le tableau.

2. Déterminer la probabilité d'interroger un Junior.

3. Déterminer la probabilité d'interroger un participant inscrit en natation.

4. Déterminer la probabilité d'interroger un vétéran inscrit en cyclisme.

5. Déterminer la probabilité d'interroger un vétéran ou un candidat inscrit en cyclisme.

20 On considère deux événements A et B tels que $P(\mathrm{A})=0{,}3$; $P(\mathrm{B})=0{,}6$ et $P(\mathrm{A}\cap\mathrm{B})=0{,}15$.

1. Déterminer $P(\overline{\mathrm{A}})$. **2.** Déterminer $P(\mathrm{A}\cup\mathrm{B})$.

21 Soient A et B deux événements incompatibles, tels que $P(\mathrm{A})=0{,}2$ et $P(\mathrm{B})=0{,}3$.

1. Déterminer $P(\overline{\mathrm{B}})$. **2.** Déterminer $P(\mathrm{A}\cup\mathrm{B})$.

22 On place trois billes indiscernables au toucher, dans un sac. Les billes sont numérotées de 1 à 3.

On tire au hasard, successivement et sans remise, les trois billes du sac. On forme ainsi un nombre à trois chiffres, en écrivant dans l'ordre les numéros tirés.

1. Combien y a-t-il de résultats possibles ?

2. Quelle est la probabilité d'obtenir un multiple de 3 ?

3. Quelle est la probabilité d'obtenir un nombre pair ?

4. Quelle est la probabilité d'obtenir un nombre premier ?

Connaître le cours

23 Soient A et B deux événements tels que :

$$P(\mathrm{A})=0{,}5 \text{ ; } P(\mathrm{B})=0{,}7 \text{ et } P(\mathrm{A}\cap\mathrm{B})=0{,}2$$

1. a. Exprimer $P_{\mathrm{B}}(\mathrm{A})$ en fonction de $P(\mathrm{B})$ et $P(\mathrm{A}\cap\mathrm{B})$.

b. Calculer la valeur de $P_{\mathrm{B}}(\mathrm{A})$.

2. Calculer la valeur de $P_{\mathrm{A}}(\mathrm{B})$.

24 On prélève un lot de pièces sur deux lignes de fabrication défaillantes et on examine si elles sont conformes ou pas aux exigences de qualité. On obtient les résultats suivants.

	Ligne A	Ligne B
Conforme	12	11
Non conforme	6	7

On choisit au hasard une pièce du lot.

On note C l'événement « la pièce est conforme » et A l'événement « la pièce provient de la chaîne A ».

1. Déterminer $P(\mathrm{A})$.

2. Déterminer $P(\mathrm{C}\cap\mathrm{A})$.

3. Calculer de deux manières différentes $P_{\mathrm{A}}(\mathrm{C})$.

25 Vrai ou faux ?

Les affirmations suivantes sont-elles vraies ou fausses ? Justifier votre réponse.

Soient A et B deux événements tels que :

$$P(\mathrm{A})=0{,}4 \text{ ; } P(\mathrm{B})=0{,}6 \text{ et } P(\mathrm{A}\cap\mathrm{B})=0{,}24$$

1. $P_{\mathrm{A}}(\mathrm{B})=0{,}8$

2. Les événements A et B sont indépendants.

26 Dans chacun des cas déterminer si les événements A et B sont indépendants.

1. $P(\mathrm{A})=0{,}5$; $P(\mathrm{B})=0{,}3$ et $P_{\mathrm{B}}(\mathrm{A})=0{,}5$

2. $P(\mathrm{A})=0{,}8$; $P(\mathrm{B})=0{,}3$ et $P_{\mathrm{A}}(\mathrm{B})=0{,}8$

3. $P(\mathrm{A})=0{,}6$; $P(\mathrm{B})=0{,}7$ et $P(\mathrm{A}\cap\mathrm{B})=0{,}42$

27 On donne l'arbre pondéré suivant.

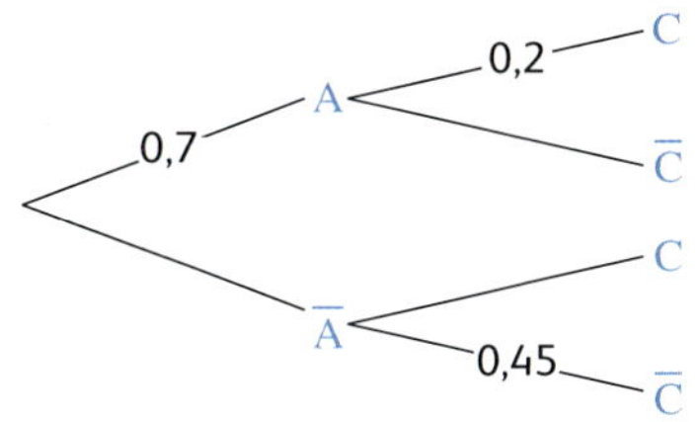

1. Recopier et compléter l'arbre pondéré.

2. Donner les probabilités de $P(\mathrm{A})$ et $P_{\mathrm{A}}(\mathrm{C})$.

3. En déduire la probabilité de $P(\mathrm{A}\cap\mathrm{C})$.

28 On considère deux événements A et B de probabilité non nulle.

1. Justifier que, si A et B sont indépendants, on a :

$$P(\mathrm{A}\cap\mathrm{B})=P(\mathrm{A})\times P(\mathrm{B})$$

2. Si A et B sont indépendants, peuvent-ils être incompatibles ?

exercices Application

CAPACITÉ 1 Construire un tableau d'effectifs – Calculer des probabilités conditionnelles

29 QCM

À l'occasion d'un sondage effectué auprès de 2 000 salariés d'une entreprise, 55 % d'entre eux sont favorables à la semaine dite « de quatre jours ». Parmi eux, 30 % ont plus de 30 ans. Parmi les salariés défavorables, 35 % ont moins de 30 ans. On choisit un salarié interrogé au hasard.

On considère les événements F « le salarié est favorable » et M « le salarié a moins de 30 ans ». *Les probabilités proposées sont, si besoin, arrondies au centième.*

1. Le tableau croisé d'effectifs décrivant la situation est :

a.

	F	$\overline{F}$	Total
M	500	700	1 200
$\overline{M}$	600	200	800
Total	1 100	900	2 000

b.

	F	$\overline{F}$	Total
M	770	315	1 085
$\overline{M}$	330	585	915
Total	1 100	900	2 000

c.

	F	$\overline{F}$	Total
M	25	35	60
$\overline{M}$	30	10	40
Total	55	45	100

d.

	F	$\overline{F}$	Total
M	38,5	15,75	54,25
$\overline{M}$	16,5	29,25	45,75
Total	55	45	100

2. La probabilité que le salarié soit favorable et ait moins de 30 ans est :

a. 0,25 **b.** 0,385 **c.** 0,7 **d.** 0,71

3. La probabilité conditionnelle de F sachant M est :

a. 0,42 **b.** 0,385 **c.** 0,7 **d.** 0,71

4. La probabilité que le salarié ait plus de 30 ans sachant qu'il est défavorable est :

a. 0,2925 **b.** 0,639 **c.** 0,65 **d.** 0,9075

30 Un club de tennis compte 450 adhérents. 254 sont des hommes, dont 120 mineurs. Parmi les femmes, 128 sont majeures.

1. Reproduire et compléter le tableau croisé d'effectifs correspondant à la répartition des adhérents du club selon le sexe et l'âge.

	Femmes	Hommes	Total
Mineurs			
Majeurs			
Total			450

2. On choisit un adhérent du club au hasard. *Les probabilités seront, si besoin, arrondies au centième.*

a. Calculer la probabilité que l'adhérent soit un homme mineur.

b. Calculer la probabilité que l'adhérent soit un homme sachant qu'il est mineur.

c. Calculer la probabilité que l'adhérent soit mineur sachant que c'est un homme.

d. Calculer la probabilité que l'adhérent soit une femme sachant qu'elle est majeure.

31 On donne le tableau croisé d'effectifs suivant dans lequel A, B, C, D et E représentent des événements.

	A	B	C	Total
D	82		79	
E		246		646
Total	450			1 200

1. Reproduire et compléter le tableau.

2. Calculer les probabilités suivantes, en arrondissant au millième si besoin.

a. $P(A \cap D)$ **b.** $P(C \cap E)$ **c.** $P_D(B)$

d. $P_B(D)$ **e.** $P_E(C)$ **f.** $P_B(E)$

32 On donne le tableau d'effectifs suivant.

	A	$\overline{A}$
B	27	65
$\overline{B}$	33	12

1. Quel effectif total correspond à ce tableau ?

2. On choisit au hasard un individu dans l'effectif total correspondant au tableau.

Les probabilités seront arrondies à 0,01.

a. Quelle est la probabilité qu'il soit dans A ?

b. Quelle est la probabilité qu'il soit dans A et dans B ?

c. Quelle est la probabilité qu'un élément soit dans B sachant qu'il est dans A ?

d. Quelle est la probabilité qu'un élément ne soit pas dans A sachant qu'il est dans B ?

CAPACITÉ 2 Construire un arbre pondéré – Calculer des probabilités conditionnelles à l'aide d'un arbre pondéré

33 QCM

Une ville dispose d'un cinéma « Art et essai » et d'un cinéma multiplexe.

Une enquête montre que 80 % des personnes allant régulièrement au cinéma préfèrent le cinéma multiplexe. De plus, 60 % de ceux qui fréquentent le cinéma « Art et essai » voient de préférence des films français. Enfin, 64 % de tous les spectateurs préfèrent le cinéma multiplexe et y voir des films étrangers.

On choisit un spectateur au hasard. On note les événements A : « le spectateur préfère le cinéma « Art et essai » » et F : « le spectateur préfère les films français ».

Pour chaque question, donner la (ou les) bonne(s) réponse(s).

1. L'arbre pondéré traduisant les hypothèses est :

a.
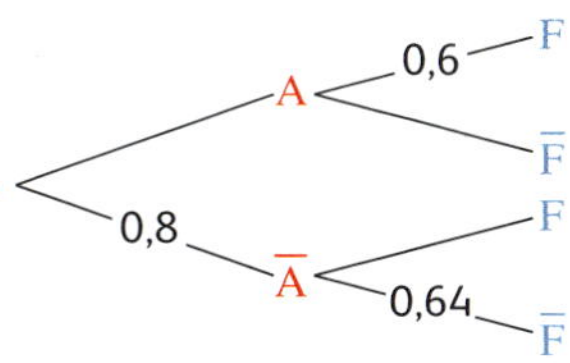

b.
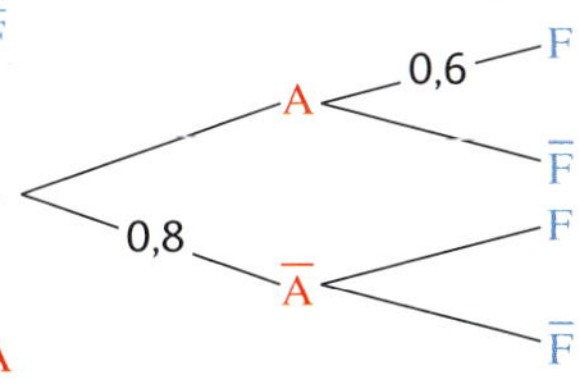

c.
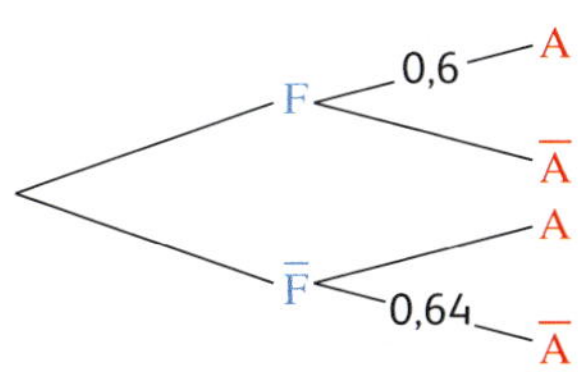

d.
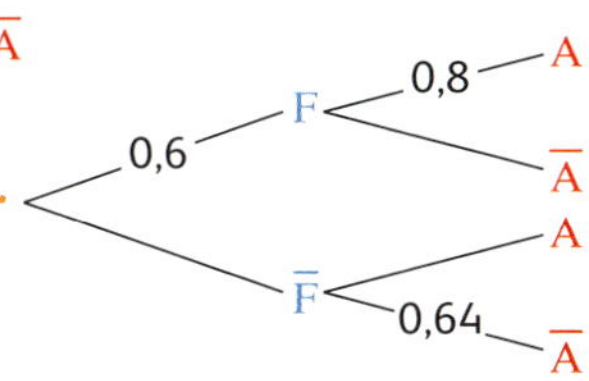

2. La probabilité qu'un spectateur préfère le cinéma « Art et essai » et les films français est égale à :

a. 0,06 **b.** 0,12 **c.** 0,48 **d.** 0,6

3. La probabilité qu'un spectateur préfère le cinéma multiplexe et les films étrangers est égale à :

a. 0,512 **b.** 0,64

c. $P_{\overline{F}}(\overline{A})$ **d.** $P(\overline{A}) \times P_{\overline{A}}(\overline{F})$

4. La probabilité qu'un spectateur préfère les films français sachant qu'il préfère le cinéma multiplexe est égale à :

a. 0,2 **b.** 0,36 **c.** $P_{\overline{A}}(F)$ **d.** $P(F \cap \overline{A})$

34 On considère deux événements A et B.
Reproduire et compléter l'arbre pondéré ci-dessous pour chacun des cas suivants.

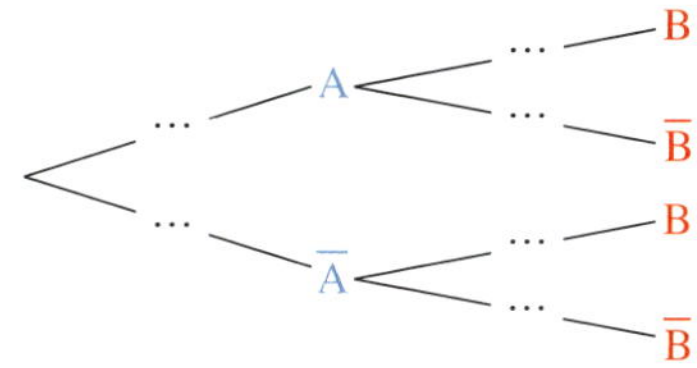

1. $P(A) = 0{,}3$; $P_A(B) = 0{,}7$ et $P_{\overline{A}}(B) = 0{,}1$.

2. $P(\overline{A}) = 0{,}3$; $P_{\overline{A}}(\overline{B}) = 0{,}7$ et $P_A(\overline{B}) = 0{,}1$.

3. $P(A) = 0{,}9$; $P(A \cap B) = 0{,}18$ et $P(\overline{A} \cap B) = 0{,}08$.

35 On considère deux événements A et B de probabilités non nulles.

1. On sait que $P(A) = 0{,}8$ et $P_A(B) = 0{,}16$.
Calculer $P(A \cap B)$.

2. On sait que $P(A) = 0{,}8$ et $P(A \cap B) = 0{,}16$.
Calculer $P_A(B)$.

3. On sait que $P(\overline{A}) = 0{,}8$ et $P_A(B) = 0{,}16$.
Calculer $P(A \cap B)$.

4. On sait que $P(A) = 0{,}8$ et $P(\overline{A} \cap \overline{B}) = 0{,}16$.
Calculer $P_{\overline{A}}(B)$

36 Une étude de l'INSEE sur les élections de 2022 en France montre que 18 % des inscrits se sont abstenus aux deux tours de l'élection présidentielle. Parmi eux, 89 % se sont aussi abstenus aux deux tours des élections législatives. Parmi ceux qui ne se sont pas abstenus aux deux tours de l'élection présidentielle, 32 % se sont abstenus aux deux tours des élections législatives.

On choisit au hasard une personne inscrite sur les listes électorales et on considère les événements A : « la personne s'est abstenue aux deux tours de l'élection présidentielle » et B « la personne s'est abstenue aux deux tours des élections législatives ».

1. Donner $P(A)$, $P_A(B)$ et $P_{\overline{A}}(B)$.

2. Construire un arbre pondéré traduisant la situation.

3. Calculer la probabilité que la personne se soit abstenue aux deux tours de chaque élection présidentielle et législatives.

1 Probabilités conditionnelles et indépendance

37 On lance un dé tétraédrique rouge équilibré numéroté de 1 à 4 et un dé cubique bleu équilibré numéroté de 1 à 6. On s'intéresse à la somme des résultats obtenus.

1. Recopier et compléter le tableau ci-dessous afin de déterminer l'univers de cette expérience aléatoire.

Dé rouge / Dé bleu	1	2	3	4
1				
2				
3				
4				
5				
6				

2. On considère les événements A : « le résultat du dé rouge est 3 » et B : « la somme obtenue est paire ».

a. Calculer les probabilités $P(\text{A})$ et $P(\text{B})$.

b. Calculer la probabilité $P(\text{A} \cap \text{B})$.

c. Calculer les probabilités conditionnelles $P_{\text{B}}(\text{A})$ et $P_{\text{A}}(\text{B})$.

38 Une enquête effectuée dans une entreprise concernant le sexe et le salaire S des employés a donné les résultats suivants.

	S < 1 500 €	S ⩾ 1 500 €	Total
Femmes	311	410	
Hommes	204	597	
Total			

On choisit au hasard une personne employée dans l'entreprise. On note F l'événement « la personne est une femme » et M l'événement : « la personne gagne moins de 1 500 € ».

On arrondira les probabilités au centième.

1. Recopier et compléter le tableau.

2. Calculer la probabilité $P(\text{F})$.

3. Décrire l'événement $\text{F} \cap \text{M}$ par une phrase et calculer sa probabilité.

4. Déterminer la probabilité que la personne choisie soit une femme, sachant qu'elle gagne moins de 1 500 €.

5. Décrire par une phrase la probabilité $P_{\text{M}}(\overline{\text{F}})$ et calculer sa valeur.

6. Les événements M et F sont-ils indépendants ?

39 PRISE D'INITIATIVES Une urne contient cinq jetons indiscernables au toucher numérotés de 1 à 5. On tire successivement et avec remise deux jetons. Calculer la probabilité que la somme des deux résultats soit paire sachant que le résultat du premier lancer est 1.

2 Arbres pondérés et probabilités conditionnelles

40 QCM

Au rayon « multimédia » d'un magasin, un écran plat et une console de jeux vidéo sont en promotion pendant une semaine. Un client étant choisi au hasard, on désigne par E l'évènement « le client achète l'écran plat en promotion » et C l'évènement « le client acquiert la console de jeux vidéo en promotion ».

On estime que $P(\text{E}) = \frac{1}{3}$, $P(\overline{\text{E}} \cap \text{C}) = \frac{1}{9}$ et que la probabilité de l'évènement « le client achète les deux objets en promotion » est $\frac{1}{18}$.

Aide
On pourra s'aider d'un arbre pondéré.

1. $P(\overline{\text{E}})$ est égale à :

a. $\frac{17}{18}$ **b.** $\frac{1}{6}$ **c.** $\frac{2}{3}$

2. $P_{\text{E}}(\text{C})$ est égale à :

a. $\frac{1}{2}$ **b.** $\frac{1}{18}$ **c.** $\frac{1}{6}$

3. $P_{\overline{\text{E}}}(\text{C})$ est égale à :

a. $\frac{1}{9}$ **b.** $\frac{5}{18}$ **c.** $\frac{1}{6}$

41 Recopier et compléter les arbres avec les renseignements fournis.

1. $P_{\text{A}}(\text{B}) = 0{,}35$

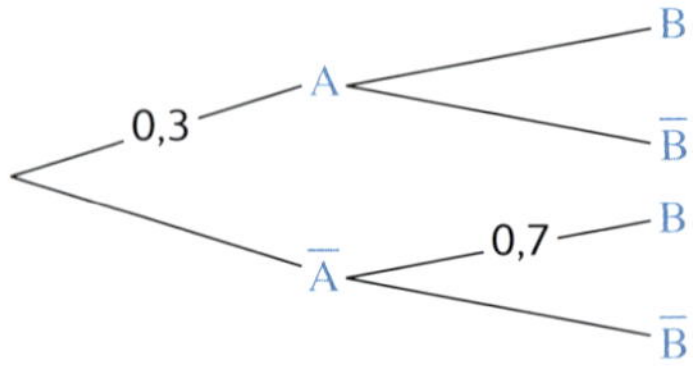

2. $P(\text{A} \cap \text{B}) = 0{,}12$ et $P(\overline{\text{A}} \cap \overline{\text{B}}) = 0{,}48$.

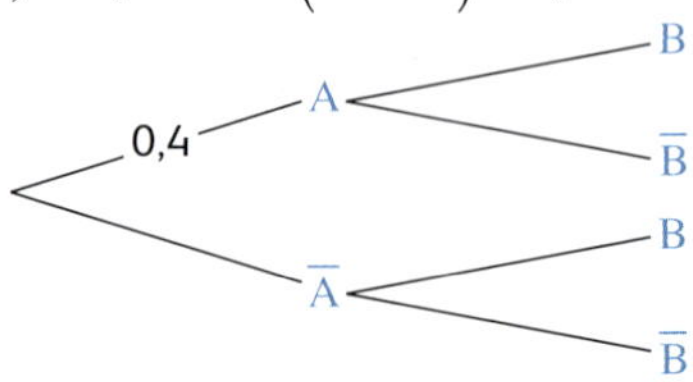

42 Un laboratoire pharmaceutique met au point un test pour dépister une maladie. Une étude sur un échantillon de personnes montre que le test est positif dans 4 % des cas et que 7 % des personnes ayant un test positif ne sont en fait pas malades (on parle alors de « faux positif »). On apprend aussi que 93,12 % des personnes testées ont un test négatif et ne sont pas malades.

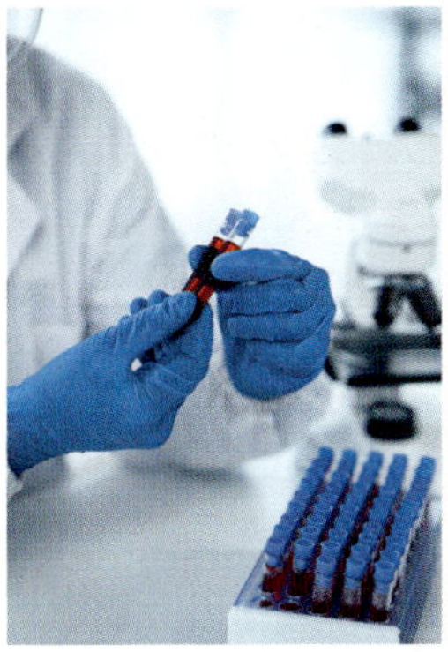

On choisit au hasard une personne testée et on considère les événements T : « le test est positif » et M : « la personne est malade ».

1. Construire un arbre pondéré décrivant la situation.

2. a. Calculer la probabilité que la personne ne soit pas malade sachant que son test est négatif.

b. En déduire la probabilité que la personne soit malade sachant que son test est négatif (on parle alors de « faux négatif »).

3. a. Quels sont les cas dans lesquels le test commet une erreur ?

b. Calculer la probabilité que le test commette une erreur.

43 Une entreprise fabrique des billes en bois sphériques grâce à deux machines de production A et B. L'entreprise considère qu'une bille peut être vendue uniquement lorsque son diamètre est compris entre 0,9 et 1,1 cm.

Une étude du fonctionnement des machines a permis d'établir les résultats suivants :

- la machine A fournit 60 % de la production journalière ;
- la proportion de billes vendables parmi la production de la machine A est de 98 % ;
- 37,2 % des billes proviennent de la machine B et sont vendables.

On choisit une bille au hasard dans la production d'un jour donné.

On note les évènements A « la bille a été fabriquée par la machine A », B « la bille a été fabriquée par la machine B » et V « la bille est vendable ».

1. Construire un arbre pondéré traduisant l'énoncé.

2. Calculer la probabilité que la bille provienne de la machine A et soit vendable.

3. Calculer la probabilité que la bille soit vendable sachant qu'elle provient de la machine B.

4. L'entreprise affirme que 96 % de ses billes sont vendables.

a. Cette affirmation est-elle exacte ?

b. Calculer la probabilité que la bille choisie provienne de la machine A sachant qu'elle est vendable.

3 Succession d'épreuves indépendantes

44 Pour se rendre au lycée en scooter, Léa rencontre deux feux tricolores, non synchronisés. Les feux restent au vert pendant 40 s, à l'orange pendant 5 s et au rouge pendant 35 s. On s'intéresse à la couleur de chaque feu tricolore. On note respectivement V l'événement « le feu est vert », O « le feu est orange » et R « le feu est rouge ».

1. Peut-on considérer que la situation correspond à une succession de deux épreuves indépendantes ? pourquoi ?

2. Construire un arbre pondéré traduisant la situation.

3. Calculer la probabilité que Léa ne s'arrête à aucun feu.

4. Calculer la probabilité que Léa s'arrête à deux reprises.

45 On tire au hasard successivement et avec remise trois cartes dans un jeu de 32 cartes.

1. Justifier que l'expérience peut être assimilée à une succession d'épreuves indépendantes.

2. On s'intéresse à l'événement C « la carte tirée est un cœur ».

a. Quelle est la probabilité d'obtenir une carte cœur au premier tirage ? au second tirage ? au troisième tirage ?

b. Construire un arbre pondéré traduisant la situation.

c. Calculer la probabilité d'obtenir trois cartes de cœur.

d. Calculer la probabilité d'obtenir une seule carte de cœur.

46 Une étude de l'agence de santé publique montre que 27 % de la population adulte est dépendante au tabac. On choisit au hasard et de manière indépendante deux personnes dans la population adulte.

On note D_1 (resp. D_2) l'événement « la 1re (resp. la 2e) est dépendante au tabac ». Calculer la probabilité qu'au moins une des deux personnes soit dépendante au tabac. On pourra s'aider d'un arbre.

47 Un dé tétraédrique équilibré est numéroté de 1 à 4, et un sac contient trois jetons, indiscernables au toucher, numérotés de 1 à 3. On lance le dé puis on tire un jeton au hasard du sac. On note D l'événement « on obtient un résultat pair au lancer du dé » et J « on obtient un jeton pair ».

1. Donner les probabilités $P(\mathrm{D})$ et $P(\mathrm{J})$.

2. a. Le résultat obtenu au lancer du dé influence-t-il le résultat du tirage du jeton ? Que peut-on alors dire des événements D et J ?

b. En déduire la probabilité d'obtenir un jeton pair sachant qu'on a obtenu un numéro pair au dé.

3. Construire un arbre pondéré représentant le jeu.

4. a. Calculer la probabilité d'obtenir successivement deux chiffres pairs.

b. Léo affirme : « obtenir deux chiffres impairs » est l'événement contraire de « obtenir deux chiffres pairs ». A-t-il raison ? Justifier.

apprendre à modéliser

DÉVELOPPER DES COMPÉTENCES

Le problème du « grand duc de Toscane »

Au XVIIe siècle, le jeu de dés nommé « passe-dix » était très apprécié.

Ce jeu consistait à lancer trois dés cubiques équilibrés numérotés de 1 à 6 et à additionner les trois résultats : un joueur était gagnant si la somme des trois dés était supérieure à 10.

Ayant sans doute beaucoup observé et pratiqué ce jeu, le grand duc de Toscane Cosme II observa que l'on obtenait moins souvent la somme 9 que la somme 10. Or, à partir de trois entiers compris entre 1 et 6, on savait qu'il y avait autant de façons (six) d'obtenir 9 que d'obtenir 10. Comment expliquer ce « paradoxe » ?

Partie A (facultative) Simuler des lancers TABLEUR

À l'aide d'un tableur, on peut simuler un très grand nombre de lancers de trois dés puis calculer le nombre de sommes égales à 9 et à 10.

	A	B	C	D	E	F	G
1	Dé 1	Dé 2	Dé 3	Somme		Nombre de lancers	
2	4						
3						Sommes égales à 9	
4							
5						Sommes égales à 10	
6							

1. Reproduire (ou récupérer) et compléter la feuille de calcul ci-contre.

• Pour obtenir un entier aléatoire entre 1 et 6 en A2, on saisit =ALEA.ENTRE.BORNES(1;6)
Faire de même pour le dé 2 et le dé 3.

• À l'aide de la fonction =SOMME(plage) obtenir en D2 la somme des trois dés.

• Sélectionner les trois lancers et la somme puis, en tirant vers le bas la poignée de recopie, simuler plus de 5 000 lancers et les sommes obtenues.

• Pour obtenir en G1 le nombre total de lancers, on utilise la fonction =NB(plage)

• Pour obtenir en G3 et en G5 le nombre de sommes égales à 9 et à 10, on utilise la fonction =NB.SI(plage;critère)

2. Les observations du XVIIe siècle sur les sommes 9 et 10 semblent-elles vérifiées ?

Partie B Modélisation du problème

On lance trois dés et on s'intéresse à la somme obtenue. On note les événements N « obtenir la somme 9 » et D « obtenir la somme 10 ». Pour obtenir une somme égale à 9 avec trois entiers compris entre 1 et 6, il y a six façons de faire :

$$1+2+6\ ;\ 1+3+5\ ;\ 1+4+4\ ;\ 2+2+5\ ;\ 2+3+4\ ;\ 3+3+3$$

1. Il y a également six façons d'obtenir une somme égale à 10. Lesquelles ?

2. Ce même nombre de combinaisons conduisant aux sommes 9 ou 10 incitait à penser que les sommes 9 et 10 avaient la même probabilité d'apparition. Quelle hypothèse « cachée » y a-t-il dans cette déduction ?

3. a. On imagine un arbre à trois niveaux de branches (dé1 ; dé2 ; dé3) pour compter les résultats possibles. Combien l'univers de l'expérience aléatoire possède-t-il d'issues ?

b. On suppose que le dé 1 affiche 6. Le « sous-arbre » ci-contre décrit alors les possibilités pour obtenir une somme égale à 9. En procédant de même, compter tous les résultats possibles conduisant à une somme égale à 9.

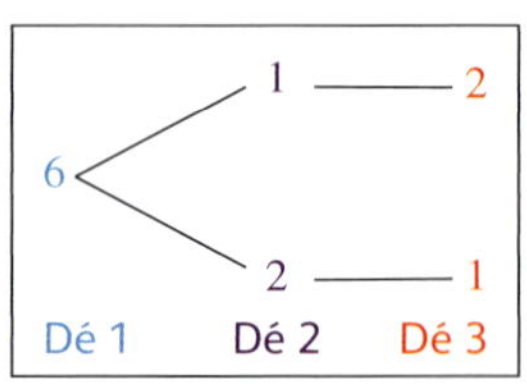

c. De la même façon, compter tous les résultats possibles donnant une somme égale à 10.

d. Calculer les probabilités des événements D et N. Comparer ces probabilités.

Partie C Répondre au problème du grand duc de Toscane

Quelle explication permet de répondre au paradoxe du jeu « passe-dix » ?

Maths en situation...

48 ... en histoire des sciences — Jeu de « croix ou pile » de d'Alembert

Dans un article de son *Encyclopédie* (XVIIIᵉ) qui fut vivement discuté par les mathématiciens de l'époque, d'Alembert (1717-1783) étudie le jeu de « croix ou pile ».
Sur les pièces de monnaie du temps des premiers rois de France étaient gravés une croix d'un côté et des piliers de l'autre. Les deux faces d'une pièce étaient alors désignées par « croix » et « pile ».

Le jeu consiste à lancer une pièce monnaie, si le joueur obtient « croix », le jeu s'arrête et le joueur a gagné. Sinon il relance la pièce, s'il obtient « croix » le joueur a gagné sinon la partie s'arrête et le joueur a perdu. Dans son article, d'Alembert arrive à la conclusion que le joueur a deux chances sur trois de gagner.

Extrait de l'article

> « dès qu'une fois croix est venu, le jeu est fini, & le second coup est compté pour rien. Ainsi, il n'y a proprement que trois combinaisons de possibles :
> Croix, premier coup ;
> Pile, Croix, premier & second coup ;
> Pile, pile, premier & second coup.
> Donc il n'y a que 2 contre 1 à parier. »

Partie A Simulation PYTHON

On veut simuler ce jeu à l'aide d'un script Python pour obtenir la fréquence de victoires. Compléter le script suivant et simuler 1 000 parties. Les résultats sont-ils en accord avec la conclusion de d'Alembert ?

```python
from random import *

def croixoupile(n):
    nb_victoires = ...
    for i in range(n):
        lancer1=randint(0,1)
        if lancer1==...:
            nb_victoires =....
        else:
            lancer2=....
            if lancer2==....:
                nb_victoires=.....
    return .....
```

Partie B Calcul de probabilités

1. Construire un arbre pondéré représentant la situation.

2. a. Calculer la probabilité de chacun des chemins gagnants.

b. Quelle est alors la probabilité de gagner ?
La conclusion de d'Alembert est-elle correcte ?

Partie C Avec trois lancers

Dans une variante de ce jeu, on peut effectuer un lancer supplémentaire. Déterminer dans ce cas la probabilité de gagner.

49 ... en santé publique — Tests de dépistage

La Haute Autorité de Santé (HAS) est une instance indépendante à caractère scientifique, qui travaille aux côtés des pouvoirs publics en France dans l'objectif d'éclairer leurs décisions dans le domaine de la santé. Le 24 septembre 2020, la HAS a émis des recommandations sur des tests de dépistage du Covid-19. Pour autoriser un test, il doit répondre aux critères suivants :

- lorsqu'une personne testée est effectivement touchée par le virus, le test doit être positif dans 80 % des cas au moins ;
- lorsqu'une personne testée n'est pas touchée par le virus, le test doit être négatif dans au moins 99 % des cas.

On donne ci-dessous les caractéristiques d'un test de dépistage du Covid-19.
Dans la population testée, on sait que :

- 5 % des individus sont effectivement touchés par le virus ;
- 10 % des individus touchés par le virus ont un test négatif ;
- 4,75 % des individus ne sont pas malades et présentent un test positif.

Ce test doit-il être autorisé, selon les critères de la HAS ?

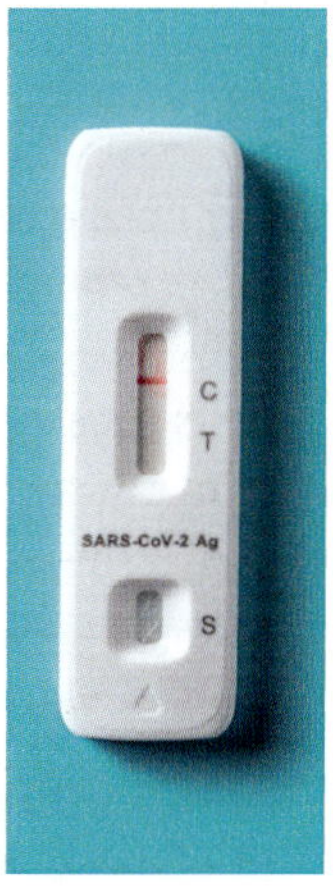

Maths en situation…

50 … en histoire des mathématiques — Lettre de Pascal à Fermat

Le problème qu'étudient par échanges de lettres Blaise Pascal et Pierre de Fermat est le suivant.
Deux joueurs s'affrontent en « trois parties gagnantes » (le vainqueur est celui qui, le premier, gagne trois parties). Ils s'arrêtent avant la fin du jeu. Comment répartir les mises entre eux ?

Extrait de la lettre de Pascal à Fermat du 29 juillet 1654 :

> Voici à peu près comme je fais pour savoir la valeur de chacune des parties, quand deux joueurs jouent, par exemple, en trois parties, et chacun a mis 32 pistoles au jeu.
> Posons que le premier en ait deux et l'autre une. Ils jouent maintenant une partie, dont le sort est tel que, si le premier la gagne, il gagne tout l'argent qui est au jeu, savoir 64 pistoles ; si l'autre la gagne, ils sont deux parties deux parties, et par conséquent, s'ils veulent se séparer, il faut qu'ils retirent chacun leur mise, savoir chacun 32 pistoles.
> Considérez donc, Monsieur, que, si le premier gagne, il lui appartient 64 ; s'il perd, il lui appartient 32. Donc, s'ils veulent ne point hasarder cette partie et se séparer sans la jouer, le premier doit dire : « Je suis sûr d'avoir 32 pistoles, car la perte même me les donne : mais pour les 32 autres, peut-être je les aurai, peut-être vous les aurez, le hasard est égal. Partageons donc ces 32 pistoles par la moitié et me donnez, outre cela, mes 32 qui me sont sûres ». Il aura donc 48 pistoles et l'autre 16.

1. Résumer en langage moderne le propos de Pascal, et la résolution du problème proposée.
2. À quel endroit dans le texte les probabilités interviennent-elles ? Comment sont-elles utilisées ?
3. En utilisant une méthode comparable, résoudre le même problème lorsque les deux joueurs stoppent le jeu alors que le premier joueur a gagné deux parties et le second aucune.

51 … en géométrie — Triangle et points au hasard PYTHON

1. Construire le triangle équilatéral ABC de côté 20 cm dans un repère orthonormé d'unité 10 cm tel que les points A et B aient pour coordonnées respectives $(-1\,;0)$ et $(1\,;0)$.
2. Calculer les coordonnées exactes puis arrondies au millième du point C.
3. $M_0(0\,;0)$ est le milieu du côté $[AB]$. Calculer les coordonnées des points M_1, M_2, M_3 et M_4 sachant que ces points sont construits à l'aide de l'algorithme suivant :

> Pour k entier de 1 à 4
> • choisir au hasard S, un des sommets du triangle
> • construire M_{k+1} tel que M_{k+1} soit le milieu du segment $[M_kS]$

Pour choisir un des sommets du triangle au hasard, on peut utiliser les fonctions de la calculatrice (ou un tableur) et associer un entier à chaque sommet (par exemple : le sommet A est associe à 0 ; le sommet B à 1 et le sommet C à 2.)
4. Construire (sans calculer les coordonnées), les points M_5 à M_{20}.

La figure obtenue ne semble pas particulière. L'idée est d'obtenir un grand nombre de points à l'aide d'un logiciel.
Pour cela, il faut compléter le programme Python fourni dont voici un extrait.

```
1  from random import randrange
2  from matplotlib import pyplot as plt
3
4  def milieu(xA, yA, xB, yB):
5      """ renvoie les coordonnées du milieu
6      de A(xA,yA) et B(xB, yB)
7      """
8      xM = 
9      yM = 
10     return xM, yM
11
12 def sierp(nbpts):
13     X_ABC = [-1, 1, 0] #abscisses sommets triangle
14     Y_ABC = [0, 0,      ] #ordonnées sommets triangle
15     X = [0] # liste abscisses points M
16     Y = [0] # liste ordonnées points M
```

5. Compléter les lignes 8 et 9 qui permettent de calculer les coordonnées du milieu d'un segment $[AB]$.
6. Compléter la ligne 14 avec l'ordonnée du point C arrondie au millième.

52 … en théorie des jeux — Jeu du lièvre et de la tortue

Un « lièvre » et une « tortue » s'affrontent sur un parcours de 6 cases. On lance un dé équilibré à 6 faces numérotées de 1 à 6.
Si le 6 sort, le lièvre avance jusqu'à la dernière case et gagne.
Sinon, la tortue avance d'une case.

On continue le jeu jusqu'à ce qu'il y ait un vainqueur, premier arrivé sur la sixième case.

1. À première vue, qui a le plus de chance de gagner ?
2. Quelle est la probabilité que le lièvre gagne au premier lancer ?
3. Dans quelle configuration la tortue gagne-t-elle ?
4. Décrire la situation à l'aide d'un arbre pondéré.
5. Calculer la probabilité que la tortue gagne et en déduire la probabilité que le lièvre gagne.
6. Avec les mêmes règles du jeu, quel est le nombre maximal de cases du parcours qui donne à la tortue plus de chances de gagner qu'au lièvre ?

53 … en théorie des jeux — Stratégie gagnante au jeu de Monty Hall

Le jeu de Monty hall est une énigme probabiliste bien connue des mathématiciens. Elle est inspirée d'un jeu télévisé américain *Let's Make a Deal*. Le principe est simple : face au candidat se trouvent trois portes fermées mais il ne peut en ouvrir qu'une seule. Derrière une de ces portes se trouve une voiture et derrière chacune des deux autres une chèvre. Pour gagner il faut donc choisir la porte cachant la voiture.

Cependant le présentateur, qui connaît la porte gagnante, a un rôle à jouer. Le candidat annonce son choix de porte mais avant qu'il ne l'ouvre, le présentateur ouvre une des deux portes qui n'ont pas été choisies par le candidat, révélant une chèvre. C'est alors qu'il propose au candidat d'ouvrir la porte qu'il avait choisie initialement, ou de changer son choix et d'ouvrir l'autre.
Pour simplifier la situation nous noterons C_1 (respectivement C_2) la porte derrière laquelle se trouve la première (respectivement la deuxième) chèvre et V la porte derrière laquelle se trouve la voiture.

Cas 1 : Le candidat modifie son choix.

1. On suppose que le candidat choisit au départ la porte C_1.
a. Quelle est la porte choisie par le présentateur ?
b. Quelle porte ouvrira le candidat ?
2. Décrire les deux autres possibilités.
3. Reproduire et compléter l'arbre pondéré ci-dessous.

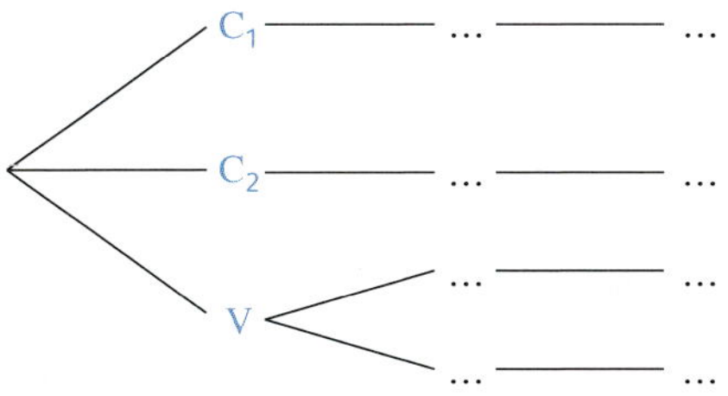

4. Faire apparaître en couleur les chemins gagnants.
5. Calculer la probabilité de chacun de ces chemins.
6. Quelle est la probabilité de gagner dans ce cas ?

Cas 2 : Le candidat reste sur son choix initial.

1. Représenter la situation par un arbre pondéré.
2. Déterminer la probabilité de gagner.

Conclusion

1. Que doit faire le candidat pour maximiser ses chances de victoire ?
2. Est-on capable de trouver une stratégie gagnante ? Pourquoi ?
Une stratégie gagnante permet de gagner à coup sûr.

Remarque

Ce jeu a alimenté des controverses pendant très longtemps à la fin du XXe siècle, y compris entre mathématiciens de renom qui défendaient des raisonnements conduisant à des résultats différents. Il a ainsi été longtemps considéré comme un paradoxe en probabilités. La simulation statistique d'un très grand nombre de parties a toutefois permis de rallier une grande majorité à la solution suggérée dans l'énoncé ci-dessus.

THÈME 3 Modélisation discrète Croissance linéaire

Modélisation du réel

La démographie est l'étude des populations et de leurs évolutions, quantitatives et qualitatives. Elle a été développée par de très nombreuses civilisations, depuis l'antiquité (en Chine, en Inde, dans la Grèce et la Rome antiques) et a connu des développements réguliers tout au long de l'histoire. En France, l'Institut National des Études Démographiques (INED) est l'organisme public de recherches spécialisé dans ce domaine.

Voir Apprendre à modéliser p. 66

Les capacités du thème

- **Capacité 1** Reconnaître un phénomène discret de croissance linéaire et savoir le modéliser
- **Capacité 2** Calculer un terme de rang donné d'une suite arithmétique définie par une relation fonctionnelle ou une relation de récurrence
- **Capacité 3** Réaliser et exploiter la représentation graphique des termes d'une suite arithmétique
- **Capacité 4** Résoudre un problème de seuil dans le cas d'une croissance linéaire

Partir d'un bon pied

A Diaporama pour tester les bases

ACTIVITÉS MENTALES RAPIDES

B Vrai/Faux : Équations de droites

Dans le plan rapporté à un repère, on considère la droite $\mathcal{D}_1$ d'équation $y = 3x - 5$.

1. a. $\mathcal{D}_1$ admet pour coefficient directeur -5.

b. $\mathcal{D}_1$ passe par le point de coordonnées $(0\,;-5)$.

c. $\mathcal{D}_1$ passe par le point de coordonnées $(7\,;16)$.

2. a. $\mathcal{D}_1$ est parallèle à la droite $\mathcal{D}_2$ d'équation $y = 3x$.

b. Le point de $\mathcal{D}_1$ d'abscisse 1 a pour ordonnée -2.

c. Le point de $\mathcal{D}_1$ d'ordonnée -11 a pour abscisse 2.

C Vrai/Faux : Droite

On donne la représentation graphique de la droite $\mathcal{D}$ d'équation : $y = -2x + 1$.

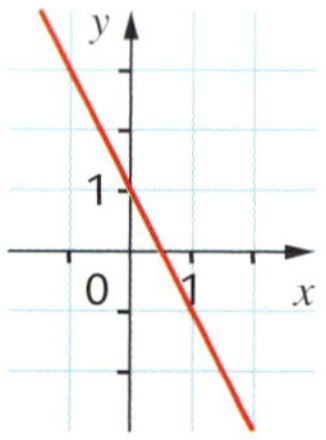

1. $\mathcal{D}$ passe par le point de coordonnées $(-1\,;3)$.

2. $\mathcal{D}$ ne passe par aucun point d'abscisse 3.

3. $\mathcal{D}$ passe par le point de coordonnées $(0\,;0{,}5)$.

automatismes

VIDÉO EXO 3 hachette-clic.fr/23ds1007

VIDÉO EXO 5 hachette ic.fr/23ds1008

Automatismes transversaux

1 Un appareil électroménager coûtant 60 € voit son prix augmenter de 40 %. Quel est le nouveau prix ?

2 Le prix d'un produit est de 35 €. Il baisse de 25 %. Quel est le nouveau prix ?

3 Reproduire et compléter le tableau suivant.

Valeur initiale	Valeur finale	Hausse	Baisse
150	105		30 %
80	60		
30		20 %	
	100	40 %	
110			10 %
	75		25 %

4 Une quantité subit deux variations successives : une baisse de 80 %, suivie d'une hausse de 80 %. A-t-elle retrouvé sa valeur de départ ?

5 Associer chaque calcul avec son résultat

$\frac{1}{3}+\frac{1}{4}$ •	• $\frac{1}{7}$
$\frac{1}{3}\times\frac{3}{7}$ •	• $\frac{2}{4}$
$1+\frac{1}{4}$ •	• $\frac{7}{12}$
$6\times\frac{1}{12}$ •	• $\frac{5}{4}$

6 Écrire chaque nombre sous forme d'un pourcentage : 0,8 ; 1,7 ; $\frac{1}{2}$; 3 et $\frac{3}{4}$.

7 Un particulier fait réaliser des travaux dans son logement par une entreprise spécialisée. Le montant de la facture hors TVA est de 9 500 €. Après application du taux de TVA à 5,5 %, le montant total de la facture sera d'environ :

1. 500 € **2.** 5 000 € **3.** 10 000 € **4.** 50 000 €

8 Le volume d'une boule de rayon R est donné par la formule : $V=\frac{4}{3}\pi R^3$.

Le rayon d'une boule de pétanque est de 3,6 cm. Son volume, en cm^3, est environ égal à :

1. 200 **2.** 200 000 **3.** 2 **4.** 0,2

9 L'indicateur d'activité d'un marcheur lui précise qu'il a effectué son dernier exercice au rythme de 10 minutes 45 secondes par kilomètre. Quelle a été sa vitesse en km/h ?

Automatismes préparatoires du thème

10 Compléter les « suites logiques » de nombres ci-dessous par les deux termes suivants :

1. 0 ; 1,25 ; 2,5 ; 3,75 ; 5 ; … ?

2. $\frac{1}{2}$; $\frac{3}{4}$; 1 ; $\frac{5}{4}$; $\frac{3}{2}$; …. ?

3. 4 ; $\frac{10}{3}$; $\frac{8}{3}$; 2 ; …. ?

11 Vrai ou faux ?

On donne les équations de deux droites :

$$\mathscr{D}_1 : y=5x-2 \text{ et } \mathscr{D}_2 : y=2x+4$$

1. Les droites $\mathscr{D}_1$ et $\mathscr{D}_2$ sont parallèles.

2. Les droites $\mathscr{D}_1$ et $\mathscr{D}_2$ sont sécantes au point de coordonnées (4 ; 18).

3. Les droites $\mathscr{D}_1$ et $\mathscr{D}_2$ sont sécantes au point de coordonnées (2 ; 8).

12 On donne la représentation graphique d'une droite $\mathscr{D}$.

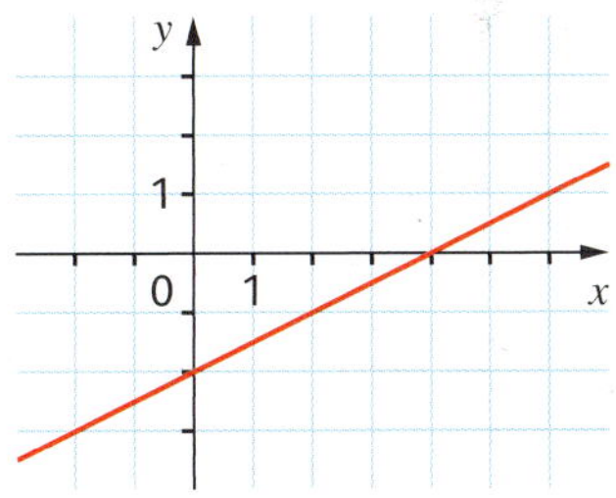

1. Quel est le coefficient directeur de $\mathscr{D}$?

2. Quelle est l'ordonnée à l'origine de $\mathscr{D}$?

3. Préciser les ordonnées des points de $\mathscr{D}$ d'abscisses respectives −2 ; −1 ; 0 ; 1 et 2.

4. Quelle est l'abscisse du point de $\mathscr{D}$ d'ordonnée 2 ?

13 Résoudre dans $\mathbb{R}$ les inéquations suivantes.

1. $x+2<7$

2. $5x-3\geqslant 2$

3. $2x+1>4x-5$

4. $\frac{1}{3}x-1\leqslant\frac{1}{4}x-2$

14 **1.** Les points bleus appartiennent-ils à une même représentation graphique de fonction affine ? Si oui, quelle est cette fonction ?

2. Même question pour les points rouges.

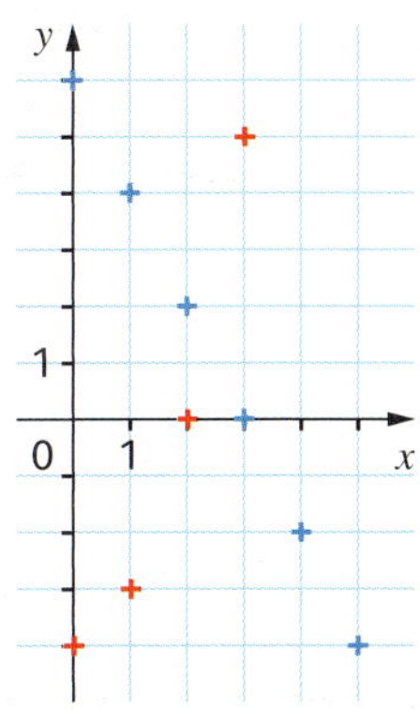

Activités en situation…

Consolider les bases

Objectif
Revoir la notion de fonctions et les calculs d'image.

On considère le programme de calcul suivant :

> Choisir un nombre
> Élever au carré le nombre choisi
> Ajouter 5 au nombre obtenu

1 Appliquer le programme aux nombres -1 ; 0 et 3.

2 On note x le nombre choisi et $f(x)$ le nombre obtenu après application à x du programme de calcul.
Exprimer $f(x)$ en fonction de x.
On définit ainsi une fonction f associée à ce programme.

3 Soit g la fonction définie pour tout réel x par $g(x) = -2x + 1$.
a. Calculer les images de 0 ; 1 et 5 par g.
b. Écrire un programme de calcul associé à la fonction g.

Situation 1 Étude de listes de nombres

Objectif
Découvrir la notion de suites arithmétiques.

On considère deux listes infinies de nombres :
Liste A : 2 ; 5 ; 8 ; 11 ; …
Liste B : 7 ; 5 ; 3 ; 1 ; …

1 Poursuivre chaque liste de manière « logique » en donnant les deux nombres qui suivent.

2 Chaque liste constitue une suite de nombres qu'on appelle « suite numérique ». On notera respectivement u et v ces suites.
Chaque nombre d'une liste est un « terme » de la suite.
On numérote chaque terme à l'aide d'un entier naturel.
Par exemple, le premier terme de la suite u, représentée par la liste A, sera noté $u(0)$; il est égal à 2.
$u(1)$ est alors le terme suivant de la suite.
a. Que vaut $u(1)$?
b. Donner les valeurs de $v(0)$ et $v(1)$.

3 Soit n un entier naturel. On dit que $u(n)$ est le terme de rang n et $u(n+1)$ est le terme de rang $n+1$. Ainsi, $u(n+1)$ est le terme qui suit le terme $u(n)$.
Parmi ces 2 relations, laquelle est correcte ?
Pour n entier naturel quelconque :
a. relation 1 : $u(n+1) = u(n) + 3$;
b. relation 2 : $u(n) = u(n+1) + 3$.

4 Soit n un entier naturel. Déterminer une relation reliant les termes $v(n+1)$ et $v(n)$.

Info
La relation reliant $u(n+1)$ et $u(n)$ est appelée **relation de récurrence**. Cette relation précise un procédé de calcul permettant d'obtenir un terme de la suite à partir de celui qui le précède.
Lorsque chaque terme de la suite s'obtient à partir du précédent en ajoutant ou en retranchant toujours le même nombre, on dit que cette suite est **arithmétique**.

Situation 2 Économiser pour un achat

Objectif
Découvrir la forme explicite d'une suite arithmétique.

Titouan souhaite économiser afin de pouvoir s'acheter une des nouvelles consoles de jeu qui sortiront dans un an. Parmi ces consoles la Wintendo Qwitch coûte 320 €, la Xboux coûte 390 € et la Pluistation coûte 550 €.
Au départ, Titouan vérifie ses économies et constate qu'il possède déjà 50 €. Il décide alors de mettre 30 € de côté chaque mois pendant 1 an. Ainsi, à la fin du premier mois Titouan rajoute 30 € dans sa cagnotte, il possède alors 80 € au total.
Pour tout $n \in \mathbb{N}$, on note $u(n)$ le contenu de la cagnotte de Titouan à la fin du n-ième mois.

1 D'après l'énoncé, donner les valeurs de $u(0)$ et $u(1)$.

2 Calculer $u(2)$ et $u(3)$.

3 Quelle est la nature de la suite ? Préciser sa raison.

4 **a.** Reproduire et compléter le schéma suivant.

$u(0) = \ldots$ → $+\ldots$ → $u(1) = \ldots$ → $+\ldots$ → $u(2) = \ldots$ → $+\ldots$ → $u(3) = \ldots$ → $+\ldots$ → $u(4) = \ldots$

b. En déduire l'expression de $u(4)$ en fonction de $u(0)$.
c. Conjecturer, pour tout $n \in \mathbb{N}$, la formule permettant d'obtenir directement le terme $u(n)$ en fonction du terme $u(0)$.

5 Quelle(s) console(s) Titouan peut-il acheter au bout d'un an ?

Situation 3 Avec des cartes à jouer

Objectif
Découvrir la représentation graphique d'une suite arithmétique ainsi que la notion de seuil.

Avec un jeu de 54 cartes, on construit des « ponts » successifs en les complétant au fur et à mesure de la façon suivante.

Le premier motif comporte deux arches et une carte « tablier », le deuxième motif trois arches et deux cartes pour le tablier, le troisième motif quatre arches et trois cartes tablier, etc.

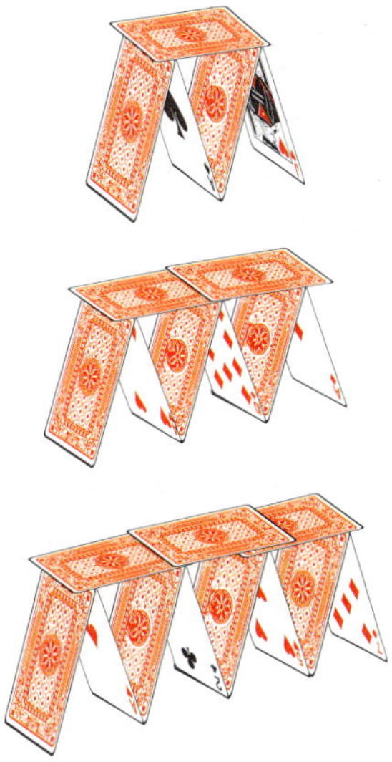

Pour tout entier $n \geqslant 1$, on appelle $u(n)$ le nombre de cartes utilisées pour le n-ième motif et $v(n)$ le nombre de cartes restant dans le jeu après la construction du n-ième motif.

1 Préciser $u(1)$ et $v(1)$.

2 Justifier que u et v sont deux suites arithmétiques dont on précisera les raisons respectives.

3 Recopier et compléter le tableau suivant.

n	1	2	3	4	5
$u(n)$					
$v(n)$					

4 Placer, dans un repère, les points de coordonnées $(n\,;u(n))$ en rouge et les points de coordonnées $(n\,;v(n))$ en bleu pour n allant de 1 à 5.

5 À partir de quel motif aura-t-on utilisé plus de la moitié des cartes du paquet de 54 ?

Info
Les points rouges forment un « nuage de points ». On dit que c'est la représentation graphique de la suite u.
Les points représentant une suite arithmétique sont alignés.

Cours

1 Définitions

a Vocabulaire

Définition

Une **suite numérique** u est une fonction, définie pour tous les entiers naturels n à partir d'un entier naturel p, qui, à tout entier naturel $n \geqslant p$, associe un nombre réel $u(n)$:

$$u : n \mapsto u(n)$$

Le nombre $\boldsymbol{u(n)}$ est appelé le **terme de rang n** de la suite u et $\boldsymbol{u(p)}$ est le **terme initial** de la suite.

Exemple

On considère la suite u des nombres pairs : 0 ; 2 ; 4 ; 6 ; etc.
Le terme initial de la suite est 0.
On écrit $u(0) = 0$.
Le deuxième terme est $u(1) = 2$ et le troisième terme (ou encore le terme de rang 2) est $u(2) = 4$.

De façon générale, le terme de rang n est $u(n) = 2n$. Avec cette forme « explicite », on retrouve les résultats ci-dessus :

$$u(0) = 2 \times 0 = 0$$
$$u(1) = 2 \times 1 = 2$$
$$u(2) = 2 \times 2 = 4$$

Modes de définition d'une suite

On rencontrera deux façons de définir une suite :

- À l'aide d'une « forme explicite », qui permet de calculer directement le terme $u(n)$ grâce à son rang n.

Exemple

Si on donne, pour tout entier naturel n non nul, $u(n) = \frac{1}{n}$, on a : $u(1) = 1$; $u(2) = \frac{1}{2}$; $u(17) = \frac{1}{17}$; …

- À l'aide d'une relation de récurrence, procédé permettant de calculer un terme grâce au terme précédent.

Exemple

Si on donne $u(0) = -1$ et, pour tout entier naturel n, $u(n+1) = 2u(n) + 3$, on a :
$u(1) = 2 \times u(0) + 3 = 2 \times (-1) + 3 = 1$; $u(2) = 2 \times u(1) + 3 = 5$;
$u(3) = 2 \times u(2) + 3 = 13$, etc.

b Suites arithmétiques

Définition

On dit qu'une suite est **arithmétique** lorsque chaque terme se déduit du précédent en ajoutant toujours le même nombre réel r, appelé **raison** de la suite.
Autrement dit, pour tout entier naturel n, on a la relation :

$$u(n+1) = u(n) + r$$

Remarque

La relation « $u(n+1) = u(n) + r$ » est une **relation de récurrence** qui indique le procédé à effectuer.

Notation indicielle

On peut aussi noter u_n au lieu de $u(n)$ et donc u_0 au lieu de $u(0)$.
La relation de récurrence devient : $u_{n+1} = u_n + r$.

Exemple

En 2023 je dépose 1 000 € sur un compte bancaire non rémunéré et je décide de déposer 500 € supplémentaires tous les ans sur ce même compte.

Soit n un entier naturel. On note $u(n)$ le montant sur le compte en $2023 + n$.

Ainsi, $u(0)$ est le montant en 2023, donc $u(0) = 1\ 000$.

Chaque année, j'ajoute 500 € sur ce compte, donc il faut ajouter 500 au terme précédent pour obtenir le terme qui suit. Ainsi, on a la relation de récurrence :

$$u(n+1) = u(n) + 500$$

On définit ainsi une suite arithmétique u de raison $r = 500$.

méthode

CAPACITÉ 1 Reconnaître un phénomène discret de croissance linéaire et savoir le modéliser

Énoncé

1. La gare de départ d'un téléphérique est à 500 m d'altitude. On considère que le téléphérique progresse à vitesse constante, son altitude s'élevant de 50 m par minute. On note $u(0)$ l'altitude initiale du téléphérique, et pour tout $n \in \mathbb{N}$, $u(n)$ l'altitude du téléphérique au bout de n minutes.

a. Donner $u(0)$. Que représente $u(1)$? Calculer $u(1)$.

b. Établir une relation de récurrence, c'est-à-dire, exprimer, pour tout $n \in \mathbb{N}$, $u(n+1)$ en fonction de $u(n)$.

c. En déduire que la suite u est arithmétique et préciser sa raison.

2. L'ascension du téléphérique dure exactement 20 minutes.

a. Quelle est l'altitude de la gare d'arrivée ?

b. On appelle $v(n)$ l'altitude qu'il reste à gravir au téléphérique depuis le départ. La suite v est-elle arithmétique ?

Solution

1. a. $u(0) = 500$

$u(1)$ est l'altitude du téléphérique après 1 minute. Il s'est élevé de 50 mètres depuis le départ, donc : $u(1) = 500 + 50 = 550$.

b. Chaque minute, le téléphérique gravit 50 mètres.
Ainsi, l'altitude $u(n+1)$ est égale à l'altitude une minute avant, à savoir $u(n)$, augmentée de 50. Ainsi, on a : $u(n+1) = u(n) + 50$.

c. La relation « $u(n+1) = u(n) + 50$ » nous indique que la suite u est arithmétique de raison 50.

2. a. Le téléphérique est parti d'une altitude de 500 m, et pendant 20 minutes, il a gravi 50 m par minute. Au total, il s'est donc élevé, depuis le départ, de : $20 \times 50 = 1\,000$ m.
L'altitude de la gare d'arrivée est donc de : $500 + 1\,000 = 1\,500$ m.

b. $v(0)$ est l'altitude à gravir depuis la gare de départ, donc : $v(0) = 1\,000$.
Chaque minute, le téléphérique gravit 50 m ; donc chaque minute, l'altitude restant à gravir diminue de 50 m par rapport à la minute précédente.
Donc : $v(n+1) = v(n) - 50$.
La suite v est arithmétique, sa raison est égale à -50.

Point méthode

1. b. $u(n+1)$ représente l'altitude après $n+1$ minutes d'ascension, et $u(n)$ l'altitude après n minutes, c'est-à-dire l'altitude à la minute précédente.

J'applique

15 Un « influenceur » est suivi par 5 800 abonnés sur un réseau social en 2022. Chaque année, il gagne en moyenne 800 abonnés. On note, pour tout $n \in \mathbb{N}$, $u(n)$ le nombre d'abonnés en $2022 + n$.

1. Donner $u(0)$, puis calculer $u(1)$.

2. Exprimer, pour tout $n \in \mathbb{N}$, $u(n+1)$ en fonction de $u(n)$, puis en déduire que la suite u est arithmétique et préciser sa raison.

16 Soit u la suite arithmétique dont les quatre premiers termes sont :

$$u(0) = 1 \ ; u(1) = 4 \ ; u(2) = 7 \ ; u(3) = 10$$

Donner la raison de cette suite.

17 Soient u, v et w trois suites définies, pour tout $n \in \mathbb{N}$, par :

- $u(n+1) = u(n) + 5$ et $u(0) = 1$
- $v(n+1) = v(n) \times 2$ et $v(0) = 5$
- $w(n+1) = w(n) - 2$ et $w(0) = 4$

Chacune de ces suites est-elle arithmétique ? Si oui, préciser sa raison.

Cours

2 Calcul d'un terme

a Relation de récurrence

Soit u une suite arithmétique de raison r et de terme initial $u(0)$.
Pour tout entier naturel n, on a $u(n+1) = u(n) + r$.

• La connaissance de $u(0)$ permet de calculer le terme qui suit, $u(1)$, en ajoutant r à $u(0)$. Le calcul de $u(2)$ devient alors possible.

• Pour calculer un terme, on a besoin de calculer pas à pas tous ceux qui précèdent.

Exemple

Soit u une suite arithmétique définie sur $\mathbb{N}$ de raison $r = 2$ et de premier terme $u(0) = 1$.
Pour tout entier naturel n, on a :

$$u(n+1) = u(n) + r$$

$u(1) = u(0) + 2 = 1 + 2 = 3$
$u(2) = u(1) + 2 = 3 + 2 = 5$
$u(3) = u(2) + 2 = 5 + 2 = 7$

b Forme explicite

Propriété

Soit u une suite arithmétique de raison r et de terme initial $u(0)$. Pour tout entier naturel n, on a $u(n) = u(0) + n \times r$.

Cette relation est la **forme explicite** de $u(n)$.

$$\underbrace{u(0) \xrightarrow{+r} u(1) \xrightarrow{+r} u(2) \ldots u(n-1) \xrightarrow{+r} u(n)}_{+n \times r}$$

Exemple

En reprenant l'exemple de la suite u ci-dessus, on a alors, pour tout entier naturel n :

$$u(n) = u(0) + n \times r = 1 + 2n$$

Le terme de rang 100 est :

$$u(100) = 1 + 2 \times 100 = 201$$

Remarques

• Avec une forme explicite, on peut calculer directement un terme quelconque $u(n)$ à partir de son rang n.

• Si le terme initial est $u(1)$, alors $u(n) = u(1) + (n-1) \times r$.

• Avec la notation indicielle, la forme explicite devient : $u_n = u_0 + n \times r$ ou encore $u_n = u_1 + (n-1) \times r$.

3 Représentation graphique - Variations

Définition

Dans un repère, la représentation graphique d'une suite u est le nuage de points de coordonnées $(n\,;\,u(n))$ où $n \in \mathbb{N}$.

Propriété-définition

Soit u une suite arithmétique de raison r.

L'écart entre deux termes consécutifs est égal à $u(n+1) - u(n) = r$.

• Si $r > 0$, alors, pour tout $n \in \mathbb{N}$, $u(n+1) > u(n)$. La suite u est dite **croissante**.

• Si $r < 0$, alors, pour tout $n \in \mathbb{N}$, $u(n+1) < u(n)$. La suite u est dite **décroissante**.

• Si $r = 0$, alors, pour tout $n \in \mathbb{N}$, $u(n+1) = u(n)$. La suite u est dite **constante**.

Exemple

En reprenant l'exemple précédent, la raison est $r > 0$. La suite u est croissante.
On a :
$u(0) = 1$; $u(1) = 3$; $u(2) = 5$ et $u(3) = 7$; etc.

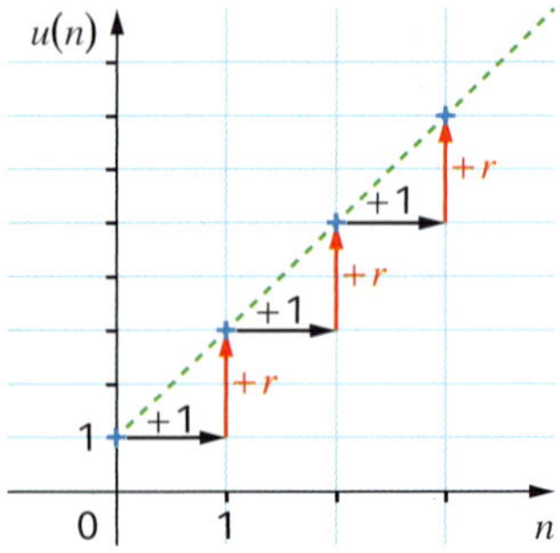

Remarques

• Les points du nuage de points ci-contre sont alignés. Ils sont sur une droite d'équation $y = rx + u(0)$. Le coefficient directeur de cette droite est la raison r.

• Une suite arithmétique permet donc de modéliser des phénomènes discrets de **croissance linéaire**.

méthode

CAPACITÉ 2 Calculer un terme de rang donné d'une suite arithmétique définie par une relation fonctionnelle ou une relation de récurrence

Énoncé

1. Soit u la suite arithmétique de raison -3 et de terme initial $u(0) = 10$.
a. Exprimer, pour $n \in \mathbb{N}$, $u(n+1)$ en fonction de $u(n)$.
b. Calculer $u(1)$ puis $u(2)$.
2. Soit v une suite définie, pour tout $n \in \mathbb{N}$, par $v(n) = 3n + 2$.
Calculer $v(0)$, $v(1)$ et $v(10)$.
3. Soit w une suite définie, pour tout $n \in \mathbb{N}$, par $w(n+1) = w(n) + 5$ et $w(0) = 9$.
a. Calculer $w(1)$ et $w(2)$.
b. Donner la nature de la suite w et préciser la raison.
c. En déduire, pour tout $n \in \mathbb{N}$, une expression de $w(n)$ en fonction de n.
d. Calculer $w(10)$.

Solution

1. a. u est une suite arithmétique de raison $r = -3$ donc pour tout $n \in \mathbb{N}$, $u(n+1) = u(n) - 3$.
b. $u(1) = u(0) - 3 = 10 - 3 = 7$ et $u(2) = u(1) - 3 = 7 - 3 = 4$.

Point méthode
1. a. La relation de récurrence d'une suite arithmétique de raison r est : $u(n+1) = u(n) + r$.
1. b. Chaque terme se déduit du précédent en retranchant 3.

2. $v(0) = 3 \times 0 + 2 = 2$; $v(1) = 3 \times 1 + 2 = 5$ et $v(10) = 3 \times 10 + 2 = 32$.

Point méthode
2. $v(n) = 3n + 2$ est une forme explicite. Pour calculer $v(0)$, il suffit de remplacer n par 0 dans l'expression.

3. a. $w(1) = w(0) + 5 = 9 + 5 = 14$ et $w(2) = w(1) + 5 = 14 + 5 = 19$.
b. La relation de récurrence « $w(n+1) = w(n) + 5$ » nous indique que chaque terme se déduit du précédent en ajoutant 5. Ainsi, w est une suite arithmétique de raison $r = 5$.
c. Pour tout $n \in \mathbb{N}$, $w(n) = w(0) + n \times r = 9 + 5n$.
d. $w(10) = 9 + 5 \times 10 = 59$

Point méthode
3. c. Exprimer $w(n)$ en fonction de n, c'est donner la forme explicite de $w(n)$.

J'applique

18 Soit u une suite définie, pour tout $n \in \mathbb{N}$, par $u(n+1) = u(n) + 7$ et $u(0) = -2$.
1. Calculer $u(1)$, $u(2)$ et $u(3)$.
2. Préciser la nature de la suite u et sa raison.

19 Soit u une suite arithmétique de raison 4 et de terme initial $u(0) = 1$.
1. Donner, pour tout $n \in \mathbb{N}$, une expression de $u(n)$ en fonction de n.
2. Calculer $u(1)$ et $u(10)$.

20 Une ville compte 2 200 habitants en 2022. Chaque année, on estime que la ville gagne 50 habitants.
Pour tout entier naturel n, on note $u(n)$ le nombre d'habitants en $2022 + n$.
1. Donner $u(0)$, puis calculer $u(1)$.
2. Justifier que, pour tout $n \in \mathbb{N}$, $u(n+1) = u(n) + 50$.
3. En déduire la nature de la suite u. Préciser sa raison.
4. Donner, pour tout $n \in \mathbb{N}$, une expression de $u(n)$ en fonction de n.
5. Déterminer le nombre d'habitants de la ville en 2030.

Méthode

CAPACITÉ 3 Réaliser et exploiter la représentation graphique des termes d'une suite arithmétique

Énoncé

1. Soit u la suite arithmétique définie, pour tout $n \in \mathbb{N}$, par $u(n) = -2n + 6$.
a. Calculer $u(0)$, $u(1)$, $u(2)$, $u(3)$ et $u(4)$.
b. Donner la raison de la suite u.
2. Soit v la suite arithmétique de raison 1 et de terme initial $v(0) = 1$.
a. Donner la relation de récurrence vérifiée par la suite v.
b. Calculer $v(1)$, $v(2)$ et $v(3)$.
3. Représenter sur un même graphique les suites u et v.
4. Donner les variations des suites u et v.
5. Soit w une suite arithmétique de raison r.
a. On a représenté sur le graphique ci-contre deux suites, une en rouge et l'autre en bleu. Laquelle représente la suite w ?
b. Par lecture graphique, donner $w(0)$ et $w(1)$.
c. En déduire la raison r.

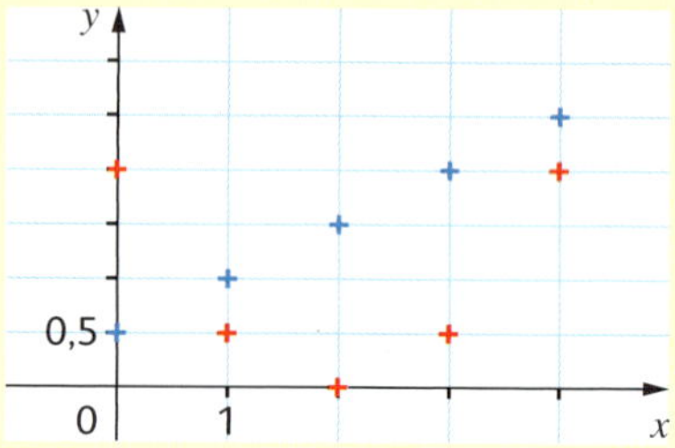

Solution

1. a. $u(0) = -2 \times 0 + 6 = 6$; $u(1) = -2 \times 1 + 6 = 4$; $u(2) = -2 \times 2 + 6 = 2$; $u(3) = -2 \times 3 + 6 = 0$; $u(4) = -2 \times 4 + 6 = -2$.
b. $r = u(1) - u(0) = -2$. La raison est égale à -2.

2. a. Pour tout $n \in \mathbb{N}$, $v(n+1) = v(n) + 1$.
b. $v(1) = v(0) + 1 = 1 + 1 = 2$; $v(2) = v(1) + 1 = 2 + 1 = 3$; $v(3) = v(2) + 1 = 3 + 1 = 4$

3. On représente la suite u en orange et la suite v en vert sur le graphique ci-contre.

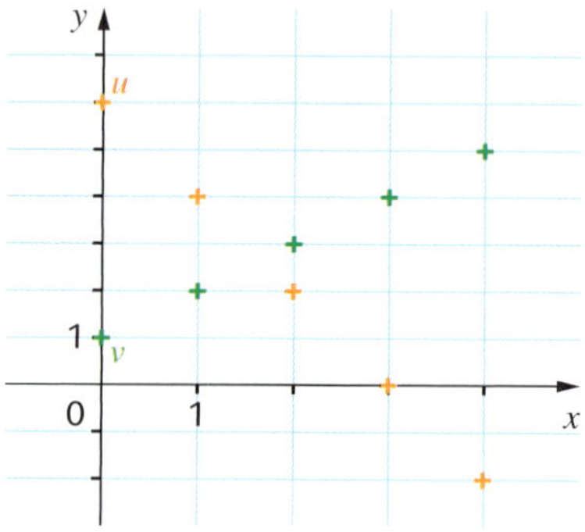

4. La suite u est décroissante, car u est une suite arithmétique de raison $-2 < 0$. La suite v est croissante, car v est une suite arithmétique de raison $1 > 0$.

5. a. Les points rouges ne sont pas alignés, alors que les points bleus le sont. w étant une suite arithmétique, elle est donc représentée par la suite de points tracés en bleu.
b. $w(0) = 0,5$ et $w(1) = 1$.
c. $r = w(1) - w(0) = 1 - 0,5 = 0,5$. La raison de la suite w est égale à $r = 0,5$.

> **Point méthode**
> **1. b.** et **5. c.** Si u est une suite arithmétique de raison r, alors $u(n+1) = u(n) + r$. On en déduit que $r = u(n+1) - u(n)$, donc que r est la différence entre deux termes consécutifs. En particulier, on a $r = u(1) - u(0)$.

J'applique

21 Soit u la suite arithmétique de raison -3 et de terme initial $u(0) = 8$.
1. Calculer $u(1)$, $u(2)$ et $u(3)$.
2. Représenter la suite u sur un graphique.

22 Soit v la suite arithmétique telle que $v(0) = 5$ et $v(1) = 9$.
1. Déterminer la raison r de la suite v.
2. En déduire les variations de la suite v.
3. Quelle est la forme explicite de la suite v ?

23 On a représenté ci-contre une suite arithmétique w.
1. Donner $w(0)$, puis déterminer la raison r de la suite w.
2. En déduire, pour tout $n \in \mathbb{N}$, une expression de $w(n)$ en fonction de n.
3. Calculer $w(10)$.

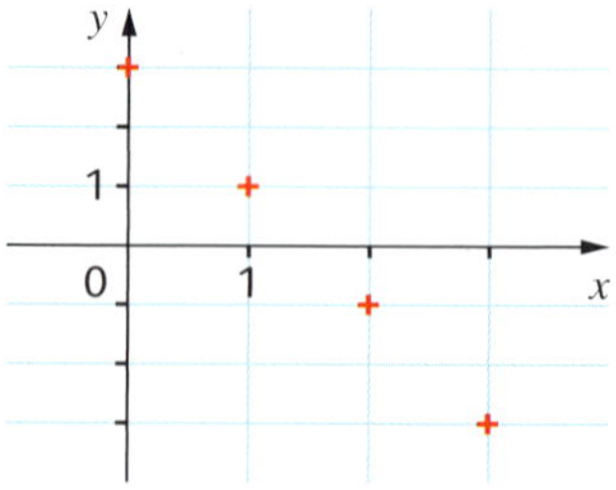

CAPACITÉ 4 Résoudre un problème de seuil dans le cas d'une croissance linéaire

Énoncé

Léo dépose 1 000 € sur un compte bancaire non rémunéré au mois de janvier 2022. Puis, à partir du mois de février, il dépose 115 € sur ce compte tous les premiers de chaque mois.
On note $u(0) = 1\,000$ la somme initiale déposée et, pour tout $n \in \mathbb{N}$, $u(n)$ le montant sur le compte bancaire de Léo après n dépôts de 115 € sur le compte.

1. Calculer $u(1)$. En déduire le montant que Léo aura le 2 février 2022.

2. Exprimer, pour $n \in \mathbb{N}$, $u(n+1)$ en fonction de $u(n)$, puis en déduire la nature de la suite u et préciser sa raison.

3. PYTHON L'algorithme incomplet ci-contre doit permettre de connaître le nombre de mois qu'il faudrait attendre pour que Léo ait au moins 2 000 € sur son compte.

```
1u=1000
2n=0
3while u<...:
4    u=...
5    n=...
6print(n)
```

a. Compléter l'algorithme.

b. Durant quel mois Léo aura-t-il au moins 2 000 € sur son compte ?

4. a. Exprimer, pour tout $n \in \mathbb{N}$, $u(n)$ en fonction de n.

b. Retrouver le résultat de la question **3. b.** à l'aide de la résolution d'une inéquation.

Solution

1. $u(1)$ est le montant sur le compte après un dépôt de 115 €.
Ainsi, $u(1) = u(0) + 115 = 1\,000 + 115 = 1\,115$.

2. Le 1er de chaque mois, Léo dépose 115 € supplémentaires sur son compte.
On a donc la relation de récurrence $u(n+1) = u(n) + 115$, pour tout $n \in \mathbb{N}$.
La suite u est arithmétique de raison $r = 115$.

3. a. L'algorithme doit calculer, pas à pas, chaque terme de la suite et s'arrêter dès qu'on a $u(n) \geqslant 2\,000$ à l'aide d'une boucle *Tant que*.
L'algorithme doit renvoyer le rang du mois n.
Ci-contre les 3 lignes du programme complétées :

```
3while u<2000:
4    u=u+115
5    n=n+1
```

b. On obtient ici $n = 9$ après exécution de l'algorithme.
C'est-à-dire qu'au bout de 9 mois, soit à partir du 1er octobre 2022, Léo aura au moins 2 000 € sur son compte. En effet, $u(0) = 1\,000$; $u(1) = 1\,115$; … ; $u(8) = 1\,920$ et $u(9) = 2\,035$.

4. a. Pour tout $n \in \mathbb{N}$, $u(n) = u(0) + n \times r = 1\,000 + 115n$.

b. $u(n) \geqslant 2\,000 \Leftrightarrow 1\,000 + 115n \geqslant 2\,000 \Leftrightarrow 115n \geqslant 1\,000 \Leftrightarrow n \geqslant \dfrac{1\,000}{115}$
Or, $\dfrac{1\,000}{115} \approx 8{,}7$. Puisque $n \in \mathbb{N}$, alors $u(n) \geqslant 2\,000$ à partir de $n = 9$.

> **Point méthode**
> **3. a.** Dans l'algorithme, les lignes **1** et **2** décrivent la situation initiale $u(0) = 1000$.
> L'instruction `while` permet de répéter la boucle tant qu'une condition est respectée, ici tant que le montant est inférieur à 2 000 €.
> La ligne **4** permet de calculer le terme suivant de la suite, pour cela il faudra se servir de la relation de récurrence trouvée dans la question **2.**, et la ligne **5** calcule le rang suivant.

> **Point méthode**
> **4. b.** Il faut résoudre l'inéquation $u(n) \geqslant 2\,000$.

J'applique

24 Le salaire mensuel de Laura augmente de 35 € chaque année. Il est de 1 800 € en 2022. Pour tout $n \in \mathbb{N}$, on note $u(n)$ le salaire mensuel de Laura en $2022 + n$.

1. Donner la valeur de $u(0)$.

2. Que représente $u(1)$ dans le contexte de cet exercice ? Calculer $u(1)$.

3. Exprimer, pour $n \in \mathbb{N}$, $u(n+1)$ en fonction de $u(n)$.

4. En déduire la nature de la suite u et préciser sa raison.

5. En quelle année le salaire mensuel de Laura sera-t-il supérieur à 2 000 € ? Justifier la réponse.

6. À ce rythme, combien d'années faudrait-il pour que le salaire initial de Laura double ?

Je **fais** le **point**

J'évalue mes connaissances

VERSION INTERACTIVE
hachette-clic.fr/23ds1009

Voir corrigés

QCM *Pour chacune des questions, indiquer la (ou les) bonne(s) réponse(s).*

Soient u, v et w trois suites arithmétiques définies, pour tout $n \in \mathbb{N}$, par :

$\begin{cases} u(0) = 15 \\ u(n+1) = u(n) - 3 \end{cases}$; $\begin{cases} v(0) = 2 \\ v(n+1) = v(n) + 5 \end{cases}$ et $w(n) = 2n - 1$.

On considère également une quatrième suite arithmétique t dont on connaît seulement 3 termes : $t(0) = 8$; $t(1) = 2$ et $t(2) = -4$.

	a	b	c
1. La raison de la suite u est :	15	3	−3
2. $u(1)$ est égal à :	15	12	9
3. La suite u est :	croissante	décroissante	constante
4. $v(2)$ est égal à :	2	7	12
5. Pour tout $n \in \mathbb{N}$, $v(n)$ est égal à :	$5 + 2n$	$2 + 5n$	$n + 5$
6. La suite v est :	croissante	décroissante	constante
7. Le terme initial de la suite w est :	−1	1	$w(0)$
8. Le troisième terme de la suite w est :	$w(3)$	3	5
9. $t(3)$ est égal à :	−6	−1	−10
10. La raison de la suite t est égale à :	$t(1) - t(0)$	6	−6

vrai ou faux ? *Indiquer pour chaque affirmation si elle est vraie ou fausse. Justifier.*

Partie A.

Frédéric loue un appartement à Reims. Son contrat de location débute le 1er août 2022 avec un loyer de 420 €. Ce loyer augmente de 27 € tous les ans au 1er août. On note, pour tout $n \in \mathbb{N}$, $u(n)$ le loyer, en euro, au 1er août $2022 + n$.

1. Le terme initial est $u(0) = 447$.

2. Au 1er août 2024, le loyer de Frédéric sera de 474 €.

3. $u(3)$ est le loyer, en euro, au 1er août 2023.

4. Pour tout $n \in \mathbb{N}$, $u(n+1) = u(n) + 27$.

5. La suite u est décroissante.

6. La forme explicite de la suite u est donnée, pour tout $n \in \mathbb{N}$, par $u(n) = 27n + 420$.

7. Si Frédéric ne veut pas avoir un loyer supérieur à 550 €, alors il devra quitter son appartement avant le 1er août 2026.

Partie B.

On a représenté sur le graphique ci-dessous, la suite arithmétique u.

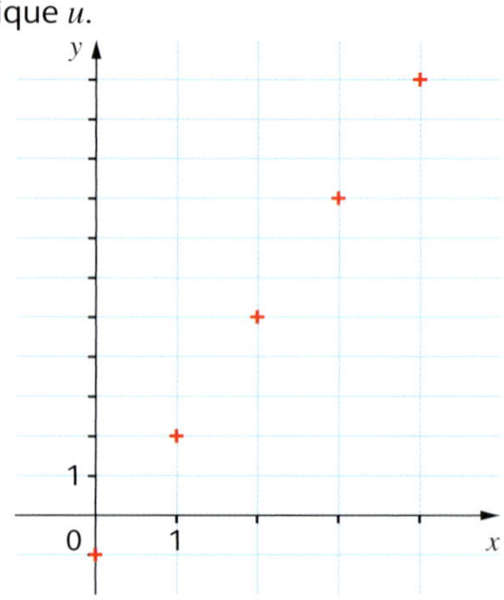

1. Le terme initial est égal à −1.

2. $u(2) = 1$

3. La raison de la suite u est 3.

4. $u(5) = 15$

5. La forme explicite de la suite u est donnée, pour tout $n \in \mathbb{N}$, par $u(n) = 3n + 1$.

6. Pour $n \geqslant 3$, on a $u(n) \geqslant 10$.

Consolider les bases

25 Soit f la fonction définie sur $\mathbb{R}$ par :

$$f(x) = 6x - 1$$

Calculer :

1. $f(0)$ **2.** $f(5)$ **3.** $f(-1)$ **4.** $f\left(\frac{1}{6}\right)$

26 Soit g la fonction définie sur $\mathbb{R}$ par :

$$g(x) = -3x^2 + 2x + 1$$

Calculer :

1. $g(0)$ **2.** $g(3)$ **3.** $g(-1)$ **4.** $g\left(\frac{1}{3}\right)$

27 Résoudre sur $\mathbb{R}$ les inéquations :

1. $x + 3 < 0$ **2.** $2x + 5 > 3$

3. $-2x + 4 < 10$ **4.** $x + 5 < 3x - 1$

28 **QCM**

Choisir la (ou les) bonne(s) réponse(s).

Si $f(n) = 3n$, pour tout entier naturel n, alors $f(n + 1)$ est égal à :

1. $3n + 1$ **2.** 3 **3.** $3n + 3$ **4.** $3(n + 1)$

29 Dans la cellule A2 de la feuille de calcul ci-contre, on saisit la formule =A1+5, qu'on recopie vers le bas. Quelles sont les valeurs affichées dans les cellules A2, A3 et A4 ?

	A
1	2
2	
3	
4	

30 Un apiculteur estime que la population d'abeilles adultes d'une ruche diminue chaque année d'environ 6 500 individus. En 2020, il avait 75 000 abeilles adultes dans la ruche.

1. Donner le nombre d'abeilles adultes dans la ruche en 2021 et en 2022.

2. L'apiculteur décide d'utiliser une feuille de calcul de tableur pour évaluer le nombre d'abeilles adultes présentes dans la ruche chaque année à partir de 2020.

	A	B	C	D	E
1	Année	2020	2021	2022	2023
2	Nombre d'abeilles	75000			

Parmi les formules ci-dessous, laquelle faut-il saisir dans la cellule C2, qu'on recopie ensuite vers la droite, pour obtenir le nombre d'abeilles adultes dans la ruche chaque année ?

a. =75000–6500 **b.** =B2–6500

c. =$B$2–6500

Connaître le cours

31 Soit $u(n)$ la suite arithmétique de premier terme $u(0) = 16$ et de raison $r = 2$. Déterminer $u(1)$, $u(2)$ et $u(3)$.

32 Soit u une suite arithmétique telle que $u(1) = 14$ et $u(2) = 11$. Déterminer la raison de cette suite.

33 **Vrai ou faux ?**

Les affirmations suivantes sont-elles vraies ou fausses ? Justifier la réponse.

1. La suite u définie, pour tout $n \in \mathbb{N}$, par :

$$u(n + 1) = u(n) - 7$$

est une suite arithmétique de raison 7.

2. La suite v définie, pour tout $n \in \mathbb{N}$, par :

$$v(n + 1) = 2 \times v(n) + 8$$

est une suite arithmétique de raison 8.

34 **QCM**

Soit u la suite arithmétique de premier terme $u(0) = 11$ et de raison $r = -3$. Pour tout $n \in \mathbb{N}$, l'expression de $u(n)$ en fonction de n est :

1. $u(n) = 11 + 3n$ **2.** $u(n) = 3 + 11n$

3. $u(n) = 11 - 3n$ **4.** $u(n) = 3 - 11n$

35 Soit u la suite arithmétique de premier terme $u(1) = 107$ et de raison $r = -13$.

1. Exprimer $u(n)$ en fonction de n pour tout entier $n \geqslant 1$.

2. En déduire la valeur de $u(123)$.

36 Soit u la suite arithmétique de premier terme $u(0) = -7$ et de raison $r = 4$.

1. Donner le sens de variation de la suite u.

2. Représenter graphiquement les quatre premiers termes de la suite.

37 On représente ci-dessous la suite arithmétique u.

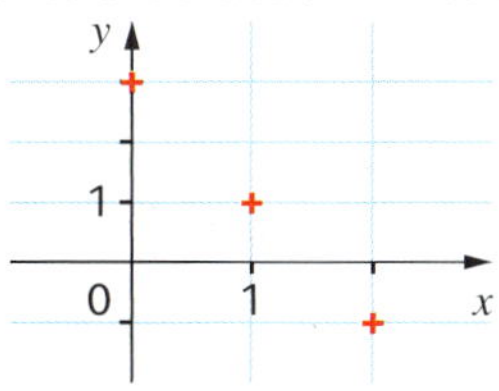

1. Donner $u(0)$.

2. Déterminer la raison de la suite.

38 Dans chaque cas, préciser le sens de variation de la suite arithmétique u, c'est-à-dire préciser si elle est croissante, décroissante ou constante.

1. u admet pour raison 7.

2. Pour tout entier naturel n, $u(n + 1) = u(n) - 3$ et $u(0) = 5$.

3. Pour tout entier naturel n, $u(n) = -0{,}2\,n + 6$.

4. $u(0) = -5$ et $u(1) = -1$.

exercices Application

CAPACITÉ 1 Reconnaître un phénomène discret de croissance linéaire et savoir le modéliser

39 On considère la suit u telle que :

$u(4) = 13$; $u(5) = 17$; $u(6) = 8$; $u(7) = 23$

Justifier que cette suite ne peut pas être arithmétique.

40 On estime que le nombre d'abonnés d'un magazine de sport décroît chaque année de 150. En 2022, on comptait 21 360 abonnés.

On note, pour tout $n \in \mathbb{N}$, $u(n)$ le nombre estimé d'abonnés en $2022 + n$.

1. Donner $u(0)$.

2. Calculer $u(1)$.

3. a. Exprimer, pour tout $n \in \mathbb{N}$, $u(n+1)$ en fonction de $u(n)$.

b. En déduire que la suite u est arithmétique et préciser sa raison.

41 Vrai ou faux ?

Les affirmations suivantes sont-elles vraies ou fausses ? Justifier les réponses.

1. On s'intéresse à l'évolution de la population de crapauds verts dans les étangs de la région alsacienne. En 2010, la population d'un étang était de 35 individus. Depuis, on constate une augmentation de la population de 2 % par an.

Affirmation 1 :

L'évolution de la population de crapauds verts peut être représentée par une suite arithmétique de premier terme 35.

2. Loïc achète une plante qui mesure 15 cm. Il observe que cette plante pousse de 2 cm tous les mois.

Affirmation 2 :

L'évolution de la taille, en cm, de la plante peut être représentée par une suite arithmétique de premier terme 15.

42 Dans chaque cas déterminer, en justifiant, si les nombres donnés sont les termes consécutifs d'une suite arithmétique. Si c'est le cas, donner le terme qui suit.

1. 15 ; 19 ; 23 ; 27

2. 71 ; 57 ; 44 ; 30

3. $7 ; \frac{19}{2} ; 12 ; \frac{29}{2}$

43 Dans chaque cas, préciser si la situation peut être modélisée par une suite arithmétique. Justifier.

1. Durant l'été, une fourmi fait des réserves de grains. Son stock débute à 0, puis monte à 34 grains après un mois, 68 après 2 mois et arrive à 102 à la fin de l'été.

2. Durant l'hiver une fourmi puise dans ses réserves de grains. Elle débute l'hiver avec 56 grains, n'en a plus que 31 après un mois, 17 après 2 mois et termine toutes ses réserves à la fin de l'hiver.

44 Pour tout $n \in \mathbb{N}$, $u(n) = n^2$.

1. Calculer $u(0)$, $u(1)$ et $u(2)$.

2. La suite u est-elle arithmétique ? Justifier.

45 Un réservoir cylindrique contient 360 L de liquide au départ. Dans ce réservoir, une hauteur de 1 cm de liquide correspond à un volume de 30 L.

Chaque minute, on verse 75 L de liquide dans ce réservoir.

On appelle, pour tout $n \in \mathbb{N}$, $u(n)$ la hauteur, en cm, du liquide dans le réservoir après n minutes.

1. Quelle est la valeur de $u(0)$?

2. Exprimer, pour tout entier naturel n, $u(n+1)$ en fonction de $u(n)$.

3. Calculer $u(30)$ et interpréter le résultat.

4. La hauteur du réservoir est de 3 m. À partir de quand dépassera-t-on les trois quarts de sa capacité ? Quel volume de liquide contiendra-t-il alors ?

CAPACITÉ 2 Calculer un terme de rang donné d'une suite arithmétique définie par une relation fonctionnelle ou une relation de récurrence

46 Dans chaque cas, calculer les trois premiers termes de la suite u définie, pour tout $n \in \mathbb{N}$, par :

1. $u(n+1) = u(n) + 1$ avec $u(0) = 3$

2. $u(n) = 4n + 3$

3. $u(n) = 7 - 2n$

47 Soit u la suite arithmétique de premier terme $u(1) = 15$ et de raison $r = 4$.

Calculer $u(2)$, $u(3)$ et $u(4)$.

48 Soit v la suite arithmétique de premier terme $v(0) = 22$ et de raison $r = -7$.

1. Calculer $v(1)$, $v(2)$ et $v(3)$.

2. Exprimer, pour tout $n \in \mathbb{N}$, $v(n+1)$ en fonction de $v(n)$.

49 Soit $u(n)$ la suite arithmétique de premier terme $u(1) = 0$ et de raison $r = 1{,}5$.

1. Calculer $u(2)$, $u(3)$ et $u(4)$

2. Exprimer, pour tout $n \in \mathbb{N}^*$, $u(n+1)$ en fonction de $u(n)$.

50 Dans chaque cas, déterminer la raison de la suite arithmétique telle que :

1. $u(10) = 43$ et $u(11) = 52$.

2. $v(21) = 151$ et $v(22) = 137$.

3. $w(48) = 78$ et $w(49) = 65$.

51 Soit u la suite arithmétique de raison $r = 5$ et telle que $u(2) = 23$. Calculer $u(4)$.

52 Soit u la suite arithmétique de premier terme $u(0) = -5$ et de raison $r = 17$.

1. Calculer $u(1)$, $u(2)$ et $u(3)$.

2. Exprimer, pour tout $n \in \mathbb{N}$, $u(n)$ en fonction de n.

3. Calculer $u(8)$.

4. Compléter la phrase à l'aide du résultat de la question précédente : « la valeur du …ème terme est … ».

53 Soit v la suite arithmétique de premier terme $v(1) = 22$ et de raison $r = -3$.

1. Calculer $v(2)$, $v(3)$ et $v(4)$.

2. Exprimer, pour tout $n \in \mathbb{N}^*$, $v(n)$ en fonction de n.

3. En déduire la valeur du 17ᵉ terme de la suite.

54 Soit u la suite arithmétique de premier terme $u(0) = -11$ et de raison $r = 4$.

1. Justifier que, pour tout $n \in \mathbb{N}$, on a $u(n) = 4n - 11$.

2. Calculer $u(5)$.

3. Calculer la valeur du 22ᵉ terme de la suite.

55 Calculer le terme $u(6)$ de la suite arithmétique u définie dans chacun des cas suivants.

1. Le premier terme de u est $u(0) = -4$ et sa raison est 7.

2. $u(0) = 12$ et $u(1) = 5$.

3. Pour tout entier naturel n, $u(n) = -3n + 8$.

4. $u(0) = 0$ et $u(3) = 9$.

56 Pour chacune des suites proposées, préciser en justifiant si elle est arithmétique. Dans ce cas, calculer les termes $u(3)$ et $u(4)$.

1. Pour tout entier naturel n non nul, $u(n) = \frac{1}{n}$.

2. Pour tout entier naturel n, $u(n) = \frac{n}{n+3}$.

3. $u(0) = 18$ et pour tout entier naturel n, $u(n+1) = \frac{1}{3} \times u(n)$.

4. Pour tout entier naturel n, $u(n) = -n + 5$.

CAPACITÉ 3 Réaliser et exploiter la représentation graphique des termes d'une suite arithmétique

57 Soit u la suite arithmétique de premier terme $u(0) = 1$ et de raison $r = -2$.

1. Donner le sens de variation de la suite u.

2. Calculer $u(1)$, $u(2)$ et $u(3)$.

3. Représenter graphiquement les quatre premiers termes de la suite.

58 Soit u la suite arithmétique de premier terme $u(1) = -3$ et de raison $r = 4$.

1. Donner le sens de variation de la suite u.

2. Calculer $u(2)$, $u(3)$ et $u(4)$.

3. Représenter graphiquement les quatre premiers termes de la suite.

59 Chaque graphique ci-dessous représente les premiers termes d'une suite. Dans chaque cas, préciser si cette suite peut être arithmétique ou non.

1.

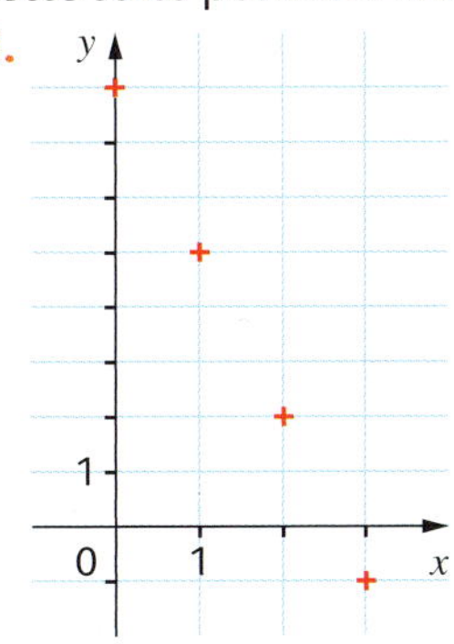

2.

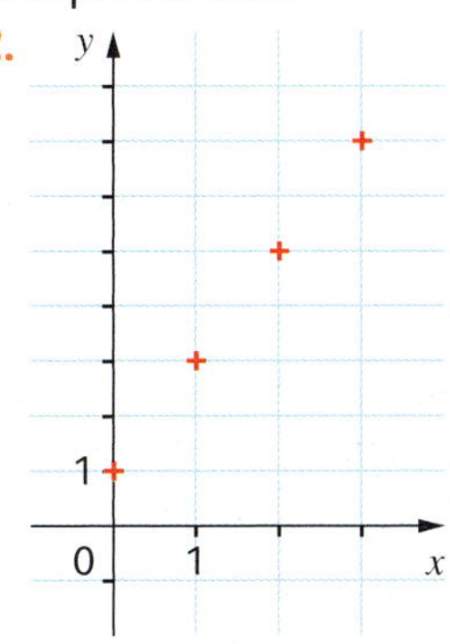

3.

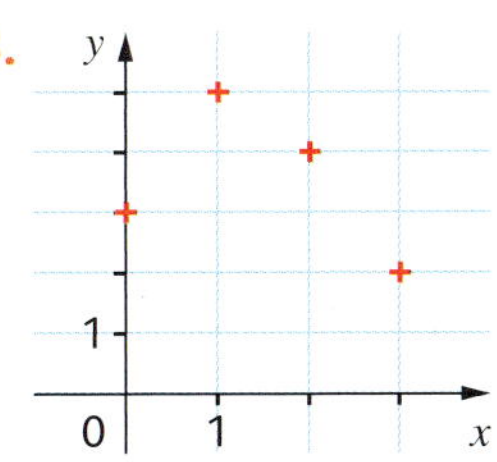

4.

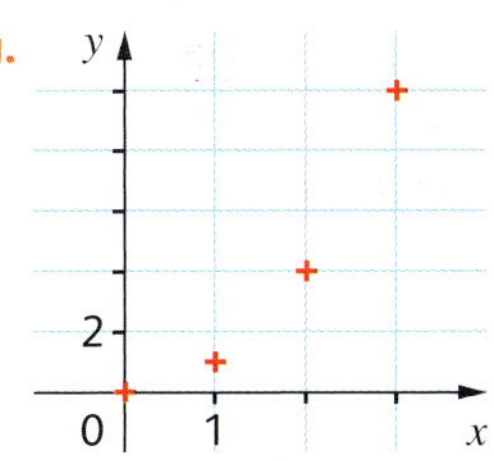

60 **Vrai ou faux ?**

On donne la représentation graphique de la suite arithmétique u. Préciser si les affirmations suivantes sont vraies ou fausses.

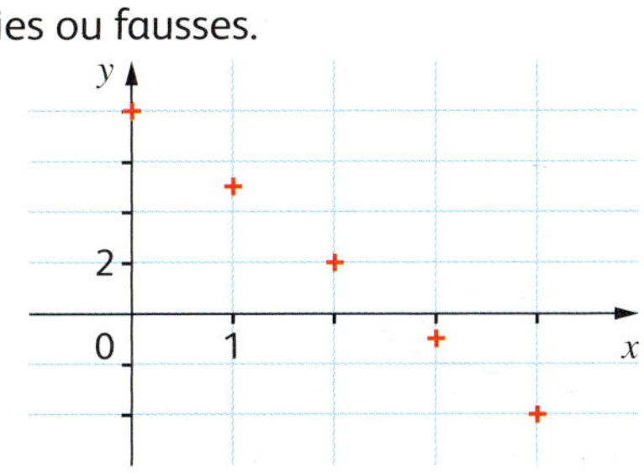

1. Le premier terme de la suite u est 5.

2. $u(3) = 1$.

3. La raison de la suite est $r = -3$.

4. La suite u est décroissante.

61 On donne la représentation graphique de la suite arithmétique v.

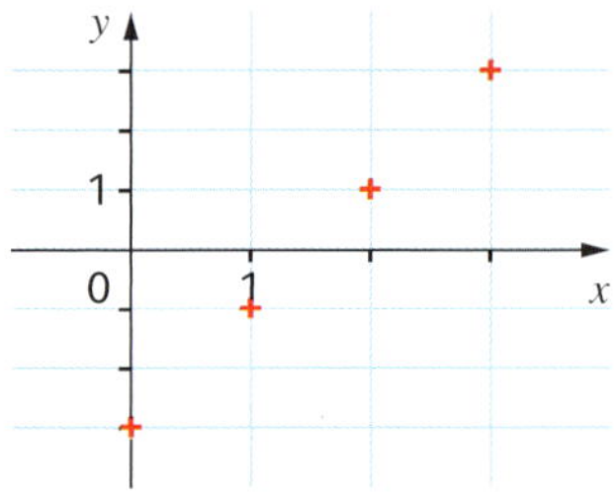

1. Donner la valeur du premier terme $v(0)$.
2. Déterminer la raison de la suite v.
3. Exprimer, pour tout $n \in \mathbb{N}$, $v(n)$ en fonction de n.
4. En déduire la valeur de $v(13)$.

62 **1.** Reproduire le graphique proposé ci-contre.
2. Tracer trois droites passant par au moins trois de ces points.
3. À partir de ces droites, définir trois suites arithmétiques dont on précisera le premier terme $u(0)$ et la raison.

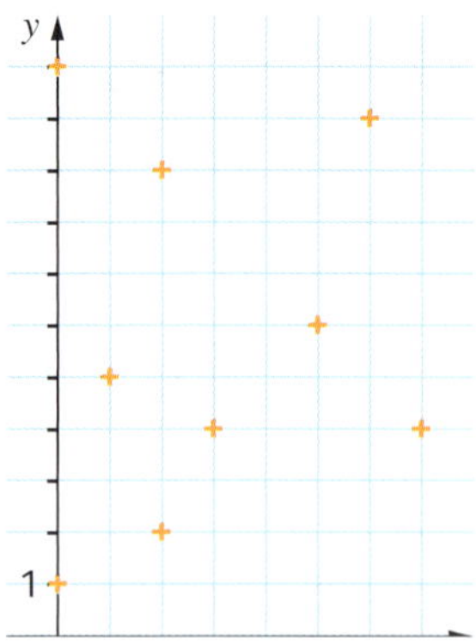

CAPACITÉ 4 **Résoudre un problème de seuil dans le cas d'une croissance linéaire**

63 Dans chaque cas, déterminer le plus petit entier naturel n, tel que :
1. $u(n) > 15$ avec, pour tout $n \in \mathbb{N}$, $u(n) = 3n + 2$.
2. $v(n) \leqslant 31$ avec, pour tout $n \in \mathbb{N}$, $v(n) = 76 - 5n$.
3. $w(n) > 0$ où w est une suite arithmétique de raison 0,5 et $w(0) = -25$.

64 Dans chaque cas, déterminer les valeurs de n, telles que :
1. $u(n) < -11$ avec, pour tout $n \in \mathbb{N}$, $u(n) = -6n + 97$.
2. $v(n) \geqslant 110$ avec, pour tout $n \in \mathbb{N}$, $v(n) = 4 + 8n$.
3. $w(n) \leqslant -10$ où w est une suite arithmétique de raison -3 et $w(0) = 100$.

65 Dans chaque cas, déterminer les valeurs de n, telles que :
1. $u(n) \geqslant 17$ avec $u(n + 1) = u(n) + 3$ et $u(0) = 7$
2. $v(n) > 46$ avec $v(n + 1) = v(n) + 5$ et $v(1) = 6$
3. $w(n) \leqslant -20$ avec $w(n) = 18 - 3n$.

66 Camille est une grande lectrice et décide en 2022 d'acheter tous les mois 7 nouveaux livres. Avant de prendre cette décision, elle possédait déjà 122 livres dans sa bibliothèque.
Pour tout $n \in \mathbb{N}$, on note $l(n)$ le nombre de livres possédés par Camille après n mois.
1. Donner la valeur de $l(0)$.
2. a. Calculer $l(1)$.
b. Interpréter ce résultat dans le contexte de l'exercice.
3. Déterminer la nature de la suite l et donner sa raison.
4. En déduire, pour tout $n \in \mathbb{N}$, l'expression de $l(n)$ en fonction de n.
5. Après combien de mois la bibliothèque de Camille contiendra plus de 150 livres ?

67 Les réserves de noisettes d'un écureuil diminuent tout au long de l'hiver. Au départ, il en a 176 et il en consomme 12 toutes les semaines. Pour tout $n \in \mathbb{N}$, on note $u(n)$ le nombre de noisettes de l'écureuil après n semaines.

1. Donner la valeur de $u(0)$.
2. Calculer $u(1)$.
3. Donner, pour tout $n \in \mathbb{N}$, l'expression de $u(n)$ en fonction de n.
4. En déduire la nature de la suite u. Préciser sa raison.
5. a. Déterminer le plus petit entier naturel n tel que $u(n) \leqslant 0$.
b. Sachant que l'hiver dure environ 13 semaines, l'écureuil aura-t-il de quoi tenir ?

68 Une boîte en carton de 110 mouchoirs en papier a une hauteur de 6,8 cm, l'épaisseur du carton formant la boîte étant de 1 mm.
1. Vérifier que la hauteur d'un mouchoir plié dans cette boîte correspond à 0,6 mm.
2. Justifier que la hauteur, en mm, d'une boîte de ce type contenant n mouchoirs peut être modélisée par l'expression $h(n) = 0{,}6n + 2$.
3. Quelle est la nature de la suite h ?
4. Le fabricant envisage de ne pas dépasser 20 cm de hauteur pour une boîte. Combien de mouchoirs contiendrait une telle boîte ?

1 Définitions

69 Dans chaque cas, préciser si les trois nombres proposés peuvent être les termes successifs d'une suite arithmétique.

1. $-5\,;\,1\,;\,7$
2. $4\,;\,2\,;\,1$
3. $12\,;\,6\,;\,0$

70 Dans chaque cas, calculer $u(1)$ sachant que u est une suite arithmétique telle que :

1. $u(0) = 37$ et $u(2) = 53$.
2. $u(0) = 76$ et $u(2) = 52$.

71 Pour tout $n \in \mathbb{N}$, $u(n) = 3n - 2$.

1. Calculer $u(0)$, $u(1)$ et $u(2)$.
2. Conjecturer la nature de la suite u.
3. Exprimer, pour tout $n \in \mathbb{N}$, $u(n+1)$ en fonction de n.
4. Montrer que, pour tout $n \in \mathbb{N}$, $u(n+1) - u(n) = 3$ et conclure sur la conjecture émise à la question **2.**

72 Pour tout $n \in \mathbb{N}$, $u(n) = \dfrac{1}{n+1}$.

Justifier que la suite u n'est pas arithmétique.

73 On considère une suite u et l'affirmation suivante : « Si u est une suite arithmétique de raison 19, alors $u(10) = u(9) + 19$ ».

1. Cette affirmation est-elle vraie ou fausse ?
2. Qu'en est-il de sa réciproque ?

74 En janvier 2022 Anne-Sophie décide de mettre de côté un capital de 2 300 €. Tous les mois, elle décide de déposer 115 € supplémentaires.

Pour tout entier naturel n, on note $c(n)$ le capital d'Anne-Sophie après n mois. Ainsi, $c(0) = 2\,300$.

1. Calculer $c(1)$.
2. Exprimer, pour tout $n \in \mathbb{N}$, $c(n+1)$ en fonction de $c(n)$.
3. En déduire la nature de la suite c. On précisera son premier terme et sa raison.
4. Au mois de mars 2023, quel sera le montant placé par Anne-Sophie ?

75 **1.** On considère les termes $u(0)$, $u(1)$ et $u(2)$ d'une suite arithmétique u. Montrer que l'on a :

$$u(1) = \left(\frac{u(0)+u(2)}{2}\right)$$

2. Plus généralement, on considère trois nombres a, b et c qui sont les termes consécutifs d'une suite arithmétique.

Montrer que l'on a : $b = \dfrac{(a+c)}{2}$.

2 Calcul d'un terme

76 On donne les premiers termes d'une suite arithmétique :

$$u(0) = \frac{7}{3}\,;\; u(1) = \frac{5}{3}\,;\; u(2) = 1\,;\; u(3) = \frac{1}{3}$$

Déterminer la raison de la suite et les trois prochains termes de la suite.

77 Soit u la suite définie, pour tout entier naturel n, par : $\begin{cases} u(0) = 15 \\ u(n+1) = u(n) - 3 \end{cases}$

1. **a.** Donner la nature de la suite u. Préciser sa raison.
   b. En déduire, pour tout $n \in \mathbb{N}$, l'expression de $u(n)$ en fonction de n.
2. Calculer $u(9)$.

78 Soit v la suite définie, pour tout entier naturel n, par : $\begin{cases} v(1) = 1 \\ v(n+1) = v(n) + 15 \end{cases}$

1. **a.** Donner la nature de la suite v. Préciser sa raison.
   b. En déduire, pour tout $n \in \mathbb{N}^*$, l'expression de $v(n)$ en fonction de n.
2. Déterminer la valeur du 21e terme de la suite v.

79 Soit u la suite arithmétique de premier terme $u(0) = 79$ et de raison $r = 46$.

1. Déterminer l'expression de $u(n)$ en fonction de n.
2. En déduire la valeur de $u(22)$.
3. Déterminer le plus petit entier naturel n, tel que $u(n) > 1\,120$.

80 Soit v la suite arithmétique de premier terme $v(1) = 716$ et de raison $r = -24$.

1. Déterminer l'expression de $v(n)$ en fonction de n.
2. En déduire la valeur du 17e terme de la suite.
3. Déterminer le plus petit entier $n \geqslant 1$, tel que $v(n) < -136$.

81 On considère la suite arithmétique de raison r telle que $u(20) = 106$ et $u(50) = 196$.

1. Compléter la phrase suivante : « À partir du terme de rang 20 il faut ajouter … fois la raison r pour obtenir le terme de rang 50. »

2. Déduire de la phrase précédente une formule mettant en relation $u(50)$, $u(20)$ et r.

3. En déduire la raison r.

4. Exprimer, pour tout $n \in \mathbb{N}$, $u(n)$ en fonction de n et $u(0)$, puis calculer $u(0)$.

82 En 2022, un club de boxe compte 94 adhérents. On considère que chaque année l'effectif du club augmente de 4 adhérents. Pour tout entier naturel n, on note $a(n)$ le nombre d'adhérents au club de boxe pour l'année $2022 + n$.

1. Donner $a(0)$.

2. Calculer $a(1)$ et interpréter le résultat.

3. Justifier que, pour tout $n \in \mathbb{N}$, $a(n + 1) = a(n) + 4$, puis en déduire la nature de la suite a.

4. Donner, pour tout $n \in \mathbb{N}$, une expression de $a(n)$ en fonction de n.

5. Déterminer le nombre d'adhérents dans le club de boxe en 2030.

83 Un coureur décide de s'entraîner pour un semi-marathon (course à pied se déroulant sur 21,0975 kilomètres) qui a lieu 12 semaines plus tard. Il est habitué à courir 10 km par semaine et décide d'augmenter chaque semaine la distance parcourue d'un kilomètre. On note $d(0)$ la distance parcourue habituellement et, pour tout entier naturel n, on note $d(n)$ la distance parcourue lors de son entraînement à la n-ième semaine.

1. Donner $d(0)$, puis calculer $d(1)$ et $d(2)$.

2. Exprimer, pour tout $n \in \mathbb{N}$, $d(n + 1)$ en fonction de $d(n)$. Justifier.

3. En déduire la nature de la suite d. Préciser sa raison.

4. Donner, pour tout $n \in \mathbb{N}$, une expression de $d(n)$ en fonction de n.

5. Le coureur sera-t-il prêt dans les temps ?

84 On dispose de petits carrés, tous identiques, de côtés 1 cm, avec lesquels on construit un motif géométrique en forme de T. Une fois le motif construit, on l'agrandit au fur et à mesure en ajoutant des carrés sur chacune des extrémités du T. On représente les deux premières étapes ci-dessous.

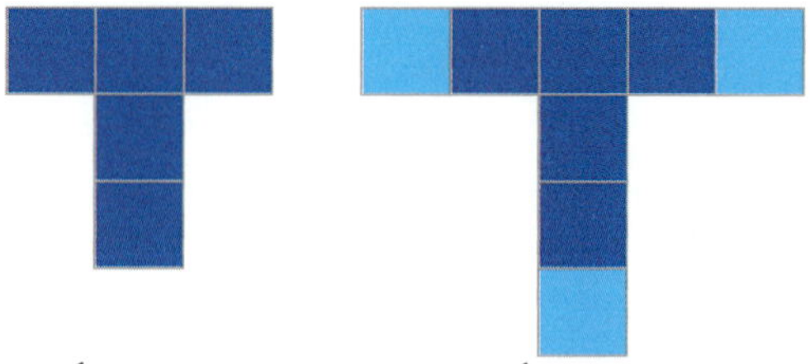

Étape 0 Étape 1

On s'intéresse au périmètre du motif ainsi formé. Pour tout $n \in \mathbb{N}$, on note $p(n)$ le périmètre du motif à l'étape n. Ainsi, $p(0) = 12$.

1. Donner $p(1)$, puis, à l'aide d'un schéma du motif à l'étape 2, en déduire $p(2)$.

2. Quelle est la nature de la suite p ? Préciser son premier terme et sa raison.

3. Déterminer, pour tout $n \in \mathbb{N}$, l'expression de $p(n)$ en fonction de n.

4. Calculer $p(5)$.

85 Un puits mesure 15 m de profondeur. Au fond de ce puits l'eau occupe 2,5 m de hauteur. Un escargot se situant à la limite de l'eau commence son ascension pour sortir du puits. Il monte de 15 cm par heure. Pour tout $n \in \mathbb{N}$, on note $h(n)$ la hauteur atteinte, en mètre, par l'escargot après n heures.

1. Justifier que la suite h est arithmétique. Préciser sa raison et son premier terme.

2. Exprimer, pour tout $n \in \mathbb{N}$, $h(n)$ en fonction de n.

3. Combien d'heures faudra-t-il à l'escargot pour sortir du puits ?

86 QCM

Indiquer la (ou les) bonne(s) réponse(s).

On considère une suite arithmétique v telle que $v(0) = -5$ et $v(11) = 61$. La suite v a pour expression générale, pour tout entier n :

1. $v(n) = 5n - 6$

2. $v(n) = 6n - 5$

3. $v(n) = 5n + 61$

4. $v(n) = 7 + 6(n - 2)$

87 Dans chacun des cas ci-dessous, déterminer la raison de la suite arithmétique u dont on donne deux termes.

1. $u(0) = 1$ et $u(3) = 10$.

2. $u(5) = 12$ et $u(12) = 5$.

3. $u(3) = -2$ et $u(13) = 3$.

88 **Exercice guidé**

Lors de sa première année d'ouverture, le bénéfice net d'une boutique de jeux de société est de 55 000 €. On modélise ce bénéfice annuel par une suite arithmétique b où, pour tout $n \in \mathbb{N}$, $b(n)$ représente le bénéfice net du magasin lors de la n-ième année d'ouverture. Lors de sa 8e année, la boutique réalise un bénéfice net de 107 500 €.

1. Donner $b(1)$ et $b(8)$.

2. En déduire la raison de la suite b.

3. Déterminer, pour tout $n \in \mathbb{N}$, l'expression de $b(n)$ en fonction de n.

4. À partir de quelle année le bénéfice net de la boutique dépassera les 175 000 € ?

Pistes de résolution

2. Pour calculer la raison r de la suite, on peut exprimer $b(n)$ en fonction de $b(1)$, r et n. Puis, en remplaçant n par 8, on peut utiliser les résultats de la question **1.** pour obtenir une équation d'inconnue r à résoudre.

4. Il faut résoudre l'inéquation $b(n) \geqslant 175\,000$.

89 Sur un étang, on a une quantité initiale $u(0)$ de nénuphars. Toutes les semaines, le nombre de nénuphars augmente de 10 % de cette quantité initiale. Pour tout entier naturel n, on note $u(n)$ le nombre de nénuphars après n semaines.

1. Déterminer, pour tout entier naturel n, l'expression de $u(1)$ en fonction de $u(0)$.

2. Déterminer, pour tout entier naturel n, l'expression de $u(n+1)$ en fonction de $u(n)$ et $u(0)$.

3. Déterminer l'expression de $u(n)$ en fonction de n et $u(0)$.

4. Après 10 semaines il y a 60 nénuphars sur l'étang.

a. À l'aide de cette information, compléter :

« $u(\ldots) = \ldots$ »

b. En déduire le nombre de nénuphars présents sur l'étang au départ.

90 Un marcheur a l'habitude de parcourir 5 km par jour. Pour se préparer à une randonnée, il souhaite allonger sa marche de la même distance chaque jour pendant 30 jours, pour parvenir à 15,5 km.

1. De combien doit-il augmenter sa marche chaque jour ?

2. Combien parcourra-t-il après 10 jours d'augmentation ? après 25 jours ?

3 Représentation graphique - Variations

91 **QCM**

Pour chaque question, indiquer la (ou les) bonne(s) réponse(s).

1. Soit u la suite arithmétique définie sur $\mathbb{N}$ telle que $u(0) = 4$ et $u(7) = -17$.

a. La raison est -3.

b. La suite u est décroissante.

c. $u(5) = -12$

d. La suite u est croissante.

2. Soit v la suite arithmétique de premier terme $v(1) = -2$ et de raison $r = 6$.

a. Pour tout $n \in \mathbb{N}^*$, $v(n) = 2 + 6n$.

b. La suite v est décroissante.

c. Pour tout $n \in \mathbb{N}^*$, $v(n+1) = v(n) - 2$

d. La suite v est croissante.

3. On représente graphiquement la suite arithmétique w :

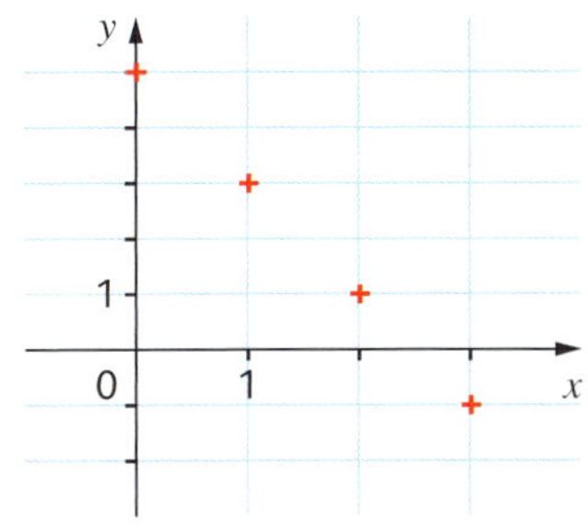

a. Sa raison est -2. **b.** $w(2) = 3$

c. $w(15) = -30$ **d.** $w(n) = 2n - 5$

92 On donne la représentation graphique de la suite arithmétique u.

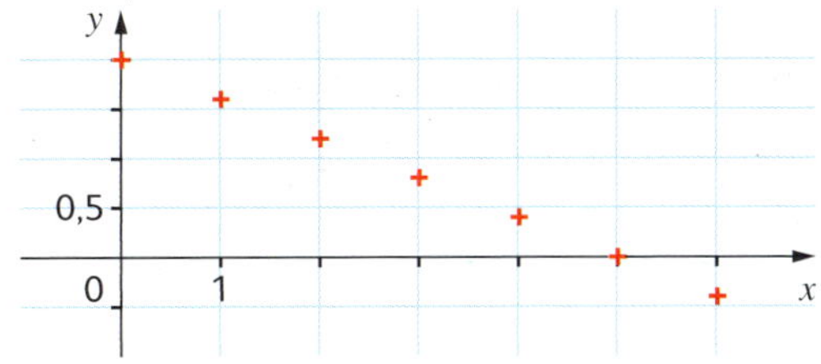

Déterminer $u(10)$.

93 PYTHON Soit le programme Python ci-contre.

```
1 def Suite_Ar():
2     u=1899
3     n=0
4     while u>250:
5         u=u-51
6         n=n+1
7     return(n)
```

1. Expliquer le but de ce programme.

2. a. Dans quelle ligne peut-on lire le premier terme de la suite ? sa raison ? Donner ces valeurs.

b. Donner les variations de la suite u.

3. Déterminer la valeur de sortie du programme.

Apprendre à modéliser

DÉVELOPPER DES COMPÉTENCES

Évolution de la population en France métropolitaine depuis un siècle

Le tableau ci-dessous donne la population (en million) de la France métropolitaine en fonction de l'année, par tranche de 10 ans. (source : INSEE)

Le graphique situé à droite du tableau représente le nuage de points correspondant.

Année	Population (en million)
1920	38,9
1930	41,34
1940	40,69
1950	41,48
1960	45,684
1970	50,772
1980	53,88
1990	56,709
2000	59,049
2010	62,765
2020	65,284

Population de la France métropolitaine depuis 1920

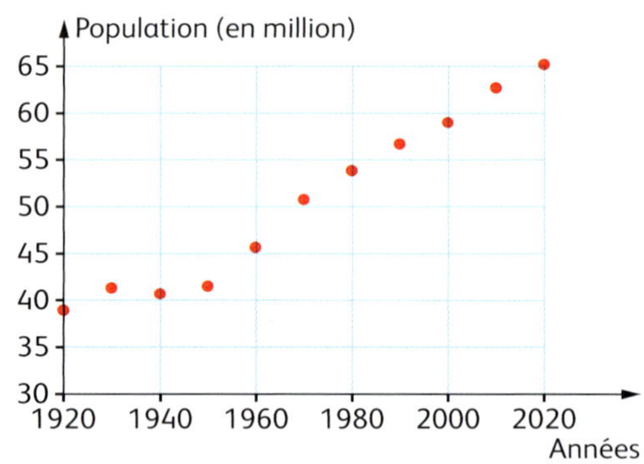

Pour tenter de prévoir la population durant les années à venir, il peut être pertinent de modéliser à l'aide d'une suite.
La population en 2015 était de 64 301 000 et en 2020 elle était de 65 284 000.
En 5 ans, elle a donc augmenté de 983 000, soit 196 600 habitants supplémentaires chaque année. On estime qu'elle continuera de croître de la même façon durant les années à venir.

Modéliser un phénomène, c'est toujours faire un choix, qui doit être discuté et confronté à la réalité, qui peut remettre en question sa pertinence.

1. Expliquer pourquoi on ne peut pas modéliser l'évolution de la population française depuis 1920 à l'aide d'une suite arithmétique.

2. Soit un entier naturel n. On note $u(n)$ la population de la France, en million, en $2015 + n$.

a. Que nous indique le passage surligné en vert pour la suite u ?

b. À l'aide du passage surligné en jaune, exprimer, pour tout $n \in \mathbb{N}$, $u(n+1)$ en fonction de $u(n)$.

c. Justifier, que pour tout $n \in \mathbb{N}$, $u(n) = 0{,}1966n + 64{,}301$.

3. En 2021, d'après l'INSEE, la population française était de 65 447 000.

a. Déterminer la population française estimée en 2021 par la suite u.

b. Calculer l'erreur d'approximation donnée par la formule $\left|\dfrac{\text{valeur approchée} - \text{valeur exacte}}{\text{valeur exacte}}\right|$ et exprimer le résultat sous forme de pourcentage qu'on arrondira à 0,01 % près.

c. L'erreur d'approximation est jugée « acceptable » si elle est inférieure à 1 %. Qu'en est-il ici ?

4. Des études montrent que la population française devrait atteindre les 67 millions en 2029. Cela remet-il en cause la modélisation de la population par la suite u ?

5. D'après ce modèle, la population française atteindra-t-elle les 70 millions ? Si oui, en quelle année ?

94 ... en géométrie — Motif évolutif en croix

On s'intéresse à la construction d'un motif géométrique évolutif.
Au départ, on dispose d'un seul jeton. Au fur et à mesure, on rajoute des jetons de même taille sur chaque extrémité afin de former une croix de plus en plus grande.

Étape 0

Étape 1

Étape 2

On étudie ici le nombre de jetons nécessaires pour former les croix successives. On note $j(n)$ le nombre de jetons composant la croix à l'étape n. Ainsi, en observant le schéma ci-contre on peut déjà noter que $j(0) = 1$.

1. Déterminer $j(1)$ et $j(2)$.

2. a. Faire un schéma de la croix à l'étape 3.

b. En déduire $j(3)$.

3. a. Exprimer, pour tout $n \in \mathbb{N}$, $j(n+1)$ en fonction de $j(n)$.

b. Quelle est la nature de la suite j ? Préciser son premier terme et sa raison.

4. Déterminer, pour tout entier naturel n, l'expression de $j(n)$ en fonction de n.

5. En déduire le nombre de jetons pour la croix de l'étape 8.

6. Quelle est le plus petit entier naturel n tel que $j(n) > 80$?

95 ... en économie — Croissance d'un poste budgétaire

En 2022, la famille Martin dépense en moyenne 3 150 € par mois. Les dépenses liées au logement représentent cette année-là 30 % du total.

1. Montrer qu'en 2022, la famille Martin aura dépensé 11 340 € dans le logement.

2. On estime que les dépenses annuelles dues au logement vont augmenter de 420 € par an. On note, pour tout $n \in \mathbb{N}$, $D(n)$ les dépenses dans le logement de cette famille durant l'année $2022 + n$.
On a $D(0) = 11\ 340$.

a. Calculer $D(1)$ et $D(2)$.

b. Justifier que la suite D est arithmétique, préciser sa raison.

3. On note, pour tout $n \in \mathbb{N}$, $T(n)$ les dépenses totales liées au logement entre 2022 et $2022 + n$. Ainsi, $T(0) = 11\ 340$.

a. Montrer que $T(1) = 23\ 100$ et $T(2) = 35\ 280$.

b. La suite T est-elle arithmétique ?

4. Pour calculer ses dépenses liées au logement, la famille Martin utilise la feuille de calcul ci-dessous.

	A	B	C	D
1	Année : 2022+*n*	2022	2023	2024
2	Dépenses annuelles dans le logement : *D* (*n*)	11340		
3	Dépenses dans le logement depuis 2022 : *T* (*n*)	11340		

Quelles formules doit-elle saisir dans les cellules C2 et C3 respectivement afin d'obtenir, par recopie vers la droite, les dépenses annuelles et les dépenses depuis 2022 ?

Maths en situation...

96 … en économie — Intérêts simples PYTHON

En 2022, Maxime place un capital de 2 500 € à intérêts simples au taux de 6 % par an. Cela signifie que chaque année le capital augmente d'une somme égale à 6 % du capital initial.

Pour tout $n \in \mathbb{N}$, on note $C(n)$ le capital de Maxime en $2022 + n$. Ainsi $C(0) = 2\,500$.

1. Calculer $C(1)$ et $C(2)$.

2. a. Justifier que, pour tout $n \in \mathbb{N}$:

$$C(n+1) = C(n) + 150$$

b. En déduire la nature de la suite C.

3. Maxime décide de créer une feuille de calcul pour prévoir le montant de son capital durant les futures années dont voici une capture d'écran :

	A	B	C	D	E	F	G
1	Année	2022	2023	2024	2025	2026	2027
2	Capital (en €)	2500					

Quelle formule doit-il saisir en C2 afin d'obtenir, par recopie vers la droite, le capital pour chaque année ?

4. a. Compléter la fonction seuil ci-contre afin qu'elle renvoie le nombre d'années qu'il faudrait attendre pour que le capital dépasse le seuil de M €.

```python
def seuil(M):
    C=2500
    n=0
    while ... :
        C=...
        n=...
    return(n)
```

b. Maxime souhaite connaître l'année durant laquelle son capital aura dépassé les 3 500 euros. Quelle commande doit-il écrire dans la console Python pour obtenir la réponse à sa question avec la fonction ci-dessus ?

c. En quelle année le capital de Maxime aura-t-il dépassé les 3 500 euros ?

5. Exprimer, pour tout $n \in \mathbb{N}$, $C(n)$ en fonction de n.

6. Maxime affirme qu'au bout de 15 ans, il aura au moins doublé son capital initial. A-t-il raison ? Justifier.

97 … en santé publique — Proportion de fumeurs dans une population

Un pays décide de lutter contre le tabagisme de sa population. On estime qu'en 2000, 42 % de la population fume régulièrement ou occasionnellement. Après de nombreuses actions de prévention sur les risques liés au tabac, on remarque que la proportion de fumeurs diminue chaque année d'environ 0,3 %.

On note, pour tout $n \in \mathbb{N}$, $p(n)$ la proportion de fumeurs en $2000 + n$.

1. Donner $p(0)$ et calculer $p(1)$.

2. Exprimer, pour tout $n \in \mathbb{N}$, $p(n+1)$ en fonction de $p(n)$, puis en déduire la nature de la suite p. On précisera son premier terme et sa raison.

3. Exprimer, pour tout $n \in \mathbb{N}$, $p(n)$ en fonction de n.

4. Déterminer, selon ce modèle, la proportion de fumeurs dans ce pays en 2022 ?

5. En quelle année pourra-t-on affirmer que « moins d'une personne sur quatre fume » ?

98 … en géométrie **Carré bordé**

Loïc dispose d'un stock de petits carrés en bois dont il se sert pour représenter différentes figures géométriques. Tous les carrés sont de côté 1 cm. Aujourd'hui il décide de représenter des carrés. Pour cela il commence par placer un carré blanc, qu'il entoure de carrés colorés. Ensuite il décide d'augmenter progressivement la taille du carré central, tout en continuant de l'entourer de carrés colorés.
On représente les deux premières étapes ci-dessous.

Étape 1

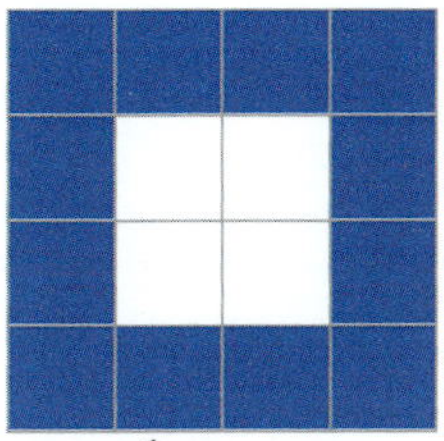
Étape 2

On s'intéresse au nombre de carrés colorés nécessaire à la construction. Pour tout $n \in \mathbb{N}^*$, on note $c(n)$ le nombre de carrés colorés nécessaires pour entourer le carré central à l'étape n.

Partie 1 Mise en place d'une suite

1. Donner $c(1)$ et $c(2)$.
2. a. Faire un schéma du motif à la troisième étape.
b. En déduire $c(3)$.
3. a. Expliquer, à l'aide d'une phrase, comment calculer le nombre de carrés colorés entourant le carré central à n'importe quelle étape.
b. En déduire l'expression, pour tout $n \in \mathbb{N}^*$, de $c(n)$ en fonction de n.
c. Quelle est la nature de la suite c ? Préciser son premier terme et sa raison.

Partie 2 Exploitation de la forme explicite

1. Quel est le plus petit entier naturel $n \geqslant 1$, tel que $c(n) > 45$?
2. Est-il possible d'obtenir des bordures composées de :
a. 100 carrés ? b. 110 carrés ? c. 120 carrés ?
3. Quelle condition doit être respectée par le nombre de carrés en bordure ?
4. Peut-on trouver une valeur de n telle que, lorsque l'on double le côté du carré central, on double aussi le nombre de carrés colorés ?

Remarque
On pourra penser à factoriser l'expression trouvée à la **Partie 1**.

Partie 3 Utilisation de l'aire

On propose de retrouver l'expression de $c(n)$ en fonction de n déterminée dans la **Partie 1**.

1. Déterminer l'aire du carré central à l'étape n.
2. a. Quelle est la longueur du grand carré (coloré + central) à l'étape n ?
b. En déduire l'aire de ce carré.
3. Quel est alors le nombre de carrés colorés à l'étape n ?
4. Loïc possède 1 024 carrés blancs et 854 carrés de couleurs. Quelle est la taille maximale du carré bordé qu'il peut créer ?

THÈME

4 Modélisation continue Croissance linéaire

Modélisation du réel

Le niveau des mers et des océans a des conséquences directes sur l'habitat du littoral, mais aussi sur l'apparition de phénomènes climatiques extrêmes, comme les ouragans et les typhons. L'augmentation de ce niveau est constatée depuis la fin du XIXe siècle, et fait l'objet de nombreuses modélisations.

Voir Maths en situation p. 87

Les capacités du thème

- CAPACITÉ 1 Reconnaître un phénomène continu de croissance linéaire et savoir le modéliser
- CAPACITÉ 2 Réaliser et exploiter la représentation graphique d'une fonction affine
- CAPACITÉ 3 Résoudre un problème de seuil dans le cadre d'une croissance linéaire

Partir d'un bon pied

A Diaporama pour tester les bases

ACTIVITÉS MENTALES RAPIDES

B QCM : Notion de fonction

1. Une fonction, définie sur l'intervalle $[-5 ; 4]$, associe :

a. une image à tous les nombres réels ;

b. des images toujours comprises entre -5 et 4 ;

c. une seule image à chaque nombre réel compris entre -5 et 4 ;

d. plusieurs images à chaque nombre réel compris entre -5 et 4.

2. Une fonction g définie sur $\mathbb{R}$ vérifie $g(1) = 5$.

a. 1 est l'image de 5 par g ;

b. 5 est l'image de 1 par g ;

c. 1 est un antécédent de 5 par g ;

d. $g(5) = 1$

C Vrai/Faux : Représentation graphique

La courbe proposée représente une fonction.

1.

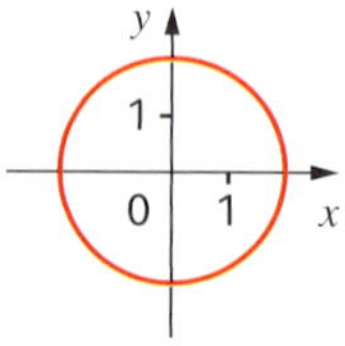

2.

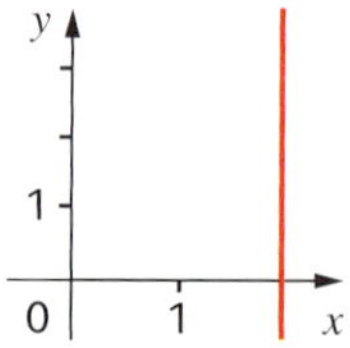

3.

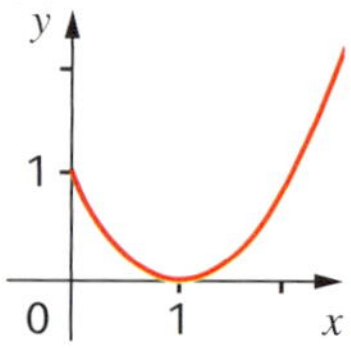

4.

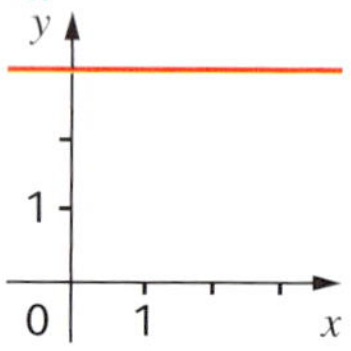

VIDÉO EXO 1 hachette-clic.fr/23ds1010

VIDÉO EXO 3 hachette ic.fr/23ds1011

Automatismes transversaux

1 Sur un site dédié à la sécurité routière, on trouve le graphique ci-dessous concernant la distance de freinage d'une voiture.

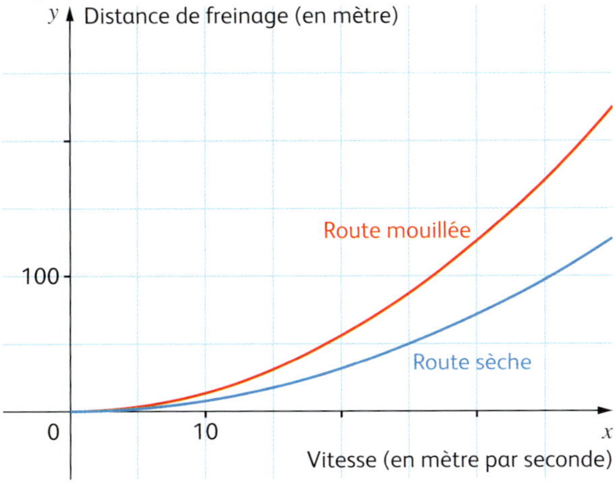

1. Préciser les unités sur chaque axe, l'interprétation de chaque courbe.
2. Calculer l'accroissement de la distance sur route sèche quand une voiture passe de 10 à 20 m/s, de 20 à 30 m/s, et enfin de 30 à 40 m/s.
3. Une voiture roule à 20 m/s. Quelle est sa distance de freinage sur route sèche ? sur route mouillée ?
4. Est-il exact que, en passant de 10 à 20 m/s, les distances de freinage sur route mouillée sont doublées ?
5. Une voiture qui roule à 20 m/s augmente sa vitesse de 50 %.
De quel pourcentage augmente sa distance de freinage sur route sèche ?
6. Sur autoroute, une voiture roule à 130 km/h par temps sec.
Quelle est sa distance de freinage ?
7. La « distance d'arrêt » est la somme de la distance de freinage et de la « distance de réaction », parcourue par la voiture avant le début du freinage ; on estime le temps de réaction à 2 s.
Calculer la distance d'arrêt d'une voiture qui roule à 110 km/h sur route mouillée.

2 Une quantité connaît les évolutions suivantes.
Dans chaque cas, calculer le taux d'évolution global après les deux évolutions.
1. Augmentation de 20 %, puis augmentation de 30 %.
2. Augmentation de 50 %, puis diminution de 60 %.
3. Diminution de 50 %, puis diminution de 75 %.

3 Résoudre les équations suivantes.
1. $7x - 5 = 9$
2. $3x + 1 = 5x + 4$
3. $2x^2 = 18$

Automatismes préparatoires du thème

4 Pour chacune des cinq droites tracées ci-dessous, préciser le coefficient directeur et l'ordonnée à l'origine.

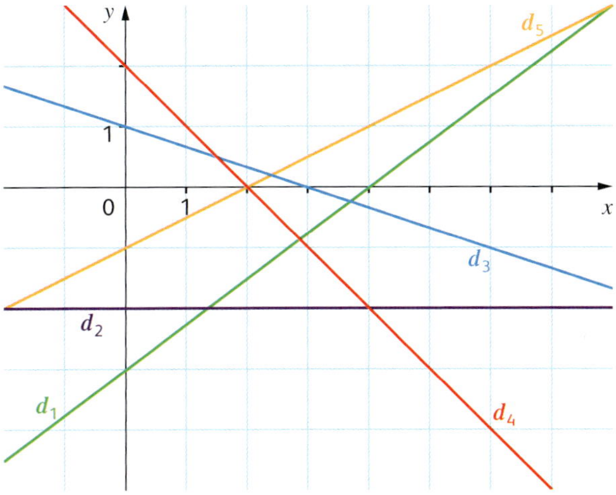

5 On donne ci-dessous des équations cartésiennes de droites.
Identifier, parmi ces droites, celles qui sont parallèles.

$d_1 : y = 5x - 3$;	$d_2 : y = x$;
$d_3 : y = \frac{3}{5}x + 2$;	$d_4 : x = 1$;
$d_5 : y = x - 7$;	$d_6 : y = 0$;
$d_7 : y = 6x - 4$;	$d_8 : 2x + 5 = 0$;
$d_9 : y = 5x$;	$d_{10} : y = \frac{12}{20}x + 1$

6 On considère la droite d_1 d'ordonnée à l'origine -1 et de coefficient directeur 3, et la droite d_2 d'ordonnée à l'origine 3 et de coefficient directeur -1.
Déterminer le point d'intersection de d_1 et d_2.

7 La droite d a pour coefficient directeur 5 et passe par le point $A(2 ; 8)$.
1. Quelle est l'ordonnée à l'origine de d ?
2. Préciser l'équation réduite de d.
3. Déterminer le point de d d'abscisse -1.

8 La droite d admet pour ordonnée à l'origine 4 et passe par le point $B(2 ; 0)$.
1. Quel est son coefficient directeur ?
2. Déterminer le point de d d'abscisse 4.

9 Calculer, si possible, les images de 1 et de 2, puis les antécédents de 4 et de -4, par :
1. $f(x) = 2x - 5$
2. $f(x) = 0{,}75x$
3. $f(x) = \dfrac{1}{(x-2)}$
4. $f(x) = (x-1)^2$

Activités en situation...

Consolider les bases

Objectif
Réactiver le vocabulaire et les notions liées aux fonctions.

Une entreprise fabrique et vend des pièces métalliques destinées à l'aéronautique. Sa production mensuelle ne peut pas dépasser 20 tonnes et une tonne produite est vendue 50 000 euros.

1 a. L'entreprise a vendu 18 tonnes de pièces métalliques. Combien cette vente a-t-elle rapporté à l'entreprise en euro ?
b. Une vente a rapporté 485 000 euros à l'entreprise. Combien de tonnes a-t-elle vendues ?

2 La recette, exprimée en millier d'euros, engendrée par la vente de x tonnes de pièces métalliques est donnée par la fonction R définie sur l'intervalle $[0 ; 20]$ par $R(x) = 50x$.
a. Calculer les images par R de 0, de 1 et de 10. Interpréter les résultats dans le contexte de l'énoncé.
b. Calculer les antécédents par R de 0 puis de 225. Interpréter les résultats dans le contexte de l'énoncé.

Info
En économie, la recette désigne la somme d'argent reçue par une entreprise grâce à la vente de ce qu'elle produit.

3 a. Dans un repère adapté, construire la représentation graphique de la fonction R.
b. Construire le tableau de variations de la fonction R sur l'intervalle $[0 ; 20]$. Interpréter les variations obtenues dans le contexte de l'énoncé.

Situation 1 Population parisienne

Objectif
Passer d'un modèle discret à un modèle continu.

Un article, paru en janvier 2020 sur le site 20minutes.fr, donne l'information suivante :
« Dans son dernier rapport, l'INSEE révèle que la ville de Paris a perdu environ 12 000 habitants chaque année depuis 2012. »
Pour tout entier naturel n, on note u_n la population de la ville de Paris en $2012 + n$. On admet qu'il y avait environ 2,21 millions d'habitants dans Paris en 2012 et que l'évolution indiquée dans l'article reste encore valable.

1 a. Quelle est la nature de la suite (u_n) ? Déterminer sa raison et son terme initial.
b. Exprimer u_n en fonction de n.
c. Calculer u_{10} et interpréter le résultat.

2 Avec cette modélisation, on souhaite estimer la population de la ville de Paris au cours du premier trimestre 2023.
a. Pourquoi l'utilisation de la **suite** (u_n) n'est-elle plus adaptée ?
b. Au lieu d'une suite, on utilise une **fonction** affine f qui permet d'effectuer l'estimation souhaitée. Que représente la variable x, qui se substitue à l'entier n ? À quel ensemble appartient-elle ?
c. Estimer la population de la ville de Paris au cours du premier trimestre 2023, puis en milieu d'année 2025.
d. À partir de quel moment la population de la ville de Paris devrait-elle passer, selon ce modèle, au-dessous de 2 millions ?

Info
On dit que la fonction f **modélise**, de manière **continue**, la population de la ville de Paris. Lorsque la fonction est **affine**, on parle de croissance **linéaire**.

Situation 2 Vase décoratif

Objectif
Modéliser par une fonction affine.

Un vase droit, de base carrée de 5 cm de côté, a une hauteur de 20 cm. On souhaite le remplir de sable de couleurs différentes avec une première hauteur minimale de 2 cm.

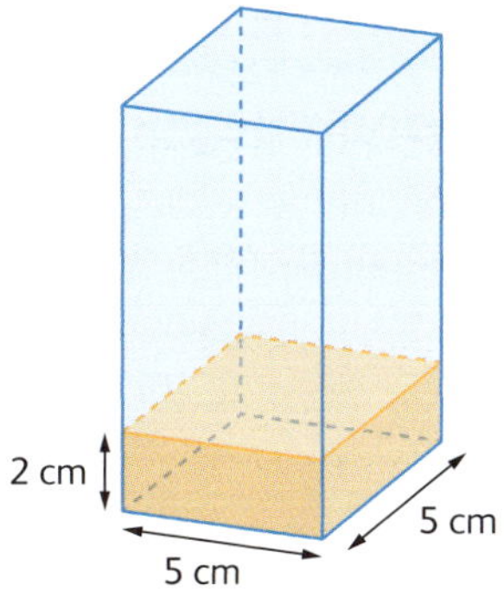

1 a. Quel est le volume du vase ?
b. Quel est le volume minimal de sable dans le vase ?
c. Quel est le volume total de sable si on rajoute 3 cm d'un sable différent à la couche initiale de 2 cm ?

2 On note x la hauteur supplémentaire de sable que l'on rajoute.
a. À quel intervalle appartient x ?
b. Exprimer, en fonction de x, le volume total $V(x)$ de sable dans le vase.
c. Calculer $V(3)$, $V(7{,}5)$, $V(12{,}6)$. Interpréter les résultats dans le contexte de l'exercice.
d. Quel est le sens de variation de la fonction V sur son ensemble de définition ?
e. Quelle hauteur de sable a été rajoutée si le volume total est de 335 cm^3 ? Justifier par un calcul.
f. Quelle hauteur minimale de sable a été rajoutée si le volume total dépasse 440 cm^3 ? Justifier par un calcul.

Info
La hauteur de sable rajoutée x est un nombre **réel**, pas forcément un entier naturel.
On dit que la fonction V **modélise**, de manière **continue**, le volume de sable dans le vase. Lorsque la fonction est **affine**, on parle de croissance **linéaire**.

Situation 3 Allongement d'un ressort

Objectif
Apprendre à calculer des accroissements.

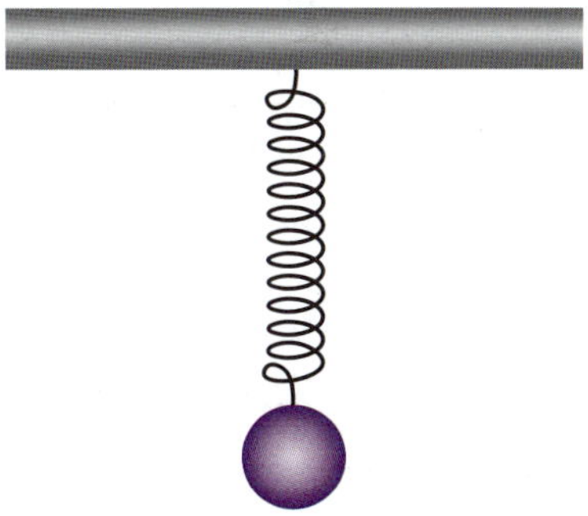

On dispose d'un ressort de longueur $L = 20$ cm (au repos).

1 a. Quand on suspend une masse de 10 g au bout du ressort, celui-ci a une longueur de 22 cm. Quel est son allongement ?
b. On a recommencé l'expérience pour différentes masses et collecté les résultats dans le tableau ci-dessous. Recopier et compléter :

Masse m (en g)	0	10	20	30	40	50
Allongement (en cm)			4			10
Longueur totale (en cm)		22		36	38	

2 a. L'allongement du ressort et la masse sont-ils proportionnels ?
b. La longueur du ressort et la masse sont-elles proportionnelles ?
c. Quand la masse augmente de 10 g, de combien augmente l'allongement ? De combien augmente la longueur totale ?
d. On appelle **accroissement** d'une grandeur la différence entre deux valeurs de cette grandeur. Que peut-on déduire de l'accroissement de la longueur par rapport à l'accroissement de la masse ?

3 Exprimer l'allongement $A(m)$ du ressort puis sa longueur totale $L(m)$ en fonction de la masse m. Donner la nature des fonctions A et L.

Cours

1 Croissance linéaire et fonction affine

a Rappels de vocabulaire

Soit D un intervalle ou une réunion d'intervalles.
Une fonction f, définie sur l'ensemble D, est un procédé qui à tout nombre réel x de D associe un nombre réel unique, noté $f(x)$.

- D est appelé **l'ensemble de définition** de la fonction f.
- Pour tout nombre a de D, si on a $f(a)=b$ alors b est **l'image** par f de a et a est un **antécédent** par f de b.

b Fonction affine

Définition

Une fonction **affine** est une fonction f définie sur l'ensemble $\mathbb{R}$ par $f(x)=ax+b$ où a et b sont deux nombres réels constants.
On dit qu'un phénomène qui peut être modélisé par une fonction affine suit une **croissance linéaire**.

Exemple
Soit $f(x)=2x-1$.
- La fonction f est affine avec $a=2$ et $b=-1$.
- $f(2)=3$ donc 3 est l'image de 2 et 2 est un antécédent de 3.

Remarque

- Lorsque $a=0$, on a alors $f(x)=b$. La fonction f est **constante**.
- Lorsque $b=0$, on a alors $f(x)=ax$. La fonction f est **linéaire**. Une fonction linéaire traduit une situation de proportionnalité.

Propriété

Dans un repère, la **représentation graphique** d'une fonction affine $x \mapsto ax+b$ est une **droite**, d'équation $y=ax+b$.

- a est appelé le **coefficient directeur** de la droite ;
- b est appelé **l'ordonnée à l'origine** de la droite.

Exemple
La fonction ci-dessus est représentée par la droite d'équation $y=2x-1$.

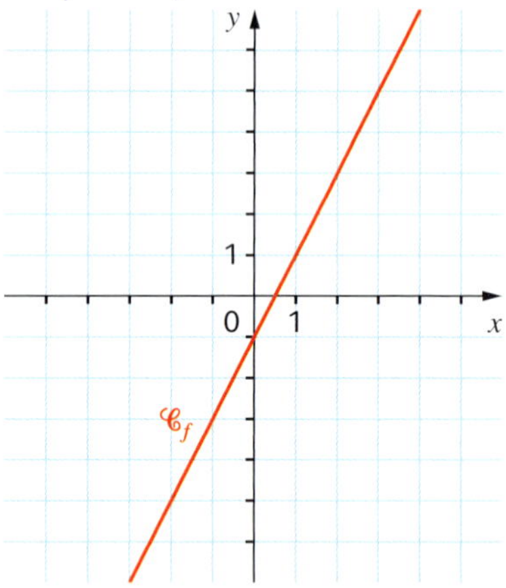

f est strictement croissante sur $\mathbb{R}$ car le coefficient directeur est $a=2$ ($a>0$).

Remarque

- Lorsque $a=0$, la fonction f est constante. Sa représentation graphique est une droite parallèle à l'axe des abscisses.
- Lorsque $b=0$, la fonction f est linéaire. Sa représentation graphique est une droite qui passe par l'origine du repère.

c Sens de variation d'une fonction affine

Propriété

Soit f une fonction affine définie sur l'ensemble $\mathbb{R}$ par $f(x)=ax+b$ où a et b sont des réels avec $a \neq 0$.

- Si $a>0$ alors la fonction f est **strictement croissante** sur $\mathbb{R}$;
- Si $a<0$ alors la fonction f est **strictement décroissante** sur $\mathbb{R}$;

Si $a>0$

x	$-\infty$ ↗ $+\infty$
$f(x)$	↗

Si $a<0$

x	$-\infty$ ↘ $+\infty$
$f(x)$	↘

méthode

CAPACITÉ 1 Reconnaître un phénomène continu de croissance linéaire et savoir le modéliser

Énoncé

Un terrain a la forme d'un carré $ABCD$ de 12 mètres de côté.

Un piquet P est placé sur le côté $[AB]$. Le triangle APD représente la surface à cultiver dans le terrain. On note x la longueur AP.

1. Quelle est l'aire de la surface totale du terrain ?

2. a. À quel ensemble appartient x ?

b. Exprimer, en fonction de x, l'aire $S(x)$ de la surface à cultiver.

3. Quelle est la nature de la fonction S obtenue ? Pourquoi peut-on parler de phénomène continu de croissance linéaire ?

4. Construire le tableau de variations de la fonction S. En déduire l'aire maximale de la surface à cultiver.

5. a. Quelle sera l'aire de la surface à cultiver si le piquet est placé à 2,50 m du point A ?

b. Où faut-il placer le piquet pour que l'aire de la surface à cultiver soit au moins égale à un cinquième de l'aire de la surface totale du terrain ?

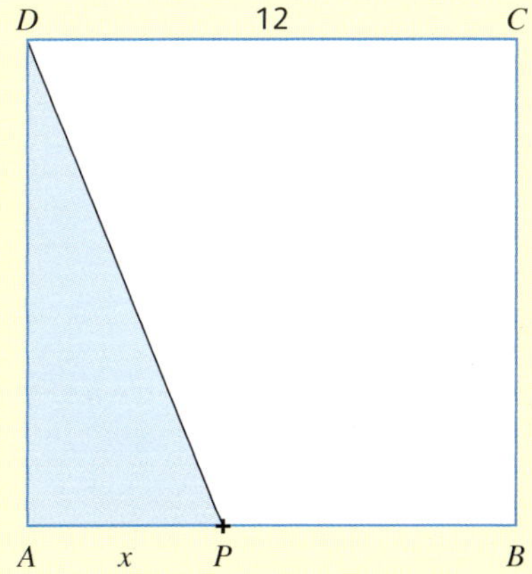

Solution

1. Le terrain a la forme d'un carré, son aire est de $12 \times 12 = 144$ m^2.

2. a. $x \in [0\,;12]$

b. $S(x) = \dfrac{AP \times AD}{2} = \dfrac{x \times 12}{2} = 6x$

3. La fonction S obtenue est affine car $S(x)$ est de la forme $ax + b$ avec $a = 6$ et $b = 0$. L'aire de la surface à cultiver est associée à un phénomène continu de croissance linéaire car elle est décrite par une fonction affine.

4. La fonction S est strictement croissante car $a = 6$; $a > 0$.

x	0	12
$f(x)$	0 ↗	72

L'aire maximale de la surface à cultiver est de 72 m^2.

5. a. $S(2{,}5) = 6 \times 2{,}5 = 15$. L'aire de la surface à cultiver sera de 15 m^2.

b. On cherche la valeur de x telle que $S(x) \geqslant \dfrac{1}{5} \times 144$.

On a $S(x) \geqslant 28{,}8 \Leftrightarrow 6x \geqslant 28{,}8 \Leftrightarrow x \geqslant 4{,}8$.

Le piquet doit être placé à **au moins** 4,8 m du point A.

Point méthode

3. • On différencie un phénomène **continu** d'un phénomène **discret** lorsque la variable utilisée, ici x, est un nombre **réel**, et pas uniquement un **entier naturel**.

• On parle de croissance linéaire lorsqu'un phénomène est décrit par une **fonction affine**.

J'applique

10 Le tarif d'un électricien (hors matériel) s'élève à 60 € de l'heure auxquels s'ajoutent 55 € de frais de déplacement.

On note x le nombre d'heures pour une réparation et $p(x)$ le prix à payer. On suppose que $0 \leqslant x \leqslant 10$.

1. a. Quel est le prix à payer pour une intervention de 2 h 30 ? de 4 h 45 ?

b. Exprimer $p(x)$ en fonction de x.

c. Pourquoi peut-on parler de phénomène continu de croissance linéaire ?

2. Construire le tableau de variations de la fonction p.

3. Combien de temps consacre l'électricien pour une réparation dont le coût est égal à 385 € ? dépasse 600 € ?

Cours

2 Taux d'accroissement d'une fonction affine

Rappel

On considère deux points $A(x_A\,;y_A)$ et $B(x_B\,;y_B)$ dans le plan rapporté à un repère, avec $x_A \neq x_B$. Le **coefficient directeur** de la droite (AB) est égal au quotient $\dfrac{y_B - y_A}{x_B - x_A}$.

a Taux d'accroissement d'une fonction

Définition

Soit f une fonction définie sur un ensemble D.

Pour tous nombres réels x_1 et x_2 distincts dans D, on appelle **taux d'accroissement** de f **entre les valeurs** x_1 et x_2 le quotient :

$$\frac{f(x_2)-f(x_1)}{x_2-x_1}$$

Exemple

Soit f la fonction définie par $f(x) = 5x + 2$.
Le **taux d'accroissement** de f entre les valeurs 7 et 9 est :

$$\frac{f(7)-f(9)}{7-9}=\frac{37-47}{7-9}=5$$

b Cas particulier des fonctions affines

Propriété

Soit f une fonction **affine** définie sur $\mathbb{R}$ par $f(x) = ax + b$ où a et b sont deux nombres réels fixés.

Pour tous nombres x_1 et x_2 distincts dans $\mathbb{R}$, le **taux d'accroissement** de la fonction affine f entre les valeurs x_1 et x_2 est égal à a.

Il est donc égal au **coefficient directeur** de la droite qui représente la fonction affine f.

En effet,

$$\frac{f(x_2)-f(x_1)}{x_2-x_1}=\frac{(ax_2+b)-(ax_1+b)}{x_2-x_1}=\frac{ax_2+b-ax_1-b}{x_2-x_1}=\frac{a(x_2-x_1)}{x_2-x_1}=a$$

Graphiquement

Si M_1 et M_2 sont deux points de la droite $\mathscr{D}$ qui représente la fonction affine f et qui ont pour abscisses respectives x_1 et x_2, alors :

- M_1 et M_2 ont respectivement pour ordonnées $y_1 = f(x_1)$ et $y_2 = f(x_2)$.
- $a = \dfrac{f(x_2)-f(x_1)}{x_2-x_1} = \dfrac{y_2-y_1}{x_2-x_1}$

$y_2 - y_1$ est **l'accroissement des ordonnées**, on le note Δy.
De même, $x_2 - x_1$ est l'accroissement des abscisses, on le note Δx.
Ainsi on a $a = \dfrac{\Delta y}{\Delta x}$.

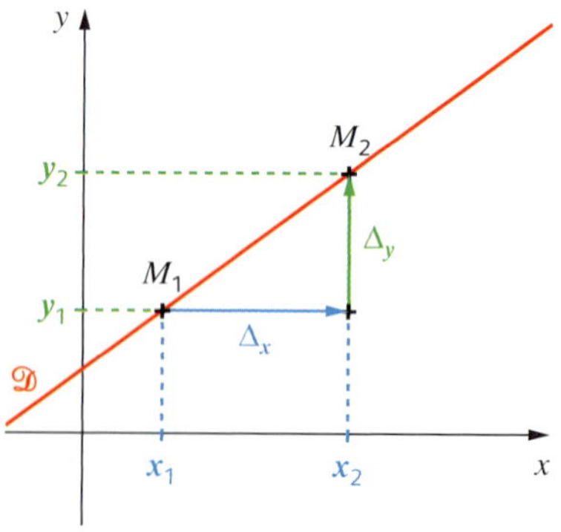

Remarque

Lorsqu'on connaît uniquement deux images par une fonction affine définie par $f(x) = ax + b$, on peut donc calculer la valeur de a. Une équation permet de calculer également b.

Exemple

Soit f la fonction affine telle que $f(1) = 5$ et $f(6) = -10$.

- $a = \dfrac{f(1)-f(6)}{1-6} = \dfrac{5-(-10)}{1-6} = -3$
- $f(x) = ax + b$, or $f(1) = 5$ donc $5 = -3 \times 1 + b$, soit $b = 8$. On a donc $f(x) = -3x + 8$.

Méthode

CAPACITÉ 2 Réaliser et exploiter la représentation graphique d'une fonction affine

CAPACITÉ 3 Résoudre un problème de seuil dans le cadre d'une croissance linéaire

Énoncé

Une entreprise de location de voitures propose deux tarifs journaliers pour des trajets de moins de 60 kilomètres.

- Un tarif A de 0,75 € par kilomètre parcouru plus un montant forfaitaire obligatoire de 30 € de frais de dossier.
- Un tarif B donné sur le graphique ci-contre par une droite passant par les points $M_1(0\,;\,0)$ et $M_2(60\,;\,90)$.

On note x le nombre de kilomètres parcourus par un client, $f(x)$ le montant à payer par le client avec le tarif A et $g(x)$ celui avec le tarif B.

1. Exprimer $f(x)$, puis $g(x)$, en fonction de x. Quelle est la nature des fonctions f et g ?

2. Reproduire le repère et construire les représentations graphiques des fonctions f et g.

3. Par lecture graphique, conjecturer le nombre de kilomètres à partir duquel le tarif B dépasse 30 €, puis celui à partir duquel le tarif A devient plus intéressant que le tarif B. Retrouver les résultats par le calcul.

Solution

1. • $f(x) = 0{,}75x + 30$

• $g(x) = ax + b$ avec $a = \dfrac{y_{M_2} - y_{M_1}}{x_{M_2} - x_{M_1}} = \dfrac{90 - 0}{60 - 0} = 1{,}5$ et $b = 0$ car la droite passe par l'origine du repère. Donc $g(x) = 1{,}5x$.

On obtient deux fonctions **affines**.

2. On a $f(0) = 30$ et $f(60) = 75$. Dans le repère, on trace la droite passant par les points $M_3(0\,;\,30)$ et $M_4(60\,;\,75)$.

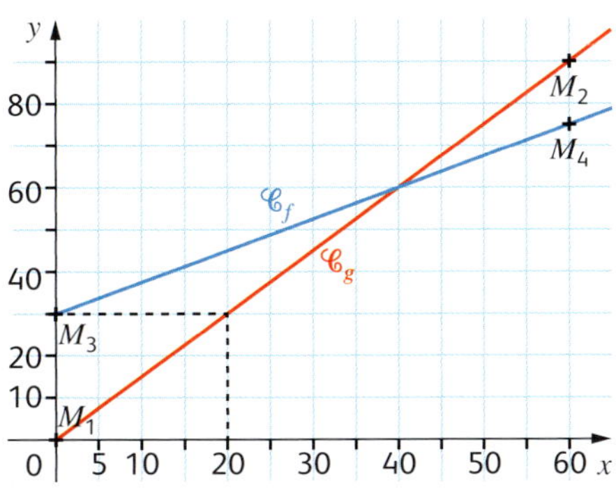

3. Graphiquement, le tarif B dépasse 30 € lorsque la distance dépasse 20 km.

Le tarif A est le plus intéressant lorsque la distance est supérieure à 40 km.

Par le calcul,

$g(x) > 30 \Leftrightarrow 1{,}5x > 30 \Leftrightarrow x > 20$

et $f(x) > g(x) \Leftrightarrow 0{,}75x + 30 > 1{,}5x \Leftrightarrow x > 40$.

Point méthode

2. Le **coefficient directeur** de la droite a est égal au **taux d'accroissement** de la fonction g entre 0 et 60.

$$a = \frac{g(60) - g(0)}{60 - 0} = \frac{y_{M_2} - y_{M_1}}{x_{M_2} - x_{M_1}}$$

Point méthode

3. On recherche ici une valeur de x à partir de laquelle un tarif (appelé **seuil**) est dépassé. Sa recherche revient à résoudre une **inéquation**.

J'applique

11 On admet que la fonction affine f définie par $f(x) = 2{,}5x - 15$ modélise le nombre de litres de glaces vendus par un glacier en fonction de la température extérieure.

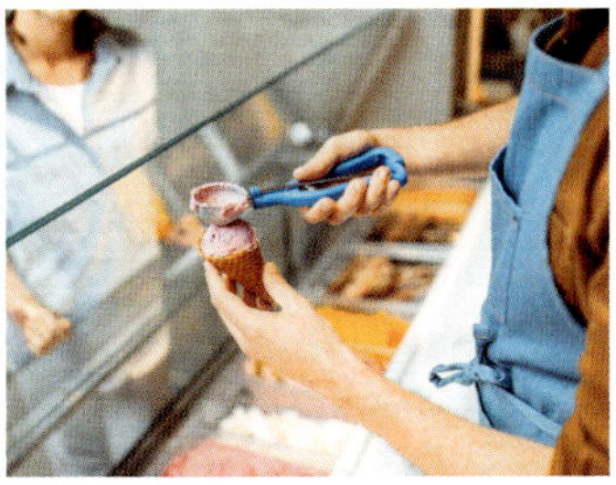

1. Combien de litres de glace vend-il si la température extérieure est de 20 °C ? de 30 °C ?

2. Construire dans un repère, la représentation graphique de f.

3. Déterminer graphiquement, puis algébriquement, à partir de quelle température le nombre de litres de glace vendus dépasse :

a. 50 litres ; **b.** 70 litres.

Je **fais** le **point**

J'évalue mes connaissances

VERSION INTERACTIVE
hachette-clic.fr/23ds1012

Voir corrigés

QCM

Pour chacune des questions, indiquer la (ou les) bonne(s) réponse(s).

On considère les fonctions f et g définies sur $\mathbb{R}$ et respectivement représentées par les droites (AB) et (CD) ci-contre.

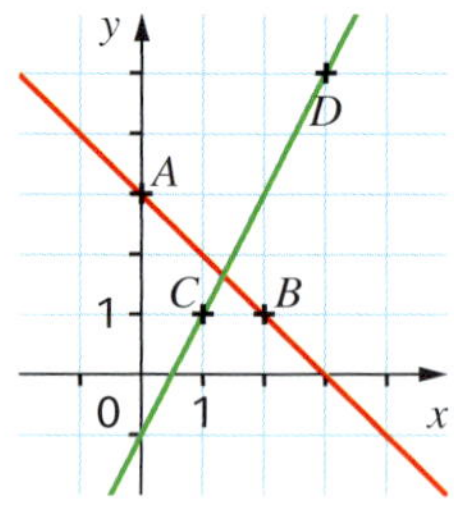

	a	b	c
1. L'image de 10 par f est :	négative	positive	n'existe pas
2. L'antécédent de 10 par f est :	négatif	positif	n'existe pas
3. L'image de 3 par g est égale à :	0	2	5
4. Le coefficient directeur de la droite (AB) est égal à :	–1	1	3
5. Le coefficient directeur de la droite (CD) est égal à :	2	$\dfrac{(x_D - x_C)}{(y_D - y_C)}$	$\dfrac{(y_D - y_C)}{(x_D - x_C)}$
6. L'ordonnée à l'origine de la droite (AB) est égale à :	–1	1	3
7. Le point d'intersection de (CD) avec l'axe des ordonnées a pour coordonnées :	(–1 ; 0)	(0 ; –1)	(0 ; 0,5)
8. L'expression de $f(x)$ en fonction de x est :	$f(x) = x + 3$	$f(x) = 3x - 1$	$f(x) = -x + 3$
9. L'expression de $g(x)$ en fonction de x est :	$g(x) = -x + 2$	$g(x) = 2x - 1$	$f(x) = x + 2$
10. Le point d'intersection des droites (AB) et (CD) a pour coordonnées :	(1,3 ; 1,7)	$\left(\dfrac{4}{3} ; \dfrac{5}{3}\right)$	(1,7 ; 1,3)
11. $g(x) \geqslant 3$ équivaut à :	$x \leqslant 0$	$x \geqslant 2$	$x \geqslant 3$

vrai ou faux ?

Indiquer pour chaque affirmation si elle est vraie ou fausse. Justifier.

On considère les fonctions f et g définies sur $\mathbb{R}$ respectivement par :

$$f(x) = 2x - 3 \text{ et } g(x) = -3x + 1$$

Partie A.

1. Le coefficient directeur de la droite représentant f est égal à 2.

2. Celui de la droite représentant g est égal à 1.

3. $f(x) \geqslant 5$ équivaut à $x \geqslant 4$.

4. $g(x) \geqslant 4$ équivaut à $x \geqslant -1$.

Partie B.

On donne le graphique ci-contre.

1. La fonction f est représentée par la droite (AB).

2. La fonction g est représentée par la droite (CD).

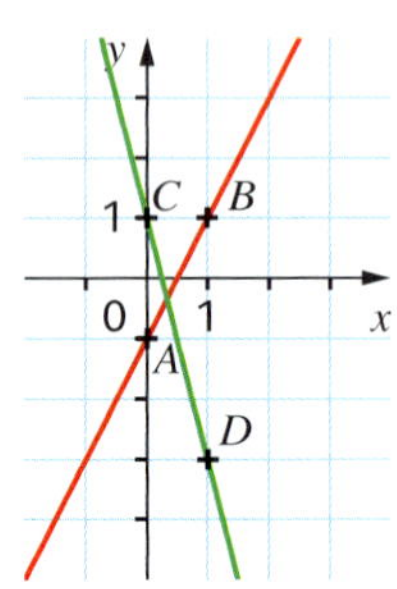

Consolider les bases

12 On donne ci-contre la représentation d'une fonction g définie sur $\mathbb{R}$.

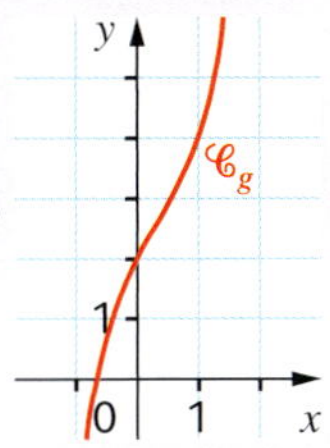

1. La fonction g peut-elle être une fonction affine ? Justifier.

2. a. Donner l'image de 0 par la fonction g.

b. Donner $g(1)$.

3. a. Décrire les variations de la fonction g.

b. Combien d'antécédent(s) 5 admet-il par la fonction g ?

13 On considère la fonction f définie sur $\mathbb{R}$ par $f(x) = x^2$.

1. La fonction f est-elle une fonction affine ? Justifier.

2. a. Le point de coordonnées (1 ; 4) appartient-il à la représentation graphique de f ?

b. Le point de coordonnées (2 ; 4) appartient-il à la représentation graphique de f ?

c. Le point de coordonnées (–2 ; 4) appartient-il à la représentation graphique de f ?

14 On donne ci-contre la représentation graphique d'une fonction h définie sur l'intervalle [–3 ; 4].

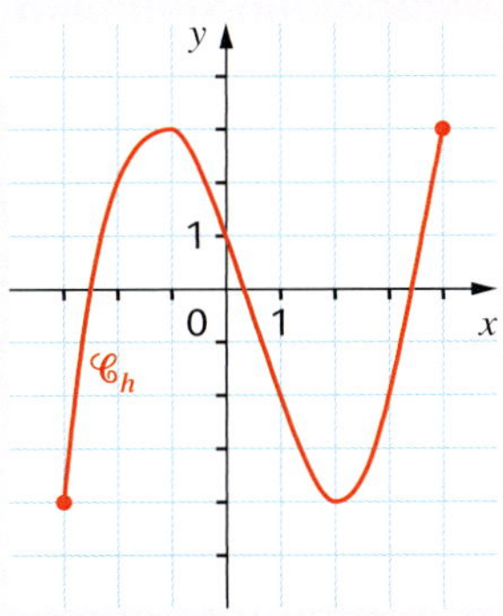

1. Dresser le tableau de variations de la fonction h (*on donnera des valeurs approchées par lecture graphique si nécessaire*).

2. Déterminer $h(0)$.

3. Combien d'antécédent(s) le nombre –2 admet-il par la fonction h ?

15 Avec un logiciel :

- on a construit un carré $ABCD$, de côté 4 cm ;
- on a placé un point M mobile sur $[AB]$ et construit le carré $MNPQ$ comme sur la figure ci-contre ;
- on a représenté l'aire du carré $MNPQ$ en fonction de la longueur AM.

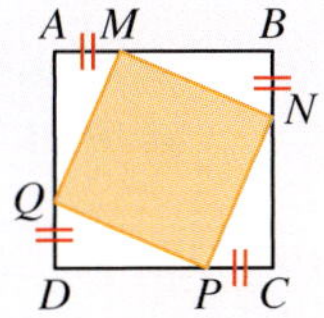

On a obtenu le graphique ci-contre.

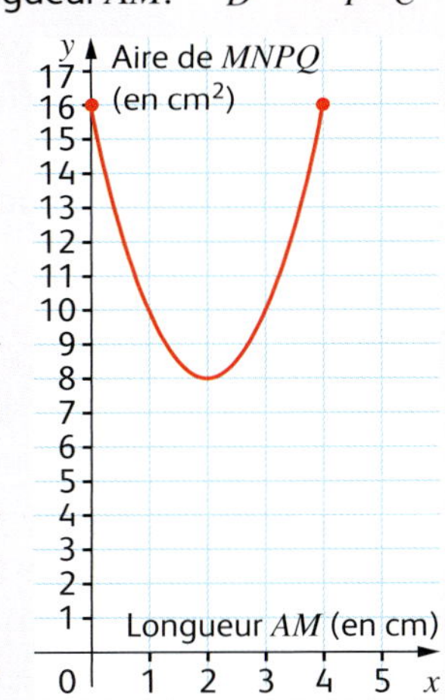

En utilisant ce graphique, répondre aux questions suivantes, sans justifier.

1. Déterminer pour quelle(s) valeur(s) de AM l'aire de $MNPQ$ est égale à 10 cm^2.

2. Déterminer l'aire de $MNPQ$ lorsque AM est égale à 0,5 cm.

3. Pour quelle valeur de AM l'aire de $MNPQ$ est-elle minimale ? Quelle est alors cette aire ?

Connaître le cours

16 On considère la fonction f définie sur $\mathbb{R}$ par :

$$f(x) = 3x - 4$$

1. Justifier que la fonction f est affine.

2. Calculer l'image de 2 par f.

3. Calculer $f(-4)$.

4. Trouver le (ou les) antécédent(s) de 5.

17 On considère la fonction g définie sur $\mathbb{R}$ par :

$$g(x) = -2x + 3$$

1. Représenter la fonction g dans un repère.

2. Décrire les variations de g.

18 On considère la fonction h définie sur $\mathbb{R}$ dont on donne la représentation graphique ci-contre.

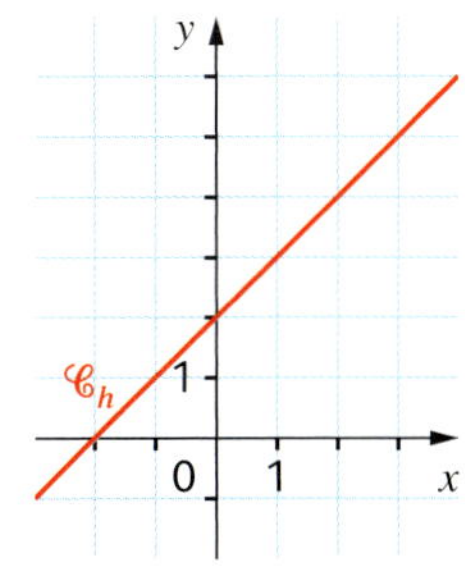

1. a. Donner la valeur de $h(0)$.

b. En déduire la valeur de l'ordonnée à l'origine de la droite représentant h.

2. a. Lire le coefficient directeur de la droite représentant h.

b. En déduire le sens de variation de la fonction h.

3. Donner l'expression de $h(x)$ en fonction de x.

19 On considère la fonction affine k définie sur $\mathbb{R}$ telle que $k(2) = 2$ et $k(3) = 4$.

1. a. Calculer le taux d'accroissement de k entre 2 et 3.

b. En déduire le sens de variation de la fonction k.

2. Déterminer l'expression de $k(x)$ en fonction de x.

3. Représenter graphiquement la fonction k.

20 On donne avec le graphique ci-contre quatre droites représentant quatre fonctions affines f, g, h et k.

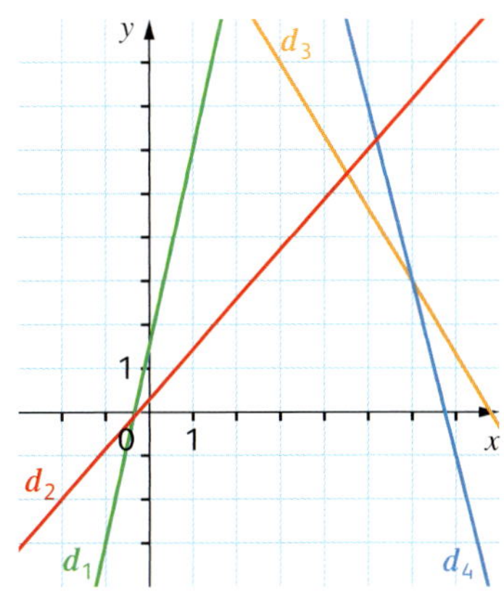

On donne de plus les informations suivantes :

- la fonction f est croissante ;
- le coefficient directeur de la fonction qui représente g est égal à –4 ;
- le coefficient directeur de la fonction qui représente h est supérieur à –4 ;
- le coefficient directeur de la fonction qui représente k est égal à 4,5 ;

1. Associer chaque fonction à la droite qui la représente.

2. Classer ces quatre droites par ordre croissant de coefficients directeurs.

exercices Application

CAPACITÉ 1 Reconnaître un phénomène continu de croissance linéaire et savoir le modéliser

21 Vrai ou faux ?

Chaque situation ci-dessous est décrite par un phénomène continu de croissance linéaire.

Situation 1

Un carré de côté x est inclus dans un carré de côté 5 cm. On s'intéresse à l'aire du domaine rouge ci-dessous.

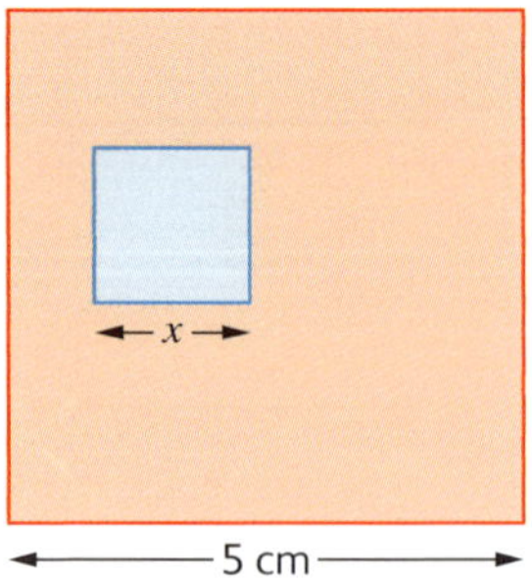

Situation 2

Un opérateur de téléphonie propose une offre « téléphone + communications » où le client est facturé chaque mois 5 € (pour le remboursement mensuel du téléphone) et 0,12 € par minute de communication. On s'intéresse au montant mensuel de la facture du client en fonction du nombre d'heures de communication.

Situation 3

En 2010, une ville comptait 3 573 habitants. Depuis cette date, la population augmente de 120 habitants tous les ans.

On s'intéresse au nombre d'habitants de la ville chaque année depuis 2010.

Situation 4

On dépose 5 000 € sur un compte rémunéré sur le principe des « intérêts composés » au taux de 3 %. Chaque année, 3 % du capital présent sur le compte l'année précédente s'ajoutent au capital et produisent ensuite des intérêts.

22 Lors de la déclaration des revenus aux impôts, on peut déduire ses frais de déplacements professionnels. Pour une voiture dont la puissance fiscale est de 4 CV, la déduction est donnée par $(d \times 0{,}323) + 1\,262$ si la distance parcourue d est comprise entre 5 001 et 20 000 km.

1. Peut-on dire que cette déduction correspond à un phénomène continu de croissance linéaire ? Pourquoi ?

2. Donner la fonction affine f associée.

3. Combien peut-on déduire si on parcourt 12 000 km ? si on parcourt 19 000 km ?

4. Combien de kilomètres a parcouru une personne dont la déduction de 1 650 € ?

23 Noam aime faire des balades à vélo. Sa vitesse moyenne est de 15 km/h.

1. a. Exprimer la distance $d(x)$ parcourue par Noam en fonction du temps x, exprimé en heure, passé à pédaler.

Rappel

En physique, vitesse $= \dfrac{\text{distance}}{\text{temps}}$.

b. Peut-on dire que la distance parcourue par Noam correspond à un phénomène continu de croissance linéaire ?

2. Quelle est la distance parcourue par Noam au bout d'une heure ? de 30 minutes ? de 24 minutes ? de 21 minutes ?

3. Le meilleur ami de Noam habite à 12,3 km de chez lui. Combien de temps, en minute, met-il à vélo pour aller lui rendre visite ?

CAPACITÉ 2 Réaliser et exploiter la représentation graphique d'une fonction affine

24 QCM

On donne ci-contre la représentation graphique d'une fonction affine définie sur $\mathbb{R}$.

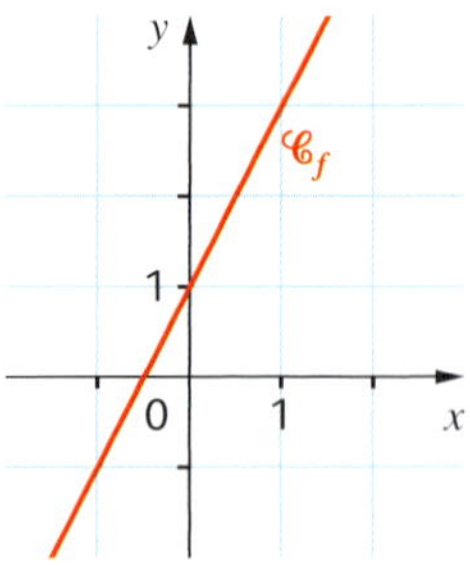

1. L'image de 1 par la fonction f est :

a. 0 b. 2 c. 3

2. -1 a pour antécédent :

a. -1 b. 0 c. 1

3. Le coefficient directeur de la droite est :

a. 2 b. 1 c. 0

4. L'ordonnée à l'origine de la droite est :

a. 2 b. 1 c. 0

5. La fonction f a pour expression :

a. $f(x) = x + 2$ b. $f(x) = 2x + 1$ c. $f(x) = 2x$

25 Dans chacun des cas suivants, construire la représentation graphique de la fonction affine f définie par :

1. $f(x) = 2x + 3$ **2.** $f(x) = -x + 5$

3. $f(x) = \frac{1}{2}x$ **4.** $f(x) = -3$

26 Soit f la fonction affine définie sur $\mathbb{R}$ par $f(x) = -2x + 2$ représentée par la droite $\mathscr{D}$.

1. a. Donner le coefficient directeur et l'ordonnée à l'origine de la droite $\mathscr{D}$.

b. Tracer la droite $\mathscr{D}$ dans un repère du plan.

2. a. Déterminer graphiquement les coordonnées du point d'intersection de $\mathscr{D}$ avec l'axe des ordonnées.

b. Retrouver ce résultat par le calcul.

3. Les points de coordonnées $(2\,;\,1)$ et $(15\,;\,-28)$ appartiennent-ils à $\mathscr{D}$?

27 La droite $\mathscr{D}$ ci-dessous est la représentation graphique d'une fonction f.

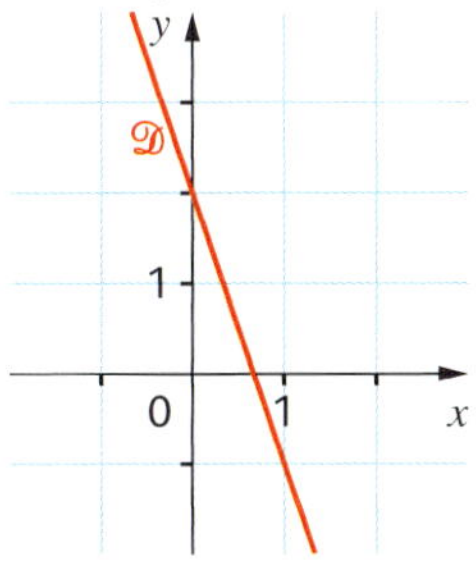

1. a. Pourquoi la fonction f est-elle affine ?

b. Exprimer $f(x)$ en fonction de x.

2. a. Résoudre l'équation $f(x) = 0$.

b. Le point $M(10\,;\,-32)$ est-il sur $\mathscr{D}$?

28 Les quatre droites ci-dessous représentent des fonctions affines définies sur $\mathbb{R}$ par :

$$x \mapsto ax + b$$

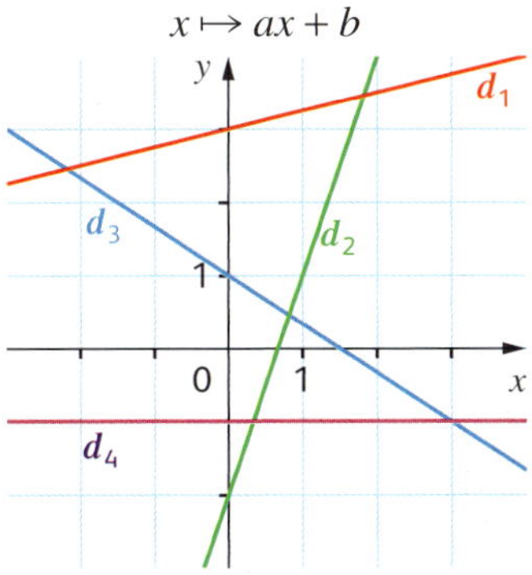

1. Pour chacune d'elles :

a. lire les valeurs de a et b ;

b. donner son sens de variation.

2. Déterminer les coordonnées du point d'intersection des droites d_2 et d_3.

3. Justifier que d_1 et d_4 sont sécantes. Déterminer les coordonnées de leur point d'intersection.

4. Déterminer l'équation réduite de la droite d_5 parallèle à d_1 et qui admet -1 pour ordonnée à l'origine.

29 Soit f définie sur $\mathbb{R}$ par $f(x) = 5x + 1$.

1. Calculer les images de 1 ; −4 et 11 par f.

2. Calculer les antécédents de 0 ; −7 et 3 par f.

3. Interpréter graphiquement les résultats.

4. Les points de coordonnées $(2\,;\,11)$ et $(4\,;\,22)$ appartiennent-il à la courbe $\mathscr{C}_f$?

CAPACITÉ 3 **Résoudre un problème de seuil dans le cadre d'une croissance linéaire**

30 Un liquide est à la température de 12 °C. Il est chauffé de façon à augmenter sa température de 3 °C par minute. Après combien de temps de chauffe le liquide atteint-il 63 °C ?

31 L'avion A350 de la compagnie Airbus a des réservoirs de kérosène dont la capacité est de 138 000 litres. Avant un voyage pour New York au départ de Paris, le plein de kérosène est effectué. La quantité de kérosène disponible dans les réservoirs, en fonction de la distance x parcourue, exprimée en km, est donnée par la fonction affine f définie par $f(x) = 138\,000 - 8{,}5x$.

1. Combien l'avion consomme-t-il de kérosène lorsqu'il parcourt 1 km ? 100 km ?

2. Au bout de combien de kilomètres parcourus le kérosène contenu dans les réservoirs a-t-il diminué de moitié ?

3. Combien l'avion a-t-il parcouru de kilomètres au maximum s'il reste dans les réservoirs plus de 100 000 litres à l'arrivée ?

4. La distance entre Paris et New York est d'environ 5 900 km. L'avion peut-il faire un aller-retour avec un seul plein de kérosène ?

32 En hiver, la température à la surface d'un lac est de 1 °C. Au plus profond du lac, à 15 m, la température est de 4 °C. On admet que la température de l'eau en fonction de la profondeur x, en mètre, est modélisée par une fonction affine f.

1. Montrer que $f(x) = 0{,}2x + 1$.

2. Quelle est la température de l'eau à une profondeur de 2 m ? de 3,5 m ? de 10,75 m ?

3. À partir de quelle profondeur la température est-elle supérieure à 2 °C ?

exercices Entraînement

1 Croissance linéaire et fonction affine

33 Dans chaque cas, dire si les fonctions sont affines ; si oui, donner le coefficient directeur et l'ordonnée à l'origine de sa représentation graphique.

1. $f(x) = x + 1$
2. $g(x) = 1 - 2x$
3. $h(x) = 5(x + 1)$
4. $i(x) = -3x$
5. $j(x) = 2x^2 + 3$
6. $k(x) = (x + 1)^2 - x^2$

34 Soit f une fonction affine définie sur $\mathbb{R}$ par :

$$f(x) = -x + b$$

La courbe de f passe par le point $A(5\,;-2)$.

1. Construire dans un repère la courbe de f.
2. Lire sur le graphique la valeur de b.
3. Retrouver la valeur de b par le calcul.

35 Soit f une fonction affine définie par $f(x) = ax + b$ et dont la représentation graphique $\mathscr{C}_f$ coupe l'axe des abscisses au point d'abscisse -4 et celui des ordonnées au point d'ordonnée 6.

1. Le point $M(50\,;81)$ est-il sur $\mathscr{C}_f$?
2. 21 est-il un antécédent par f de 10 ?

36 Selon une étude de l'INSEE parue en novembre 2022, l'inflation en France sur les prix à la consommation s'élevait à 6,2 % entre novembre 2021 et novembre 2022.

1. Que signifie une inflation des prix de 6,2 % en un an ?
2. On note x le prix, en euro, d'un article dans un supermarché en novembre 2021.
a. Exprimer, en fonction de x, le prix $p(x)$ de cet article ayant subi cette inflation en novembre 2022.
b. Déterminer le sens de variation de la fonction p.
c. Calculer le prix en novembre 2022 d'un article qui coûtait 3,49 € en novembre 2021.
d. Un article coûte 17,99 € en novembre 2022, combien coûtait-il en novembre 2021 ?
3. En supposant que le taux d'inflation de 6,2 % dure jusqu'à novembre 2023, quel est le taux global entre novembre 2021 et novembre 2023 ?
4. Est-il exact qu'en 12 ans d'inflation annuelle à 6,2 %, les prix font plus que doubler ?

37 Un magasin offre une remise de 30 % sur la totalité de ses articles.

1. a. Calculer le montant de la réduction accordée pour un article coûtant initialement 15 € puis donner le prix payé par un acheteur.
b. Faire de même pour des articles coûtant 20 €, 50 € et 100 €.
2. On note x le prix initial d'un article. Exprimer le montant de la réduction accordée $r(x)$ puis le nouveau prix $p(x)$ en fonction de x.
3. Calculer le prix initial d'un article, arrondi au centime, si le nouveau prix s'élève à 250 €.

38 On souhaite estimer (très approximativement) la pression atmosphérique, qui diminue avec l'altitude, à l'aide d'un modèle de croissance linéaire. Pour que le modèle soit acceptable, on limite l'altitude entre 0 et 5 000 mètres.

Au niveau de la mer, la pression atmosphérique est de 1 013 hPa (hectopascal), alors qu'elle est de 540 hPa à 5 000 mètres d'altitude.

1. Exprimer la pression atmosphérique P, en hectopascal (hPa), en fonction de l'altitude x, en mètre.
2. À l'aide de ce modèle, estimer :
a. la pression atmosphérique à 1 500 m d'altitude ;
b. l'altitude correspondant à une pression atmosphérique de 700 hPa.

39 Une entreprise produit et vend de la peinture. Son article le plus vendu est une peinture spéciale pour salles de bain.

Un litre de cette peinture est vendu 35 €.

On note x la quantité hebdomadaire produite et vendue, exprimée en litre, de cette peinture. On admet que, chaque semaine, les coûts de fabrication de cette peinture, en euro, sont donnés par $C(x) = 8\,500 + 1{,}9x$.

1. Calculer les coûts fixes hebdomadaires de l'entreprise.
2. Donner la recette $R(x)$ engendrée par la vente hebdomadaire de x litres de cette peinture.
3. On appelle bénéfice la différence entre la recette et les coûts de fabrication.
a. Montrer que le bénéfice hebdomadaire réalisé par la production et la vente de x litres de peinture est donné par :

$$B(x) = 33{,}1x - 8\,500$$

b. L'entreprise gagne-t-elle de l'argent si elle produit et vend chaque semaine 150 litres de cette peinture ? Justifier.
c. Calculer $B(500)$ et interpréter le résultat dans le contexte de l'exercice.
d. Déterminer la quantité, arrondie au centième, à partir de laquelle l'entreprise réalise un bénéfice positif.

2 Taux d'accroissement d'une fonction affine

Analyse d'un énoncé

40 Exercice commenté

Dans un repère $(O\,;\,I,\,J)$, on considère les points suivants $A(-1\,;\,1)$, $B(2\,;\,2)$, $C(0\,;\,2)$ et $D(3\,;\,1)$.
On appelle f la fonction affine représentée graphiquement par la droite (AB) et g celle représentée par (CD).
1. Faire un graphique.
2. Exprimer $f(x)$ puis $g(x)$ en fonction de x.

➲ Il faut donner l'expression de $f(x)$ sous la forme $ax + b$ en calculant d'abord a puis b.

3. Déterminer les coordonnées exactes de M, point d'intersection de (AB) et (CD).

➲ À l'aide d'une équation, on détermine d'abord l'abscisse x du point M.

41 Application immédiate

Soient f et g deux fonctions affines. La représentation graphique de f passe par les points $M(-2\,;\,1)$ et $N(4\,;\,3)$, celle de g passe par les points $R(-5\,;\,-2)$ et $T(3\,;\,4)$.
1. Faire le graphique correspondant.
2. Exprimer $f(x)$ puis $g(x)$ en fonction de x.
3. Montrer que les représentations graphiques de f et g sont sécantes en un point dont on déterminera les coordonnées.

42 Soit f une fonction affine définie sur $\mathbb{R}$. Déterminer l'expression de f et son sens de variation dans chacun des cas suivants.
1. $f(5) = 3$ et $f(12) = 17$
2. $f(-1) = 6$ et $f(4) = 1$
3. $f(-5) = 9$ et $f(2) = 9$
4. $f(3) = -2$ et $f(-12) = 8$

43 Une étude de 2021 de l'union internationale des télécommunications montre que le nombre de personnes dans le monde n'ayant pas accès à internet est passé de 5,45 milliards en 2005 à 2,94 milliards en 2021.
On modélise l'évolution du nombre de personnes concernées par une fonction affine f, où la variable x est le nombre d'années écoulées depuis 2005. On a donc $f(0) = 5{,}45$.
1. Déterminer l'expression de la fonction f.
2. a. Déterminer, selon ce modèle, le nombre de personnes n'ayant pas accès à internet en 2030, en milliard arrondi au millième.
b. Déterminer le nombre de personnes n'ayant pas accès à internet au troisième trimestre 2025 en milliard arrondi à 10^{-3}.
c. Déterminer à partir de quelle année le nombre de personnes n'ayant pas accès à internet sera, selon ce modèle, inférieur à un milliard.

44 La droite des points moyens

La consommation moyenne d'une voiture en fonction de sa vitesse est donnée dans le tableau ci-dessous.

Vitesse (km/h)	70	80	90	100	110	120
Consommation (litre par 100 km)	3,8	4,2	4,9	5,9	7,4	8,3

1. Dans un repère, construire le nuage de points associé aux données ci-dessus.
Choisir en abscisses 1 cm = 10 km/h et en ordonnées 1 cm = 1 L/100 km.
2. a. Calculer les moyennes x_1 des abscisses des trois premiers points et y_1 des ordonnées des trois premiers points. Placer $G_1(x_1\,;\,y_1)$.
b. Calculer les moyennes x_2 des abscisses des trois derniers points et y_2 des ordonnées des trois derniers points. Placer $G_2(x_2\,;\,y_2)$.
3. Soit f la fonction dont la représentation graphique est la droite (G_1G_2). On suppose que la fonction f modélise la consommation de la voiture en fonction de sa vitesse.
a. Exprimer $f(x)$ en fonction de x.
b. Estimer la consommation de la voiture si elle roule à 50 km/h, puis à 130 km/h.
c. À partir de quelle vitesse peut-on estimer que la consommation de la voiture dépasse 10 litres pour 100 km ?

45 Proportionnalité des accroissements

On considère les deux fonctions affines g et h définies sur $\mathbb{R}$ par $g(x) = 5x - 3$ et $h(x) = -3x + 2$.
1. Reproduire et compléter le tableau de valeurs ci-contre.

x	-5	0	3	10
$g(x)$				
$h(x)$				

2. Calculer les taux d'accroissement entre -5 et 0, entre 0 et 10, entre 3 et 10 pour chacune des deux fonctions g et h. Que remarque-t-on ?
3. On considère une fonction f définie sur $\mathbb{R}$ qui vérifie la propriété de « proportionnalité des accroissements », c'est-à-dire que, quels que soient les réels a et b distincts, on a :
$\dfrac{f(b)-f(a)}{b-a} = k$, où k est un nombre réel fixé.
Soit x un nombre réel quelconque et a un nombre réel.
À partir de l'égalité : $\dfrac{f(x)-f(a)}{x-a} = k$, démontrer que la fonction f est affine.

Apprendre à modéliser

DÉVELOPPER DES COMPÉTENCES

Impôt et fonctions affines par morceaux

Tous les ans, chaque foyer fiscal doit déclarer le montant de ses revenus de l'année. C'est le **montant annuel imposable**. Pour tenir compte des frais professionnels, ce montant est diminué de 10 %. On obtient alors le **revenu imposable** à partir duquel est calculé le montant de l'**impôt sur le revenu**. Il dépend aussi du nombre de « parts » (selon la composition du foyer fiscal), on se limite ici à une part unique. Le montant de l'impôt varie suivant la **tranche** dans laquelle se situe le revenu imposable. Le tableau ci-contre permet de connaître les différentes tranches ainsi que les taux d'imposition qui y sont appliqués, appelés **taux marginaux** d'imposition. On considère une personne célibataire (une seule part) dont le **revenu imposable** est 28 080 €. D'après le tableau, il est dans la **troisième tranche (taux marginal d'imposition** de 30 %).

Fraction du revenu imposable (pour 1 part)	Taux d'imposition à appliquer sur la tranche
Jusqu'à 10 225 €	0 %
De 10 226 € à 26 070 €	11 %
De 26 071 € à 74 545 €	30 %
De 74 546 € à 160 336 €	41 %
Supérieur à 160 336 €	45 %

Pour le calcul de son impôt à payer :

- Jusqu'à 10 225 € : le taux marginal est 0 %. Il n'y a donc rien à payer pour cette tranche
- De 10 225 € à 26 070 € : le taux marginal est de 11 %. Le montant à payer pour cette tranche est $(26\,070 - 10\,225) \times 0{,}11 = 1\,742{,}95$ €.
- De 26 070 € à 28 080 € : le taux marginal est de 30 %. Le montant à payer pour cette tranche est $(28\,080 - 26\,070) \times 0{,}30 = 603$ €.

Au total, le **montant de l'impôt sur le revenu** dans ce cas est égal à

$$0 + 1\,742{,}95 + 603 = 2\,345{,}95 \text{ €}.$$

Le **taux moyen d'imposition** est dans ce cas $\dfrac{2345{,}95}{28\,080} = 0{,}084$, soit 8,4 %.

On calcule l'impôt à payer pour chaque « tranche ». Ici, la deuxième tranche à 11 % est saturée, on paie donc le maximum possible dans cette tranche : 11 % de (26 070 – 10 225).

Partie A Un exemple de calcul d'impôt

On considère une personne dont le revenu imposable s'élève à 83 456 €.

1. Quel est son taux marginal d'imposition ?

2. Calculer le montant de l'impôt sur le revenu que devra payer cette personne.

3. Calculer son taux moyen d'imposition.

Partie B Fonction affine par morceaux

Soit x le revenu imposable d'un foyer.
Notons $R(x)$ le montant de l'impôt à payer.

1. Déterminer $R(x)$ pour $x \leqslant 10\,225$.

2. Montrer que, pour $10\,225 < x \leqslant 26\,070$, on a $R(x) = 0{,}11x - 1\,124{,}75$.

3. Montrer que, pour $26\,070 < x \leqslant 74\,545$, on a $R(x) = 0{,}3x - 6\,078{,}05$.

4. On admet que, pour $74\,545 < x \leqslant 160\,336$, on a $R(x) = 0{,}41x - 14\,278$ et que, pour $x > 160\,336$, on a $R(x) = 0{,}45x - 20\,691{,}44$.

La fonction R possède plusieurs expressions, toujours affines, selon les intervalles.

On dit que R est une fonction **affine par morceaux.**

a. Recopier et compléter :

$$R(x) = \begin{cases} \ldots & \text{si } x \in [0\,;10\,225] \\ 0{,}11x - 1124{,}75 & \text{si } x \in \ldots \\ \ldots & \text{si } x \in \ldots \\ \ldots & \text{si } x \in \ldots \\ \ldots & \text{si } x \in \ldots \end{cases}$$

b. Une personne a un revenu imposable de 53 459 €. Calculer le montant de l'impôt sur le revenu qu'elle doit payer. Quel est son taux marginal d'imposition ? Quel est son taux moyen d'imposition ?

Partie C Limites de tranches

On considère deux personnes dont les revenus imposables respectifs sont de 26 069 € et de 26 071 €.

1. Calculer le montant de l'impôt de chacune de ces deux personnes.

2. Contrairement à une idée reçue assez répandue, le montant de l'impôt à payer est-il très différent si on change de tranche d'imposition pour quelques euros ?

Maths en situation...

46 ... en physique — Correspondance entre degrés Celsius et Fahrenheit

En 1724, le physicien allemand Daniel Fahrenheit propose une unité de mesure pour la température, appelée degré Fahrenheit, noté °F, toujours utilisée aux États-Unis. En 1742, le physicien suédois Anders Celsius invente une échelle de température dont l'unité de mesure est appelée degré Celsius et notée °C.
On donne ci-dessous un tableau de correspondance entre ces deux échelles.

°C	−50	0	10	50
°F	−58	32	50	122

1. Y a-t-il une relation de proportionnalité entre la température en degré Celsius et la température en degré Fahrenheit ? Justifier.
2. Pour faire correspondre par un calcul les degrés Celsius et les degrés Fahrenheit, on cherche à trouver une fonction affine f qui permet d'exprimer la température $f(x)$ en degré Fahrenheit en fonction de la température x en degré Celsius.
Déterminer $f(x)$ en fonction de x.
3. a. La température d'évaporation de l'eau est égale à 100 °C. À quelle température en °F correspond-elle ?
b. À quelle température en °C correspond le 0 °F ?

Thermomètre Fahrenheit Monument, Pologne

47 ... en économie — Modéliser les ventes d'une entreprise

La société informatique PROTECT propose la vente d'un logiciel de protection des données destiné aux PME. Il garantit aux entreprises de ne pas être piratées, d'éviter le vol de données et le paiement éventuel d'une rançon. La société PROTECT a mené une enquête pour savoir à quel prix une entreprise accepterait d'acheter ce logiciel. Les résultats auprès de 1 000 entreprises sont donnés dans le tableau ci-dessous.

Prix x (en centaine d'euros)	9	12	15	25	35
Nombre y de PME favorables à l'achat	245	223	211	176	145

1. Saisir les données sur la calculatrice.

Aide calculatrice
- **TI** stats sélectionner 1 : Edit.
- **Casio** Menu sélectionner stats.
- **NumWorks** Menu sélectionner Régression.

2. On souhaite modéliser les ventes à l'aide d'une fonction affine f où $f(x)$ représente le nombre d'entreprises favorables à l'achat du logiciel de protection en fonction du prix x, en centaine d'euros.

a. Sur la calculatrice, afficher le nuage de points. Que peut-on dire de ce nuage ?
b. La droite qui passe au plus près des points du nuage s'appelle **la droite de régression de y en x**. La calculatrice affiche son équation sous la forme $y = ax + b$.
Donner alors l'expression de la fonction f représentée par cette droite. *Arrondir les valeurs de a et b au millième.*

Aide calculatrice
- **TI** stats sélectionner CALC puis 4 : LinReg(ax+b).
Vérifier que Xlist est associé à L1 et Ylist à L2.
- **Casio** sélectionner CALC puis REG puis X puis ax+b.
Vérifier dans SET que 2Var XList est associé à List1 et 2Var YList est associé à List2.
- **NumWorks** sélectionner Graphique.

3. a. Donner le sens de variation de f. Interpréter dans le contexte de l'exercice.
b. Combien d'entreprises seraient favorables à l'achat si le prix du logiciel est de 5 000 € ?
c. Quel doit être le prix maximal, arrondi à l'euro, pour qu'au moins un quart des entreprises interrogées soient favorables à l'achat du logiciel ?

48 ... en économie — Ventes en fonction du prix TABLEUR

Une entreprise fabrique et vend des paires de tongs. Une étude est effectuée pour estimer le nombre de paires de tongs vendues en fonction du prix unitaire, en euro.

Les résultats sont donnés dans le tableau ci-dessous.

	A	B	C	D	E	F	G	H
1	Prix unitaire (en euro)	4,59	8,5	11,95	13,5	15,95	21	25,5
2	Nombre de tongs vendues (en millier)	5,93	5,1	3,885	3,54	3,092	2,12	1,245

1. À l'aide d'une feuille de calcul d'un tableur, reproduire le tableau ci-dessus et insérer le nuage de points associé.

2. À l'aide d'un clic droit sur un des points du nuage, sélectionner *Ajouter une courbe de tendance linéaire*, en cochant la case *Afficher l'équation sur le graphique*.

3. On considère que la droite d'ajustement obtenue est la représentation graphique d'une fonction affine f qui permet de modéliser les ventes de l'entreprise, en millier, en fonction du prix unitaire x, en euro.

a. Donner l'expression de la fonction f.

b. Quel est le sens de variation de f ? Qu'est-ce que cela signifie dans le contexte de l'énoncé ?

c. Estimer le nombre de tongs vendues par l'entreprise, en millier, si le prix de vente d'une paire de tongs est de 5,99 €.

d. Que peut-on dire du nombre de ventes si l'entreprise souhaite avoir un prix de vente unitaire supérieur à 10 € ?

e. L'entreprise considère que la fabrication d'une paire de tongs n'est plus rentable si elle en vend moins de mille.

Estimer le prix que ne doit pas dépasser une paire de tongs pour que la fabrication soit rentable. *Arrondir au centime.*

49 ... en économie — L'offre et la demande

Sur le graphique ci-dessous, l'axe des abscisses représente un prix en euro, l'axe des ordonnées des quantités, en centaine de litres.

Le segment rouge modélise la quantité d'huile végétale (en centaine de litres) que propose les fournisseurs d'un supermarché en fonction du prix au litre : c'est la « fonction d'offre ».

Le segment bleu représente la quantité d'huile végétale (en centaine de litres) que les clients du supermarché sont prêts à acheter en fonction du prix au litre : c'est la « fonction de demande ».

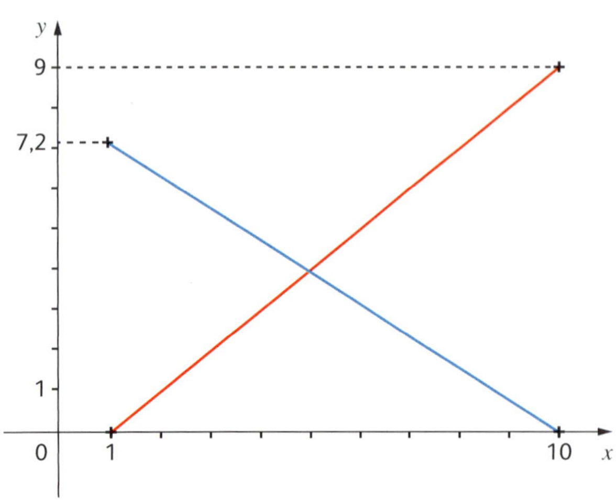

1. Interpréter les points extrêmes de coordonnées (1 ; 7,2) et (10 ; 0) sur le segment de demande.

2. De même, interpréter les points extrêmes de coordonnées (1 ; 0) et (10 ; 9) du segment d'offre.

3. Déterminer la fonction d'offre $O(p)$ et de demande $D(p)$ en fonction du prix p, pour $1 \leqslant p \leqslant 10$.

4. Quel est le sens de variation de la fonction offre ? Comment cela peut-il s'interpréter ?

5. Quel est le sens de variation de la fonction demande ? Comment cela peut-il s'interpréter ?

6. Le « prix d'équilibre » est le prix pour lequel l'offre et la demande ont des valeurs égales.

Déterminer le prix d'équilibre. Quelle est alors la valeur commune de l'offre et de la demande ?

50 … en médecine — Injection d'un médicament

Pour traiter une personne malade, un médecin effectue une injection intramusculaire d'un médicament.

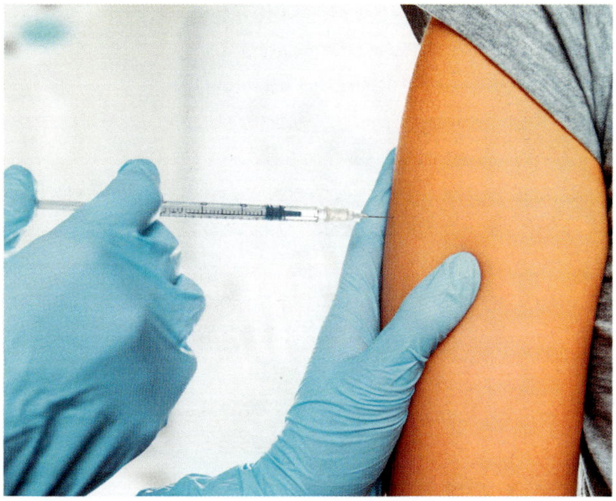

On mesure la concentration du médicament dans le sang du patient à partir de deux heures après son injection.

Le premier prélèvement, après deux heures, montre qu'il y a 41 $mg.L^{-1}$ de médicament dans le sang du patient et qu'il y en a encore 13 $mg.L^{-1}$ quatre heures après l'injection.

Pour tout réel $x \geqslant 2$, la concentration du médicament dans le sang du patient, exprimée en $mg.L^{-1}$, x heures après l'injection, est modélisée par une fonction affine f.

1. Exprimer $f(x)$ en fonction de x.

2. Quel est le sens de variation de la fonction f ? Comment l'interpréter dans le contexte de l'énoncé ?

3. a. À l'aide de la calculatrice, conjecturer à partir de quelle durée après l'injection la quantité de médicament dans le sang aura diminué de moitié.

Voir Pages Calculatrices p. 174-179

b. Retrouver le résultat à l'aide d'un calcul.

4. Déterminer à partir de quel moment après l'injection la quantité de médicament dans le sang aura totalement disparu.

51 … en climatologie — Niveau des mers et océans

Dans un article de la revue *National Geographic* paru en 2022, on peut lire que, chaque année, le niveau des mers et océans augmente en moyenne de 3,2 mm.

À partir de cette information, on modélise l'élévation du niveau des mers et océans par une fonction affine f où $f(x)$ représente l'augmentation, en mm, du niveau moyen des mers et océans et x le temps écoulé en années à compter de 2022. On a donc $f(0) = 0$.

1. Déterminer $f(1)$, $f(2)$ et $f(3)$ et interpréter ces résultats dans le contexte.

2. Donner l'expression de la fonction f.

3. Calculer la hausse moyenne du niveau des mers et océans à la fin du premier trimestre 2030 puis au milieu de l'année 2050.

4. Un rapport du GIEC de 2022 sur le climat estime que l'élévation du niveau des mers et océans sera entre 26 et 77 cm d'ici 2100. La modélisation précédente est-elle compatible avec cette estimation ?

5. Un autre rapport rédigé par la NASA et divers organismes européens estime que la hausse sera de 65 cm d'ici 2100.

a. Selon ce nouveau modèle, quelle est l'augmentation annuelle moyenne, en mm, du niveau des mers et océans d'ici à 2100 ?

b. Déterminer une nouvelle fonction affine g qui modélise cette évolution annuelle moyenne.

THÈME

5 Modélisation discrète Croissance exponentielle

Modélisation du réel

La forêt amazonienne est une forêt tropicale d'Amérique du Sud qui couvre 5,5 millions de km^2 (environ dix fois la superficie de la France) sur neuf pays différents, dont majoritairement le Brésil. Immense réservoir de biodiversité, elle est gravement menacée par la déforestation (destruction de la forêt), particulièrement au Brésil.

Voir Apprendre à modéliser p. 106

Les capacités du thème

- CAPACITÉ 1 : Reconnaître un phénomène discret de croissance exponentielle et savoir le modéliser
- CAPACITÉ 2 : Calculer un terme de rang donné d'une suite géométrique définie par une relation fonctionnelle ou une relation de récurrence
- CAPACITÉ 3 : Réaliser, exploiter la représentation graphique des termes d'une suite géométrique
- CAPACITÉ 4 : Résoudre un problème de seuil dans le cas d'une croissance exponentielle

Partir d'un bon pied

A Diaporama pour tester les bases

ACTIVITÉS MENTALES RAPIDES

B QCM

1. Une quantité augmente de 7 %. Pour trouver sa nouvelle valeur, il faut multiplier sa valeur initiale par :

a. 7 **b.** 0,07 **c.** 1,07 **d.** 0,93

2. Une quantité diminue de 18 %. Pour trouver sa nouvelle valeur, il faut multiplier sa valeur initiale par :

a. 0,18 **b.** 1,18 **d.** 0,82 **d.** 1 – 0,18

3. Multiplier une quantité par 2,1, c'est l'augmenter de :

a. 210 % **b.** 110 % **c.** 21 % **d.** 2,1 %

C Évolutions en pourcentage

Un consommateur a constaté que, d'une année sur l'autre, la facture de sa consommation électrique (hors abonnement) a diminué de 12,5 % alors que dans le même temps, le prix de l'électricité a augmenté de 25 %. Déterminer l'évolution en pourcentage de la consommation d'électricité du consommateur.

automatismes

VIDÉO EXO 2 hachette-clic.fr/23ds1013

VIDÉO EXO 4 hachette ic.fr/23ds1014

Automatismes transversaux

1 Reproduire et compléter le tableau suivant, proposant différentes écritures d'un même nombre.

0,7				1,95		
	$\frac{12}{10}$		$\frac{7}{5}$			$\frac{7}{8}$
		33 %			0,2 %	

2 On assimile (très approximativement) un globule rouge contenu dans le sang humain à un cylindre de 3 micromètres de hauteur (pour 7 de diamètre). On sait de plus que le corps humain contient environ 5 litres de sang, chaque litre de sang comptant environ 5 billions de globules rouges.
On imagine que l'on « empile » tous les globules rouges contenus dans un corps humain.

1. Déterminer, à l'aide d'un nombre écrit en notation scientifique, la hauteur, en mètre, de « l'empilement » ainsi réalisé.

2. Quel est l'ordre de grandeur de ce résultat ?
- la taille d'un être humain ?
- la taille de Tour Eiffel ?
- la distance Paris-Marseille ?
- la distance moyenne entre la Terre et la Lune ?
- la distance approximative entre la Terre et le Soleil ?

3 Résoudre les équations suivantes.

1. $2x - 1 = x + 4$
2. $3 - 7x = 3x - 2$
3. $x^2 = 121$
4. $x^2 + 7 = 0$

4 Le volume d'une boule de rayon R est donné par :

$$V = \frac{4}{3}\pi R^3$$

1. Quelle est la valeur exacte, et la valeur arrondie au centième, du volume en cm^3 d'une boule de rayon : 5 cm ? 8 cm ?

2. Si on double le rayon d'une boule, quel est l'effet de ce doublement sur son volume ?

5 Associer chaque évolution au coefficient multiplicateur qui lui correspond :

augmentation de 8 % •	• 0,9025
augmentation de 100 % •	• 0,84
diminution de 16 % •	• 1,08
diminution de 80 % •	• 1,44
deux augmentations de 20 % •	• 0,2
deux diminutions de 5 % •	• 2

Automatismes préparatoires du thème

6 On donne ci-dessous un graphique réalisé avec un tableur représentant des puissances successives de 1,08.

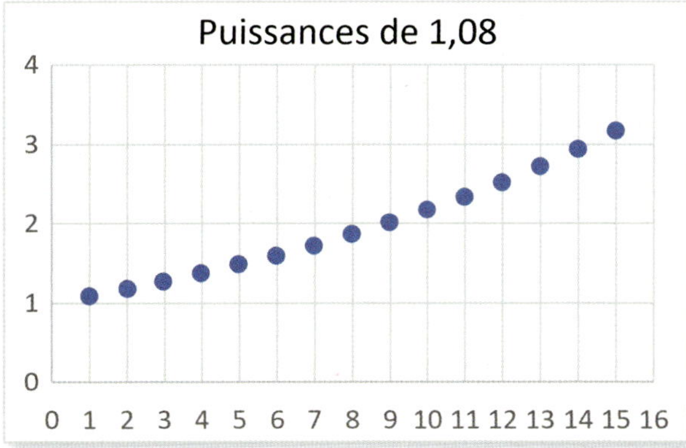

1. À quelle puissance correspond le dernier point tracé ?

2. Identifier sur le graphique la plus grande puissance de 1,08 inférieure à 2. Vérifier par le calcul.

3. Identifier sur le graphique la plus petite puissance de 1,08 supérieure à 3.

4. À l'aide de la calculatrice, trouver la plus petite puissance de 1,08 supérieure à 100.

5. Une puissance de 1,08 peut-elle dépasser 1 000 ?

7 **Vrai/Faux : Puissances**

1. Le produit $2^4 \times 2^3$ est égal à :
a. 2^{12}
b. $2 \times 2 \times 2 \times 2 \times 2 \times 2 \times 2$
c. $2^{(4+3)}$

2. Le nombre $4^{(-2)}$ est égal à :
a. l'inverse de 4^2
b. $\frac{1}{16}$
c. 0,0625

3. Le nombre $(3^3)^4$ est égal à :
a. 3^7
b. 3^{81}
c. 3^{12}

8 **QCM : Augmentations successives**

Après trois augmentations successives de 20 %, une quantité :
1. a augmenté de 20 %.
2. a augmenté de 60 %.
3. est multipliée par 1,728.
4. a augmenté de 72,8 %.

9 Une quantité diminue deux fois successivement de 50 %. Calculer son évolution globale.

Activités en situation...

Consolider les bases

Objectif
Revoir les évolutions.

La pénurie de certains matériaux provoque la hausse régulière du prix d'un produit. En 2020, ce produit était vendu au prix de 120 €.
On estime que chaque année le prix augmente de 10 %.

1 Déterminer le prix du produit en 2021 et en 2022.

2 On a construit une feuille de calcul sur un tableur donnant le prix, arrondi au centime si nécessaire, du produit en fonction de l'année.

	A	B	C	D	E	F	G	H
1	Année	2020	2021	2022	2023	2024	2025	2026
2	Prix (en €)	120			159,72	175,69	193,26	212,59

a. Quelle formule faut-il saisir dans la cellule C2 afin d'obtenir, par recopie vers la droite, les prix en euro du produit en fonction de l'année ?
b. Calculer le pourcentage global d'augmentation du prix entre 2020 et 2026. *On arrondira le résultat à 0,1 % près.*
c. Entre 2019 et 2020 le prix du produit avait baissé de 25 %. Quel était le prix du produit en 2019 ?

Info
Les modélisations comme celle décrite dans cette situation supposent des hypothèses fortes concernant l'avenir, qui sont souvent hasardeuses. Elles permettent d'envisager des scénarios d'évolution, dont il est important de ne pas oublier les hypothèses qui les sous-tendent.

Situation 1 À chaque rebond

Objectif
Découvrir la notion de suite géométrique.

Pour réaliser une expérience, on lance une balle depuis une hauteur de 7 mètres. À chaque rebond, la balle remonte à la moitié de la hauteur du rebond précédent.

1 Déterminer la hauteur atteinte par la balle après le premier rebond, puis après le deuxième rebond.

2 Pour tout entier naturel n, on note $h(n)$ la hauteur, en mètre, atteinte par la balle au n-ième rebond.
a. Donner $h(1)$, $h(2)$ et $h(3)$.
b. Quelle opération permet de passer d'un terme de la suite au suivant ?
c. Soit n un entier naturel. $h(n)$ est la hauteur atteinte par la balle au n-ième rebond et $h(n+1)$ la hauteur au rebond suivant.
Parmi ces deux relations, laquelle est correcte ?
Relation 1 : $h(n)=\frac{1}{2}h(n+1)$
Relation 2 : $h(n+1)=\frac{1}{2}h(n)$
d. L'expérience consiste à compter les rebonds visibles, sachant qu'on estime qu'un rebond n'est plus visible dès que la balle remonte à moins de 5 mm de hauteur. Combien y aura-t-il de rebonds visibles ?

Info
La formule de récurrence trouvée dans la question **2 b.** permet de dire que la suite h est une suite **géométrique** de raison $q=\frac{1}{2}$.

Situation 2 La légende de Sissa

Objectif
Découvrir la formule explicite d'une suite géométrique.

La légende raconte que le jeu d'échec aurait été inventé aux Indes par le sage Sissa. Le roi à qui il le présenta fut enthousiaste et demanda à Sissa de choisir une récompense. Ce dernier fit alors une requête qui sembla bien modeste au roi : qu'on lui donne un grain de riz pour la première case du jeu, deux grains de riz pour la deuxième et ainsi de suite, en doublant le nombre de grains de riz à chaque fois. Touché par une si humble demande, le roi accepta sans hésitation, dans un premier temps…
Pour tout $n \in \mathbb{N}^*$, on note u_n le nombre de grains de riz offerts pour la n-ième case.

1 D'après l'énoncé, donner la valeur de u_1 et de u_2.

2 Calculer u_3 et u_4.

3 Quelle est la nature de la suite ? Préciser sa raison.

4 **a.** Reproduire et compléter le schéma suivant.

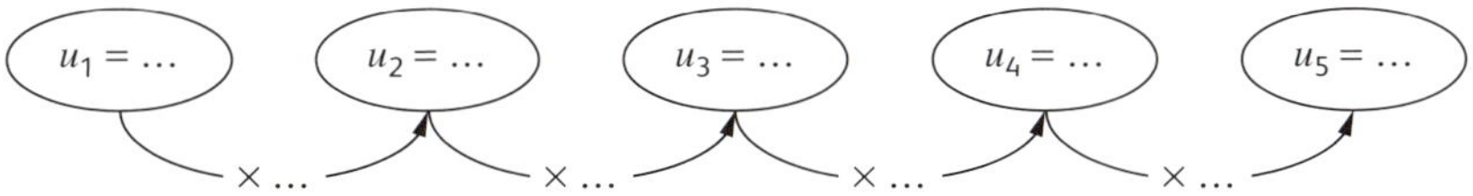

b. En déduire l'expression de u_5 en fonction de u_1.
c. Conjecturer, pour tout $n \in \mathbb{N}$, la formule permettant d'obtenir directement le terme u_n en fonction du terme u_1.

5 Le plateau de jeu compte 64 cases. La demande de Sissa semble-t-elle réalisable ? On estimera le poids d'un grain de riz à 0,05 g.

Info
Cette situation, qui est sans doute tout à fait légendaire, donne une idée de ce que l'on nomme dans le langage courant un phénomène de « croissance exponentielle ».

Situation 3 Vente de magazines

Objectif
Découvrir la représentation graphique d'une suite géométrique ainsi que la notion de seuil.

Un magazine de sport est en perte de vitesse et voit son nombre d'abonnés diminuer chaque année de 20 %.
En 2020, ce magazine comptait 250 000 abonnés. Pour tout entier naturel n, on note A_n le nombre de milliers d'abonnés de ce magazine en $2020 + n$.

1 Donner la valeur de A_0.

2 Calculer A_1.

3 Justifier que, pour tout entier naturel n, on a $A_n = 250 \times 0{,}8^n$.

4 Recopier et compléter le tableau suivant.
On arrondira à l'entier si nécessaire.

n	0	1	2	3	4	5	6
A_n							

5 Placer, dans un repère, les points de coordonnées $(n\,;A_n)$ pour n allant de 0 à 6. On prendra 1 carreau pour 20 000 abonnés.

6 **a.** Pour quelles valeurs de n a-t-on $A_n \leqslant 100\,000$?
b. Interpréter ce résultat dans le contexte de l'exercice.

Info
La presse écrite, les quotidiens d'information générale en particulier, ont connu depuis le milieu du XXe siècle une diminution de l'offre très importante. Ainsi, en 1946, au lendemain de la Seconde Guerre mondiale, on comptait en France 202 titres de quotidiens d'information générale, contre 70 en 2020.

Cours

1 Suites géométriques – Relation de récurrence

Notation indicielle

Pour une suite u quelconque, on utilisera dans ce thème la notation u_n au lieu de $u(n)$. Cette notation, plus concise, est celle massivement adoptée dans le contexte des suites.

On utilisera aussi parfois la notation (u_n) pour identifier la suite u.

Définition

Une suite est dite **géométrique** lorsque chaque terme se déduit du précédent en le multipliant toujours par un même nombre réel positif q, appelé **raison** de la suite.

Autrement dit, pour tout entier naturel n, on a alors la relation :

$$u_{n+1} = q \times u_n$$

On limitera l'étude des suites géométriques à celles qui sont à termes strictement positifs, c'est-à-dire **dont la raison et le premier terme sont strictement positifs.**

Exemple

Les bénéfices d'une entreprise augmentent de 4 % chaque année. En 2023, ils étaient de 100 000 €. Soit n un entier naturel. On note u_n les bénéfices réalisés par l'entreprise en $2023 + n$.

Une augmentation de 4 % correspond à un coefficient multiplicateur de :

$$1+\frac{4}{100}=1{,}04$$

Il faut donc multiplier un terme par 1,04 pour obtenir le terme suivant :

$$u_{n+1} = 1{,}04 \times u_n$$

Ainsi on a :

$u_0 = 100\ 000$

$u_1 = 1{,}04 \times u_0 = 104\ 000$

$u_2 = 1{,}04 \times u_1 = 108\ 160$

Schématisation

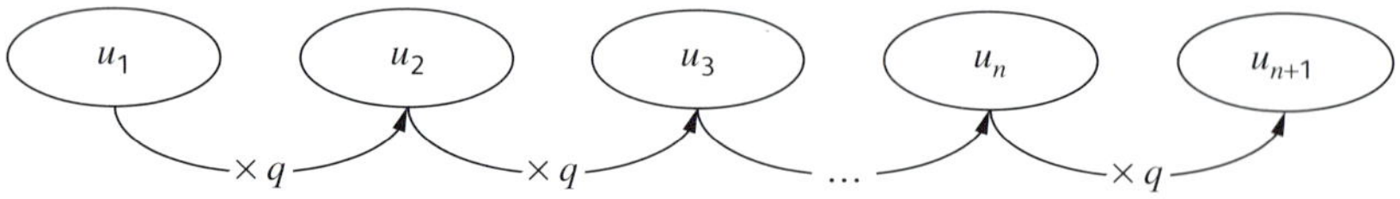

Remarques

- La relation $u_{n+1} = q \times u_n$ est une « relation de récurrence ».
- La connaissance de u_0 permet de calculer le terme qui suit u_1 en multipliant u_0 par la raison q. Le calcul de u_2 devient alors possible, etc.
- Le rapport entre deux termes consécutifs d'une suite géométrique est constant et permet de retrouver la raison de la suite :

$$\text{pour tout } n \in \mathbb{N},\ q = \frac{u_{n+1}}{u_n}$$

- Lorsque $q < 0$, on remarque que deux termes consécutifs de la suite sont de signes contraires. En effet, pour passer d'un terme de la suite au suivant, on multiplie par q négatif ce qui change le signe. On n'étudiera pas ce cas de figure.

Exemple

Soit (u_n) une suite géométrique telle que $u_0 = 1$ et $u_1 = 3$.

On a : $q = \frac{u_1}{u_0} = \frac{3}{1} = 3$.

La relation de récurrence vérifiée par cette suite (u_n) est donc :

$$u_{n+1} = 3u_n$$

On peut alors calculer u_2 :

$$u_2 = 3u_1 = 3 \times 3 = 9$$

Avertissement

Dans tout le thème on se limitera au cas où $u_0 > 0$ et $q > 0$

méthode

CAPACITÉ 1 Reconnaître un phénomène discret de croissance exponentielle et savoir le modéliser

Énoncé

Dans une réserve naturelle, la population de castors augmente chaque année de 5 %.

En 2022 le nombre d'individus recensés est de 80.

Pour tout entier naturel n, c_n modélise le nombre d'individus en $2022 + n$. Ainsi, c_0 correspond au nombre initial d'individus.

1. a. Donner c_0.

b. Dans le contexte de l'énoncé, que représente c_1 ? Calculer c_1.

c. Établir une relation de récurrence pour la suite (c_n), c'est-à-dire, exprimer, pour tout entier naturel n, c_{n+1} en fonction de c_n.

d. En déduire que la suite (c_n) est une suite géométrique. Préciser sa raison.

2. Simultanément à l'augmentation de la population de castors, on constate que le nombre d'arbres diminue chaque année dans la réserve de 2 %.

Justifier que cette situation peut être modélisée par une suite géométrique.

Solution

1. a. $c_0 = 80$.

b. c_1 correspond au nombre de castors recensés dans la réserve naturelle en 2023. Entre 2022 et 2023 leur nombre a augmenté de 5 %, on a alors :
$c_1 = 1{,}05 \times c_0 = 1{,}05 \times 80 = 84$.

Il y a 84 individus recensés dans la réserve naturelle en 2023.

c. Tous les ans, le nombre d'individus augmente de 5 %. Ainsi, pour déterminer le nombre d'individus après $n + 1$ années, il suffit de multiplier par 1,05 le nombre d'individus après n années.

On a alors, pour tout entier naturel n, $c_{n+1} = 1{,}05 \times c_n$.

d. La relation trouvée à la question précédente nous confirme que la suite est bien géométrique. Sa raison est égale à 1,05.

2. Pour modéliser le nombre d'arbres a_n après n années, on détermine le coefficient multiplicateur associé à une diminution de 2 %, et on le multiplie par le nombre d'arbres de l'année précédente. On peut alors noter, pour tout entier naturel n, $a_{n+1} = 0{,}98 \times a_n$ avec a_0 le nombre d'arbres initial. On a bien une suite géométrique de raison 0,98.

Point méthode

1. b. Pour déterminer le nombre d'individus après augmentation de 5%, on va utiliser le coefficient multiplicateur associé :

$$CM = 1 + \frac{5}{100} = 1{,}05$$

J'applique

10 Soit (u_n) la suite géométrique de premiers termes : $u_0 = 4$; $u_1 = 24$ et $u_2 = 144$.
Déterminer la raison de cette suite.

11 Soit (v_n) la suite géométrique de premier terme $v_0 = 7$ et de raison 2.
Déterminer v_1, v_2 et v_3.

12 Pour compenser l'inflation, Xavier voit son salaire augmenter de 4 % tous les ans. En 2022, son salaire est de 1 700 €. On note, pour tout $n \in \mathbb{N}$, u_n le salaire de Xavier en $2022 + n$.

1. Donner u_0, puis calculer u_1.

2. Justifier que la suite (u_n) est géométrique. Préciser sa raison.

Cours

2 Forme explicite

Propriété

Soit (u_n) une suite géométrique de raison q et de premier terme u_0.
Pour tout entier naturel n, on a $u_n = q^n \times u_0$.
Cette relation est la **forme explicite** de u_n.

$$u_0 \xrightarrow{\times q} u_1 \xrightarrow{\times q} u_2 \ldots u_{n-1} \xrightarrow{\times q} u_n$$
$$\underbrace{\qquad\qquad\qquad\qquad}_{\times q^n}$$

Remarques

- Avec la forme explicite, on peut calculer directement un terme quelconque u_n à partir de son rang n.
- Selon le même principe, on a : $u_n = q^{n-1} \times u_1$, $u_n = q^{n-2} \times u_2$, etc.

Exemple

Soit (u_n) une suite géométrique définie sur $\mathbb{N}$ de raison $q = 2$ et de premier terme $u_0 = 3$.
Pour tout entier naturel n, on a :
$$u_n = 2^n \times u_0 = 2^n \times 3$$

Le terme de rang 10 est :
$$u_{10} = 2^{10} \times 3 = 3\ 072$$

3 Représentation graphique - Variations

a Représentation graphique

Suite u_n

$u_0 = 1$ et $q = 0{,}5$

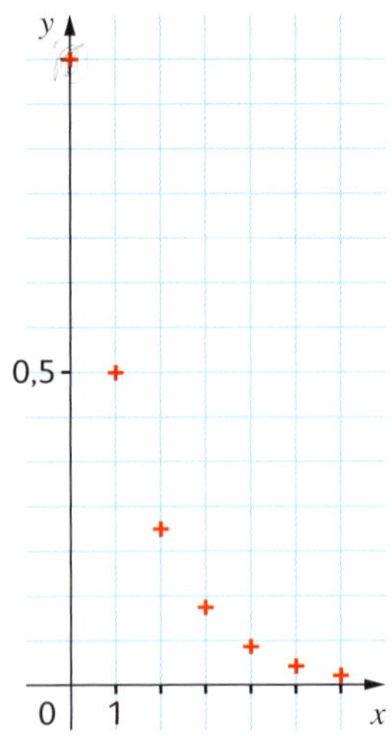

Suite v_n

$v_0 = 1$ et $q = 2$

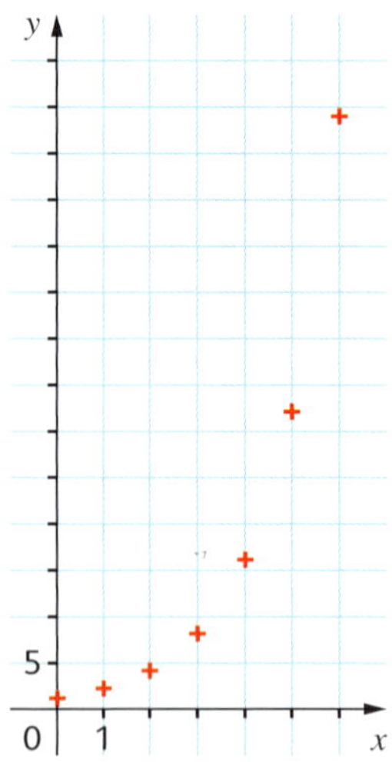

Remarque

Une suite géométrique permet de modéliser des phénomènes discrets de **croissance exponentielle**.

b Variations d'une suite géométrique

Propriété

Soit (u_n) une suite géométrique strictement positive.
Pour tout entier naturel n, on a :

- si $q > 1$, alors, $u_{n+1} > u_n$: la suite (u_n) est **croissante** ;
- si $q < 1$, alors, $u_{n+1} < u_n$: la suite (u_n) est **décroissante** ;
- si $q = 1$, alors, $u_{n+1} = u_n$: la suite (u_n) est **constante**.

Exemple

On s'intéresse aux suites géométriques représentées ci-dessus :

- $u_0 = 1$ et $q = 0{,}5$
- $v_0 = 1$ et $q = 2$

La suite (u_n) est décroissante car $q = 0{,}5 < 1$.
La suite (v_n) est croissante car $q = 2 > 1$.

Méthode

CAPACITÉ 2 Calculer un terme de rang donné d'une suite géométrique définie par une relation fonctionnelle ou une relation de récurrence

Énoncé

1. Soit (u_n) une suite géométrique de raison 4 et de terme initial $u_0 = 8$.
a. Exprimer, pour $n \in \mathbb{N}$, u_{n+1} en fonction de u_n.
b. Calculer u_1 puis u_2.
2. Soit (v_n) une suite définie, pour tout $n \in \mathbb{N}$, par $v_n = 5^n \times 2$.
Calculer v_0 ; v_1 et v_5.
3. Soit (w_n) une suite définie, pour tout $n \in \mathbb{N}$, par $w_{n+1} = 0{,}8 \times w_n$ et $w_0 = 100$.
a. Calculer w_1 et w_2.
b. Donner la nature de la suite (w_n) et préciser la raison.
c. En déduire, pour tout $n \in \mathbb{N}$, une expression de w_n en fonction de n.
d. Calculer w_5.

Solution

1. a. (u_n) est une suite géométrique de raison $q = 4$, donc pour tout $n \in \mathbb{N}$,
$u_{n+1} = 4 \times u_n$.
b. $u_1 = 4 \times u_0 = 4 \times 8 = 32$
$u_2 = 4 \times u_1 = 4 \times 32 = 128$

Point méthode
1. b. Chaque terme se déduit du précédent en le multipliant par 4.

2. $v_0 = 5^0 \times 2 = 2$
$v_1 = 5^1 \times 2 = 10$
$v_5 = 5^5 \times 2 = 6\,250$

Point méthode
2. Il suffit de remplacer n par le rang du terme de la suite qu'on souhaite calculer.

3. a. $w_1 = 0{,}8 \times w_0 = 0{,}8 \times 100 = 80$ et $w_2 = 0{,}8 \times w_1 = 0{,}8 \times 80 = 64$.
b. La relation de récurrence $w_{n+1} = 0{,}8 \times w_n$ nous indique que (w_n) est une suite géométrique de raison $q = 0{,}8$.
c. Pour tout $n \in \mathbb{N}$, $w_n = 0{,}8^n \times w_0 = 0{,}8^n \times 100$.
d. $w_5 = 0{,}8^5 \times 100 = 32{,}768$

Point méthode
3. c. Exprimer w_n en fonction de n, c'est donner la forme explicite de w_n.

J'applique

13 Soit (u_n) une suite définie pour tout $n \in \mathbb{N}$ par :
$$u_{n+1} = 7 \times u_n \text{ et } u_0 = 2$$
1. Calculer u_1, u_2 et u_3.
2. Préciser la nature de la suite (u_n) et sa raison.

14 Soit (u_n) une suite géométrique de raison 2 et de terme initial $u_0 = 1$.
1. Préciser la relation de récurrence permettant de définir la suite (u_n).
2. Donner, pour tout $n \in \mathbb{N}$, une expression de u_n en fonction de n.
3. Calculer u_1 et u_{10}.

15 Un collectionneur estime que la valeur de sa collection augmente de 2 % chaque année. En 2023, sa collection est estimée à une valeur de 55 000 €. Pour tout entier naturel n, on note u_n la valeur estimée de sa collection en $2023 + n$.
1. Donner u_0, puis calculer u_1.
2. Justifier que la suite (u_n) est géométrique. Préciser sa raison.
3. Donner, pour tout $n \in \mathbb{N}$, une expression de u_n en fonction de n.
4. Déterminer la valeur estimée de la collection en 2032. *Arrondir à l'euro près.*

méthode

3 Réaliser, exploiter la représentation graphique des termes d'une suite géométrique

Énoncé

1. Soit (u_n) une suite géométrique de raison $q > 0$ avec $u_0 > 0$.
La suite (u_n) est représentée sur le graphique ci-contre
a. Lire graphiquement les variations de (u_n).
b. Que peut-on déduire de cette information sur la raison q ?
c. Lire graphiquement les valeurs de u_0 et u_1 ; en déduire q.
d. Exprimer, pour tout $n \in \mathbb{N}$, u_n en fonction de n.
e. En déduire la valeur de u_5.
2. Soit (v_n) la suite géométrique de raison $q = 0{,}25$ telle que $v_0 = 8$.
a. Donner la relation de récurrence vérifiée par (v_n).
b. Calculer v_1, v_2 et v_3.
c. Représenter sur un graphique la suite (v_n).

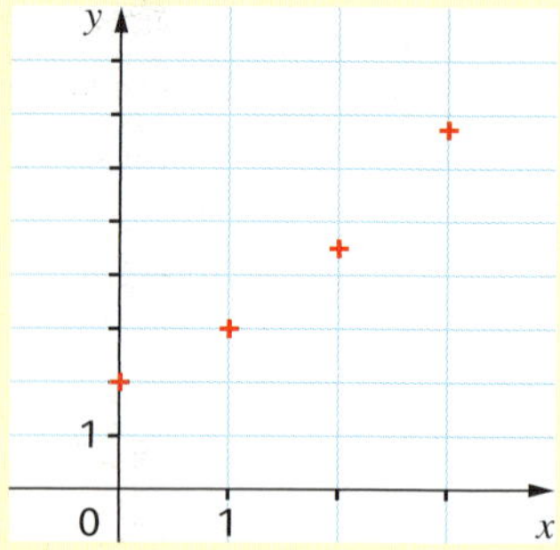

Solution

1. a. (u_n) est une suite croissante.
b. Comme (u_n) est croissante avec $u_0 > 0$, on a : $q > 1$.
c. $u_0 = 2$ et $u_1 = 3$.
$q = \dfrac{u_1}{u_0} = \dfrac{3}{2} = 1{,}5$.
d. Pour tout $n \in \mathbb{N}$, $u_n = u_0 \times q^n = 2 \times 1{,}5^n$.
e. $u_5 = 2 \times 1{,}5^5 = 15{,}1875$

2. a. Pour tout $n \in \mathbb{N}$, $v_{n+1} = 0{,}25 \times v_n$.
b. $v_1 = 0{,}25 \times v_0 = 0{,}25 \times 8 = 2$
$v_2 = 0{,}25 \times v_1 = 0{,}25 \times 2 = 0{,}5$
$v_3 = 0{,}25 \times v_2 = 0{,}25 \times 0{,}5 = 0{,}125$
c. On représente la suite (v_n) en rouge sur le graphique ci-contre.

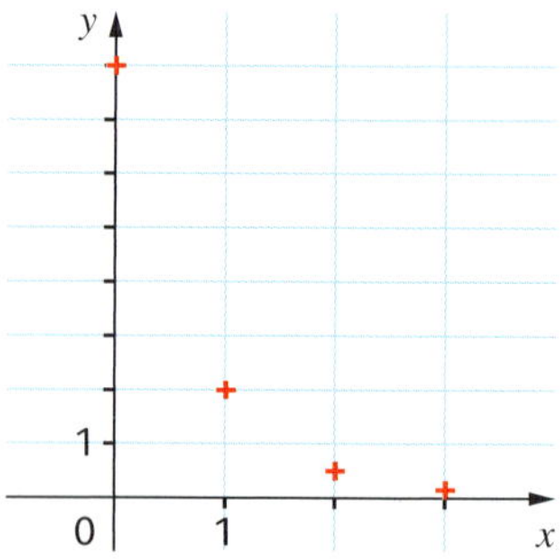

Point méthode

1. c. On sait que u est une suite géométrique de raison q, donc $u_{n+1} = q \times u_n$.
Ainsi, $q = \dfrac{u_{n+1}}{u_n}$ est le quotient entre deux termes consécutifs.
En particulier, $q = \dfrac{u_1}{u_0}$.

J'applique

16 Soit (u_n) la suite géométrique de raison 0,75 et de terme initial $u_0 = 4$.
1. Donner les variations de (u_n).
2. Calculer u_1, u_2 et u_3.
3. Représenter la suite (u_n) sur un graphique.

17 Soit (u_n) la suite géométrique de raison 1,1 et de terme initial $u_0 = 1$.
1. Donner les variations de (u_n).
2. Calculer u_1, u_2 et u_3.
3. Représenter la suite (u_n) sur un graphique.

18 Soient (u_n) et (v_n) deux suites géométriques de raisons respectives q et q' telles que $q > 1$ et $0 < q' < 1$.
Ces deux suites sont représentées sur le graphique ci-contre avec des couleurs différentes.
1. Identifier la représentation graphique associée à chacune des suites. Justifier la réponse.
2. Donner u_0, u_1 et la raison q de la suite (u_n).
3. Donner v_0, v_1 et la raison q' de la suite (v_n).

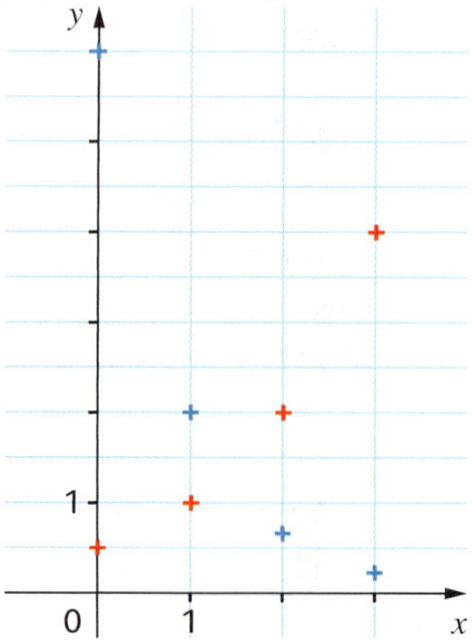

CAPACITÉ 4 Résoudre un problème de seuil dans le cas d'une croissance exponentielle

Énoncé

En 2020, une petite ville comptait 3 620 habitants. On estime que, chaque année, cette ville perd 10 % de ses habitants.

On note $u_0 = 3\,620$ et, pour tout $n \in \mathbb{N}$, u_n modélise le nombre d'habitants de la ville en $2020 + n$.

1. Calculer u_1. Interpréter le résultat.

2. Exprimer, pour tout $n \in \mathbb{N}$, u_{n+1} en fonction de u_n, puis en déduire la nature de la suite ainsi que sa raison et son premier terme.

3. Le maire de cette ville mettra en place un plan pour attirer de nouveaux habitants dans sa ville lorsque le nombre d'habitants sera inférieur à 2 500. Il cherche à prévoir l'année durant laquelle il devra mettre en place ce plan.

a. Quelle inéquation faut-il résoudre pour répondre au problème ?

b. On a construit la feuille de calcul ci-contre.
Donner la formule à saisir dans la cellule C2 afin d'obtenir, par recopie vers la droite, les valeurs de u_n en fonction de n.

c. Donner les valeurs manquantes (*arrondir à l'unité*) et répondre au problème posé par le maire.

	A	B	C	D	E	F	G
1	n	0	1	2	3	4	5
2	u_n	3620					

Solution

1. Le nombre d'habitants diminue de 10 % entre 2020 et 2021.

Le coefficient multiplicateur correspondant est $CM = 1 - \frac{10}{100} = 0{,}9$.

Donc $u_1 = 0{,}9 \times u_0 = 0{,}9 \times 3\,620 = 3\,258$.

En 2021, la population est estimée à 3 258 habitants.

2. D'une année sur l'autre, le nombre d'habitants diminue de 10 %, donc on a, pour tout $n \in \mathbb{N}$: $u_{n+1} = 0{,}9 \times u_n$. La suite (u_n) est donc géométrique de raison $q = 0{,}9$ et de premier terme $u_0 = 3\,620$.

3. a. Le maire doit déterminer la plus petite valeur de n telle que $u_n < 2\,500$ pour répondre à son problème.

b. Il faut saisir la formule =B2*0.9 dans la cellule C2.

c.

	A	B	C	D	E	F	G
1	n	0	1	2	3	4	5
2	u_n	3620	3258	2932	2639	2375	2138

À partir de $n = 4$, on a $u_n < 2\,500$, ainsi, c'est en 2024 que le maire devra mettre en place son plan.

Point méthode

3. b. La relation $u_{n+1} = 0{,}9 \times u_n$ indique que, pour calculer un terme, il suffit de multiplier par 0,9 le terme qui le précède.
Pour pouvoir étirer la formule vers la droite, il faut faire référence à la cellule B2 et non au résultat 3 620.

Point méthode

3. c. On cherche le plus petit entier n tel que $u_n < 2\,500$ dans le tableau.

J'applique

19 Alexandre veut acheter un modèle particulier de voiture et ne souhaite pas y consacrer plus de 15 000 €. En 2023, le prix de cette voiture est de 18 000 €. On estime que ce prix diminue de 5 % par an. Pour tout $n \in \mathbb{N}$, on note u_n le prix de la voiture en $2023 + n$.

1. Donner u_0 et calculer u_1.

2. Exprimer, pour tout $n \in \mathbb{N}$, u_{n+1} en fonction de u_n.
En déduire la nature de la suite u et préciser sa raison.

3. Recopier et compléter le tableau de valeurs suivant.

n	0	1	2	3	4
u_n	18 000				

4. En quelle année Alexandre pourra-t-il acheter cette voiture ?

Je fais le point

J'évalue mes connaissances

VERSION INTERACTIVE hachette-clic.fr/23ds1015

Voir corrigés

QCM

Pour chacune des questions, indiquer la (ou les) bonne(s) réponse(s).

On définit la suite géométrique (u_n) par : $\begin{cases} u_1 = 8 \\ \text{pour tout entier naturel } n \geqslant 1,\ u_{n+1} = u_n \times 1{,}5 \end{cases}$

(v_n) et (w_n) sont deux suites géométriques définies, pour tout $n \in \mathbb{N}$, par $v_n = 11^n$ et $w_n = 9 \times 0{,}7^n$.

	a	b	c
1. Soit $n \in \mathbb{N}$, on pose $a_n = 5^n + 2$. La suite est (a_n) :	arithmétique	géométrique	ni l'un, ni l'autre
2. La raison de la suite (u_n) est égale à :	8	1,5	$\frac{u_{10}}{u_{11}}$
3. La suite (u_n) est :	croissante	décroissante	constante
4. La raison de la suite (w_n) est égale à :	0,7	9	$\frac{w_9}{w_8}$
5. La suite (w_n) est :	croissante	décroissante	constante
6. Le premier terme de la suite (v_n) est :	0	1	11
7. Le 2e terme de la suite (v_n) est :	11	121	v_2
8. Le 4e terme de la suite (u_n) est :	u_4	18	27
9. La formule explicite de la suite (u_n) est :	$8 \times 1{,}5^{n-1}$	$8 \times 1{,}5^n$	$8 \times 1{,}5^{n+1}$

vrai ou faux ?

Indiquer pour chaque affirmation si elle est vraie ou fausse. Justifier.

Partie A.

Au 1er janvier 2023, un couple décide de placer 1 000 € sur un compte avec un taux annuel d'intérêts composés de 5 %. Pour tout entier naturel n, on note u_n le montant du capital sur le compte au 1er janvier $2023 + n$.

1. Le terme initial est $u_0 = 1\,000$.

2. Au 1er janvier 2024, le montant du capital sur le compte est de 1 050 €.

3. La suite (u_n) est géométrique, de raison 0,95.

4. Au 1er janvier 2025, le montant du capital sur le compte sera de 1 102,50 €.

5. u_5 est le montant du capital sur le compte au 1er janvier 2028.

6. Pour tout $n \in \mathbb{N}$, $u_{n+1} = 1{,}5 \times u_n$.

7. La suite (u_n) est décroissante.

8. Pour tout entier naturel n, la formule explicite de la suite u est donnée par $u_n = 1{,}05 \times 1\,000^{\,n}$.

9. Au 1er janvier 2033, le montant du capital sur le compte, arrondi au centime, est de 1 628,89 €.

Partie B.

On donne, ci-contre, la représentation graphique d'une suite géométrique (u_n).

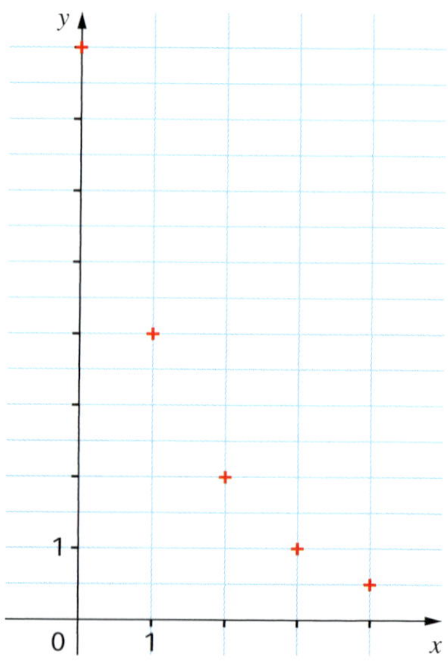

1. Le terme initial est égal à 4.

2. $u_1 = 3$

3. La raison de la suite (u_n) est égale à 0,5.

4. La suite (u_n) est croissante.

5. La formule explicite de la suite (u_n) est donnée, pour tout $n \in \mathbb{N}$, par $u_n = 8 \times 0{,}5^n$.

6. Pour $n \geqslant 2$, on a $u_n \leqslant 2$.

Consolider les bases

20 Déterminer dans chaque cas le coefficient multiplicateur correspondant à l'évolution proposée :
1. une augmentation de 20 % ;
2. une diminution de 10 % ;
3. une diminution de 35 % ;
4. une augmentation de 55 %.

21 Déterminer dans chaque cas le coefficient multiplicateur correspondant à l'évolution proposée :
1. une diminution de 7 % ;
2. une diminution de 71 % ;
3. une augmentation de 39 % ;
4. une augmentation de 1 %.

22 Déterminer dans chaque cas le coefficient multiplicateur associé à l'évolution proposée.
1. une augmentation de 20 % suivie d'une diminution de 20 % ;
2. une augmentation de 75 % suivie d'une diminution de 25 % ;
3. deux augmentations successives de 40 % ;
4. deux diminutions successives de 35 %.

23 Donner l'évolution correspondante (augmentation ou diminution en pourcentage) pour chacun des coefficients multiplicateurs proposés :
1. 1,09 **2.** 0,27 **3.** 2 **4.** 0,98

24 Une télévision 4K coûte 899 €. Son prix diminue de 30 % durant les soldes. Calculer son nouveau prix.

25 Un article coûte 50 € en 2020. En 2022, il coûte seulement 42 € 80.
1. Calculer le pourcentage global de diminution de cet article.
2. Quel pourcentage d'augmentation faut-il appliquer au prix de 2022 pour qu'il retrouve sa valeur initiale de 50 € ?

26 Un jeu en ligne, sorti au mois de mars 2022, devient de plus en plus populaire. On estime que, tous les mois, le nombre de joueurs triple. Durant le mois de sortie, on a dénombré 300 joueurs.
1. Déterminer le nombre de joueurs estimé pour le mois d'avril 2022.
2. On modélise le nombre de joueurs estimé au cours des mois sur une feuille de calcul d'un tableur.

	A	B	C	D
1	Mois	Mars 2022	Avril 2022	Mai 2022
2	Nb de joueurs			

Parmi les formules ci-dessous, laquelle faut-il saisir dans la cellule C2 afin d'obtenir, par recopie vers la droite, le nombre de joueurs estimé chaque mois ?
a. =B2*3 **b.** =300*3 **c.** =$B$2*3

Connaître le cours

27 On considère la suite définie par $u_0 = 10$ et la relation de récurrence suivante :
pour tout entier naturel n, $u_{n+1} = 0{,}4 \times u_n$
1. Quelle est la nature de la suite (u_n) ?
2. Calculer les termes u_1, u_2 et u_3.

28 La suite u est géométrique de raison 3 et de premier terme $u_0 = \frac{1}{3}$.
1. Préciser la relation de récurrence qui permet de définir la suite u.
2. Calculer les termes u_1, u_2 et u_3.

29 Soit u_n la suite géométrique de premier terme $u_0 = 8$ et de raison $q = 1{,}5$. Déterminer u_1, u_2 et u_3.

30 Soit (v_n) la suite géométrique de premier terme $v_1 = 24$ et de raison $q = 0{,}6$. Déterminer v_2, v_3 et v_4.

31 QCM
Soit (u_n) la suite géométrique de premier terme $u_0 = 2$ et de raison $q = 0{,}5$. Pour tout $n \in \mathbb{N}$, l'expression de u_n en fonction de n est :
1. $u_n = 2^n \times 0{,}5$ **2.** $u_n = 0{,}5^n \times 2$
3. $u_n = 2^{n-1} \times 0{,}5$ **4.** $u_n = 0{,}5^{n-1} \times 2$

32 Vrai ou faux ?
Les affirmations suivantes sont-elles vraies ou fausses ? Justifier la réponse.
1. La suite géométrique (u_n) définie, pour tout $n \in \mathbb{N}$, par $u_0 = 5$ et $u_{n+1} = 2 \times u_n$ est décroissante.
2. La suite géométrique (v_n) définie, pour tout $n \in \mathbb{N}$, par $v_0 = 1$ et $v_{n+1} = 0{,}7 \times v_n$ est décroissante.

33 Soit (u_n) la suite géométrique de premier terme $u_0 = 20$ et de raison $q = 0{,}5$.
1. Donner le sens de variation de la suite (u_n).
2. Représenter graphiquement les quatre premiers termes de la suite.

34 On donne ci-contre la représentation graphique des six premiers termes d'une suite géométrique.

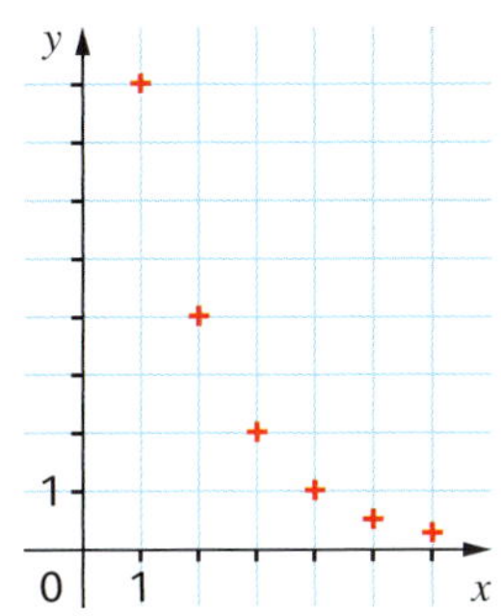

1. Quel est le sens de variation de cette suite ?
2. Par lecture graphique, quelle est la raison de cette suite géométrique ? Quel est son premier terme ?
3. Donner la forme explicite de cette suite, en exprimant, pour tout entier naturel n, le terme u_n en fonction de n.
4. Donner le terme u_{10} sous forme d'une fraction irréductible.

exercices Application

CAPACITÉ 1 Reconnaître un phénomène discret de croissance exponentielle et savoir le modéliser

35 On donne les quatre premiers termes d'une suite (u_n) : $u_1 = 1\,024$; $u_2 = 256$; $u_3 = 64$ et $u_4 = 16$. Cette suite peut-elle être géométrique ?

36 Une émission de radio voit son nombre d'auditeurs augmenter de 15 % tous les ans. En 2022, on comptait 120 000 auditeurs. On note, pour tout $n \in \mathbb{N}$, a_n le nombre d'auditeurs estimé en $2022 + n$.

1. Donner a_0, puis calculer a_1.

2. a. Exprimer, pour tout $n \in \mathbb{N}$, a_{n+1} en fonction de a_n.

b. En déduire la nature de la suite (a_n) et préciser sa raison.

3. À ce rythme, combien faudra-t-il d'années pour que l'audience de l'émission double ?

37 Dans chaque cas, dire si la situation peut être modélisée par une suite géométrique. Lorsque c'est le cas, en donner la raison.

Situation 1
Le nombre d'employés d'une entreprise augmente chaque année de 5 %.

Situation 2
Laisser à l'air libre des micro-organismes diminue leur population de moitié chaque heure.

Situation 3
Allan décide de mettre de l'argent de côté sur un compte. Tant qu'il n'y touche pas, il gagnera chaque année 10 % du montant initialement déposé (intérêts simples).

Situation 4
Pour compenser l'inflation, un pâtissier augmente chaque année le prix de ses viennoiseries de 10 centimes.

Situation 5
Pendant le dégel, l'épaisseur de glace sur un lac diminue de 1 cm tous les deux jours.

Situation 6
On joue à « Pile ou Face » avec une pièce équilibrée. On s'intéresse à la probabilité de n'obtenir que des résultats « Face » aux n lancers réalisés.

38 Dans chaque cas, déterminer en justifiant si les nombres donnés sont les termes consécutifs d'une suite géométrique.
Si c'est le cas, donner le terme qui suit.

1. 2 ; 4 ; 6 ; 8

2. $\frac{1}{2}$; $\frac{1}{4}$; $\frac{1}{8}$; $\frac{1}{16}$

3. 100 ; 10 ; 1 ; 0,1

39 Modéliser les situations suivantes par des suites géométriques.

Situation 1
Le cabillaud est victime de la surexploitation des océans et de la pêche intensive. En mer du Nord, on remarque que sa population diminue de 8 % environ par an. Elle était de 5 millions d'individus en 2019.

Situation 2
La part des énergies renouvelables dans la consommation finale brute d'énergie des Français augmente en moyenne de 6 % chaque année. Elle était de 14,8 % en 2015.

40 Pour tout $n \in \mathbb{N}$, $u_n = 2(n + 1)$.

1. Calculer u_0, u_1 et u_2.

2. La suite (u_n) est-elle géométrique ? Justifier.

CAPACITÉ 2 Calculer un terme de rang donné d'une suite géométrique définie par une relation fonctionnelle ou une relation de récurrence

41 Dans chaque cas, calculer les 3 premiers termes de la suite géométrique (u_n) définie, pour tout $n \in \mathbb{N}$, par :

1. $u_{n+1} = \frac{1}{3} \times u_n$ avec $u_0 = 27$

2. $u_n = 4^n$

3. $u_n = 8 \times 0{,}25^n$

42 Soit (v_n) la suite géométrique de premier terme $v_0 = 5$ et de raison $q = 2$.

1. Calculer v_1, v_2 et v_3.

2. Exprimer, pour tout $n \in \mathbb{N}$, v_{n+1} en fonction de v_n.

43 Soit u_n la suite géométrique de premier terme $u_0 = 1\ 296$ et de raison $q = \frac{1}{6}$.

1. Calculer u_1, u_2 et u_3.

2. Exprimer, pour tout $n \in \mathbb{N}$, u_{n+1} en fonction de u_n.

44 Soit (u_n) la suite définie, pour tout $n \in \mathbb{N}$, par :

$$u_{n+1} = 3u_n \text{ et } u_0 = 2$$

1. Calculer u_1, u_2 et u_3.

2. Déterminer la nature de la suite (u_n).

45 Dans chaque cas, déterminer la raison de la suite géométrique telle que :

1. $u_{10} = 52$ et $u_{11} = 66$;

2. $v_{21} = 112$ et $v_{22} = 28$;

3. $w_{48} = 12$ et $w_{49} = 72$.

46 Soit (u_n) une suite géométrique de raison $q = 2$ telle que $u_2 = 16$. Calculer u_4.

47 Soit (v_n) la suite géométrique telle que $v_0 = 100$ et $v_1 = 50$.

1. Calculer la raison q de la suite (v_n).

2. Exprimer, pour tout $n \in \mathbb{N}$, v_n en fonction de n.

3. Calculer v_4.

48 Soit (u_n) la suite géométrique de premier terme $u_0 = 100$ et de raison $q = 1{,}5$.

1. Calculer u_1, u_2 et u_3.

2. Exprimer, pour tout $n \in \mathbb{N}$, u_n en fonction de n.

3. Calculer u_5.

4. Compléter la phrase à l'aide du résultat de la question précédente : « la valeur du …ème terme est … ».

49 Soit (u_n) la suite géométrique de premier terme $u_0 = 11$ et de raison $q = 1{,}2$.

1. Justifier que, pour tout $n \in \mathbb{N}$, $u_n = 11 \times 1{,}2^n$.

2. Calculer u_5. *Arrondir à 10^{-3}.*

3. Calculer la valeur du 22e terme de la suite. *Arrondir à 10^{-3}.*

50 Soit (v_n) la suite géométrique de premier terme $v_1 = 500$ et de raison $q = 0{,}8$.

1. Calculer v_2, v_3 et v_4.

2. Exprimer, pour tout entier $n \geqslant 1$, v_n en fonction de n.

3. En déduire la valeur du 17e terme de la suite. *Arrondir à 10^{-3}.*

51 En période l'inflation, la monnaie se déprécie et le pouvoir d'achat qu'elle procure diminue.

Un particulier dispose d'une épargne qui perd chaque année 10 % de son pouvoir d'achat du fait de l'inflation.

1. Déterminer, à 1 % près, la perte de pouvoir d'achat de cette épargne après 5 ans.

2. Après 10 ans, quelle est la perte de pouvoir d'achat, à 1 % près ?

CAPACITÉ 3 Réaliser, exploiter la représentation graphique des termes d'une suite géométrique

52 Soit (u_n) la suite géométrique de premier terme $u_0 = 1$ et de raison $q = 2$.

1. Donner le sens de variation de la suite (u_n).

2. Calculer u_1, u_2 et u_3.

3. Représenter graphiquement les quatre premiers termes de la suite.

53 Soit (u_n) la suite géométrique de premier terme $u_1 = 8$ et de raison $q = \frac{1}{4}$.

1. Donner le sens de variation de la suite (u_n).

2. Calculer u_2, u_3 et u_4.

3. Représenter graphiquement les quatre premiers termes de la suite.

54 On a représenté ci-contre, à l'aide de trois couleurs différentes, les cinq premiers termes de trois suites numériques. Identifier celles qui pourraient être des suites géométriques et préciser, dans ce cas, leur raison et leur premier terme.

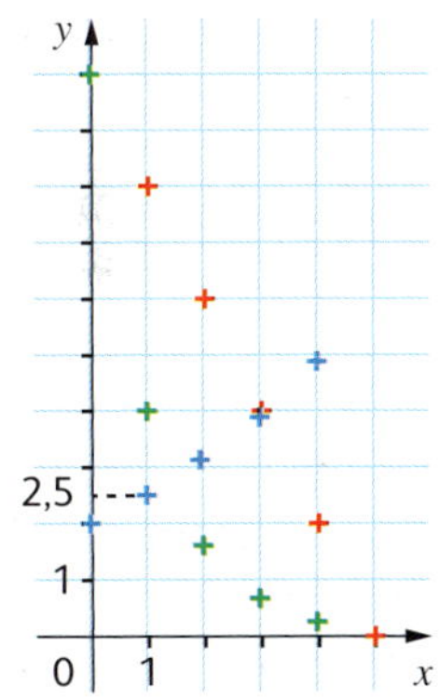

55 On donne les représentations des suites géométriques suivantes.

1.

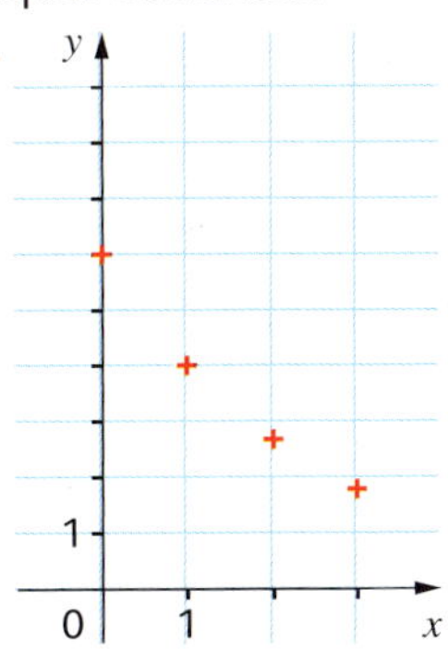

2.

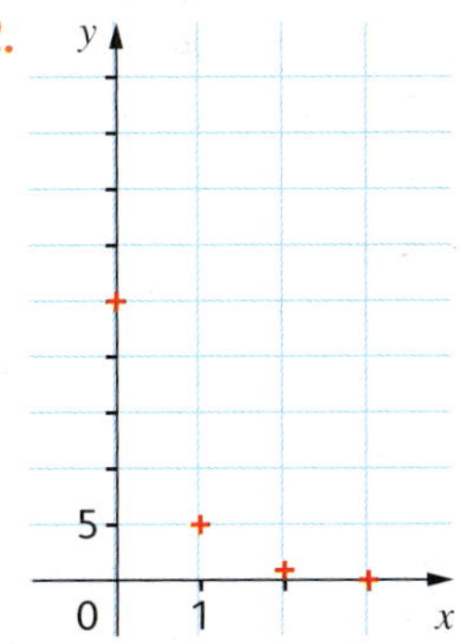

3.

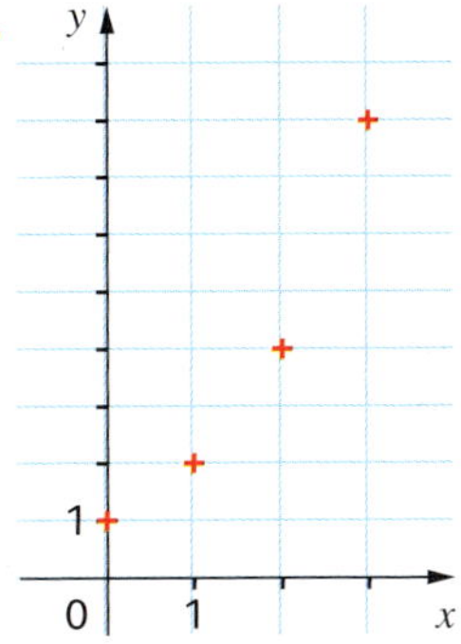

4.

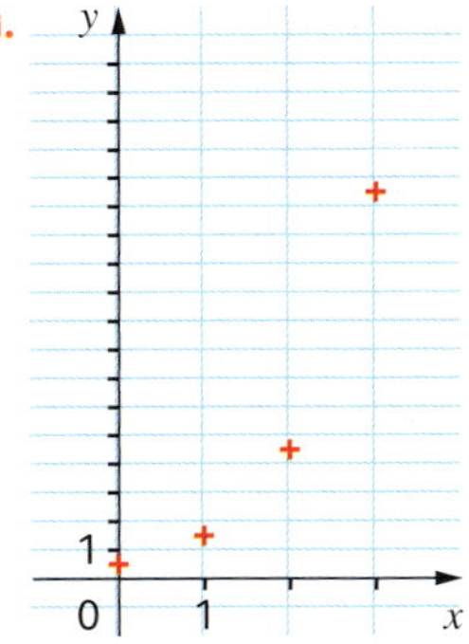

Dans chaque cas, lire le premier terme et déterminer la raison de la suite.

56 Vrai ou faux ?
On donne la représentation graphique de la suite géométrique (u_n) ; dire si les affirmations suivantes sont vraies ou fausses.

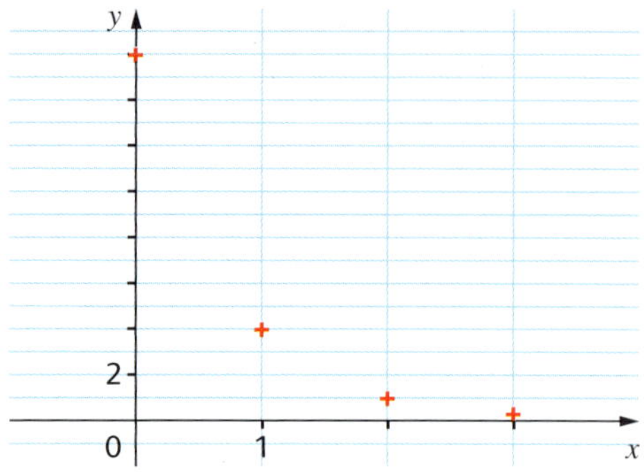

1. Le premier terme de la suite (u_n) est 4.
2. $u_3 = 0{,}5$.
3. La raison de la suite est $q = 4$.
4. La suite (u_n) est décroissante.

57 On donne la représentation graphique de la suite géométrique (v_n).

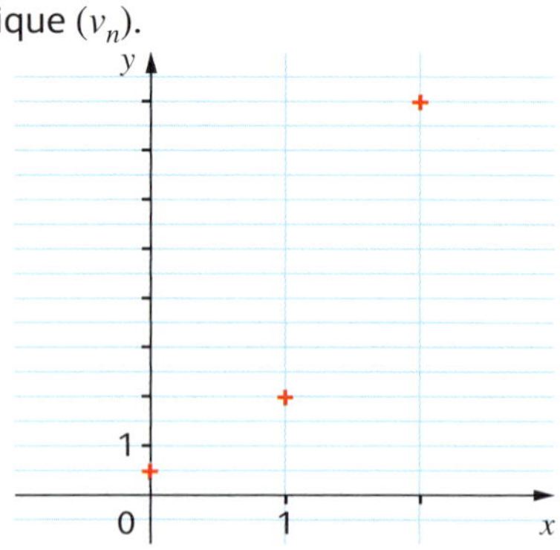

1. Donner la valeur du premier terme v_0.
2. Déterminer la raison de la suite (v_n).
3. Exprimer, pour tout $n \in \mathbb{N}$, v_n en fonction de n.
4. En déduire la valeur de v_{10}.

CAPACITÉ 4 Résoudre un problème de seuil dans le cas d'une croissance exponentielle

58 Soit (u_n) une suite géométrique de raison 8 et de premier terme $u_0 = 3$.
1. Donner les variations de la suite (u_n).
2. Exprimer, pour tout $n \in \mathbb{N}$, u_n en fonction de n.
3. Compléter le tableau de valeurs suivant.

n	0	1	2	3	4
u_n	3				

4. Déterminer le plus petit entier naturel n tel que $u_n > 1\,000$.
5. Quel est l'ordre de grandeur du terme u_{10} ?

59 Soit (v_n) la suite géométrique de raison 0,6 définie, pour tout $n \in \mathbb{N}$, par $v_n = 1\,800 \times 0{,}6^n$.
1. Donner les variations de la suite (v_n).
2. Déterminer le plus petit entier naturel n tel que $v_n < 1$.

60 Soit (u_n) la suite définie, pour tout $n \in \mathbb{N}$, par $u_{n+1} = u_n \times 0{,}2$ et $u_0 = 250$.
1. Donner la nature de la suite (u_n), préciser sa raison, puis donner ses variations.
2. Déterminer les valeurs de n telles que $u_n < 20$.

61 **1.** Combien faut-il d'augmentations successives de 5 % pour qu'une quantité initiale soit plus que doublée ?
2. Est-il possible que, suite à des augmentations successives de 5 %, une quantité dépasse le centuple de sa valeur initiale ?

62 PYTHON Soit (v_n) la suite définie, pour tout $n \in \mathbb{N}$, par $v_{n+1} = v_n \times 1{,}5$ et $v_0 = 1\,000$.
1. L'algorithme incomplet ci-dessous permet de déterminer à partir de quelle valeur de n le terme v_n est supérieur à 10 000. Compléter cet algorithme.

```
v=1000
n=0
while ... :
    v=...
    n=...
print(n)
```

2. Que renvoie l'algorithme complété ?

63 Un pays soucieux de limiter son impact sur l'environnement décide de diminuer chaque année ses émissions de gaz à effet de serre (GES) de 5 %. En 2021, elles étaient de 418 mégatonnes.
On note, pour tout $n \in \mathbb{N}$, g_n la quantité de GES, en mégatonne, émise en $2021 + n$. Ainsi, $g_0 = 418$.
1. Calculer g_1.
2. Justifier que, pour tout $n \in \mathbb{N}$, $g_{n+1} = 0{,}95 g_n$.
3. La feuille de calcul ci-dessous affiche des nombres arrondis aux entiers.

	A	B	C	D	E	F	G	H
1	n	0	1	2	3	4	5	6
2	g_n	418	397	377	358	340	323	307

Donner la formule saisie dans la cellule C2 afin d'obtenir, par recopie vers la droite, les valeurs de g_n en fonction de n.
4. Déterminer le plus petit entier naturel n tel que $g_n \leqslant 330$. Interpréter le résultat.
5. Après combien d'années, à ce rythme, la quantité de GES émise par ce pays sera inférieure à la moitié de sa valeur initiale de 2021 ?

1 Suites géométriques – Relation de récurrence

64 Soit (u_n) la suite géométrique de raison $q > 0$ telle que $u_0 = 16$ et $u_2 = 1$.
1. Calculer u_1 et donner la raison q.
2. Donner la relation de récurrence vérifiée par la suite (u_n).
3. Calculer u_3.

65 Dans chacun des cas ci-dessous, (u_n) est une suite géométrique de raison $q > 0$.
À partir des informations données, déterminer sa raison q et son terme initial u_0.
1. $u_1 = 6$ et $u_2 = 18$.
2. $u_1 = 52$ et $u_3 = 13$.

Analyse d'un énoncé

66 Exercice commenté
Pour tout $n \in \mathbb{N}$, $u_n = 5^n$.
1. Calculer u_0, u_1 et u_2, puis conjecturer la nature de la suite (u_n).

➲ On pourra penser à comparer les quotients $\frac{u_1}{u_0}$ et $\frac{u_2}{u_1}$ pour aider à la conjecture.

2. Démontrer la conjecture émise en question 1.

➲ À la question 1., on conjecture que la suite (u_n) est géométrique de raison 5, il faut donc démontrer que, pour tout $n \in \mathbb{N}$, $u_{n+1} = 5u_n$. Pour cela, il sera plus pertinent de montrer que $\frac{u_{n+1}}{u_n} = 5$.

67 Application immédiate
Pour tout $n \in \mathbb{N}$, $u_n = 3 \times 2^n$.
1. Calculer u_0, u_1 et u_2, puis conjecturer la nature de la suite (u_n).
2. Démontrer la conjecture émise en question 1.

68 On donne les trois premiers termes d'une suite géométrique :
$$u_0 = \frac{1}{4} \ ; \ u_1 = \frac{1}{20} \text{ et } u_2 = \frac{1}{100}$$
Déterminer la raison q de cette suite et u_3.

69 Dans chaque cas, justifier que la suite (u_n) n'est pas géométrique.
1. Pour tout $n \in \mathbb{N}$, $u_n = \frac{1}{n+1}$.
2. Pour tout $n \in \mathbb{N}$, $u_{n+1} = 3u_n - 2$ et $u_0 = 2$.
3. $u_0 = 1$ et, pour tout $n \in \mathbb{N}$, $u_{n+1} = nu_n$.

70 Une carte à collectionner est estimée à 180 € en 2021, puis à 207 € en 2022.
1. Montrer que la valeur de cette carte à collectionner a augmenté de 15 % entre 2021 et 2022.
2. On suppose maintenant que la valeur de cette carte va continuer d'augmenter de 15 % par an. On note, pour tout $n \in \mathbb{N}$, V_n la valeur de cette carte en $2022 + n$.
a. Donner V_0 et calculer V_1.
b. Exprimer, pour tout $n \in \mathbb{N}$, V_{n+1} en fonction de V_n.
c. En déduire la nature de la suite (V_n). On précisera sa raison et son premier terme.

71 Vrai ou faux ?
La figure ci-dessous est composée de demi-cercles. À chaque étape, on utilise une nouvelle couleur : demi-cercle noir à l'étape 1, demi-cercles bleus à l'étape 2, demi-cercles verts à l'étape 3, etc.

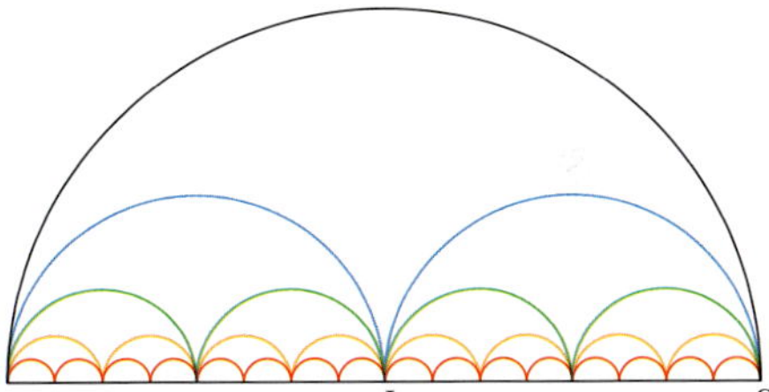

Dire si les affirmations suivantes sont vraies. Justifier.
1. La suite des nombres de nouveaux demi-cercles à chaque étape est géométrique.
2. La suite des périmètres des lignes tracées à l'étape n est géométrique.
3. La suite des aires sous les lignes tracées à l'étape n est géométrique.

2 Forme explicite

72 Soit (u_n) la suite définie, pour tout entier naturel n, par $u_{n+1} = 4u_n$ et $u_0 = 3$.
1. Donner la nature de la suite (u_n) et préciser sa raison.
2. Exprimer, pour tout $n \in \mathbb{N}$, u_n en fonction de n.
3. Calculer u_4.

73 Soit (v_n) la suite définie, pour tout entier naturel n, par $v_{n+1} = 0{,}8v_n$ et $v_1 = 50$.
1. Donner la nature de la suite (v_n) et préciser sa raison.
2. Exprimer, pour tout $n \in \mathbb{N}$, v_n en fonction de n.
3. Déterminer la valeur du 12e terme de la suite (v_n).

74 Soit (w_n) la suite géométrique telle que $w_0 = 3$ et $w_1 = 4{,}8$.
1. Exprimer, pour tout $n \in \mathbb{N}$, w_n en fonction de n.
2. Calculer w_{12}.

75 Dans chaque cas, on donne une suite géométrique par sa forme explicite.
Préciser son premier terme, sa raison et son sens de variation.
1. $u_n = 5 \times 0{,}2^n$
2. $v_n = 1{,}1^n$
3. $w_n = 0{,}7^{n-1} \times 10$

76 Soit (t_n) la suite géométrique telle que $t_2 = 35$ et $t_3 = 7$.
1. Déterminer la raison q de la suite (t_n).
2. En déduire t_0 et t_1.
3. Exprimer, pour tout $n \in \mathbb{N}$, t_n en fonction de n.
4. Calculer t_5.

77 Soit (v_n) la suite géométrique de premier terme $v_1 = 32\,768$ et de raison $q = \frac{1}{2}$.
1. Déterminer, pour tout $n \in \mathbb{N}$, l'expression de v_n en fonction de n.
2. En déduire la valeur du 5e terme de la suite.
3. Déterminer le plus petit entier $n \geqslant 1$, tel que $v_n \leqslant 200$.

78 On considère une suite (u_n) et l'affirmation suivante :
« Si $u_8 = 11 \times u_7$, alors u est une suite géométrique de raison 11. »
1. Cette affirmation est-elle vraie ou fausse ?
2. Qu'en est-il de sa réciproque ?

79 On estime qu'un club de cyclisme voit son nombre d'adhérents augmenter de 12 % chaque année. En 2023, ce club compte 50 membres.
Pour tout $n \in \mathbb{N}$, on note a_n le nombre estimé d'adhérents au club de cyclisme pour l'année $2023 + n$.

1. Donner a_0.
2. Calculer a_1 et interpréter le résultat dans le contexte de l'énoncé.
3. Justifier que, pour tout $n \in \mathbb{N}$, $a_{n+1} = 1{,}12 \times a_n$, puis en déduire la nature de la suite (a_n).
4. Donner, pour tout $n \in \mathbb{N}$, une expression de a_n en fonction de n.
5. Calculer le nombre estimé d'adhérents en 2027.
6. À partir de quelle année ce club devrait-il compter plus de 100 adhérents ?

80 Un influenceur vérifie régulièrement son nombre d'abonnés sur les réseaux sociaux. Il estime que sur Twitter son nombre d'abonnés augmente en moyenne de 7 % par mois. Il débute l'année 2023 avec 10 000 abonnés. Pour tout $n \in \mathbb{N}$, on note a_n le nombre estimé d'abonnés de cet influenceur au n-ième mois.
1. Donner a_0, puis calculer a_1 et a_2.
2. Exprimer, pour tout $n \in \mathbb{N}$, a_{n+1} en fonction de a_n. Justifier.
3. En déduire la nature de la suite (a_n). Préciser sa raison.
4. Donner, pour tout $n \in \mathbb{N}$, une expression de a_n en fonction de n.
5. Cet influenceur s'est fixé comme objectif d'atteindre les 25 000 abonnés d'ici la fin de l'année 2023. Devrait-il atteindre son objectif ?

81 À la suite de plusieurs mauvais placements, un opérateur financier voit son portefeuille diminuer de 4 % par an. En 2023, le montant du portefeuille est estimé à 2 400 000 €. Pour tout $n \in \mathbb{N}$, on note u_n le montant estimé du portefeuille en $2023 + n$.
1. Justifier que la suite (u_n) est géométrique. Préciser sa raison et son premier terme.
2. Exprimer, pour tout $n \in \mathbb{N}$, u_n en fonction de n.
3. À partir de quelle année le montant estimé du portefeuille passera-t-il sous les 2 000 000 € ?

82 QCM
Indiquer la (ou les) bonne(s) réponse(s). On considère une suite géométrique (v_n) de raison $q > 0$ telle que $v_0 = 7$ et $v_6 = 5\,103$. Alors, pour tout $n \in \mathbb{N}$:
1. $v_n = 7 \times 21^n$ **2.** $v_{n+1} = 3v_n$
3. $v_n = 7 \times 3^n$ **4.** $v_n = 3 \times 7^n$

83 Pour tout $n \in \mathbb{N}$, on appelle S_n la somme des puissances de 2 jusqu'à la puissance n-ième.
Ainsi : $S_0 = 1$; $S_1 = 1 + 2 = 3$; $S_2 = 1 + 2 + 2^2$ et $Sn = 1 + 2 + 2^2 + ... + 2^n$.
1. Calculer les sommes S_0, S_1, S_2 et S_3.
2. Comparer les résultats obtenus pour S_k, où k varie de 0 à 3, avec la valeur de $2^{k+1} - 1$.
3. On se propose de démontrer de façon générale le résultat constaté ci-dessus dans quelques cas.
Soit k un entier naturel.
a. Vérifier que $2S_k = 2 + 2^2 + \ldots + 2^{k+1}$
b. En déduire que l'on a : $2S_k - S_k = 2^{k+1} - 1$. Conclure.
4. Application : en utilisant la forme explicite de chaque suite, calculer les sommes suivantes.
a. La somme des 6 premiers termes de la suite géométrique de premier terme 3 et de raison 2.
b. La somme des 20 premiers termes de la suite géométrique de premier terme 5 et de raison 2.

3 Représentation graphique - Variations

84 On considère deux suites géométriques. Une suite croissante (u_n) et une suite décroissante (v_n). On donne la représentation graphique de leurs premiers termes ci-dessous.

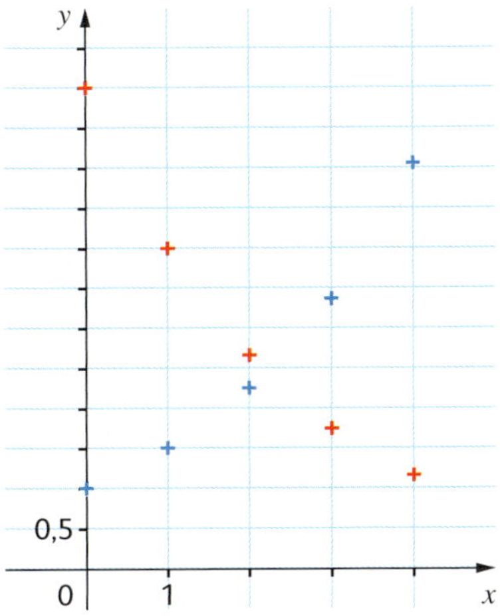

1. Identifier la représentation graphique associée à chaque suite. Justifier.

2. Parmi les formes explicites proposées, retrouver celles correspondant aux suites (u_n) et (v_n).

a. $1{,}5^n$ **b.** $6 \times 0{,}8^n$

c. $6 \times \left(\frac{2}{3}\right)^n$ **d.** $2 \times 1{,}5^n$

85 On considère la suite arithmétique (u_n) et la suite géométrique (v_n) dont on donne ci-dessous la représentation graphique des premiers termes. L'une est tracée en rouge et l'autre en bleu.

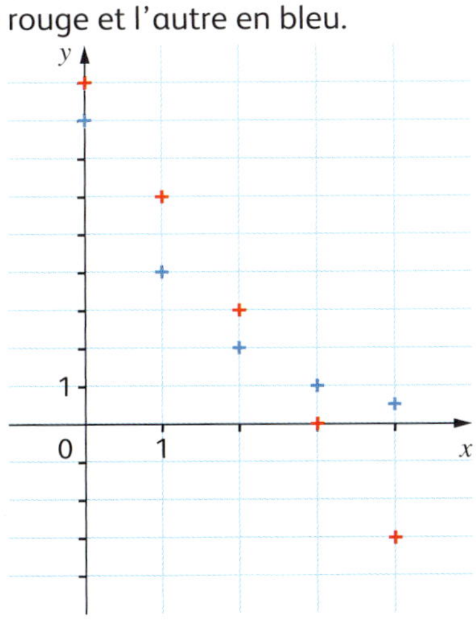

1. Identifier la représentation graphique associée à chacune des suites. Justifier.

2. Donner le terme u_0 et la raison q de (u_n).

3. Donner le terme v_0 et la raison q' de (v_n).

4. En déduire, pour tout $n \in \mathbb{N}$, l'expression de u_n et de v_n en fonction de n.

5. Calculer sous forme de fraction irréductible les termes u_{10} et v_{10}.

86 Un opérateur téléphonique propose deux offres, valables sur un an.

Tarif A : un forfait à 2 € avec augmentation de 40 % chaque mois.

Tarif B : un forfait à 4 € avec augmentation de 2 € chaque mois.

Ci-dessous on représente graphiquement l'évolution du prix des deux offres.

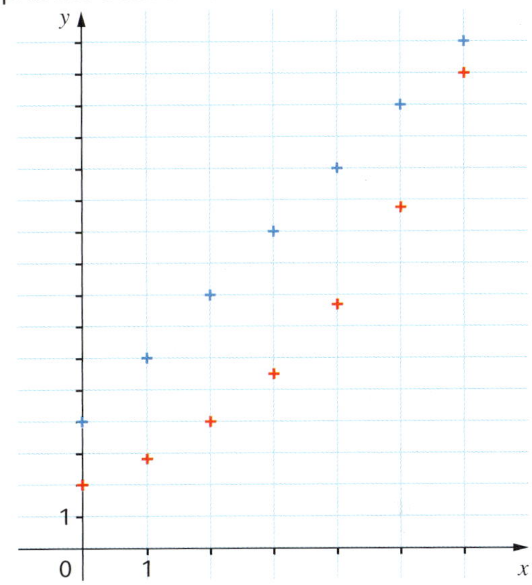

1. Identifier la représentation graphique associée à chaque offre. Justifier.

2. Parmi les deux offres proposées, laquelle est la plus intéressante sur les 6 premiers mois ?

3. Lequel des deux tarifs propose le forfait le moins cher au 7e mois ?

4. Sur une année complète, lequel des deux tarifs est le plus intéressant pour l'usager ?

87 Donner les variations des suites géométriques suivantes, définies, pour tout $n \in \mathbb{N}$, par :

1. $u_0 = 0{,}2$ et $u_{n+1} = 5u_n$;

2. $v_0 = 5$ et $v_{n+1} = 0{,}2v_n$;

3. $w_0 = 7$ et $w_{n+1} = \frac{1}{3}w_n$.

88 Soit (u_n) la suite géométrique de raison $q = 7$ et de premier terme $u_0 = 2$.

1. Donner les variations de (u_n).

2. Exprimer, pour tout $n \in \mathbb{N}$, u_n en fonction de n.

3. Déterminer le plus petit entier naturel n tel que $u_n > 1\,000$.

Apprendre à modéliser

DÉVELOPPER DES COMPÉTENCES

Déforestation en Amazonie brésilienne

La déforestation en Amazonie entre 2000 et 2018 a atteint environ 513 000 km² (à peu près la surface de l'Espagne) amputant de 8 % la plus grande forêt tropicale du monde, selon un rapport intitulé *Amazonie sous pression*.

Le phénomène de déforestation est le plus aigu au Brésil, et on donne ci-dessous un extrait d'article de francetvinfo.fr sur la déforestation amazonienne dans ce pays.

« Un triste record pour la planète. La déforestation en Amazonie brésilienne a augmenté de près de 22 % entre août 2020 et juillet 2021, par rapport à la période précédente [...].

L'exploitation forestière dans la plus grande forêt tropicale du monde s'est étendue sur 13 235 km² au cours de la période 2020-2021 [...] selon les données du système de surveillance de la déforestation Prodes, de l'Institut national de recherche spatiale (INPE) du Brésil. [...]

Entre août 2019 et juillet 2020, la surface déboisée s'était élevée à 10 851 km². »

Cet article nous avertit sur la situation préoccupante au Brésil. Néanmoins, selon l'INPE, « La déforestation entre août 2021 et juillet 2022 a reculé d'environ 11,3 % par rapport à la même période un an plus tôt ».

1. À combien peut-on estimer, à l'aide de l'information surlignée en bleu, la surface de la forêt tropicale amazonienne ?

2. Justifier le passage surligné en jaune à l'aide des informations obtenues dans l'article de francetvinfo.fr.

3. À l'aide du passage surligné en vert, calculer la surface déboisée, en km², entre août 2021 et juillet 2022.

4. On souhaite que la surface déboisée entre août et juillet de l'année suivante continue sur cette récente dynamique et diminue de 11,3 % chaque année. Pour tout entier naturel n, on note D_n la surface déboisée, en km², entre août $2020 + n$ et juillet $2021 + n$.

a. Donner D_0 et D_1.

b. Parmi les relations suivantes, laquelle est correcte ? Justifier.

Relation 1 : $D_{n+1} = D_n \times 0{,}113$

Relation 2 : $D_{n+1} = D_n \times 0{,}887$

Relation 3 : $D_{n+1} = D_n - 0{,}887$

Relation 4 : $D_{n+1} = D_n - 0{,}113$

c. Préciser la nature de la suite (D_n) et donner sa raison.

d. Exprimer, pour tout entier naturel n, D_n en fonction de n.

e. Selon cette estimation souhaitée, calculer la surface déboisée, en km², prévue entre août 2030 et juillet 2031.

f. Selon ce modèle, en quelle année peut-on espérer que la surface déboisée durant une période août-juillet soit inférieure à 2 000 km² ?

Le lien entre variations en pourcentage et suites géométriques s'obtient à l'aide du coefficient multiplicateur… Il est supérieur à 1 pour les suites croissantes (augmentations), inférieur à 1 pour les suites décroissantes (diminutions)…

89 … en géométrie Triangle de Sierpiński

On s'intéresse à la construction d'un motif géométrique évolutif.
Au départ, on considère un triangle équilatéral dont l'aire est égale à 1.
À chaque étape, on trace les segments reliant le milieu de chaque côté et on « retire » de la figure le triangle central ainsi formé, pour obtenir un triangle « à trou ». On renouvelle le procédé pour chaque triangle « plein » composant la nouvelle figure.
On représente les trois premières étapes de la construction ci-dessous.

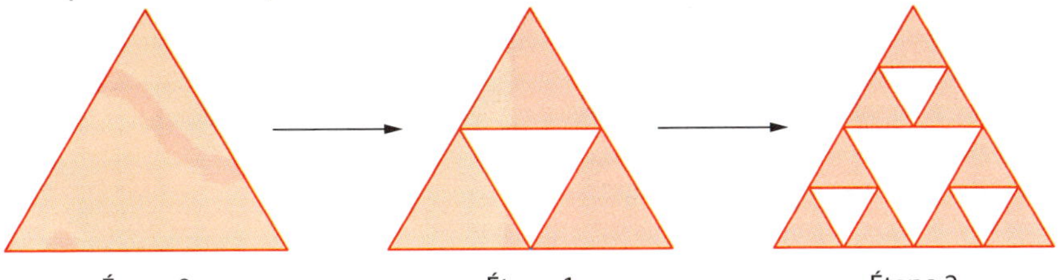

On s'intéresse au nombre de triangles « pleins » (c'est-à-dire tracés en couleur ci-dessus) composant la figure obtenue à chaque étape. Pour tout entier naturel n, on note t_n le nombre de triangles colorés composant la figure de l'étape n.

Partie 1 Le nombre de triangles

1. Donner t_0, t_1 et t_2.
2. Par quelle opération passe-t-on :
a. de t_0 à t_1 ?
b. de t_1 à t_2 ?
3. a. Expliquer, à l'aide d'une phrase, comment calculer le nombre de triangles colorés à l'étape $n+1$ en connaissant le nombre de triangles colorés à l'étape n.
b. En déduire l'expression, pour tout $n \in \mathbb{N}$, de t_{n+1} en fonction de t_n.
c. Quelle est la nature de la suite (t_n) ? Préciser son premier terme et sa raison.
4. En déduire, pour tout entier naturel n, l'expression de t_n en fonction de n.
5. Déterminer le nombre de triangle colorés :
a. à l'étape 3 ;
b. à l'étape 10.
6. Quel est le plus petit entier naturel n tel que $t_n > 1\,000\,000$?
Dans la suite de l'exercice, on arrondira les résultats à 10^{-3}.

Partie 2 Utilisation de l'aire

On s'intéresse à l'aire des triangles colorés. Pour tout entier naturel n, on note a_n l'aire de la figure formée de tous les triangles colorés à l'étape n.
1. Donner a_0.
2. a. Déterminer a_1 et a_2.
b. Par quelle opération passe-t-on de l'aire des triangles colorés à l'étape n à l'aire des triangles colorés à l'étape $n+1$?
3. Quelle est la nature de la suite (a_n) ? Donner son premier terme et sa raison.
4. En déduire l'aire des triangles colorés à l'étape n.
5. Quel est le plus petit entier naturel n tel que $a_n < 10^{-2}$?

Partie 3 Pour aller plus loin

On s'intéresse ici à l'aire des triangles blancs à l'étape n. Pour tout entier naturel $n \geqslant 1$, on note b_n l'aire de la figure formée de tous les triangles blancs à l'étape n.
1. Déterminer b_1 et b_2.
2. Quel lien peut-on trouver entre b_1 et a_1 ? entre b_2 et a_2 ?
3. Pour tout entier naturel $n \geqslant 1$, déterminer l'expression de b_n en fonction de a_n.
4. a. Calculer b_9.
b. Calculer b_{10}.
5. La suite (b_n) est-elle géométrique ? Justifier.
6. Quel est le plus petit entier naturel n tel que $b_n > 0{,}9$?

Maths en situation...

90 ... en médecine — Élimination d'une substance dans le sang

On injecte dans le sang une dose de 2 mg d'un médicament. On considère que le corps élimine chaque heure 20 % du médicament.
Pour tout $n \in \mathbb{N}$, on note U_n la quantité en mg de médicament présente dans le sang au bout de n heures. Ainsi, $U_0 = 2$.

1. Vérifier que $U_1 = 1{,}6$.

2. a. Exprimer, pour tout , U_{n+1} en fonction de U_n.
b. En déduire la nature de la suite (U_n). Préciser sa raison et son premier terme.

3. a. Exprimer, pour tout $n \in \mathbb{N}$, U_n en fonction de n.
b. Au bout de 3 heures, déterminer la quantité en mg de médicament présente dans le sang.

4. On estime que le médicament n'est plus efficace lorsque sa quantité présente dans le sang est inférieure à 0,5 mg.
Au bout de combien de temps le médicament ne sera plus efficace ?

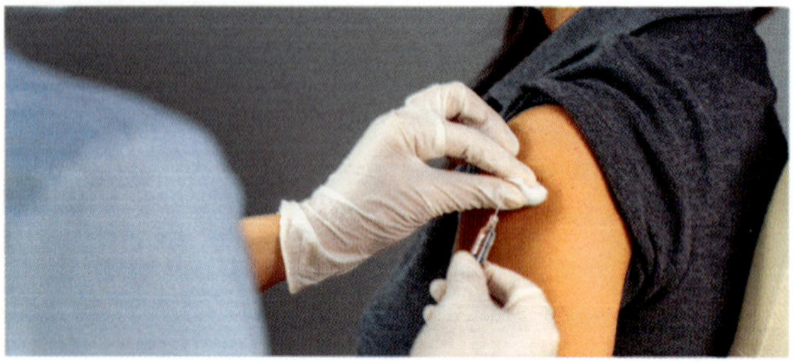

91 ... en sociologie — La rumeur

Un soir, en passant près de la salle des professeurs, Anne-Paule, Brederic et Corin ont surpris une conversation… Ils ont cru comprendre que leur professeur de mathématiques, M. Settito serait absent tout le mois prochain !
Dans le doute, ils décident de ne rien dire à leurs camarades de classe. Mais au bout de 20 minutes, chacun d'eux annonce la nouvelle à trois de ses amis (qui promettent de ne rien dire !).
Ces neuf élèves gardent secrète la nouvelle… pendant 20 minutes ! Puis chacun prévient trois nouveaux élèves ! Et ainsi de suite : toutes les 20 minutes, chaque nouvelle personne en informe trois autres !

1. Répondre intuitivement, sans faire de calcul, à chacune de questions suivantes.
a. Au bout de combien de temps toute la classe (36 élèves) sera informée de l'éventuelle absence de M. Settito ?
b. Au bout de combien de temps l'ensemble du lycée (1 134 élèves) sera informé ?
c. Au bout de combien de temps les 54 872 habitants de la ville seront informés ?
d. Au bout de combien de temps le monde entier (8 milliards) sera informé ?

2. Observer le tableau suivant et justifier les valeurs déjà indiquées. Recopier ensuite le tableau et le compléter en expliquant la méthode employée.

Étape n	Temps écoulé t_n (en heure)	Nb. de personnes nouvelles p_n	Nb. total de personnes
0	0	3	3
1	$\frac{1}{3}$	9	12
2	$\frac{2}{3}$	27	
3	1		
4			

3. Soit la suite (t_n), définie sur $\mathbb{N}$, où t_n désigne le temps écoulé à chaque étape depuis la révélation de la nouvelle aux trois premières personnes. On a donc $t_0 = 0$. Exprimer t_{n+1} en fonction de t_n. En déduire la nature de cette suite, puis l'expression de t_n en fonction de n.

4. Soit la suite (p_n), définie sur $\mathbb{N}$, donnant le nombre de personnes nouvellement prévenues à chaque étape. On a donc $p_0 = 3$. Exprimer p_{n+1} en fonction de p_n. En déduire la nature de cette suite, puis l'expression de p_n en fonction de n.

5. Répondre aux questions **a.**, **b.**, **c.** et **d.** en utilisant le tableau de la question **2.** et un tableur.

Info
Ce modèle très simplifié montre la vitesse de propagation d'une rumeur.
La vérité étant moins « croustillante » que les fausses informations, sa vitesse de propagation est très inférieure !

92 … en démographie Modèle de Malthus

En 1798, Thomas Malthus publie *An essay on the principle of population* dans lequel il émet l'hypothèse suivante : l'accroissement de la population, beaucoup plus rapide que celui des ressources alimentaires, conduira son pays à la famine.

En 1800, la population de l'Angleterre était estimée à 8 millions d'habitants et l'agriculture anglaise pouvait nourrir 10 millions de personnes.

Malthus admet que la population augmente de 2,8 % chaque année et que les progrès de l'agriculture permettent de nourrir 400 000 personnes de plus chaque année.

Pour tout entier naturel n, on note p_n la population en $1800 + n$ et a_n le nombre de personnes pouvant être nourries par l'agriculture la même année.

On arrondira les résultats à 10^{-3}.

1. a. Donner p_0 et a_0.

b. Préciser la nature des suites (p_n) et (a_n). Donner leurs raisons respectives.

2. a. En déduire, pour tout entier naturel n, l'expression de p_n en fonction de n.

b. En déduire, pour tout entier naturel n, l'expression de a_n en fonction de n.

3. a. Calculer p_{80} et a_{80}.

b. Interpréter ce résultat dans le contexte de l'exercice.

4. a. Représenter graphiquement les termes des suites (p_n) et (a_n) pour $n = 0, 10, \dots 50$.

b. Vers quelle année la situation semble-t-elle devenir critique ?

5. À l'aide la calculatrice, déterminer précisément en quelle année, selon ce modèle, la situation aurait dû devenir critique.

93 … en finance Intérêts composés

Léon souhaite faire des économies. Pour cela, il place un capital de 2 000 € sur son livret A qui, sur la période considérée, propose un taux d'intérêt annuel de 0,75 %. On suppose que ce taux reste inchangé dans les années qui suivent.

Le livret A est un compte d'épargne rémunéré dont les intérêts cumulés sur l'année s'ajoutent au capital en fin de chaque année.

Pour tout $n \in \mathbb{N}$, on note C_n le capital, en euro, disponible au bout de n années de placement. Ainsi, $C_0 = 2\,000$.

1. Calculer C_1.

2. Justifier que la suite (C_n) est géométrique et préciser sa raison.

3. Au bout de 10 années de placement, quel sera le montant disponible sur le livret A ?

4. On suppose maintenant que Léon verse 500 € de plus tous les ans sur son livret A à partir de la première année.

Pour tout $n \in \mathbb{N}$, on note D_n le capital, en euro, disponible au bout de n années de placement.

Ainsi, $D_0 = 2\,000$.

a. Justifier que $D_1 = 2\,515$ et $D_2 \approx 3\,033{,}86$. *On arrondira au centième les valeurs obtenues.*

b. Justifier que la suite (D_n) n'est ni géométrique ni arithmétique.

c. On a écrit la fonction seuil ci-contre en langage Python.

```python
def seuil():
    n=0
    D=2000
    while D<5000:
        D=1.0075*D+500
        n=n+1
    return(n)
```

Après exécution, voici le résultat que l'on obtient :

```
>>> seuil()
6
```

Interpréter le résultat obtenu.

THÈME

6 Modélisation continue Croissance exponentielle

Modélisation du réel

La désintégration radioactive est un phénomène physique largement exploité par l'activité humaine, dont la modélisation s'appuie sur la (dé)croissance exponentielle. Parmi les nombreuses applications qu'elle suscite, la « datation au carbone 14 » est très utilisée en archéologie.

Voir Maths en situation p. 129

Les capacités du thème

- CAPACITÉ 1 Reconnaître un phénomène continu de croissance exponentielle et savoir le modéliser
- CAPACITÉ 2 Réaliser et exploiter la représentation graphique d'une fonction exponentielle
- CAPACITÉ 3 Résoudre un problème de seuil
- CAPACITÉ 4 Calculer un taux moyen

Partir d'un bon pied

A Diaporama pour tester les bases

ACTIVITÉS MENTALES RAPIDES

B QCM : Variations en pourcentage

1. Augmenter une quantité de 23 %, revient à la multiplier par :
a. 0,23 **b.** 23 **c.** 1,23 **d.** 0,77

2. Diminuer une quantité de 35 % revient à la multiplier par :
a. 0,35 **b.** 1,35 **c.** 0,65 **d.** –0,35

3. Une quantité augmente deux fois successivement de 22 %. Au total, elle a augmenté de :
a. 44 % **b.** 22 % **c.** 48,84 % **d.** 78 %

4. Une quantité augmente de 50 %, puis diminue de 50 %. Globalement, elle a été :
a. ramenée à sa valeur initiale. **b.** augmentée de 75 %.
c. diminuée de 25 %. **d.** diminuée de 75 %.

C Vrai/Faux : Puissances

1. $5^3 \times 5^7$ est égal à : **a.** 5^{21} **b.** 5^{10} **c.** 25^5

2. $\frac{8{,}7^5}{8{,}7^9}$ est égal à : **a.** $8{,}7^{14}$ **b.** $8{,}7^{-4}$ **c.** $\frac{1}{8{,}7^4}$

3. $(3^4)^2$ est égal à : **a.** 3^6 **b.** 3^8 **c.** 3^{16}

automatismes

VIDÉO EXO 3 hachette-clic.fr/23ds1016

VIDÉO EXO 7 hachette ic.fr/23ds1017

Automatismes transversaux

1 À l'aide des figures ci-dessus, recopier et compléter les expressions suivantes.

1. $(a+b)^2 = \dots$ **2.** $(c-d)^2 = \dots$

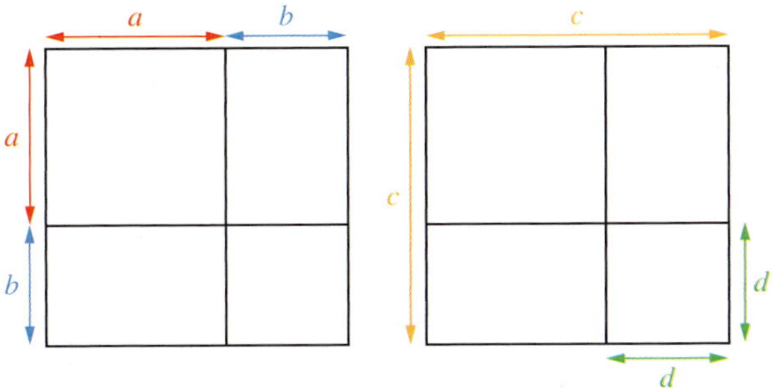

2 Calculer sous forme d'une fraction :

1. $\frac{1}{3}+\frac{2}{9}$ **2.** $\frac{5}{2}+\frac{3}{8}$ **3.** $\frac{11}{7}-\frac{5}{4}$ **4.** $\frac{2}{5}\times\frac{6}{7}$

3 Reproduire et compléter le tableau suivant.

Valeur	72	130		
Évolution	+50 %		+64 %	−35 %
Nouvelle valeur		189,8	2 033,6	104

4 QCM

L'unité astronomique de longueur est de 150 millions de kilomètres, c'est-à-dire à peu près la distance Terre-Soleil. La vitesse de la lumière est, de son côté, environ égale à 300 000 kilomètres par seconde.
Combien de temps faut-il à la lumière émise par le soleil pour parvenir à la Terre ?

1. Environ 8 jours.
2. Environ 8 heures.
3. Environ 8 minutes.
4. Environ 8 secondes.

5 L'aire d'un triangle est donnée par la formule :

$$A = \frac{1}{2}Bh$$

Où B est la longueur d'une base et h celle de la hauteur correspondante.
Calculer l'aire, en cm², du triangle ABC.

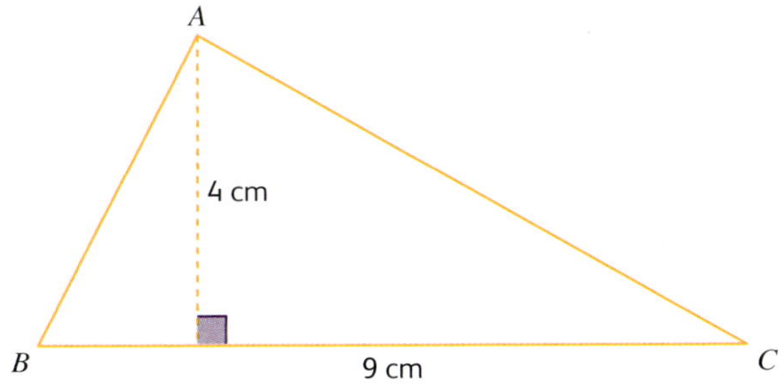

Automatismes préparatoires du thème

6 Calculer les pourcentages suivants.

1. 25 % de 20,8 **2.** 47 % de 72
3. 75 % de 80 **4.** 0,1 % de 5 000

7 Vrai ou Faux ?

Évolutions successives

1. Un prix augmente deux fois successivement : d'abord de 10 %, puis de 25 %. Au total, il a augmenté de 37,5 %.
2. Trois augmentations successives de 30 % reviennent à une augmentation de 90 %.
3. Une quantité a augmenté de 40 %. Pour qu'elle revienne à son niveau initial, elle doit diminuer d'environ 28,6 %.

8 Résoudre les équations suivantes.

1. $-7x+3=-5x-1$
2. $\frac{2x+1}{x+3}=1$ (avec x différent de -3)
3. $\frac{-4}{x}=-2$
4. $x^2=4$

Pour les exercices **9** à **16**, on utilisera les représentations graphiques suivantes, où $\mathscr{C}_f$ et $\mathscr{C}_g$ représentent respectivement des fonctions définies sur l'intervalle $]0 ; +\infty[$.

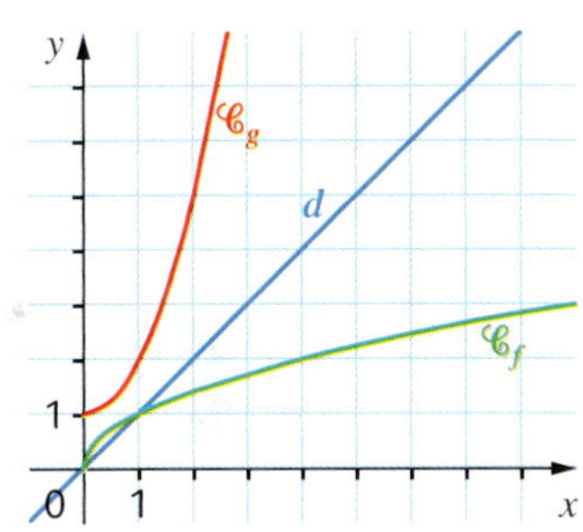

9 Quelle fonction représente la droite d ?

10 Préciser les variations de chacune des trois fonctions représentées.

11 Parmi les fonctions représentées, laquelle peut-elle être qualifiée comme étant à :

1. « croissance accélérée » ?
2. « croissance ralentie » ?
3. « croissance constante » ?

12 Résoudre l'équation $f(x)=x$.

13 Résoudre l'équation $g(x)=x$.

14 Résoudre l'équation $f(x)=g(x)$.

15 Résoudre l'inéquation $f(x)>x$.

16 Résoudre l'inéquation $g(x)<x$.

Activités en situation...

Consolider les bases

Objectif
Réactiver les notions de taux d'évolution, taux d'évolution global et taux d'évolution réciproque.

Le prix moyen du m^2 dans l'immobilier à Bordeaux est passé de 4 730 €/m^2 en novembre 2018 à 4 782 €/m^2 en novembre 2019.

Source : immobilier.lefigaro.fr

1 Calculer le taux d'évolution du prix du m^2 entre novembre 2018 et novembre 2019.

2 Le tableau ci-dessous donne les taux d'évolution du prix du m^2 en novembre d'une année par rapport à l'année précédente.

Novembre 2020	+2,57 %
Novembre 2021	+2,41 %
Novembre 2022	+4,4 %

a. Calculer le prix du m^2 en novembre 2020. Arrondir à l'euro.
b. Calculer le taux d'évolution global du prix du m^2 entre novembre 2019 et novembre 2022.
c. De quel taux devrait baisser le prix du m^2 en novembre 2023 si on souhaite retrouver le prix du m^2 de novembre 2019 ?

La cité du vin à Bordeaux.

Situation 1 Produits de seconde main

Objectif
Passer d'un modèle discret à un modèle continu.

Un reportage sur francetvinfo.fr indique que les Français achètent de plus en plus de produits de seconde main, tous types confondus (électroménager, vêtements, livres, etc.). En 2019, il s'est vendu environ 573 000 tonnes de produits de seconde main.
Depuis, on constate une progression annuelle d'environ 11,9 %.

1 Calculer la quantité de produits de seconde main vendue en 2020, puis en 2021.

2 Pour tout entier naturel n, on note u_n la quantité de produits de seconde main vendue en $2019 + n$.
a. Quelle est la nature de la suite (u_n) ? En déduire l'expression de u_n en fonction de n.
b. Calculer la quantité de produits de seconde main vendue en 2025.
c. Existe-t-il un entier naturel n qui permet d'estimer la quantité vendue en milieu d'année 2025 ? pourquoi ?

3 Par prolongement de la suite (u_n), on définit sur l'intervalle $[0 ; +\infty[$ la fonction f par $f(x) = 573\,000 \times 1{,}119^x$.
a. Expliquer pourquoi il est maintenant possible d'estimer la quantité de produits de seconde main vendue en milieu d'année 2025 ? Calculer cette quantité.
b. Calculer la quantité de produits de seconde main vendue au premier trimestre 2023, puis au troisième trimestre 2024.

Info
On dit que la fonction f **modélise**, de manière **continue**, la quantité vendue de produits de seconde main.
On observe ici que la variable x est en exposant. On parle de **croissance exponentielle**.

Situation 2 Vente de bracelets

Objectif
Étendre les propriétés des puissances entières aux fonctions exponentielles.

1 Compléter la propriété : « Soient n et p deux **entiers naturels** et a un nombre réel strictement positif. On a : $a^n \times a^p = a^{\cdots\cdots}$ ».

2 Une entreprise produit et vend, chaque mois, un millier d'exemplaires d'un modèle de bracelets. Face à l'augmentation des coûts de fabrication, l'entreprise souhaite augmenter le prix de vente de ce bracelet. Une étude montre que chaque augmentation du prix de vente de 1 € conduit à une baisse des ventes mensuelles de 2 %.
On note $f(x)$ la quantité mensuelle, en millier, de bracelets vendus lorsque le prix augmente de x euros. On admet que $f(0) = 1$.
a. Montrer que $f(1) = 0{,}98$ et calculer $f(2)$. Interpréter les résultats dans le contexte de la situation.
b. Exprimer $f(x)$ en fonction de x.
c. Calculer les quantités vendues, en millier, si l'entreprise augmente le prix de 1,10 €, de 1,50 € puis de 2,60 €.
d. Calculer $f(1{,}1) \times f(1{,}5)$ et compléter :

$$f(1{,}1) \times f(1{,}5) = f(\ldots + \ldots)$$

La propriété de la question **1** semble-t-elle rester valable pour deux exposants réels ?

Situation 3 Population biarrote

Objectif
Découvrir les taux moyens.

D'après l'INSEE, la population de l'agglomération de Biarritz est passée de 24 993 habitants en 2013 à 25 787 habitants en 2019.

La grande plage de Biarritz et son Casino.

1 **a.** Par quel nombre, arrondi à 10^{-4}, a été multipliée la population de Biarritz entre 2013 et 2019 ?
b. En déduire le taux d'évolution, en pourcentage arrondi au centième, de la population de Biarritz entre 2013 et 2019.

2 On souhaite savoir de quel pourcentage, **en moyenne**, la population a augmenté **chaque année** entre 2013 et 2019.
Pour cela, on cherche donc par quel **même nombre** x la population doit être multipliée **chaque année** entre 2013 et 2019 pour obtenir la même évolution globale sur cette période.
a. Parmi les trois équations suivantes, laquelle répond au problème ?

- $6x = \dfrac{25\,787}{24\,993}$ • $6x = \dfrac{24\,993}{25\,787}$ • $x^6 = \dfrac{24\,993}{25\,787}$ • $x^6 = \dfrac{25\,787}{24\,993}$

b. Sur la calculatrice, afficher le tableau de valeurs de la fonction f définie par $f(x) = x^6$, pour x variant de 1 à 1,1 avec un pas de 0,0001.
c. Quelle est la valeur de x qui répond le mieux au problème ?
d. En déduire le pourcentage annuel moyen d'augmentation de la population de Biarritz entre 2013 et 2019.

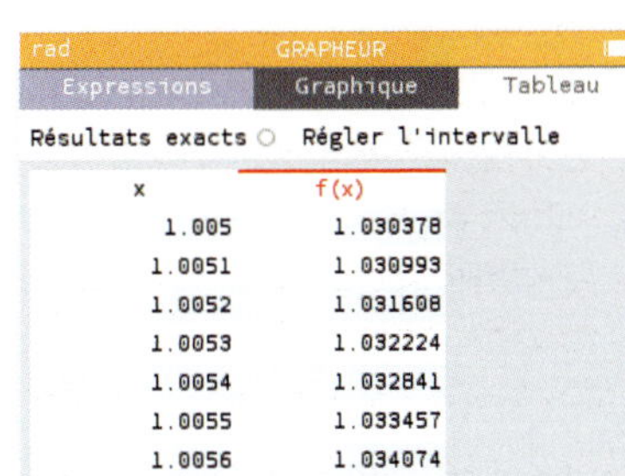

x	f(x)
1.005	1.030378
1.0051	1.030993
1.0052	1.031608
1.0053	1.032224
1.0054	1.032841
1.0055	1.033457
1.0056	1.034074

Cours

1 Fonctions exponentielles de base a, avec $a > 0$

a Définition

Soit a un nombre réel strictement positif.
On rappelle que la suite (u_n) de terme général $u_n = a^n$ est une suite géométrique, définie **uniquement** pour les **entiers naturels** n.

Définition

On appelle **fonction exponentielle de base a**, avec $a > 0$, toute fonction f définie pour tous **nombres réels x positifs**, par $f(x) = a^x$.
La fonction exponentielle de base a est le prolongement de la suite géométrique de raison a des puissances entières de a pour des valeurs positives **non entières**.

Exemples

Soient f et g les deux fonctions exponentielles de bases respectives 1,2 et 0,8.
Pour tout nombre réel $x \geqslant 0$, on a $f(x) = 1{,}2^x$ et $g(x) = 0{,}8^x$.

Remarques

- Pour tout nombre $a > 0$, on a : $a^0 = 1$ et $a^1 = a$.
- Pour tout nombre réel $x \geqslant 0$, la valeur de a^x s'obtient à l'aide de la calculatrice.
- Pour tout nombre réel, $x \geqslant 0$, on admet que $a^x > 0$. On dit qu'une fonction exponentielle est toujours **strictement positive**.

Exemples

```
rad            CALCULS
1.2^3.1
                1.759794122
```

```
rad            CALCULS
0.4^1.56
                0.2394493081
```

b Propriétés algébriques des fonctions exponentielles de base a

On sait que, pour tous entiers naturels n et p, on a $a^n \times a^p = a^{n+p}$.

Propriété

Soit f une fonction exponentielle de base a, avec $a > 0$.
Pour tous nombres réels positifs x et y, on a $f(x) \times f(y) = f(x+y)$.
Ainsi on a : $a^x \times a^y = a^{x+y}$.

Exemples

- $0{,}3^{4,2} \times 0{,}3^{0,8} = 0{,}3^{4,2+0,8} = 0{,}3^5$
- $1{,}6^{0,9} \times 1{,}6^{-0,3} = 1{,}6^{0,9+(-0,3)} = 1{,}6^{0,6}$

Remarque

Cette propriété algébrique est le prolongement à des exposants positifs **non entiers** de celle connue sur les puissances.

Par extension des propriétés algébriques des puissances entières connues depuis le collège, on obtient des propriétés algébriques similaires pour les fonctions exponentielles.

Propriété

Pour tous nombres réels positifs x et y et pour tout nombre réel $a > 0$, on a :

- $\dfrac{a^x}{a^y} = a^{x-y}$
- $a^{-x} = \dfrac{1}{a^x}$
- $(a^x)^y = a^{x \times y}$

Exemples

- $\dfrac{5{,}2^{8,2}}{5{,}2^{1,3}} = 5{,}2^{8,2-1,3} = 5{,}2^{6,9}$
- $7{,}1^{-3,9} = \dfrac{1}{7{,}1^{3,9}}$
- $(8{,}1^{2,5})^2 = 8{,}1^{2,5\times2} = 8{,}1^5$

méthode

CAPACITÉ 1 Reconnaître un phénomène continu de croissance exponentielle et savoir le modéliser

Énoncé

Une étude du ministère de l'agriculture montre que depuis 2010 le nombre d'exploitations agricoles en France a baissé de 2,3 % par an.
On comptait 490 000 exploitations au début de l'année 2010.

1. Pour tout $n \in \mathbb{N}$, on note u_n le nombre d'exploitations agricoles au début de l'année $2010 + n$.
a. Quelle est la nature de la suite (u_n) ? Préciser sa raison q.
b. Exprimer u_n en fonction de n.
c. Calculer le nombre d'exploitations agricoles début 2020. Pourquoi la suite (u_n) ne permet pas de calculer le nombre d'exploitations agricoles au milieu de l'année 2020 ?
2. Soit f la fonction définie sur $[0\,;+\infty[$ par $f(x) = 490\,000 \times q^x$ où q est la raison de la suite (u_n).
a. Pourquoi peut-on dire que la fonction f est une modélisation continue à croissance exponentielle du nombre d'exploitations agricoles ?
b. Calculer le nombre d'exploitations agricoles au milieu de l'année 2020.

Solution

1. a. Une baisse de 2,3 % par an correspond à une multiplication par $1 - 0{,}023 = 0{,}977$. On a donc, pour tout $n \in \mathbb{N}$, $u_{n+1} = 0{,}977u_n$.
La suite (u_n) est donc géométrique de raison $q = 0{,}977$.
b. Pour tout $n \in \mathbb{N}$, $u_n = u_0 \times q^n = 490\,000 \times 0{,}977^n$.
c. Début 2020 correspond à $n = 10$. Or, $u_{10} = 490\,000 \times 0{,}977^{10} = 388\,277$.
Il y avait donc 388 277 exploitations au début 2020.
Les entiers $n = 10$ et $n = 11$ correspondent respectivement aux débuts des années 2020 et 2021, il n'existe donc aucun **entier** qui correspond au milieu de 2020. On ne peut donc plus utiliser (u_n).

2. a. On a $f(x) = 490\,000 \times 0{,}977^x$ où x est un nombre réel dans l'intervalle $[0\,;+\infty[$. La fonction f est un **prolongement** de la suite géométrique (u_n). Comme la fonction $x \mapsto 0{,}977^x$ est une fonction **exponentielle**, la **fonction f** est donc une modélisation **continue** à croissance **exponentielle** du nombre d'exploitations.
b. Le milieu de 2020 correspond à $x = 10{,}5$. Le nombre d'exploitations agricoles est donc $f(10{,}5) \approx 383\,786$.

Point méthode

2. a. • On différencie un phénomène **continu** d'un phénomène **discret** lorsque la variable utilisée, ici x, est un nombre **réel**, et pas uniquement un **entier naturel**.
• On parle de croissance **exponentielle** lorsqu'un phénomène est décrit à l'aide d'une fonction **exponentielle**.

J'applique

17 Après des travaux, un parc aquatique a vu sa fréquentation augmenter chaque mois de 9 %. Il y avait en moyenne 5 400 visiteurs par mois avant les travaux.
1. Pour tout $n \in \mathbb{N}$, soit u_n le nombre mensuel de visiteurs n mois après les travaux.
a. Quelle est la nature de la suite (u_n) ? Préciser la raison q. Exprimer u_n en fonction de n.
b. Peut-on calculer le nombre de visiteurs 10 semaines après les travaux ? Pourquoi ?
2. Soit f la fonction définie sur $[0\,;+\infty[$ par $f(x) = 5\,400 \times q^x$ où q est la raison de (u_n).
a. Pourquoi f est-elle une modélisation continue à croissance exponentielle du nombre mensuel de visiteurs ?
b. Calculer le nombre de visiteurs au bout de 10 semaines.

Cours

2 Étude d'une fonction exponentielle de base a, avec $a > 0$

a Sens de variation

On sait que la suite géométrique de terme général a^n est :

- strictement croissante lorsque $a > 1$;
- constante lorsque $a = 1$;
- strictement décroissante lorsque $0 < a < 1$.

On a, de manière similaire, les variations des fonctions exponentielles.

Propriété

Soit f une fonction exponentielle de base a, avec $a > 0$, définie sur l'intervalle $[0 ; +\infty[$ par $f(x) = a^x$.

- Pour $a > 1$, la fonction f est strictement croissante sur $[0 ; +\infty[$.
- Pour $a = 1$, la fonction f est constante sur $[0 ; +\infty[$.
- Pour $0 < a < 1$, la fonction f est strictement décroissante sur $[0 ; +\infty[$.

Si $a > 1$

x	0	$+\infty$
a^x	1 ↗	

Si $0 < a < 1$

x	0	$+\infty$
a^x	1 ↘	

Remarque

En multipliant une fonction exponentielle par un nombre **positif**, le sens de variation de la fonction obtenue reste le même.
En la multipliant par un nombre négatif, le sens de variation change.

Exemples

Soient f et g les deux fonctions exponentielles définies sur l'intervalle $[0 ; +\infty[$ par $f(x) = 1{,}2^x$ et $g(x) = 0{,}8^x$.

- $1{,}2 > 1$ donc f est strictement croissante sur $[0 ; +\infty[$.
- $0 < 0{,}8 < 1$ donc g est strictement décroissante sur $[0 ; +\infty[$.

b Représentation graphique

Définition

Dans un repère, la **représentation graphique** d'une fonction exponentielle de base a, avec $a > 0$, est l'ensemble des points de coordonnées $(x ; a^x)$ où $x \in [0 ; +\infty[$.

Remarque

- On sait que, pour tout nombre réel $a > 0$, on a $a^0 = 1$. La représentation graphique d'une fonction exponentielle passe donc toujours par le point de coordonnées $(0 ; 1)$.
- Ci-dessous des allures de représentations graphiques de fonctions exponentielles de base a, suivant la valeur de a.

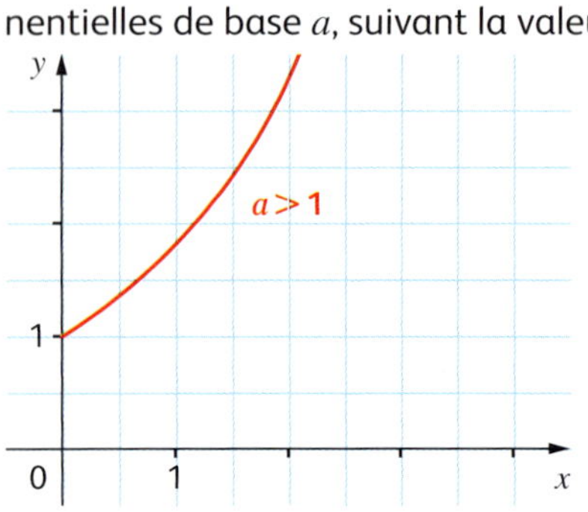

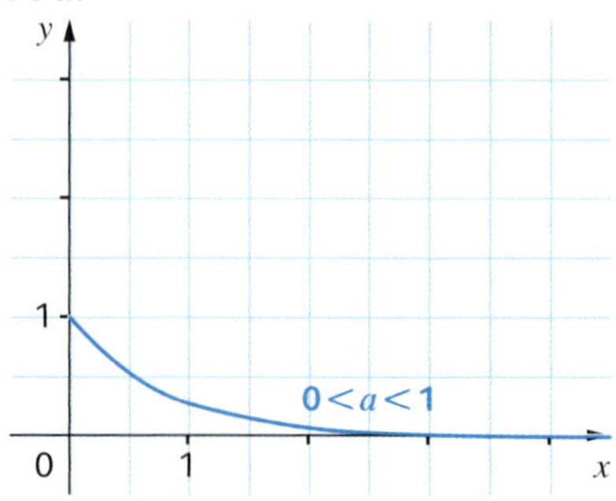

Exemple

Ci-dessous, la représentation graphique de la fonction exponentielle de base 2.

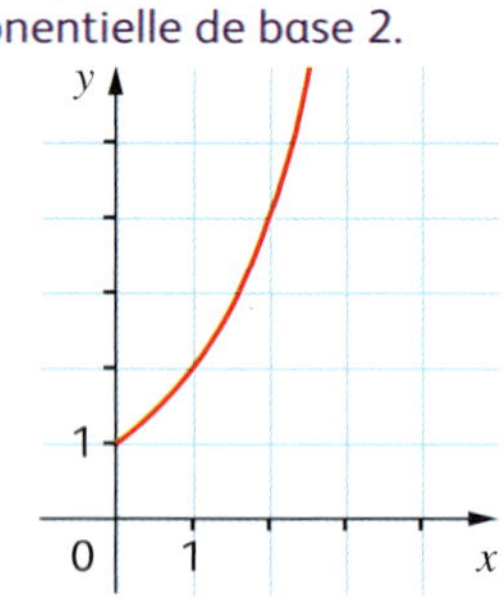

La fonction exponentielle de base 2 croît très rapidement. Elle peut décrire un phénomène continu de croissance très rapide.
On parle de **croissance exponentielle**.

Méthode

2 Réaliser et exploiter la représentation graphique d'une fonction exponentielle

3 Résoudre un problème de seuil

Énoncé

Le nuage de points ci-contre donne le nombre de passagers, en million, à l'aéroport de Nice en $2014 + n$, où $n \in \mathbb{N}$, avant la pandémie de Covid-19.

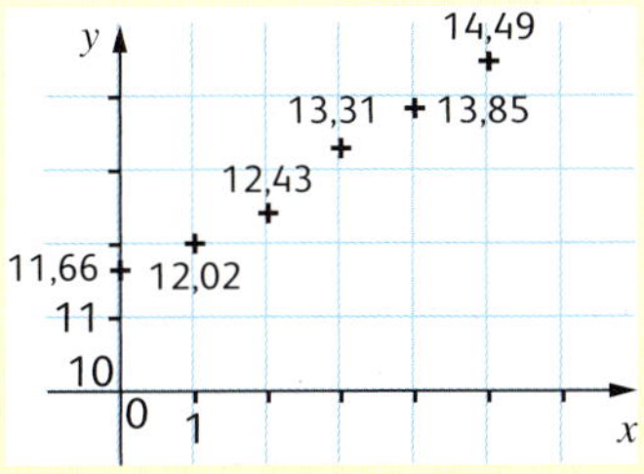

Source : Union des aéroports français

On admet que le nombre de passagers a augmenté en moyenne chaque année de 4,6 %. On modélise le nombre de passagers en $2014 + x$ (avec $x \geqslant 0$) par la fonction f définie par $f(x) = 11{,}54 \times 1{,}046^x$.

1. a. Compléter le tableau de valeurs de la fonction f suivant.

x	0	1	2	3	4	5
$f(x)$						

b. Dans un même repère, reproduire le nuage de points et construire la courbe de f.

c. Peut-on considérer que la fonction f est une modélisation acceptable du nombre de passagers ?

2. a. Par lecture graphique, estimer le nombre de passagers au milieu de l'année 2017. Retrouver le résultat par le calcul.

b. Au cours de quel trimestre le nombre de passagers dépasse-t-il 15 millions ?

Solution

1. a. À l'aide de la calculatrice, on obtient :

x	0	1	2	3	4	5
$f(x)$	11,54	12,07	12,63	13,21	13,81	14,45

b. On obtient la courbe ci-contre.

c. La courbe de f passe « très près » des points du nuage donné dans l'énoncé. On peut donc estimer que la fonction f est une modélisation continue acceptable du nombre de passagers.

2. a. Le milieu de l'année 2017 correspond à $x = 3{,}5$. Par lecture graphique, le point de la courbe d'abscisse 3,5 a pour ordonnée environ 13,5. On peut estimer le nombre de passagers à environ 13,5 millions. Par le calcul, on a $f(3{,}5) = 11{,}54 \times 1{,}046^{3{,}5} \approx 13{,}51$.

b. Par lecture graphique, $f(x) > 15$ lorsque $5{,}75 < x < 6$. Le nombre de passagers dépasse 15 millions au cours du quatrième trimestre 2019. En 2020, il s'est effondré à 4,6 millions à cause de la pandémie de Covid-19.

Point méthode

1. b. On place les points de coordonnées $(x\,;f(x))$ à l'aide du tableau de valeurs. Ensuite on les relie pour obtenir la courbe de la fonction f.

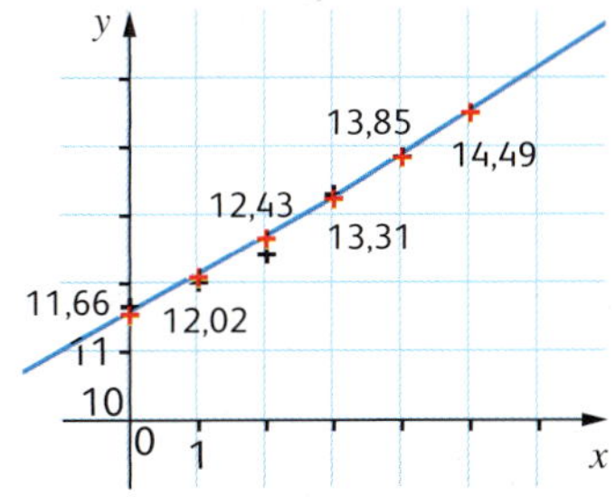

J'applique

18 Un fabricant de jus de fruits donne le prix de vente aux grossistes d'un litre de jus d'orange en fonction de la quantité achetée, en centaine de litres.

Quantité (en centaine de litres)	2	3	5	8	12
Prix (en €)	8,5	7,7	6,1	3,7	2,4

1. Dans un repère, construire le nuage de points associé à ces données.

2. Soit f la fonction définie sur $[0\,;+\infty[$ par :

$$f(x) = 11{,}23 \times 0{,}88^x$$

a. Construire la courbe de f dans le repère.

b. La fonction f est-elle une bonne modélisation du prix de vente d'un litre de jus d'orange ? Pourquoi ?

c. À partir de quelle quantité achetée, le prix d'un litre de jus d'orange sera-t-il inférieur à 3 € ?

Cours

3 Taux d'évolution moyen

a Racine n-ième d'un nombre réel positif

Propriété et définition

Soient a un nombre réel positif et n un entier naturel non nul.
L'équation $x^n = a$ admet une **unique** solution positive appelée **racine n-ième** de a. On la note $\sqrt[n]{a}$.

Exemple

L'équation $x^5 = 32$ admet une solution unique appelée la **racine 5-ième** de 32. On la note $\sqrt[5]{32}$. Elle est égale à 2. En effet, $2^5 = 32$.

Remarque

- On a $\left(\sqrt[n]{a}\right)^n = a$.
- La racine n-ième d'un nombre positif a est positive.
- La racine 2-ième d'un nombre positif a correspond à la racine carrée de a.

Propriété

Soient a un nombre réel positif et n un entier naturel non nul.

La racine n-ième de a est égale à $a^{\frac{1}{n}}$.

Exemple

La racine 5-ième de 32, notée $\sqrt[5]{32}$, est égale à $32^{\frac{1}{5}}$. À la calculatrice, on obtient bien $32^{\frac{1}{5}} = 2$.

En effet, d'après les propriétés algébriques des fonctions exponentielles, on sait que $\left(a^{\frac{1}{n}}\right)^n = a^{\frac{1}{n}\times n} = a^{\frac{n}{n}} = a^1 = a$.

b Taux d'évolution moyen

Rappel

Soit n un entier naturel non nul.
Si une valeur de départ V_d subit n évolutions successives, la première de $t_1\,\%$, la deuxième de $t_2\,\%$, etc., jusqu'à la dernière de $t_n\,\%$, alors elle est multipliée successivement par n **coefficients multiplicateurs** CM_1, CM_2, …, CM_n.
Le coefficient multiplicateur **global** est $CM_{\text{Global}} = CM_1 \times CM_2 \times \ldots \times CM_n$

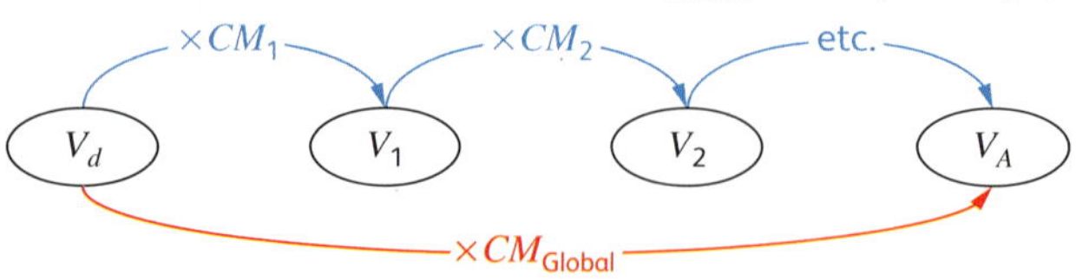

Exemple

Un prix augmente successivement de 10 %, puis de 30 % et baisse enfin de 10 %.

- Globalement, il est multiplié par $CM_{\text{Global}} = 1{,}10 \times 1{,}30 \times 0{,}90$
$= 1{,}287$
- Si ce prix avait connu trois évolutions successives identiques conduisant à la même évolution globale, alors il aurait été multiplié à trois reprises par le nombre :

$$CM_{\text{Moyen}} = 1{,}287^{\frac{1}{3}} \approx 1{,}088$$

- Le taux d'évolution moyen associé à ces trois évolutions est $t_{\text{Moyen}} = 1{,}088 - 1 = 0{,}088$.

Une évolution identique sur 3 ans conduisant à la même évolution globale serait de 8,8 % environ.

Définition et propriété

Soit n un entier naturel non nul.
Si une valeur de départ subit n évolutions successives, alors on appelle coefficient multiplicateur moyen le **nombre** :

$$CM_{\text{Moyen}} = (CM_{\text{Global}})^{\frac{1}{n}}$$

Le **taux d'évolution moyen** t_{Moyen} associé à plusieurs évolutions successives est $t_{\text{Moyen}} = CM_{\text{Moyen}} - 1$.

méthode

CAPACITÉ 4 Calculer un taux moyen

Énoncé

Le schéma ci-dessous donne l'évolution en pourcentage de la fréquentation annuelle du musée du Louvre à Paris entre 2015 et 2019.

2015		2016		2017		2018		2019
	−16 %		+14 %		+26 %		−6 %	

Source : data.culture.gouv.fr

1. Calculer le taux d'évolution global de la fréquentation du musée entre 2015 et 2019.

2. a. Calculer le coefficient multiplicateur moyen associé aux quatre évolutions successives.

b. Quelle est l'évolution, en pourcentage, qui, répétée quatre fois, aurait donné la même évolution globale entre 2015 et 2019 ? Cette quantité est le taux moyen annuel d'évolution entre 2015 et 2019.

Solution

1. Le coefficient multiplicateur associé à une baisse de 16 % est $CM_1 = 1 - \frac{16}{100} = 0{,}84$.

On obtient de la même manière les autres coefficients multiplicateurs : $CM_2 = 1{,}14$; $CM_3 = 1{,}26$ et $CM_4 = 0{,}94$.

Le **coefficient multiplicateur global** associé aux quatre évolutions est $CM_{\text{Global}} = CM_1 \times CM_2 \times CM_3 \times CM_4 = 0{,}84 \times 1{,}14 \times 1{,}26 \times 0{,}94 \approx 1{,}1342$.

Le **taux d'évolution global** est donc :

$$t_{\text{Global}} = CM_{\text{Global}} - 1 = 1{,}1342 - 1 = 0{,}1342$$

En quatre ans, la fréquentation a augmenté de 13,42 %.

2. a. $CM_{\text{Moyen}} = (CM_{\text{Global}})^{\frac{1}{4}} = 1{,}1342^{\frac{1}{4}} \approx 1{,}032$.

b. Le taux d'évolution moyen est :

$$t_{\text{Moyen}} = CM_{\text{Moyen}} - 1 = 1{,}032 - 1 = 0{,}032 = 3{,}2\ \%$$

La fréquentation du musée du Louvre a connu une augmentation annuelle moyenne entre 2015 et 2019 de 3,2 %.

Point méthode

1. Si une valeur évolue de t%, cela revient à la multiplier par le coefficient multiplicateur :

$$CM = 1 + \frac{t}{100}$$

Point méthode

2. a. Le **coefficient multiplicateur moyen** associé à une succession de n évolutions est :

$$CM_{\text{Moyen}} = (CM_{\text{Global}})^{\frac{1}{n}}$$

b. On utilise la formule : $t_{\text{Moyen}} = CM_{\text{Moyen}} - 1$

J'applique

19 On donne le nombre d'élèves de Première n'ayant pas choisi la spécialité Mathématiques dans un lycée entre 2019 et 2022.

Années	2019	2020	2021	2022
Effectifs	185	212	198	175

1. Compléter le schéma des taux d'évolution annuelle, en pourcentage arrondi à l'unité, du nombre d'élèves n'ayant pas choisi la spécialité Mathématiques.

Années	2019		2020		2021		2022
Évolutions		+ … %		+ … %		+ … %	

2. Calculer le taux d'évolution moyen du nombre d'élèves n'ayant pas choisi la spécialité Mathématiques entre 2019 et 2022.

20 Le bénéfice annuel d'une entreprise a augmenté de 10 % en 2020, de 12 % en 2021 et de 3 % en 2022. Il était de 54 000 € en 2019.

1. Calculer le taux d'évolution global, puis le taux d'évolution moyen du bénéfice de l'entreprise entre 2020 et 2022.

2. Calculer le bénéfice en 2023 si l'évolution annuelle moyenne reste identique.

Je fais le point

J'évalue mes connaissances

VERSION INTERACTIVE
hachette-clic.fr/23ds1018

Voir corrigés

QCM

Pour chacune des questions, indiquer la (ou les) bonne(s) réponse(s).
On considère un nombre réel $a > 0$ et un nombre positif x.

	a	b	c
1. $a^{3,2} \times a^{2,5}$ est égal à :	$a^{0,7}$	$a^{5,7}$	a^{8}
2. $\dfrac{(a^{2,6})^2 \times a^{9,8}}{a^{15}}$ est égal à :	1	$a^{1,56}$	$a^{51,248}$
3. La taille d'une plante augmente chaque jour de 5 %. On peut modéliser la taille de la plante au bout de x jours par la fonction f définie par :	$f(x) = 0,05^x$	$f(x) = 1,05^x$	$f(x) = 1,5^x$
4. La fonction définie par $f(x) = 0,98^x$ est :	positive	croissante	décroissante
5. La fonction définie par $f(x) = -2 \times 1,3^x$ est :	positive	croissante	décroissante
6. La courbe de la fonction définie par $f(x) = 2,5^x$ passe par le(s) point(s) :	$A(0\,;1)$	$B(2\,;6,25)$	$C(10\,;25)$
7. Les courbes des fonctions définies par $f(x) = 1,1^x$ et $g(x) = 0,9^x$ se coupent :	en aucun point	en un seul point	en plusieurs points
8. La racine 3-ième de 8 est :	2	$\sqrt[3]{8}$	$8^{\frac{1}{3}}$
9. Une grandeur augmente successivement de 20 % puis de 40 %. En moyenne, elle augmente successivement de :	environ 29,49 %	environ 29,61 %	30 %

vrai ou faux ?

Indiquer pour chaque affirmation si elle est vraie ou fausse. Justifier.

Partie A.

Un cinéma a ouvert le 1er janvier 2018. Le nombre annuel d'entrées, en millier, est modélisé par la fonction f définie par $f(x) = 59 \times 0,84^x$ où x représente le temps écoulé depuis l'ouverture, en année.

1. En 2018, il y a eu 59 000 entrées.

2. À la fin du premier trimestre 2020, le nombre d'entrées a été inférieur à 40 000.

3. Le nombre d'entrées augmente depuis 2021.

4. Le nombre d'entrées a franchi le seuil de 35 000 au cours du troisième trimestre 2020.

Partie B.

La quantité de fleurs vendues par un fleuriste a augmenté de 20 % en février puis a baissé de 20 % en mars. Son chiffre d'affaires est passé de 21 000 € en février à 33 000 € en août.

1. a. Sur la période février/mars, la quantité de fleurs vendues a baissé en moyenne de 2 % chaque mois.

b. Si les ventes progressent en tout de 44 % entre avril et août, cela correspond à une progression mensuelle moyenne de 11 %.

2. a. Entre février et août, le chiffre d'affaires a progressé en moyenne de 2 000 € par mois.

b. Entre février et août, le chiffre d'affaires a progressé en moyenne de 9,5 % par mois.

Consolider les bases

21 Écrire sous la forme d'une puissance de 2 les nombres suivants.

1. $2^5 \times 2^3 \times 2^4$ **2.** $(2^3)^5 \times 4$

3. $\dfrac{(2^5)^2 \times 2^4}{2^9}$ **4.** $\dfrac{8 \times 2^4 \times 2^3}{(2^5)^2}$

22 On considère la fonction f définie sur $\mathbb{R}$ par :

$$f(x) = x^2 - 4x + 3$$

1. Calculer les images par f de -1 ; 0 et 1.

2. À l'aide de la calculatrice, compléter le tableau de valeurs suivant.

x	0	1	1,5	2	2,5	3	4
$f(x)$							

3. Construire la courbe représentative de f.

4. Construire le tableau de variations de f.

5. Déterminer, s'ils existent, les extremums de la fonction f. En quelle(s) valeur(s) de x sont-ils atteints ?

23 La courbe représentative d'une fonction f est donnée ci-dessous.

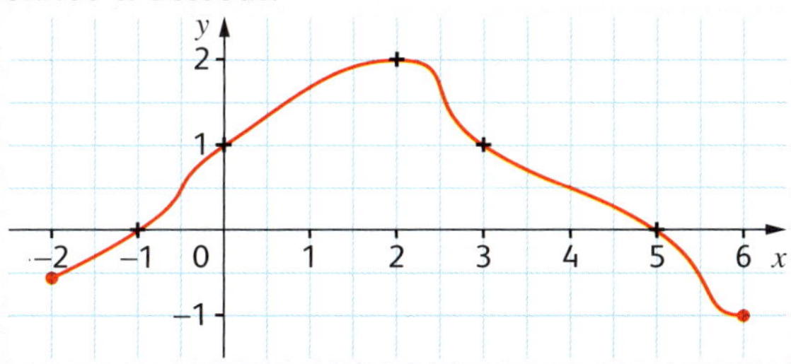

1. Lire l'ensemble de définition de f.

2. Lire les images par f de -1 ; 0 et 3.

3. Lire les antécédents par f de -1 ; 0 et 3.

4. Construire le tableau de variations de f.

5. Résoudre graphiquement l'inéquation $f(x) \leqslant 1$.

24 La population d'une ville s'élevait en 2020 à 1 540 habitants. En 2021, elle a augmenté de 15 %, puis de 8 % en 2022.

1. Calculer le taux d'évolution global associé à ces deux augmentations.

2. Combien la ville comptait-elle d'habitants en 2022 ?

25 Une quantité a augmenté deux fois successivement de 25 %. Une troisième évolution l'a ensuite ramenée à sa valeur initiale.
Préciser quelle est cette troisième évolution.

26 **Vrai ou faux ?**

Justifier les réponses.

1. Trois augmentations successives de 24 % reviennent approximativement au même que deux évolutions successives de 38 %.

2. Trois augmentations successives du même pourcentage ont conduit à une augmentation globale de 33,1 %. Les trois augmentations ont été de 10 % chacune.

Connaître le cours

27 On considère la fonction f définie sur l'intervalle $[0\,;+\infty[$ par $f(x) = 1{,}25^x$.

1. Calculer les images par f de 0 et de 1.

2. Construire, en justifiant, le tableau de variations de f sur l'intervalle $[0\,;+\infty[$.

3. Déterminer, s'ils existent, les extremums de la fonction f. En quelle(s) valeur(s) de x sont-ils atteints ?

28 Reprendre l'exercice **27** avec $f(x) = 0{,}9^x$.

29 **QCM**

Pour chaque question, donner la (ou les) bonne(s) réponse(s).

1. Le nombre $3^{2,1} \times 3^5$ est égal à :

a. $3^{7,1}$ **b.** $9^{7,1}$ **c.** $3^{10,5}$ **d.** $9^{10,5}$

2. Le nombre $25 \times 5^{3,4}$ est égal à :

a. $5^{5,4}$ **b.** $5^{6,8}$ **c.** $125^{3,4}$ **d.** $125^{4,4}$

3. Le nombre $\dfrac{(1{,}5^2)^{5,5}}{1{,}5^{3,5}}$ est égal à :

a. $1{,}5^{14,5}$ **b.** $1{,}5^{11}$ **c.** $1{,}5^{7,5}$ **d.** $1{,}5^4$

30 Soient f, g, h et k quatre fonctions définies sur $[0\,;+\infty[$ respectivement par :

$$f(x) = 0{,}5^x\,;\ g(x) = 3^x\,;\ h(x) = 1{,}17^x \text{ et } k(x) = 0{,}1^x$$

On donne ci-dessous leurs représentations graphiques.

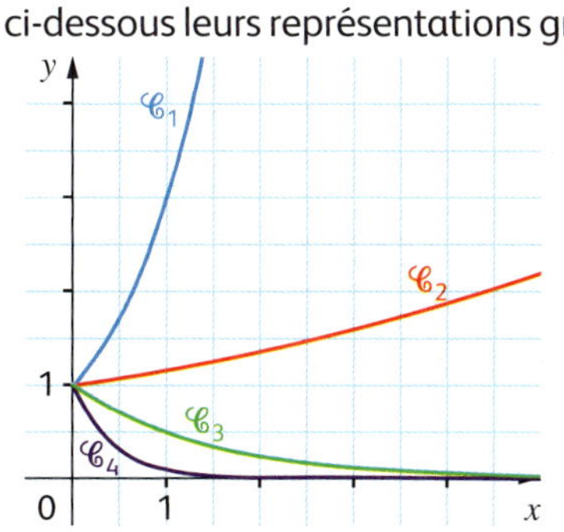

Associer chaque fonction à sa courbe.

31 À l'aide de la calculatrice, donner une valeur arrondie au centième de :

1. la racine 4-ième de 29 **2.** $\sqrt[8]{12}$

3. la racine 7-ième de 18,4 **4.** $\sqrt[3]{2{,}5}$

32 Calculer le taux d'évolution moyen associé aux évolutions successives :

1. +5 % suivi de +12 % suivi de −24 % ;

2. −10 % suivi de −32 % suivi de +4 %.

33 Une quantité augmente de 30 %, puis de 80 % et connaît ensuite une diminution.
Sur la globalité des trois évolutions, la quantité a augmenté de 63,8 %.

1. Quelle est le pourcentage correspondant à la baisse intervenue après les trois augmentations ?

2. Quel est le taux moyen d'évolution sur les trois périodes ?

exercices Application

CAPACITÉ 1 — Reconnaître un phénomène continu de croissance exponentielle et savoir le modéliser

34 Vrai ou faux ?

Chaque situation ci-dessous correspond à un phénomène continu à croissance exponentielle.

Situation 1

Un site internet a été consulté 100 000 fois en janvier 2022. Chaque mois, sa fréquentation augmente de 4 000 visiteurs.

On s'intéresse à la fréquentation totale du site au bout de x mois.

Situation 2

Un site internet concurrent a été consulté 1 200 fois le 1er janvier 2022. Chaque jour, sa fréquentation est multipliée par 1,02.

On s'intéresse à la fréquentation du site au bout de x jours.

Situation 3

Le nombre de poissons dans un lac diminue de 15 % tous les ans.

On s'intéresse au nombre de poissons dans le lac au bout de x années.

Situation 4

Entre 2020 et 2021, la consommation mondiale d'énergie primaire a augmenté d'environ 6 %.

On s'intéresse à l'évolution annuelle de la consommation mondiale d'énergie primaire, en supposant qu'elle reste au niveau de 6 % par an.

35 Selon le ministère de l'agriculture, la surface agricole utilisée (SAU) par les agriculteurs en France métropolitaine s'élevait à 29,8 millions d'hectares en 2000.

Depuis, on estime qu'elle baisse en moyenne de 0,2 % par an.

1. Calculer la SAU estimée en 2001, puis en 2002.
2. On modélise la SAU estimée en $2000 + x$ (avec $x \geqslant 0$) par la fonction f définie par $f(x) = 29{,}8 \times q^x$.
   a. Donner la valeur de q.
   b. Calculer la SAU estimée en 2010, en milieu d'année 2012 et au troisième trimestre 2020.

36 Une entreprise d'extraction de sable modélise les coûts journaliers, en millier d'euros, engendrés par la production de x tonnes de sable à l'aide de la fonction f définie par $f(x) = 1{,}9 \times 1{,}03^x$.

1. Pourquoi peut-on dire que la fonction f modélise un phénomène continu à croissance exponentielle ?
2. Calculer $f(0)$ et interpréter le résultat dans le contexte de l'exercice.
3. Calculer les coûts de production si l'entreprise extrait 2,3 tonnes de sable.
4. Les coûts de production doublent-ils si la quantité de sable extraite double ? Justifier.

CAPACITÉ 2 — Réaliser et exploiter la représentation graphique d'une fonction exponentielle

37 Parmi les courbes ci-contre, lesquelles pourraient représenter une fonction exponentielle définie par $f(x) = a^x$, avec $a > 0$?

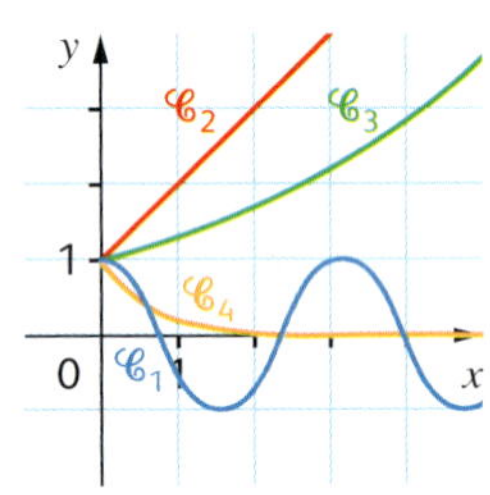

38 On considère deux fonctions f et g définies sur l'intervalle $[0\ ;+\infty[$ respectivement par $f(x) = a^x$ et $g(x) = k \times b^x$ où a, b et k sont des réels strictement positifs. On donne ci-contre les courbes représentatives des deux fonctions.

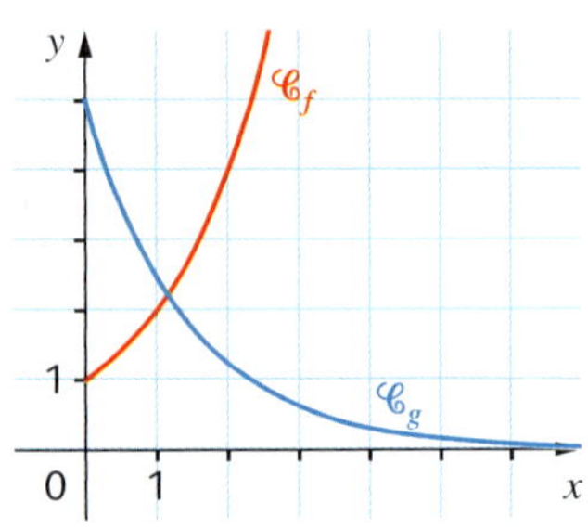

1. a. Lires les images par f de 0 ; 1 et 2.
   b. En déduire l'expression de la fonction f.
2. a. Lire les images par g de 0 et de 1.
   b. En déduire l'expression de la fonction g.

39 On donne les représentations graphiques de la fonction linéaire $f : x \rightarrow 10x$ et de la fonction exponentielle $g : x \rightarrow 1{,}01^x$ sur l'intervalle $[0\ ;1\ 000]$. Le point d'intersection des deux courbes a pour abscisse 917, en arrondissant à l'unité près.

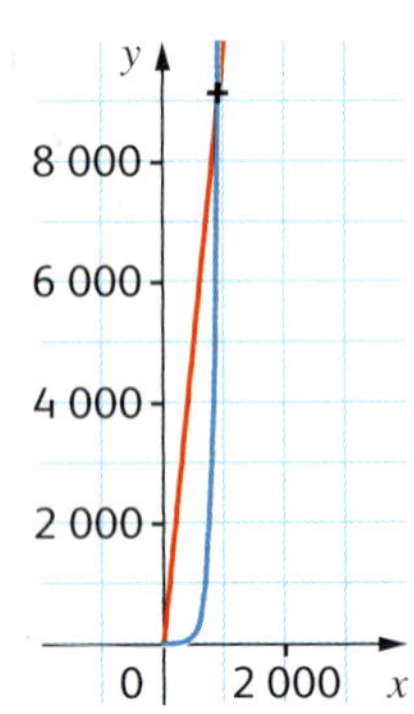

1. Quel type d'augmentation permet de modéliser la fonction f ? et la fonction g ?
2. En utilisant le graphique, comparer ces deux types d'augmentation.

40 Pour chacune des fonctions ci-dessous, construire, dans un repère orthonormé d'unité 1 cm, sa courbe représentative et son tableau de variations sur l'intervalle $[0 ; +\infty[$.

1. $f(x) = 1{,}1^x$ **2.** $f(x) = 0{,}8^x$

3. $f(x) = 0{,}5 \times 2^x$ **4.** $f(x) = -10 \times 0{,}5^x$

CAPACITÉ 3 Résoudre un problème de seuil

41 Dans une station de ski, l'épaisseur de neige sur les pistes est évaluée à 2 m 30. En raison d'un hiver doux, l'épaisseur du manteau neigeux diminue de 20 % par semaine à partir du 1er février.

On modélise ainsi l'épaisseur de neige sur les pistes, en mètre, x semaines après le 1er février par $f(x) = 2{,}3 \times 0{,}8^x$.

1. Calculer l'épaisseur de neige le 28 février.

2. Au cours de quelle semaine l'épaisseur du manteau neigeux devrait-elle devenir inférieure à 70 cm ?

42 PYTHON Dans le repère ci-dessous, on donne la représentation graphique de la fonction f définie sur l'intervalle $[0 ; +\infty[$ par $f(x) = 3 \times 0{,}7^x$.

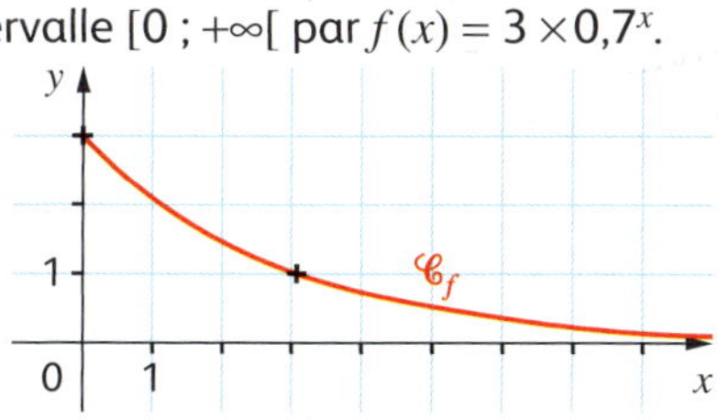

1. À l'aide du graphique, déterminer un encadrement par deux entiers consécutifs de la solution de l'équation $f(x) = 1$.

2. On souhaite déterminer une valeur approchée au centième du réel k à partir duquel on a $f(k) < 1$.
Pour cela, on donne ci-contre deux fonctions rédigées en langage Python.

```
1def f(x):
2    return(3*0.7**x)
3
4def seuil():
5    x=0
6    while f(x)...1:
7        x=x+0.01
8    return(...)
```

a. Expliquer le rôle des lignes 1 et 2.

b. Compléter les pointillés des lignes 6 et 8 afin que les fonctions répondent au problème posé.

c. • Programmer cet algorithme.

• Appeler la fonction seuil dans la console et répondre à la question.

CAPACITÉ 4 Calculer un taux moyen

43 **Vrai ou faux ?**

1. Le nombre d'entrées dans un complexe sportif a augmenté de 40 % en dix ans. En moyenne, le nombre d'entrées a augmenté chaque année de 4 %.

2. Une production baisse chaque année successivement de 10 %, puis de 25 % et enfin de 5 %. En moyenne sur la période, elle baisse chaque année d'environ 13,8 %.

3. Un prix baisse de 20 % puis augmente l'année suivante de 25 %. Le prix a retrouvé sa valeur initiale.

44 Calculer le taux d'évolution moyen associé aux évolutions successives suivantes.

1. +15 % suivi de +32 %

2. −45 % suivi de −65 %

3. +60 % suivi de −60 %

4. +10 % suivi de +20 % suivi de −30 %

45 Le tableau ci-dessous donne des valeurs approximatives de la population mondiale en fonction des années jusqu'à 1950.

Année	Population
1000	300 millions
1500	500 millions
1900	1,650 milliard
1950	2,5 milliards

1. Déterminer le taux moyen d'augmentation par siècle entre 1000 et 1500, puis entre 1500 et 1900.

2. Déterminer le taux d'augmentation décennal moyen entre 1900 et 1950.

3. À quel taux moyen par siècle correspond le taux décennal obtenu entre 1900 et 1950 ?

46 Les données de l'INSEE montrent que le nombre de chômeurs en France est passé de 510 milliers à 1 510 milliers entre 1980 et 2014 pour les hommes et de 709 milliers à 1 320 milliers pour les femmes.
Sur la période de 1980 à 2014, le taux d'évolution annuel moyen du nombre de chômeurs a-t-il été plus grand pour les hommes ou pour les femmes ?

![Exercices Entraînement]

Exercices — Entraînement

1 Fonctions exponentielles de base a, avec $a > 0$

47 Chaque semaine, le nombre de « followers » d'un influenceur augmente de 8 %. La première semaine, il a compté 25 000 connexions sur les réseaux sociaux.

1. Calculer le nombre de connexions au bout d'une semaine, de deux semaines.

2. On modélise le nombre de connexions, en millier, au bout de x semaines par la fonction définie par :

$$f(x) = 25 \times q^x$$

a. Donner la valeur de q.

b. Calculer $f\left(3+\frac{2}{7}\right)$ et interpréter le résultat dans le contexte de l'exercice.

c. Calculer le nombre de connexions au bout de 5 semaines et 4 jours.

48 En laboratoire, lors d'une mise en culture de bactéries, on constate que leur nombre double toutes les 20 minutes.
Au départ, 20 000 bactéries sont mises en culture.

1. a. Par combien le nombre de bactéries est-il multiplié toutes les heures ?

b. Combien y a-t-il de bactéries au bout d'une heure ? de deux heures ?

2. On modélise le nombre de bactéries, en millier, au bout de x heures par $f(x) = k \times q^x$. On a alors $f(0) = 20$.

a. Donner les valeurs de k et q.

b. Combien y a-t-il de bactéries au bout de 2 h 15 ? de 3 h 30 ?

c. À l'aide de la calculatrice, déterminer au bout de combien de temps le nombre de bactéries dépasse un million.

Aide
On pourra afficher le tableau de valeurs de la fonction.

49 On donne ci-contre la capture d'une feuille de calcul de tableur. Elle donne, pour différentes valeurs de x, les quantités $1\,000 \times x$ et $1{,}01^x$.

1. Est-il possible qu'après des augmentations successives de 1 %, la quantité initiale soit multipliée par plus de 1 000 ?

2. Après 2 000 augmentations successives de 1 %, par combien se trouve multipliée la quantité initiale (on arrondira le résultat au millier) ?

A	B	C
x	$1000\,x$	$1{,}01^x$
100	100000	3
200	200000	7
300	300000	20
400	400000	54
500	500000	145
600	600000	392
700	700000	1 059
800	800000	2 865
900	900000	7 749
1000	1000000	20 959
1100	1100000	56 691
1200	1200000	153 338
1300	1300000	414 750
1400	1400000	1 121 820
1500	1500000	3 034 315
1600	1600000	8 207 257
1700	1700000	22 199 103
1800	1800000	60 044 441
1900	1900000	162 409 035
2000	2000000	439 286 205

2 Étude d'une fonction exponentielle de base a, avec $a > 0$

Analyse d'un énoncé

50 Exercice commenté

Un apiculteur fournit aux commerces qu'il alimente le prix de vente d'un kilo de miel en fonction de la quantité de miel achetée.

Quantité achetée (en kg)	13	25	35	49	64
Prix (en €)	9,30	8,15	7,10	6,30	5,25

On modélise ce prix de vente, en euro, en fonction de la quantité x achetée par la fonction f définie sur l'intervalle $[0\,;+\infty[$ par $f(x) = 10{,}7 \times 0{,}989^x$.

1. Montrer que la fonction f est une modélisation correcte du prix de vente d'un kilo de miel.

> On vérifie que les images par f des productions indiquées dans le tableau sont très proches des prix indiqués.

2. Étudier les variations de la fonction f sur l'intervalle $[0\,;+\infty[$. Qu'est-ce que cela signifie dans le contexte de l'exercice ?

> La fonction $x \mapsto k \times q^x$ a les mêmes variations que la fonction $x \mapsto q^x$ lorsque k est positif.

3. À l'aide de la calculatrice, estimer à partir de quelle quantité achetée, le prix de vente d'un kilo de miel sera inférieur à 5 euros.

> On peut utiliser le tableau de valeurs de la fonction.

51 Application immédiate

Le tableau ci-dessous donne la quantité journalière d'un complément alimentaire qu'il faut donner à un chien en fonction de son poids.

Poids (en kg)	5	10	15	20
Quantité (en g)	60	85	120	150

On modélise la quantité journalière à donner au chien à l'aide de la fonction f définie sur l'intervalle $[0\,;+\infty[$ par $f(x) = 45{,}2 \times 1{,}06^x$ où x représente le poids du chien, en kg.

1. Vérifier que la fonction f modélise correctement la quantité à donner chaque jour.

2. Étudier les variations de la fonction sur l'intervalle $[0\,;+\infty[$. Interpréter dans le contexte de l'exercice.

3. À partir de quel poids peut-on donner plus de 100 g par jour de ce complément à un chien ?

52 Une étude de l'INSEE permet de modéliser le taux d'accès des ménages à Internet pour l'année 2003 + x par la fonction f définie sur l'intervalle $[0\,;+\infty[$ par :

$$f(x)=\frac{90}{1+1{,}8\times 0{,}763^x}$$

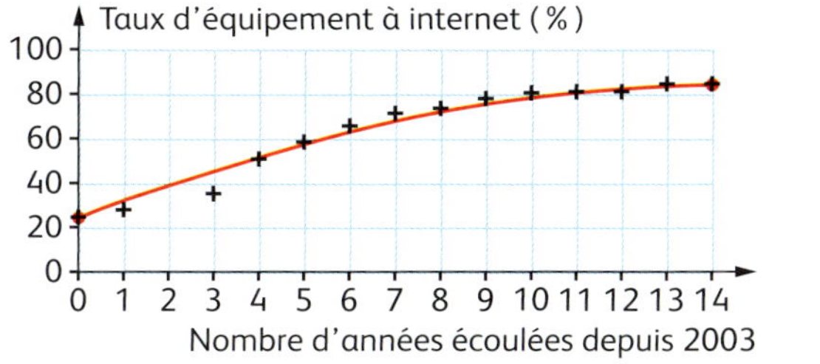

Source : INSEE.

1. Estimer le taux d'accès à Internet pour 2020 si l'évolution se maintient.

2. Peut-on prévoir que 95 % des ménages français auront un jour accès à internet ?

3 Taux d'évolution moyen

53 Racine n-ième d'un nombre

1. Soit (u_n) la suite géométrique de terme initial $u_0 = 5$, de raison q, telle que $u_6 = 3\,645$.

a. Exprimer u_n en fonction de n.

b. Montrer que $q^6 = 729$.

c. Déterminer la valeur de q.

2. Soit (v_n) la suite géométrique de terme initial $v_0 = 10\,000$, de raison q et telle que :

$$v_8 = 11\,716{,}59$$

Calculer la valeur de q.

54 **1.** On admet que $1{,}1^{24}$ admet $1{,}00159^{1440}$ pour valeur approchée à 10^{-2} près.
Sur une journée, une quantité a augmenté en moyenne de 10 % par heure. Donner une valeur approchée de son augmentation moyenne par minute sur cette même journée.

2. Le taux mensuel d'augmentation du prix d'un produit est, sur une année, égal à 5 %.
Calculer le taux d'augmentation trimestriel moyen sur cette même année.

55 Le taux moyen d'augmentation mensuelle d'un prix sur une année est de 15 %.

1. Quel est le taux global d'augmentation de ce prix sur cette année ?

2. Par quel coefficient faut-il multiplier la valeur finale de ce prix pour qu'il revienne à sa valeur d'origine ?

3. L'année suivante, le prix est revenu, à sa valeur d'origine. Quelle est la valeur du taux moyen de diminution sur cette seconde année ?

56 Une croissance exponentielle

Lors de l'épidémie de Covid-19, la progression du variant Omicron a été fulgurante. D'après les données de Santépubliquefrance.fr, on comptait 56,43 cas positifs pour 100 000 habitants le 25 octobre 2021. On en comptait 3 814,76 au pic de l'épidémie le 24 janvier 2022.

1. Calculer le taux de variations du nombre de cas positifs entre ces deux dates.

2. Calculer le taux d'évolution moyen du nombre de cas positifs chaque semaine, puis chaque jour, sur cette période de trois mois.

57 Le lundi 19 décembre 2022, le prix du baril de pétrole sur les marchés financiers s'élevait à 84,49 $. Une semaine plus tard, le lundi 26 décembre, il s'élevait à 82,16 $.

1. Calculer le taux d'évolution moyen quotidien du prix du baril de pétrole entre le 19 et le 26 décembre 2022.

2. Estimer à combien s'élevait le prix du baril de pétrole le jour de Noël.

58 L'inflation

Selon l'INSEE, l'inflation est « la perte du pouvoir d'achat de la monnaie qui se traduit par une augmentation générale et durable des prix ». Ci-dessous, on donne les taux d'inflation annuels entre 2015 et 2021.

Année	Taux d'inflation
2015	0,0 %
2016	0,2 %
2017	1,0 %
2018	1,8 %
2019	1,1 %
2020	0,5 %
2021	1,6 %

Source : INSEE.

1. Calculer le taux d'inflation annuel moyen entre 2015 et 2021.

2. Pour 2022, l'INSEE prévoit une inflation de 6,2 % sur l'année.

a. Si cette tendance se confirme dans la durée, quel sera le taux d'inflation entre 2022 et 2028 ?

b. Comparer le taux d'inflation en 2022 et le taux d'inflation global entre les années 2015 et 2021 (incluses).

Apprendre à modéliser

DÉVELOPPER DES COMPÉTENCES

Nombre de noyaux radioactifs présents dans un échantillon au bout d'une fraction de demi-vie

> Dans les phénomènes aléatoires, l'observation d'un très grand nombre d'expériences donne souvent des indications majeures. « Le hasard est capricieux, mais seulement au coup par coup », d'après Michel Serres…

La **radioactivité** est le phénomène physique par lequel un noyau atomique (région située au centre d'un atome) se transforme en un autre atome en émettant de l'énergie.

Il est impossible de prédire la date de désintégration d'un noyau instable précis, sa durée de vie étant aléatoire. Cependant, en observant un grand nombre de noyaux qui se désintègrent, on se rend compte que ces désintégrations sont soumises à des régularités.

Par exemple, dans le cas de l'Iode 131 (utilisé en radiothérapie), le nombre de noyaux radioactifs d'un échantillon est divisé par 2 par rapport au nombre initial au bout de 8 jours, par 4 par rapport au nombre initial au bout de 16 jours, par 8 par rapport au nombre initial au bout de 24 jours, etc. Le nombre de noyaux radioactifs est donc divisé par 2 tous les 8 jours.

On appelle **demi-vie** (notée $T_{1/2}$) d'un noyau radioactif la période durant laquelle la moitié des noyaux radioactifs initialement présents se désintègrent. Ainsi l'Iode 131 a une demi-vie de 8 jours.

Dans la suite, on cherche à connaître le nombre de noyaux radioactifs présents dans un échantillon au bout d'un certain nombre de demi-vies.

On considère un échantillon de 10 millions de noyaux radioactifs d'Iode 131 à l'instant initial.

On a représenté ci-contre la fonction f définie sur $[0\,;+\infty[$ par $f(x) = 10 \times 0{,}5^x$ qui donne le nombre de noyaux radioactifs (en million) présents après x demi-vies.

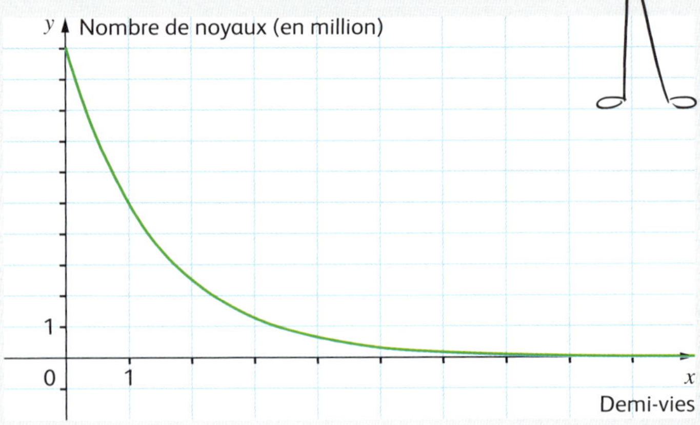

1. Donner le nombre de noyaux radioactifs présents après 2 demi-vies. Combien de jours se sont écoulés ?

2. Déterminer le nombre de noyaux radioactifs présents après 24 jours.

3. On cherche à déterminer combien de noyaux radioactifs sont présents après 36 jours.

a. À combien de demi-vies de l'Iode 131 correspondent 36 jours ?

b. En déduire le nombre de noyaux radioactifs présents après 36 jours.

4. On cherche à partir combien de demi-vies il restera moins d'un million de noyaux radioactifs.

a. Quelle équation doit-on résoudre pour répondre à cette question ?

b. Donner une valeur approchée à 0,1 près de la solution de cette équation (pour résoudre cette question, on pourra s'aider des tableaux de valeurs donnés par la calculatrice).

rad — FONCTIONS — Expressions — Graphique — Régler l'intervalle

x	f(x)
1	5
2	2.5
3	1.25
4	0.625
5	0.3125
6	0.15625
7	0.078125
8	0.0390625

rad — FONCTIONS — Expressions — Graphique — Régler l'intervalle

x	f(x)
3.1	1.166291
3.2	1.088188
3.3	1.015315
3.4	0.9473229
3.5	0.8838835
3.6	0.8246924
3.7	0.7694653
3.8	0.7179365

c. En déduire à partir de combien de demi-vies il restera moins d'un million de noyaux radioactifs.

59 ... en médecine — Élimination d'un médicament dans le sang

Pour étudier l'élimination d'un médicament dans le sang, on injecte ce médicament à un patient volontaire. On mesure pendant 24 heures la concentration de ce médicament (en $g.L^{-1}$) et on obtient la courbe ci-contre.

1. Par lecture graphique, donner la concentration de médicament dans le sang à l'instant initial.

2. On admet que la concentration du médicament en $g.L^{-1}$ en fonction du temps peut être modélisée par la fonction C définie sur $[0\ ;\ 24]$ par $C(t) = (0{,}4t + b) \times 2{,}7^{-0{,}3t}$ où b est un nombre réel.

a. Justifier que $b = 1{,}4$.

b. Déterminer la concentration du médicament au bout de 7 heures (donner une valeur approchée à $0{,}001\ g.L^{-1}$).

3. a. Pour que le patient ait le droit de conduire, il faut que la concentration du médicament dans son sang soit inférieure à $0{,}4\ g.L^{-1}$.
Déterminer au bout de combien d'heures le patient pourra conduire.

b. À l'aide la calculatrice, déterminer à partir de combien d'heures après l'instant initial la concentration devient inférieure à $0{,}08\ g.L^{-1}$.

60 ... en économie — Modèle de Malthus

L'économiste anglais Thomas Malthus (1766-1834), connu pour ses travaux sur les rapports entre la dynamique des populations et la production, écrit en 1798 dans son *Essai sur le principe de population* :

> Nous pouvons être certains que lorsque la population n'est arrêtée par aucun obstacle, elle double tous les vingt-cinq ans, et croît ainsi de période en période selon une progression géométrique. Comparons maintenant l'accroissement de la population à celui de la nourriture. [...]. Chaque période de vingt-cinq ans ajoute à la production [...] une quantité égale à sa production actuelle. Nous sommes donc en état d'affirmer [...], que les moyens de subsistance, [...] ne peuvent jamais augmenter à un rythme plus rapide que celui qui résulte d'une progression arithmétique.

1. L'Angleterre comptait 10 millions d'habitants en 1800 et on suppose que la production agricole pouvait alors nourrir toute la population.
Montrer qu'alors en moyenne, selon Malthus :

a. la population augmente de 2,8 % par an ;

b. l'agriculture permet de nourrir 0,4 million d'habitants en plus par an.

2. On considère un nombre réel x positif. Pour l'année $1800 + x$, on note $p(x)$ le nombre d'habitants, en million, en Angleterre et $a(x)$ le nombre d'habitants, en million, que peut nourrir l'agriculture anglaise selon le modèle de Malthus.

a. Donner les valeurs de $p(0)$ et $a(0)$.

b. Exprimer $p(x)$ et $a(x)$ en fonction de x.

3. a. D'après le modèle de Malthus, la production agricole sera-t-elle suffisante en 1820 ? en 1840 ?

b. À l'aide de la calculatrice, déterminer le moment à partir duquel la production agricole ne sera pas suffisante pour nourrir la population anglaise selon le modèle de Malthus.

Maths en situation...

61 ... en finance — Valeur d'un capital au bout d'une fraction d'annuité

Depuis le 1er août 2022, le taux annuel du livret A s'élève à 2 %.

Source : service-public.fr

Le livret A est un compte d'épargne rémunéré dont les fonds sont disponibles à tout moment. Les intérêts du livret A sont calculés le 1er et le 16 de chaque mois et les intérêts cumulés sur l'année s'ajoutent au capital le 31 décembre.

Hanna souhaite ouvrir un livret A pour y déposer 1 000 € le 1er janvier 2023 et elle ne déposera pas d'argent supplémentaire sur ce compte. On considère que le taux annuel du livret A restera le même pour les périodes considérées ici.

1. a. Quel est le montant des intérêts cumulés au 31 décembre 2023 ?

b. À combien s'élève le capital au 31 décembre 2023 ?

2. a. À combien s'élève le capital (en comptant les intérêts cumulés) le 31 janvier 2024 ?

b. À combien s'élève le capital (en comptant les intérêts cumulés) le 16 mars 2024 ?

3. Au bout de combien de temps le capital (en comptant les intérêts cumulés) atteindra-t-il 1 500 € ?

62 ... en économie — L'offre et la demande

Une entreprise produit et vend des trottinettes électriques dont le prix varie entre 100 et 1 500 euros.

Une étude a permis de modéliser l'offre et la demande à l'aide des fonctions f et g définies respectivement sur l'intervalle $[1 ; 15]$ par :

- $f(x) = 10 \times 1{,}16^x$ où $f(x)$ est le nombre de trottinettes, en millier, que peut produire l'entreprise pour un prix de vente de x centaines d'euros.
- $g(x) = 80 \times 0{,}67^x$ où $g(x)$ est le nombre de trottinettes, en millier, qui pourraient être achetées pour un prix de vente de x centaines d'euros.

1. L'entreprise fixe le prix de vente à 300 €.

a. Calculer le nombre de trottinettes que peut produire l'entreprise pour ce prix.

b. Calculer le nombre de trottinettes qui pourraient être achetées à ce prix.

c. Qui, de l'entreprise ou de la clientèle, ne sera pas satisfaite avec ce prix de vente ? pourquoi ?

2. Reprendre la question **1.** pour un prix de vente de 600 €.

3. Quels sont les sens de variation des fonctions f et g ? Comment peut-on les expliquer « économiquement » ?

3. On appelle **prix d'équilibre** le prix de vente x, en centaines d'euros, pour lequel l'offre et la demande sont égales.

a. Construire, dans un même repère, les représentations graphiques des fonctions f et g sur l'intervalle $[1 ; 15]$. *Choisir 1 cm pour 100 € en abscisse et 1 cm pour 10 000 trottinettes en ordonnée.*

b. Estimer, graphiquement, un encadrement à l'unité du prix d'équilibre.

c. À l'aide de la calculatrice, donner la valeur de x au centième qui approche au mieux le prix d'équilibre.

d. Quel est le prix d'équilibre ? Combien de trottinettes seront produites et vendues à ce prix ?

Maths en situation...

63 ... en archéologie — Datation au carbone 14

Les organismes vivants contiennent naturellement du carbone 14 (^{14}C) provenant de l'interaction des rayons cosmiques avec le carbone 12 (^{12}C) présent dans l'atmosphère. La proportion de carbone 14 par rapport au carbone 12 dans un organisme vivant est constante. Lorsqu'un organisme vivant meurt, il n'absorbe plus de carbone. Le carbone 14 (radioactif) qu'il contient se désintègre alors que le carbone 12 (stable) n'évolue pas.

Il faut environ 5 730 ans pour que la moitié du carbone 14 se transforme en carbone 12. On dit que la **demi-vie** du carbone 14 est 5 730 ans, autrement dit la quantité de carbone 14 diminue de moitié tous les 5 730 ans.

1. Des archéologues retrouvent des ossements dans une grotte, ils mesurent que la proportion de carbone 14 a été divisée par 8 par rapport à la proportion qu'on retrouve chez un être vivant. Estimer une datation de l'occupation de la grotte.

2. a. Lorsque la proportion de carbone 14 d'un organisme est inférieure à 0,3 % de sa valeur initiale, on considère que la méthode de datation au carbone 14 n'est plus efficace. Déterminer l'âge maximal des organismes qui peuvent être datés à l'aide du carbone 14.

b. Peut-on dater des os de dinosaures à l'aide du carbone 14 ?

D'après document eduscol « enseignement scientifique – la désintégration radioactive »

64 ... en géologie — Coût d'un forage

La mairie d'une ville souhaite effectuer des travaux pour rechercher une nouvelle nappe phréatique afin de puiser de l'eau potable.

Dans cet objectif, il a été demandé un devis à une entreprise de forage. L'entreprise a donc fourni un premier devis (Partie A), qu'elle a ensuite complété par un second devis légèrement différent (Partie B).

Partie A Un premier devis

L'entreprise spécialisée dans le forage propose le devis suivant.

- Si le forage est inférieur ou égal à 10 mètres, chaque mètre foré est facturé 1 500 €.
- Au-delà, le coût de chaque mètre foré supplémentaire augmente de 10 % par rapport au précédent.

1. Calculer la facture pour un forage de 5 mètres, 6 mètres, 11 mètres puis 20 mètres.

2. Pour n entier naturel, u_n désigne le coût d'un forage de n mètres. Exprimer u_n en fonction de n.

Partie B Un second devis

L'entreprise a établi un devis plus précis en modélisant le coût total d'un forage de x mètres, avec $x \in [0\,;+\infty[$, à l'aide de la fonction f définie par :

$$f(x)=\begin{cases} 1\,500x & \text{si } x<10 \\ 13\,500+1\,500\times 1{,}10^{x-10} & \text{si } x\geqslant 10 \end{cases}$$

1. Calculer le coût d'un forage de 3,5 mètres ; 9,2 mètres ; 12,5 mètres puis 20,6 mètres.

2. À l'aide de la calculatrice, déterminer à partir de quelle profondeur forée, en mètre arrondi au dixième, le coût sera supérieur à 20 000 euros.

THÈME

7 Variation instantanée Nombre dérivé

Modélisation du réel

La notion de nombre dérivé est utilisée, en économie, pour étudier le « coût marginal » d'une production, coût de la dernière unité produite. La production de masse cherche à rendre ce coût marginal décroissant, mais il ne l'est pas toujours. Ainsi, en cas de « pic » de consommation, la production d'électricité est souvent à coût marginal croissant (avec la mise en place de moyens de productions supplémentaires coûteux).

Voir Apprendre à modéliser p. 144

Les capacités du thème

- CAPACITÉ 1 : Interpréter géométriquement le nombre dérivé comme coefficient directeur de la tangente
- CAPACITÉ 2 : Interpréter le nombre dérivé dans le cadre d'un modèle d'évolution

Partir d'un bon pied

A Diaporama pour tester les bases

ACTIVITÉS MENTALES RAPIDES

B Coefficient directeur d'une droite

On donne ci-contre cinq droites, dont les coefficients directeurs sont, dans l'ordre croissant : -3 ; -1 ; 0 ; $\frac{1}{2}$; 2.

1. Attribuer à chaque droite son coefficient directeur.

2. Préciser l'ordonnée à l'origine de chaque droite

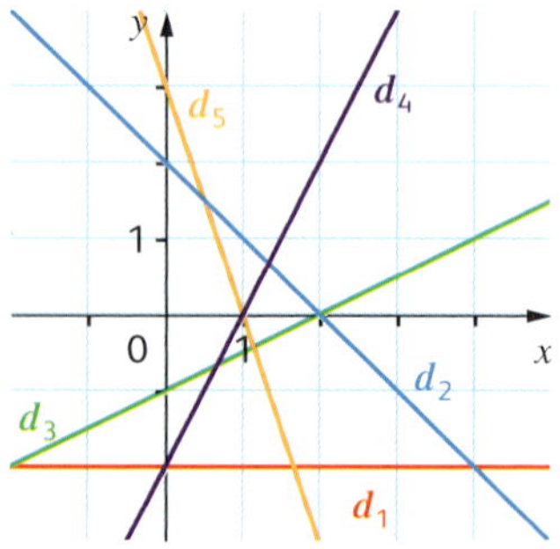

C Vrai/Faux : Droite dans le plan

Dans un repère du plan, on donne les points $A(1\,;0)$ et $B(3\,;2)$.
La droite (AB) :

1. admet pour coefficient directeur 1 ;

2. admet pour équation réduite : $y = x + 1$;

3. passe par le point $C(4{,}5\,;3{,}5)$;

4. est parallèle à d' : $y = 2x - 1$.

automatismes

VIDÉO EXO 1 hachette-clic.fr/23ds1019

VIDÉO EXO 4 hachette ic.fr/23ds1020

Automatismes transversaux

1 Cycle des ventes

Le graphique ci-dessous décrit le volume des ventes cumulées d'un produit de type « gadget saisonnier ». En abscisses est indiqué le temps écoulé, en semaine, depuis la mise sur le marché du produit. L'axe des ordonnées représente le volume des ventes cumulées du produit en dizaines de milliers.

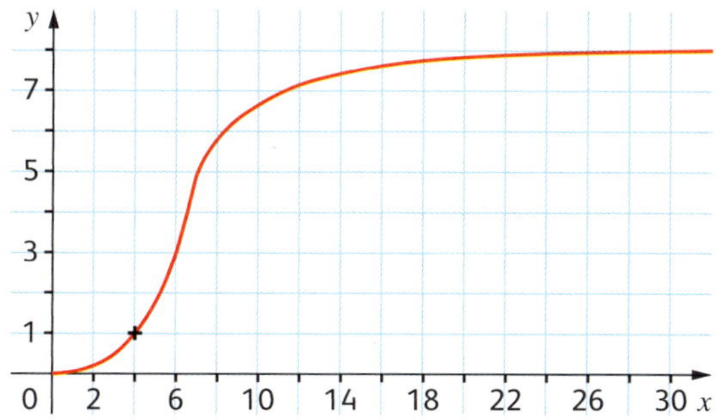

1. La courbe passe par le point de coordonnées (4 ; 1). Interpréter ce résultat dans le contexte de l'exercice.

2. Combien d'unités ont été vendues après 6 semaines de commercialisation ? après 12 semaines ?

3. À partir de quand plus de 40 000 unités ont-elles été vendues ?

4. Préciser un intervalle de temps correspondant à un doublement des ventes cumulées.

5. On définit en général quatre phases dans le cycle des ventes d'un produit : les phases de « lancement », de « croissance », de « maturité » et de « déclin ». Proposer des intervalles de temps pouvant correspondre à chacune de ces phases.

2 Calculer :

1. $\frac{1}{2}+\frac{2}{3}$ **2.** $\frac{1}{2}\times\frac{2}{3}$ **3.** $\dfrac{\frac{1}{2}}{\frac{2}{3}}$

4. $\frac{3}{7}+\frac{2}{5}$ **5.** $\frac{3}{7}\times\frac{2}{5}$ **6.** $\dfrac{\frac{3}{7}}{\frac{2}{5}}$

3 Reproduire et compléter le tableau suivant, proposant différentes écritures d'un même nombre.

0,23				2,22		
	$\frac{17}{100}$		$\frac{9}{4}$			$\frac{11}{8}$
		12,5 %			121 %	

4 Résoudre les équations suivantes.

1. $2x-1=4x+3$

2. $-7x+1=5x$

3. $x^2=12$

4. $x^2=-9$

Automatismes préparatoires du thème

5 QCM

1. La fonction qui permet de modéliser une augmentation de 12 % est :

a. $x \mapsto 0{,}12x$ **b.** $x \mapsto 1{,}12x$ **c.** $x \mapsto \left(\frac{12}{100}\right)x$

2. La fonction qui permet de modéliser une diminution de 33 % est :

a. $x \mapsto -0{,}33x$ **b.** $x \mapsto \frac{x}{0{,}33}$ **c.** $x \mapsto 0{,}67x$

6 Laquelle des fonctions linéaires suivantes modélise deux augmentations successives de 20 % ?

1. $x \mapsto 0{,}4x$ **2.** $x \mapsto 1{,}4x$ **3.** $x \mapsto 1{,}44x$

7 **1.** À partir de combien d'augmentations successives de 17 % dépasse-t-on le doublement de la quantité initiale ?

2. Même question pour le triplement de la quantité initiale.

3. À l'aide d'augmentations successives de 17 %, peut-on dépasser le centuple de la quantité initiale ?

8 On donne deux droites d_1 et d_2 d'équations respectives : $d_1 : y=5x-4$ et $d_2 : y=-3x+12$.

1. Quels sont les coefficients directeurs respectifs de d_1 et d_2 ? Quelles sont leurs ordonnées à l'origine ?

2. Pourquoi les droites d_1 et d_2 ne sont-elles pas parallèles ? Déterminer les coordonnées de leur point d'intersection.

9 On considère deux droites du plan d_1 et d_2. On sait que :

- d_1 passe par $A(1\,;2)$;
- d_2 passe par $B(-1\,;-1)$;
- d_1 et d_2 se coupent en $C(-2\,;-7)$.

Déterminer une équation de chacune des droites d_1 et d_2 et préciser leurs coefficients directeurs respectifs.

10 On considère les deux points du plan $A\left(\frac{2}{3};\frac{29}{6}\right)$ et $B\left(\frac{3}{2};\frac{59}{6}\right)$.

Déterminer l'équation réduite de la droite (AB) et préciser son coefficient directeur.

11 Associer chaque équation réduite de droite à une des allures proposées pour la droite correspondante.

- $y=7x-12$ •
- $y=x$ •
- $y=-4$ •
- $y=-2x+5$ •
- $y=0{,}5x-3$ •

- • montante
- • descendante
- • horizontale

Activités en situation...

Consolider les bases

Objectif
Remobiliser les connaissances sur les droites dans un repère.

Une entreprise fabrique et vend des portes d'entrée pour maison dont le prix varie entre 500 euros et 10 000 euros.

1 Le graphique ci-contre représente la droite qui modélise le nombre y de portes vendues (en millier) pour un prix de vente unitaire de x milliers d'euros.
a. Selon ce modèle, combien l'entreprise vend-elle de portes si le prix de vente unitaire est fixé à 3 000 € ? à 9 000 € ?
b. Lire le coefficient directeur de la droite (AB) ci-contre et son ordonnée à l'origine. En déduire l'équation réduite de (AB).
c. Calculer le nombre de portes vendues pour un prix de 4 800 €.

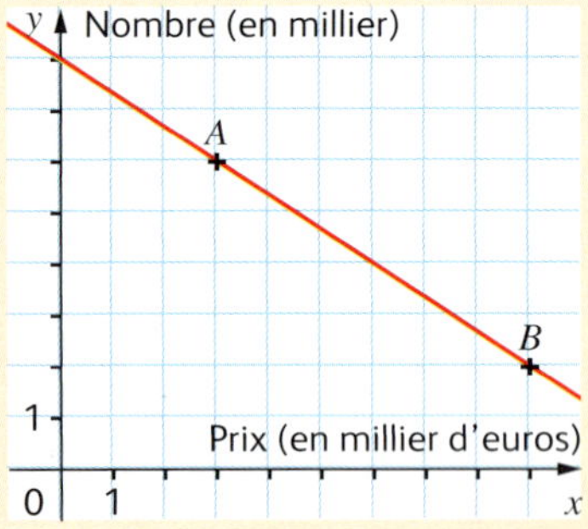

2 Une étude a montré que le nombre y de portes (en millier) que produit l'entreprise pour un prix de vente de x milliers d'euros est modélisé par $y = 0{,}75x + 1$.
a. Combien l'entreprise produit-elle de portes si le prix de vente unitaire est fixé à 500 € ? à 3 000 € ?
b. Reproduire le repère ci-contre et construire la droite d'équation $y = 0{,}75x + 1$.

3 Calculer le prix d'équilibre. Vérifier la cohérence du résultat sur le graphique.

Info
Le **prix d'équilibre** est le prix pour lequel la production est égale aux ventes.

Situation 1 Forme d'une courbe après « zoom »

Objectif
Montrer que, localement, une courbe a l'apparence d'une droite.

Antoine a parcouru 200 kilomètres en voiture en deux heures. Le graphique ci-contre donne la courbe de la distance parcourue (en centaine de km) en fonction du temps (en heure).

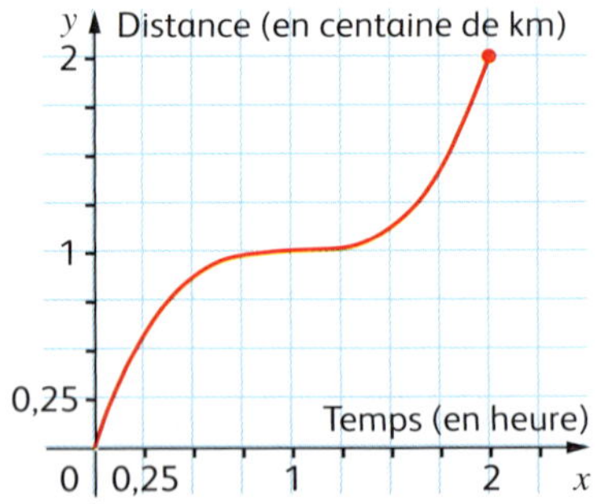

1 On souhaite savoir à quel type de croissance correspond la distance parcourue pendant deux heures. Est-ce une croissance linéaire ? exponentielle ? ni l'une, ni l'autre ? Pourquoi ?

2 Lors de son trajet, Antoine s'est retrouvé bloqué dans un bouchon. Estimer graphiquement, en justifiant la réponse, pendant combien de temps environ il est resté bloqué.

3 La courbe ci-contre est la représentation graphique de la fonction f définie sur l'intervalle $[0 ; 2]$ par $f(x) = (x - 1)^3 + 1$.
a. Sur la calculatrice, afficher la courbe de la fonction.
b. À l'aide de la fonction *Zoom* de la calculatrice, agrandir très fortement la courbe en certains points. Voir Pages Calculatrices p. 174-179
c. En agrandissant de plus en plus, quelle forme finit par prendre la courbe ?
d. À quel type de croissance correspond la distance parcourue sur des instants très courts ?

Situation 2 Vitesse instantanée

Objectif
Découvrir la notion de nombre dérivé.

Éléonore effectue une course à pied de 300 mètres. Le relevé de la distance qu'elle parcourt, en mètre, en fonction du temps, en seconde, est donné par la fonction f définie sur [0 ; 100] par $f(x) = 0{,}001x^3 - 0{,}125x^2 + 5{,}5x$ dont on donne la représentation graphique ci-contre.
On note A et B les points de $\mathscr{C}_f$ d'abscisses respectives 10 et 20.

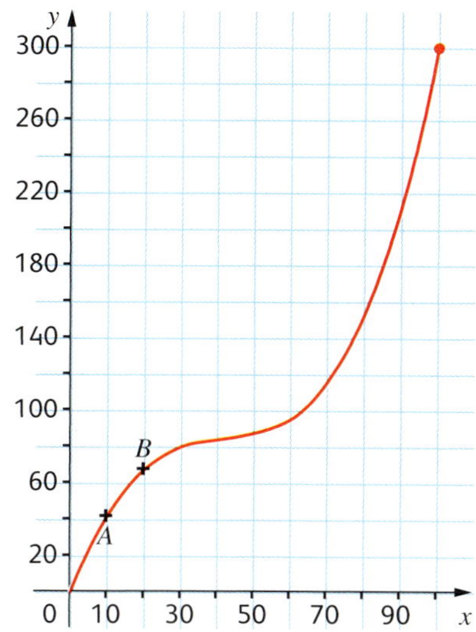

1 a. Quelle distance Éléonore a-t-elle parcourue au bout de $t_0 = 10$ secondes ? au bout de $t_1 = 20$ secondes ?
b. Calculer sa vitesse moyenne entre t_0 et t_1.

Rappel - Vocabulaire

vitesse moyenne $= \dfrac{\text{distance parcourue}}{\text{temps écoulé}}$

La vitesse moyenne entre les instants t_0 et t_1 est égale au coefficient directeur de la droite (AB). Cette droite est appelée **droite sécante** à la courbe $\mathscr{C}_f$ en A et en B.

2 Éléonore veut connaître sa vitesse « instantanée » après 10 secondes, c'est-à-dire exactement 10 secondes après le départ.
a. Calculer sa vitesse moyenne entre t_0 et $t_2 = 10{,}1$ secondes, puis sa vitesse moyenne entre t_0 et $t_3 = 10{,}01$ secondes et enfin sa vitesse moyenne entre t_0 et $t_4 = 10{,}001$ secondes.
b. Vers quelle valeur ces vitesses semblent-elles se rapprocher ? En déduire la vitesse instantanée au bout de 10 secondes. Ce nombre s'appelle le nombre dérivé de la fonction f en 10, on le note $f'(10)$.

Situation 3 Tangente à une courbe en un point

Objectif
Obtenir l'équation réduite d'une tangente.

On considère une fonction f dont la représentation graphique est donnée ci-contre. La tangente $\mathscr{T}$ à $\mathscr{C}_f$ au point A d'abscisse a passe par le point $M(x\,;y)$.

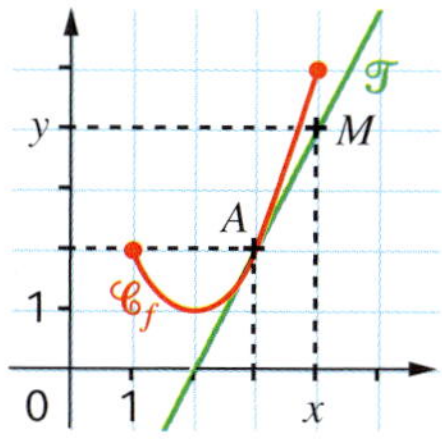

1 Un cas particulier
a. Sur le graphique ci-contre, lire les valeurs de a ; $f(a)$; x et y.
b. Calculer le coefficient directeur de $\mathscr{T}$ et en déduire la valeur de $f'(a)$.
c. $\mathscr{T}$ a pour équation réduite $y = f'(a)x + p$ où p est un nombre réel à déterminer. À l'aide des coordonnées du point M, montrer que l'équation réduite de $\mathscr{T}$ est $y = 2x - 4$.

Info
La droite $\mathscr{T}$ a pour coefficient directeur $\dfrac{y - f(a)}{x - a}$.

2 Cas général
On considère un nombre réel a et on suppose que $\mathscr{C}_f$ admet une tangente $\mathscr{T}$ au point A d'abscisse a. On cherche à déterminer l'équation réduite de $\mathscr{T}$.
a. Soit $M(x\,;y)$ un point appartenant à $\mathscr{T}$ distinct de A. Montrer que :

$$f'(a) = \frac{y - f(a)}{x - a}$$

b. En déduire que l'équation réduite de $\mathscr{T}$ est : $y = f'(a)(x - a) + f(a)$.

Cours

1 Nombre dérivé

a Sécante à une courbe

On considère une fonction f définie sur un intervalle I et on note $\mathscr{C}_f$ sa représentation graphique dans un repère du plan.
Pour tout nombre réel a de l'intervalle I, on appelle A le point de $\mathscr{C}_f$ d'abscisse a.

Définition

Pour tout nombre réel b de l'intervalle I distinct de a, on note B le point de $\mathscr{C}_f$ d'abscisse b. La droite (AB) est appelée **droite sécante** à la courbe $\mathscr{C}_f$ en A et en B.

Remarque

Le coefficient directeur de la sécante à la courbe $\mathscr{C}_f$ en A et B est égal à $\frac{f(b)-f(a)}{b-a}$, il est égal au **taux d'accroissement de f entre a et b**.

Voir Thème 4 : Modélisation continue - Croissance linéaire

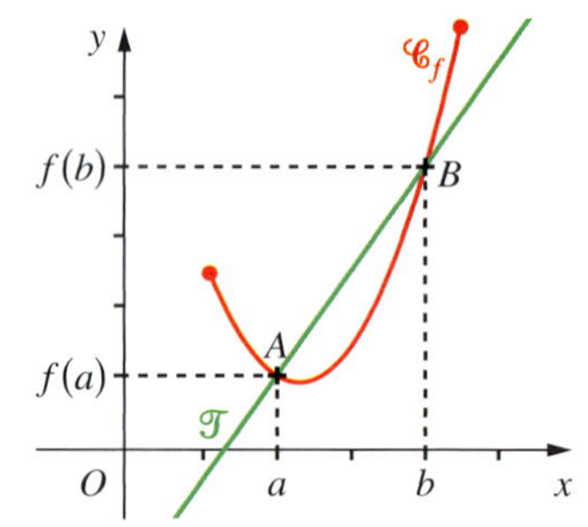

b Tangente à une courbe

Définition

Lorsque le point B se rapproche du point A, la droite sécante (AB) tend vers une position limite appelée **tangente à la courbe $\mathscr{C}_f$ au point d'abscisse a.**

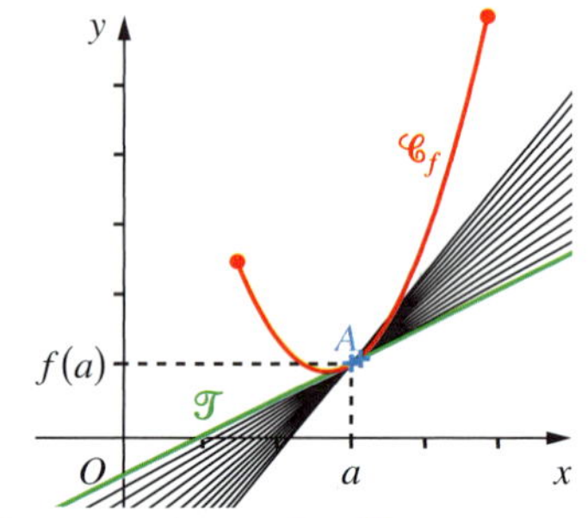

Ci-dessus, la **courbe $\mathscr{C}_f$** et sa **tangente $\mathscr{T}$** au point d'abscisse a.

c Nombre dérivé

Définition

Lorsque la courbe $\mathscr{C}_f$ admet une tangente $\mathscr{T}$ au point d'abscisse a, on dit que la fonction f est **dérivable en a.**

Le coefficient directeur de $\mathscr{T}$, noté $f'(a)$, est appelé le **nombre dérivé de f en a.**

Remarques

- La calculatrice permet de déterminer, dans certains cas, une valeur approchée du nombre dérivé.

Voir méthode ci-contre

- Le nombre dérivé d'une fonction f en a correspond à la **valeur** vers laquelle se rapproche le taux d'accroissement $\frac{f(b)-f(a)}{b-a}$ de f entre a et b **lorsque b se rapproche de a.**

Exemple

On donne la courbe d'une fonction f et sa tangente $\mathscr{T}$ au point d'abscisse 3. Le nombre dérivé de f en 3 est égal au coefficient directeur de $\mathscr{T}$:

$$f'(3)=\frac{\Delta y}{\Delta x}=\frac{2}{1}=2$$

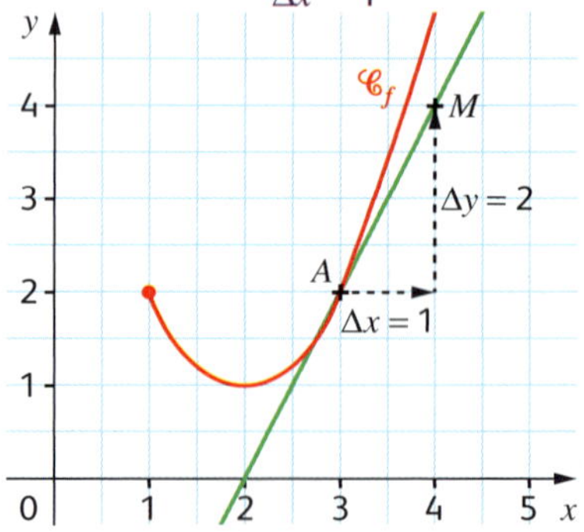

méthode

CAPACITÉ 1 Interpréter géométriquement le nombre dérivé comme coefficient directeur de la tangente

Énoncé On considère la fonction f définie sur $\mathbb{R}$ par $f(x) = -x^2 + 6x - 6$ dont on donne la représentation graphique ci-contre. Le point A est le point de $\mathscr{C}_f$ d'abscisse 4 et $\mathscr{T}$ est la tangente à $\mathscr{C}_f$ au point A. On admet que $\mathscr{T}$ passe par le point $B(5\,;0)$.

1. Construire la représentation graphique de f.

2. a. Déterminer graphiquement $f'(4)$.

b. Vérifier le résultat à l'aide de la calculatrice.

3. a. Déterminer, à l'aide de la calculatrice, le nombre dérivé $f'(2)$.

b. Construire la tangente à $\mathscr{C}_f$ au point d'abscisse 2.

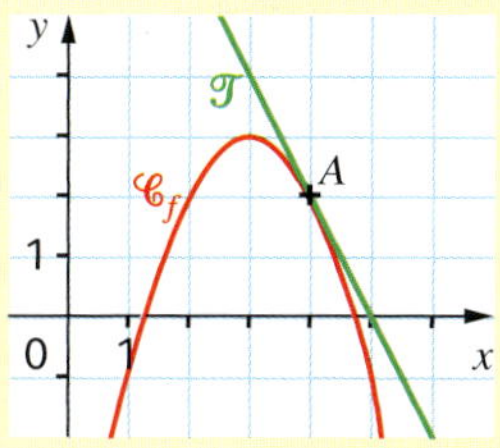

Solution

1. À l'aide de la calculatrice, on construit un tableau de valeurs pour les points de coordonnées $(x\,;f(x))$ avec x variant de 0 à 5 avec un pas de 0,5. On trace ensuite ces points et la courbe qui les relie.

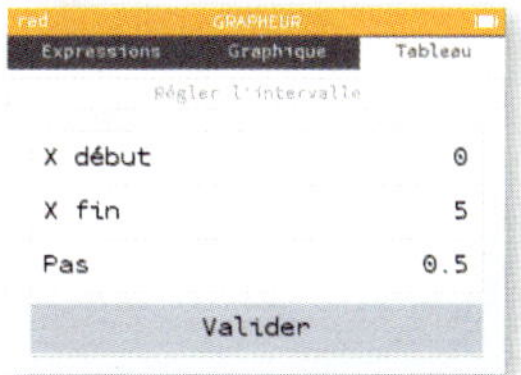

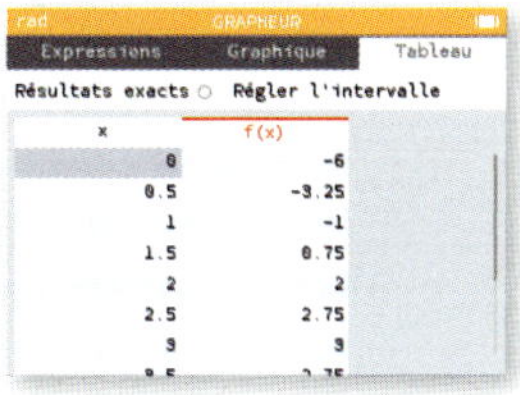

Point méthode

Pour lire graphiquement le coefficient directeur d'une droite à partir de deux de ses points, on lit l'accroissement Δx et l'accroissement Δy (ici négatif) entre deux points de la droite. Le coefficient directeur est égal à $\dfrac{\Delta y}{\Delta x}$.

2. a. $f'(4)$ est le nombre dérivé de f en 4, il correspond au coefficient directeur de la tangente à $\mathscr{C}_f$ au point d'abscisse 4.
On détermine graphiquement le coefficient directeur de $\mathscr{T}$ en utilisant les accroissements Δx et Δy pour aller de A en B.
On obtient $f'(4) = \dfrac{\Delta y}{\Delta x} = \dfrac{-2}{1} = -2$.

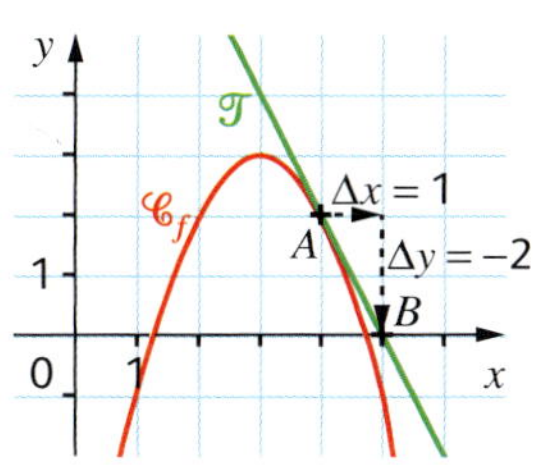

b. À l'aide de la calculatrice, on vérifie que :

$$\frac{d}{dx}\left(-x^2+6x-6\right)\Big|_{x=4} \qquad -2$$

Voir Pages Calculatrices p. 174-179

3. a. À l'aide de la calculatrice, on obtient : $f'(2) = 2$.

$$\frac{d}{dx}\left(-x^2+6x-6\right)\Big|_{x=2} \qquad 2$$

b. On déduit de la question précédente que le coefficient directeur de la tangente à $\mathscr{C}_f$ au point d'abscisse 2 est égal à 2. On a donc $\dfrac{\Delta y}{\Delta x} = \dfrac{2}{1}$. On note C le point de la courbe d'abscisse 2 et on reporte $\Delta x = 1$ et $\Delta y = 2$. On obtient le point $D(3, 4)$. La tangente recherchée est la droite (CD).

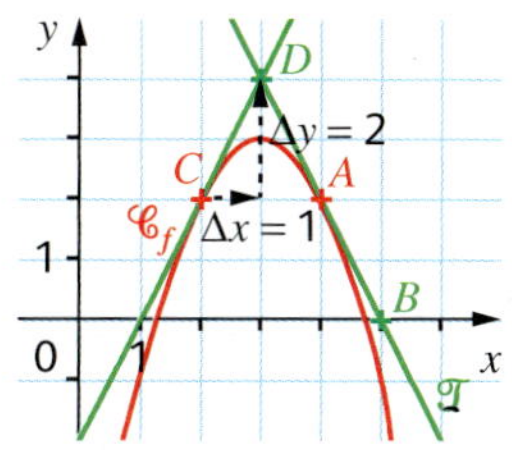

J'applique

12 On donne ci-contre la représentation graphique d'une fonction f, ainsi que ses tangentes aux points A et B d'abscisses respectives 1 et 2.

1. Déterminer par lecture graphique les valeurs de $f'(1)$ et $f'(2)$.

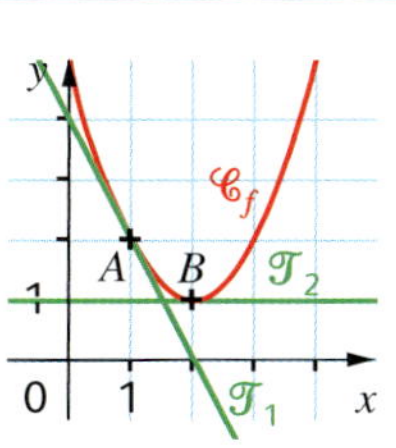

2. On admet que cette fonction a pour expression :
$$f(x) = (x-2)^2 + 1$$

a. Déterminer à l'aide la calculatrice $f'(3)$ et $f'(4)$.

b. Interpréter graphiquement les résultats obtenus.

3. D'après la forme de $\mathscr{C}_f$, peut-on envisager une autre tangente à cette courbe « horizontale », c'est-à-dire parallèle à $\mathscr{T}_2$?

Cours

2 Équation d'une tangente

a Équation réduite d'une droite – rappels

Propriété

Dans un repère du plan, une droite $\mathscr{D}$, non parallèle à l'axe des ordonnées, admet une unique équation de la forme $y = mx + p$ où m et p sont des nombres réels.

Cette équation s'appelle **l'équation réduite de la droite** $\mathscr{D}$, m est le **coefficient directeur** de $\mathscr{D}$ et p est l'**ordonnée à l'origine** de $\mathscr{D}$.

Remarques

- Si $A(x_A ; y_A)$ et $B(x_B ; y_B)$ sont deux points distincts de $\mathscr{D}$, le **coefficient directeur** de la droite $\mathscr{D}$ est $\dfrac{y_B - y_A}{x_B - x_A}$.
- L'**ordonnée à l'origine** d'une droite est l'ordonnée du point de la droite qui a pour abscisse 0.

Exemple

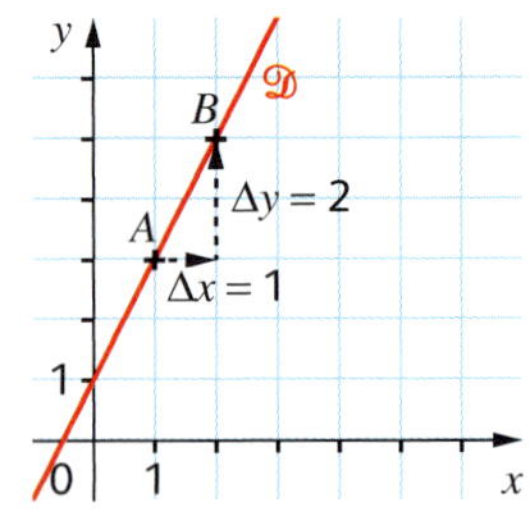

La droite $\mathscr{D}$ a pour coefficient directeur $m = \dfrac{y_B - y_A}{x_B - x_A} = \dfrac{\Delta y}{\Delta x} = \dfrac{2}{1} = 2$ et pour ordonnée à l'origine $p = 1$.
L'équation réduite de $\mathscr{D}$ est donc :

$$y = 2x + 1$$

b Équation réduite d'une tangente

Propriété

Soit f une fonction définie sur un intervalle I et **dérivable en un nombre réel a**.

L'équation réduite de la tangente $\mathscr{T}$ à la courbe $\mathscr{C}_f$ au point **$A(a ; f(a))$** est donnée par :

$$y = f'(a)(x - a) + f(a)$$

Remarques

- Si $M(x_M ; y_M)$ est un point, distinct de A, appartenant à la tangente $\mathscr{T}$ à la courbe $\mathscr{C}_f$ au point $A(a ; f(a))$ alors :

$$f'(a) = \frac{y_M - f(a)}{x_M - a}$$

On peut ensuite utiliser la propriété précédente pour obtenir l'équation réduite de $\mathscr{T}$.

- Lorsque le nombre dérivé en a d'une fonction f est égal à 0, alors la tangente $\mathscr{T}$ à la courbe $\mathscr{C}_f$ au point $A(a ; f(a))$ est parallèle à l'axe des abscisses (puisque son coefficient directeur est nul). On dit alors que la tangente est **horizontale** et son équation réduite est $y = f(a)$.

Exemple

On considère la fonction carré f définie sur $\mathbb{R}$ par $f(x) = x^2$ et A le point de $\mathscr{C}_f$ d'abscisse $a = 3$.
L'ordonnée de A est :

$$f(1) = 3^2 = 9$$

Le nombre dérivé de f en 3 peut être trouvé à l'aide de la calculatrice :

$$\frac{d}{dx}(x^2)\Big|_{x=3} \qquad 6$$

Ainsi la tangente $\mathscr{T}$ à la courbe $\mathscr{C}_f$ au point $A(3 ; 9)$ a pour équation $y = f'(3)(x - 3) + f(3)$ ce qui équivaut à :

$$y = 6(x - 3) + 9$$

On obtient $y = 6x - 18 + 9$ soit

$$y = 6x - 9$$

c Exemple de fonction non dérivable

On a vu précédemment que pour qu'une fonction soit dérivable en a, sa courbe doit avoir une tangente en son point de coordonnées $(a ; f(a))$.

Il existe des fonctions qui ne possèdent pas cette propriété ; on en donne ici un exemple.

On considère la fonction f définie sur l'intervalle $[-1 ; 2]$ dont la courbe $\mathscr{C}_f$ est donnée ci-contre.

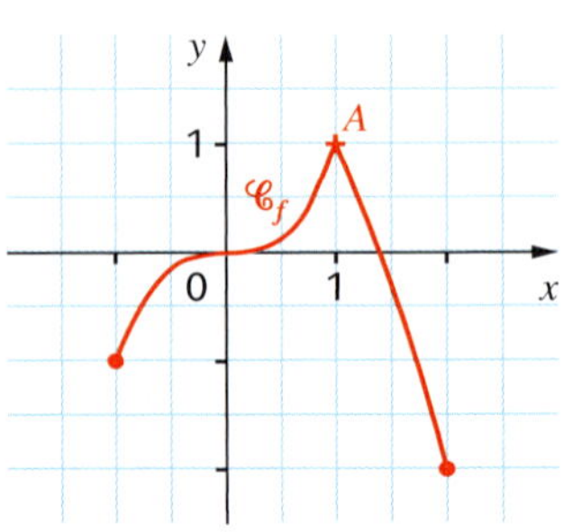

Cette courbe passe par le point $A(1 ; 1)$, mais n'admet pas de tangente en A, qui est un « point anguleux » de la courbe $\mathscr{C}_f$. La fonction f n'est donc pas dérivable en 1.

méthode

2 Interpréter le nombre dérivé dans le cadre d'un modèle d'évolution

Énoncé

La hauteur dans le ciel, en mètre, d'une fusée de feu d'artifice est modélisée par $f(t) = -0{,}5t^2 + 20t$ où t représente le temps écoulé, en seconde, depuis le lancement.

1. On admet que la vitesse de la fusée, en mètre par seconde ($m.s^{-1}$) à l'instant t_0 est égale au nombre dérivé $f'(t_0)$.

a. On effectue un réglage pour que le feu d'artifice se déclenche 10 secondes après le lancement. Déterminer la hauteur de la fusée au moment de l'explosion.

b. À l'aide de la calculatrice, déterminer $f'(10)$ et interpréter le résultat.

2. On effectue un nouveau réglage pour que l'explosion se produise lorsque la fusée atteint sa hauteur maximale.

a. Déterminer, à l'aide de la calculatrice, à quel instant, noté t_{max}, l'explosion se produit.

b. Déterminer la vitesse de la fusée à l'instant t_{max}.

c. Déterminer l'équation réduite de la tangente à $\mathscr{C}_f$ au point d'abscisse t_{max}.

Solution

1. a. On calcule l'image de 10 par la fonction f :
$f(10) = -0{,}5 \times 10^2 + 20 \times 10 = 150$. On en déduit que la fusée sera à une hauteur de 150 m au moment de l'explosion.

b. À l'aide de la calculatrice on obtient $f'(10) = 10$ donc, au moment de l'explosion, la vitesse de la fusée sera de 10 $m.s^{-1}$.

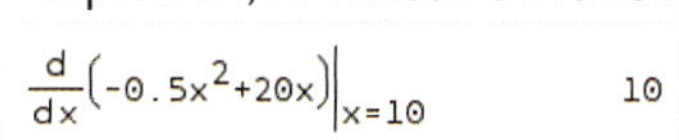

2. a. À l'aide de la calculatrice, on lit graphiquement que le maximum de la fonction f est atteint pour $t_{max} = 20$. L'explosion se produit donc 20 secondes après le lancement.

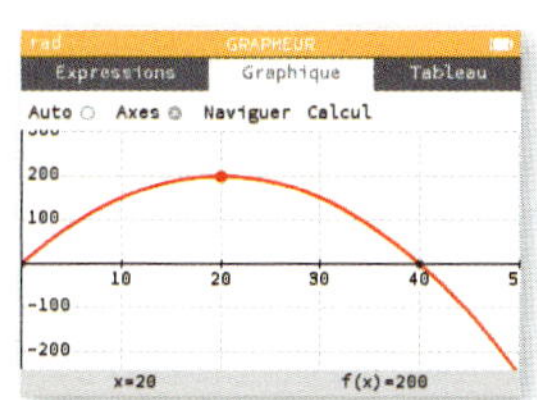

b. À l'aide de la calculatrice, on obtient $f'(20) = 0$, la vitesse de la fusée à l'instant t_{max} est donc égale à 0 $m.s^{-1}$, autrement dit cette vitesse est nulle.

c. La tangente à $\mathscr{C}_f$ au point d'abscisse t_{max} a pour équation réduite $y = f'(20)(x - 20) + f(20)$, soit $y = 200$ (cette tangente est horizontale).

Point méthode

2. a. Pour trouver la valeur de t pour laquelle le maximum de f est atteint, on cherche d'abord le sommet de la parabole représentant f et on lit la valeur de l'abscisse de ce point.

Point méthode

2. c. Pour déterminer l'équation réduite de la tangente, on utilise la formule :

$$y = f'(a)(x - a) + f(a)$$

J'applique

13 On lâche une pierre dans un puits. La distance, en mètre, parcourue par la pierre au bout de t secondes est donnée par $d(t) = 4{,}9t^2$.

On admet que la vitesse de la pierre, en $m.s^{-1}$, est donnée par le nombre dérivé $d'(t)$.

1. Déterminer la vitesse de la pierre 2 secondes après l'avoir lâchée.

2. Le puits a une profondeur de 176,4 m.

a. Au bout de combien de secondes la pierre touche-t-elle le fond du puits ?

b. Calculer la vitesse de la pierre au moment où elle touche le sol.

14 Le bénéfice, en dizaine de milliers d'euros, réalisé par la vente de x centaines de canapés est donné par :

$$f(x) = -x^3 + 3x^2 - 2$$

Le rythme de croissance du bénéfice, en dizaine de milliers d'euros par centaine de canapés, lorsque l'entreprise en vend x centaines est donné par le nombre dérivé $f'(x)$.

1. a. Calculer $f(1)$ et $f(2)$.
Interpréter les résultats obtenus.

b. Déterminer, à l'aide de la calculatrice, $f'(1)$ et $f'(2)$.
Interpréter les résultats obtenus.

2. Déterminer l'équation réduite de la tangente à $\mathscr{C}_f$ aux points d'abscisses respectives 1 et 2.

Je **fais** le **point**

J'évalue mes connaissances

VERSION INTERACTIVE hachette-clic.fr/23ds1021

Voir corrigés

QCM

Pour chacune des questions, indiquer la (ou les) bonne(s) réponse(s).

On considère la fonction f définie sur $[-2 ; 3{,}5]$ dont on donne la représentation graphique ci-contre. On a tracé les tangentes à $\mathscr{C}_f$ aux points A, B et C d'abscisses respectives -1 ; 0 et 3.

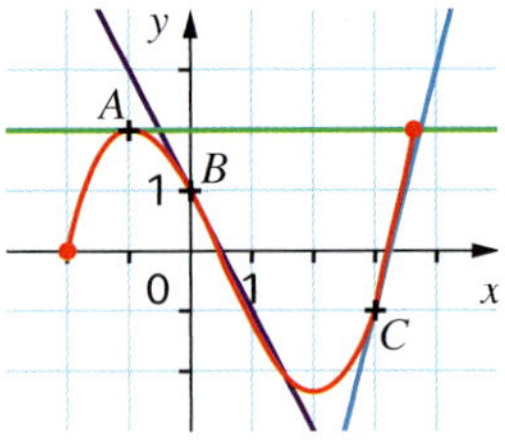

	a	b	c
1. L'ordonnée du point B est égale à :	0	1	-2
2. $f(0)$ est égal à :	0	1	-2
3. $f(3)$ est :	négatif	nul	positif
4. $f'(-1)$ est égal à :	0	1	2
5. Le nombre dérivé de f en 0 est égal à :	0	1	-2
6. La tangente à $\mathscr{C}_f$ au point B a pour équation :	$y=-2x+1$	$y=x-2$	$y=-2x-1$
7. Le coefficient directeur de la tangente à $\mathscr{C}_f$ au point C est égal à :	-4	2	4
8. $f'(2)$ est égal à :	-1	0	2
9. $f'(1)$ est :	négatif	nul	positif
10. Le coefficient directeur de la tangente à $\mathscr{C}_f$ au point d'abscisse -2 est :	négatif	nul	positif

vrai ou faux ?

Indiquer pour chaque affirmation si elle est vraie ou fausse. Justifier.

Partie A.

On considère la fonction f définie sur $[-1 ; 5]$ dont on donne la représentation graphique ci-dessous.

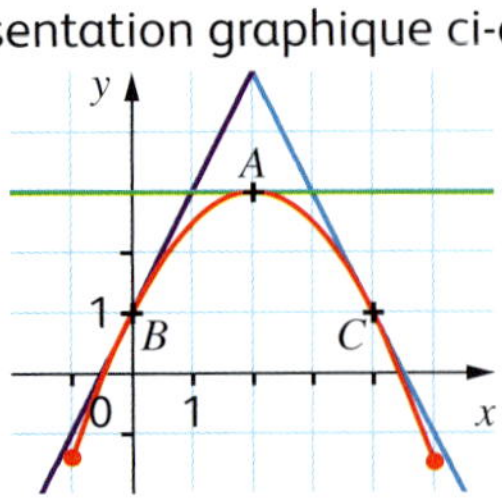

On a tracé les tangentes à $\mathscr{C}_f$ aux points A, B et C d'abscisses respectives 2 ; 0 et 4.

1. $f'(2)=3$

2. La tangente à $\mathscr{C}_f$ au point A a pour équation $y=3$.

3. Le nombre dérivé de f en 0 est égal à 1.

4. $f'(4)=2$

5. $f'(0)=f'(4)$

6. La tangente à $\mathscr{C}_f$ au point B a pour équation :

$$y=2x$$

Partie B.

On admet que la fonction f a pour expression :

$$f(x)=-0{,}5x^2+2x+1$$

1. $f(0)=1$

2. $f(2{,}5)=2{,}8$

3. $f'(1)=1$

4. $f'(3)=-1{,}5$

5. $f'(5)=-3$

6. La tangente à $\mathscr{C}_f$ au point C a pour équation :

$$y=-2x+9$$

7. Le nombre dérivé de f en 3,5 est égal à -1.

Consolider les bases

15 Dans le repère ci-contre, quatre droites sont tracées. Lire les coefficients directeurs de chaque droite.

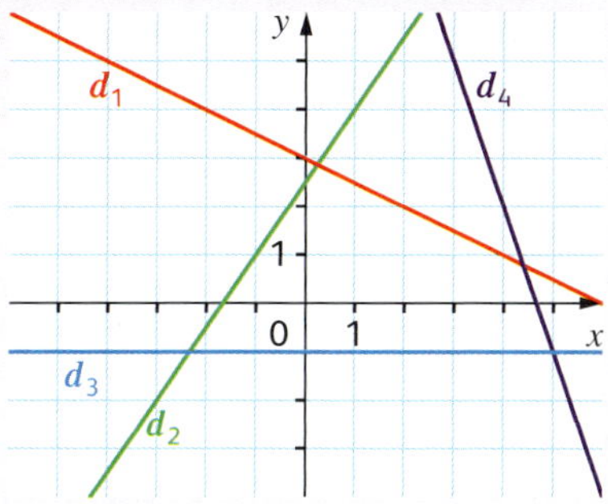

16 Dans le repère ci-contre, quatre droites sont tracées. Lire les équations réduites de chaque droite.

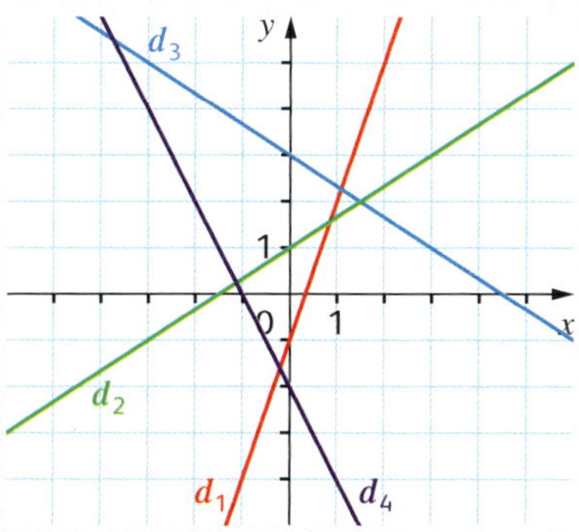

17 Dans un repère, construire les droites d_1, d_2 et d_3 d'équations respectives :

$$y = 2x + 1,\ y = -2 \text{ et } y = -\frac{1}{2}x + 1$$

18 Dans chacun des cas ci-dessous, on donne deux points A et B dans un repère.
Déterminer l'équation réduite de la droite (AB).

1. $A(2\ ;4)$ et $B(7\ ;-1)$

2. $A(-2\ ;-2)$ et $B(4\ ;2)$

19 On considère une fonction f dont la représentation graphique est donnée ci-contre.

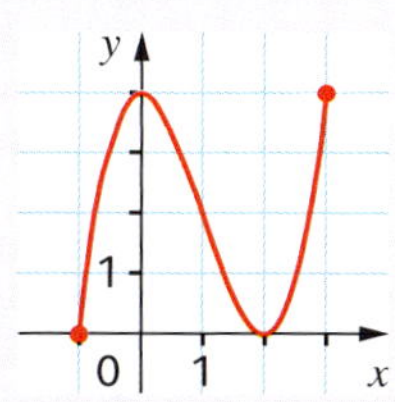

1. Lire l'ensemble de définition de f.

2. Lire les images par f de -1 ; 0 ; 1 et 2.

3. Lire les éventuels antécédents par f de -1 ; 0 et 4.

4. Construire le tableau de variations de f sur son ensemble de définition.

5. Déterminer, s'ils existent, les extremums de f. En quelles valeurs de x sont-ils atteints ?

20 Soit f la fonction définie sur $\mathbb{R}$ par :

$$f(x) = x^2 - 4x + 3$$

1. Calculer l'image par f de -1.

2. À l'aide de la calculatrice, compléter le tableau de valeurs suivant :

x	-1	0	1	$1{,}5$	2	$2{,}5$	3	4
$f(x)$								

3. Dans un repère, construire la représentation graphique de f.

Connaître le cours

21 Dans le repère ci-dessous, on donne la courbe d'une fonction f ainsi que trois tangentes $\mathcal{T}_1$, $\mathcal{T}_2$ et $\mathcal{T}_3$ aux points A, B et C.

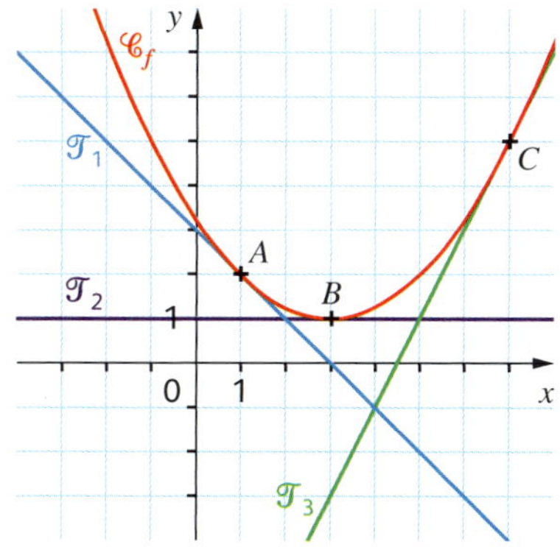

Lire les nombres dérivés $f'(1)$, $f'(3)$ et $f'(7)$.

22 Dans chacun des cas suivants, on donne l'expression d'une fonction f.
À l'aide de la calculatrice, déterminer les nombres dérivés $f'(-1)$, $f'(0)$ et $f'(3)$.

1. $f(x) = 4x - 7$ **2.** $f(x) = 5x^2 - 3x + 4$

23 Reprendre l'exercice **22** avec :

1. $f(x) = \dfrac{x-4}{x+2}$ **2.** $f(x) = x^3$

24 Ci-contre, on donne la courbe d'une fonction f ainsi que trois tangentes $\mathcal{T}_1$, $\mathcal{T}_2$ et $\mathcal{T}_3$ aux points A, B et C.

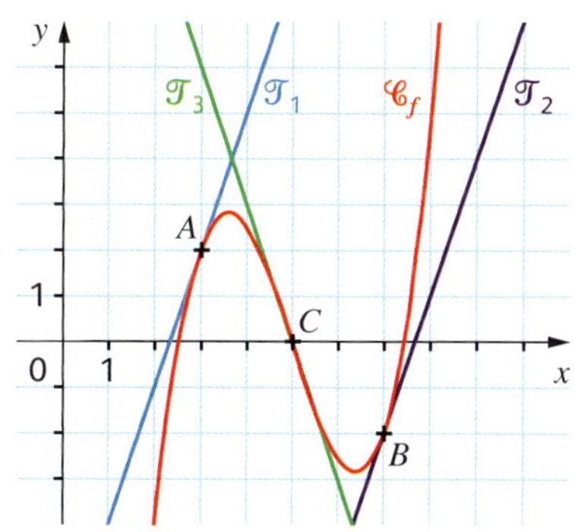

1. a. Lire $f(3)$ et $f'(3)$.

b. En déduire l'équation réduite de la tangente $\mathcal{T}_1$.

2. De la même manière, déterminer les équations réduites des tangentes $\mathcal{T}_2$ et $\mathcal{T}_3$.

3. Que peut-on dire des tangentes $\mathcal{T}_1$ et $\mathcal{T}_2$? Pourquoi ?

25 On considère la fonction f définie sur $\mathbb{R}$ par :

$$f(x) = x^2 + x + 1$$

1. Calculer $f(-2)$ et $f(-1)$.

2. À l'aide de la calculatrice, déterminer les nombres dérivés $f'(-2)$ et $f'(-1)$.

3. En déduire l'équation réduite de chacune des tangentes à la courbe de f aux points d'abscisses -2 et -1.

26 Reprendre les questions de l'exercice **25** avec :

1. $f(x) = 2x^3 - 3x^2 + 1$ **2.** $f(x) = \dfrac{1}{x}$

Exercices Application

Capacité 1 : Interpréter géométriquement le nombre dérivé comme coefficient directeur de la tangente

27 **Vrai ou faux ?**

On donne ci-dessous la représentation graphique d'une fonction f.

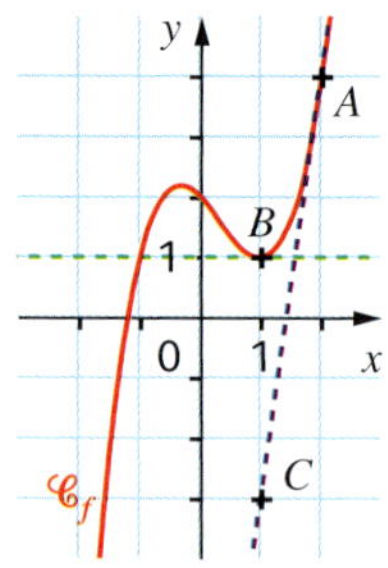

Elle passe par les points $A(2\ ;\ 4)$ et $B(1\ ;\ 1)$. Au point A, elle admet une tangente qui passe par le point $C(1\ ;\ -3)$. Au point B, la tangente est parallèle à l'axe des abscisses.

Pour chaque affirmation, préciser si elle est vraie ou fausse. Justifier la réponse.

1. $f'(2) > 0$ **2.** $f'(2) = 4$
3. $f'(1) = 0$ **4.** $f'(0) < 0$

28 On donne ci-dessous la courbe d'une fonction f ainsi que trois tangentes aux points A, B et C.

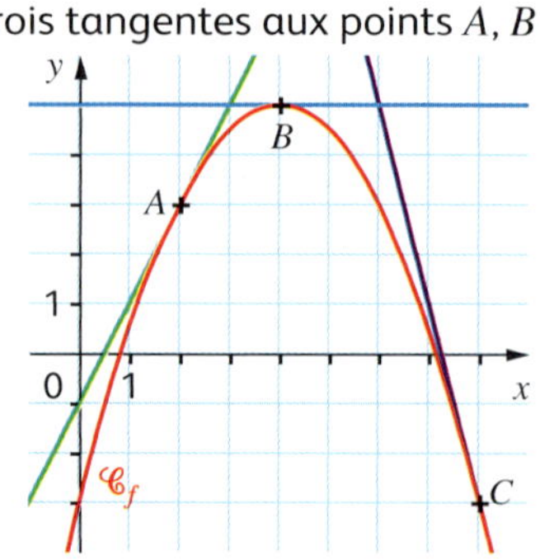

Lire les nombres dérivés $f'(2)$, $f'(4)$ et $f'(8)$.

29 On donne la capture d'écran ci-dessous issue d'un logiciel de géométrie dynamique.

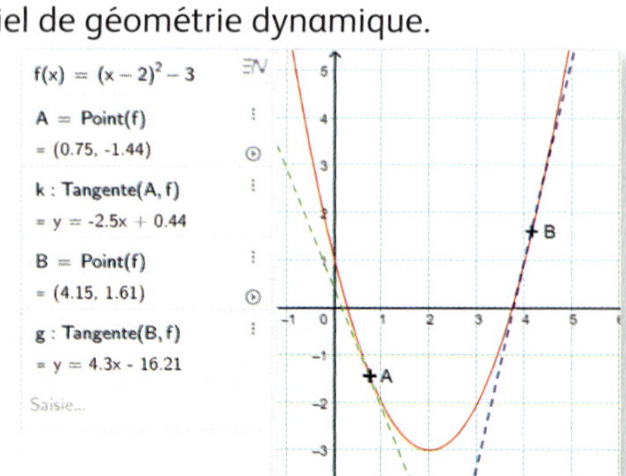

1. Donner $f(0{,}75)$ puis $f'(0{,}75)$.

2. Donner $f(4{,}15)$ puis $f'(4{,}15)$.

30 On considère la fonction f définie par :

$$f(x) = x^3 - 2x - 1$$

On donne ci-dessous sa représentation graphique.

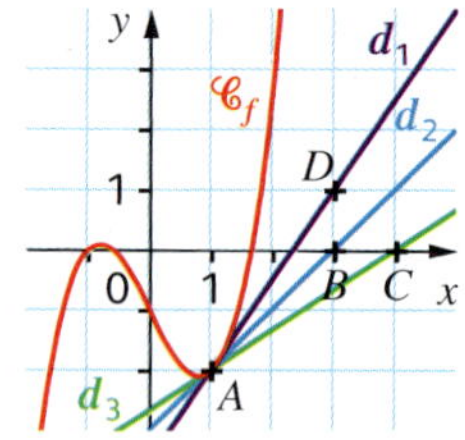

La courbe passe par le point $A(1\ ;\ -2)$ ainsi que les droites d_1, d_2 et d_3 comme on peut le voir sur le graphique.

1. À l'aide de la calculatrice, calculer le nombre dérivé $f'(1)$.

2. Parmi les trois droites tracées, une seule correspond à la tangente à la courbe en A. Laquelle ? Justifier.

31 Soit f la fonction définie sur $\mathbb{R}$ par :

$$f(x) = 0{,}5x^3 - 1{,}5x$$

1. À l'aide de la calculatrice, compléter le tableau suivant :

x	-2	-1	0	1	2
$f(x)$					
$f'(x)$					

2. Dans un repère d'unités 0,5 cm :

a. placer les points de coordonnées $(x\ ;f(x))$ déterminés dans le tableau ci-dessus ;

b. construire en chacun de ces points la tangente à la courbe de f ;

c. tracer une allure de la courbe de f.

32 Soit f une fonction telle que :

- $f(-2) = 0$ et $f'(-2) = 3$
- $f(0) = 3$ et $f'(0) = 0$
- $f(2) = 2$ et $f'(2) = -\dfrac{1}{2}$
- $f(3) = 0$ et $f'(3) = -3$

Construire une courbe susceptible de représenter cette fonction.

33 Dans chacune des questions suivantes, on donne une fonction f ainsi que les abscisses a et b de deux points A et B de la courbe de f.

Les tangentes à la courbe de f aux points A et B sont-elles parallèles ?

1. $f(x) = x^3 - 5x$; $a = -2$ et $b = 2$.

2. $f(x) = 3x^2 - 9x + 2$; $a = 0$ et $b = 3$.

3. $f(x) = \dfrac{1}{x-1}$; $a = 0$ et $b = 2$.

4. $f(x) = \dfrac{x^2-1}{x+2}$; $a = -1$ et $b = -3$.

CAPACITÉ 2 Interpréter le nombre dérivé dans le cadre d'un modèle d'évolution

34 QCM

La population d'une ville, en millier, est modélisée à partir de l'année 2018 à l'aide de la fonction f définie par $f(x) = 125x + 3\,540$ où x représente le nombre d'années depuis 2018.

Le rythme de croissance de la population en $2018 + x$ est donné par le nombre dérivé $f'(x)$.

Pour chaque question, donner la (ou les) bonne(s) réponse(s).

1. Le nombre dérivé $f'(2)$ est égal à :

a. 125 b. 250 c. 3 790

2. En 2025, le rythme de croissance de la population est égal à :

a. $f'(2025)$ b. 125 000 c. 875 000

3. Par rapport à celui de 2020, le rythme de croissance de la population en 2025 :

a. a augmenté b. est stable c. a diminué

35 Un article a été partagé sur les réseaux sociaux pendant 10 jours. Le nombre de partages, en centaine, le n-ième jour est modélisé par la fonction f définie sur l'intervalle [0 ; 10] par $f(n) = -0{,}5n^2 + 5n$.

La vitesse de transmission de l'article le n-ième jour est donnée par le nombre dérivé $f'(n)$.

1. Combien de fois l'article a-t-il été partagé le 1er jour ? le 3e jour ?

2. a. Dans un repère, construire la représentation graphique de la fonction f.

b. Quel semble être le maximum de la fonction f ? En quelle valeur de x est-il atteint ?

3. a. À l'aide de la calculatrice, calculer $f'(1)$ et $f'(3)$. Interpréter les résultats dans le contexte de l'exercice.

b. Quelle est la vitesse de transmission de l'article le jour où le nombre de partages a été maximal ?

36 La courbe ci-dessous représente la durée du jour (entre lever et coucher du soleil) à Paris en fonction de la date dans l'année.

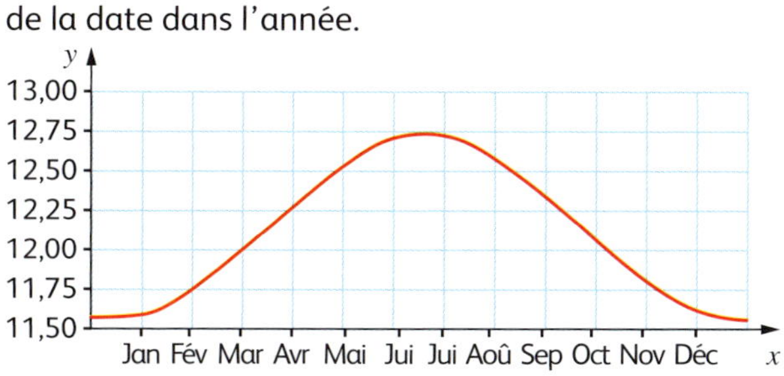

L'axe des ordonnées représente des heures (écrites sous forme décimale).

1. Quelle est la durée minimale du jour à Paris ? À quelle date approximative correspond-elle ?

2. Quelle est la durée maximale du jour à Paris ? À quelle date approximative correspond-elle ?

3. Sur quel intervalle de dates la durée du jour augmente-t-elle ? Si l'on trace la tangente en un point de la courbe correspondant à cet intervalle, que peut-on affirmer de son coefficient directeur ?

4. Reprendre la question **3.** avec une durée du jour qui diminue.

5. À quelles dates approximatives correspondraient les tangentes horizontales à cette courbe ? Rapprocher la réponse de la définition d'un « solstice ».

37 Léa lance un ballon à un instant $t = 0$. La hauteur du ballon, en mètre, est donnée à l'instant t, exprimé en seconde, par l'expression :

$$h(t) = -0{,}375t^2 + 1{,}5t + 2$$

1. De quelle hauteur est lancé le ballon ?

2. Quelle est la hauteur du ballon au bout d'une seconde ? de trois secondes ?

3. La vitesse instantanée du ballon, en mètre par seconde, à un instant t est égale au nombre dérivé $h'(t)$.

a. À l'aide de la calculatrice, calculer $h'(1)$ puis $h'(3)$. Que signifie chacun des résultats dans le contexte de l'exercice ?

b. Calculer $h(2)$ puis $h'(2)$. Interpréter ces résultats dans le contexte de l'exercice.

4. a. À l'aide de la calculatrice, estimer à quel moment le ballon retombe au sol.

b. Quelle est sa vitesse instantanée à ce moment-là ?

38 Une entreprise fabrique des pièces métalliques pour vélos. Le coût total de production, en dizaine de milliers d'euros, de x milliers de pièces est donné par une fonction f dont la courbe est tracée ci-contre. Deux tangentes sont représentées en pointillés aux points A et B.

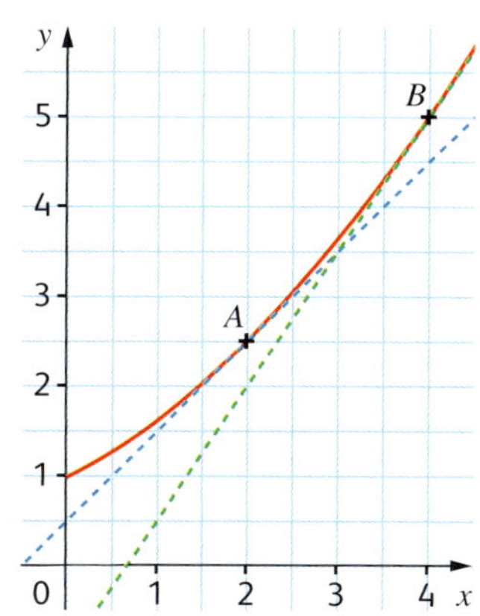

1. Déterminer le coût total de fabrication lorsque l'entreprise fabrique 2 000 pièces, puis lorsqu'elle fabrique 4 000 pièces.

2. On admet que le rythme de croissance du coût total de production pour x milliers de pièces fabriquées est donné par le nombre dérivé $f'(x)$.

Par lecture graphique, déterminer $f'(2)$ puis $f'(4)$ et interpréter les résultats obtenus.

exercices Entraînement

1 Nombre dérivé

39 Vrai ou faux ?

Dire si chacune des affirmations suivantes est vraie ou fausse. Justifier.

Affirmation 1

Si la tangente à la courbe d'une fonction f en un point d'abscisse a est montante, alors le nombre dérivé $f'(a)$ est positif.

Affirmation 2

Si l'image d'un nombre a par une fonction f est positive, alors le nombre dérivé $f'(a)$ est positif.

Affirmation 3

Si les tangentes à la courbe d'une fonction f aux points d'abscisses a et b sont sécantes, alors les nombres dérivés $f'(a)$ et $f'(b)$ sont différents.

40 Dans chacun des cas, calculer le taux d'accroissement de la fonction f entre a et b.

1. $f(x) = 3x - 5$; $a = 1$ et $b = 3$;

2. $f(x) = x^2 + 4x + 6$; $a = 5$ et $b = -3$;

3. $f(x) = \frac{1}{x}$; $a = 2$ et $b = 4$.

41 On considère la fonction définie sur $\mathbb{R}$ par :

$$f(x) = 3x^2 + 5x + 2$$

1. a. Calculer le taux d'accroissement de la fonction f entre 1 et 2.

b. Compléter le tableau ci-dessous.

a	b	$f(a)$	$f(b)$	$\frac{f(b)-f(a)}{b-a}$
1	1,1			
1	1,01			
1	1,001			

2. a. À l'aide de la calculatrice, déterminer le nombre dérivé $f'(1)$.

b. Que constate-t-on ?

42 On donne ci-contre la représentation graphique d'une fonction f définie sur l'intervalle $[0 ; 4]$.

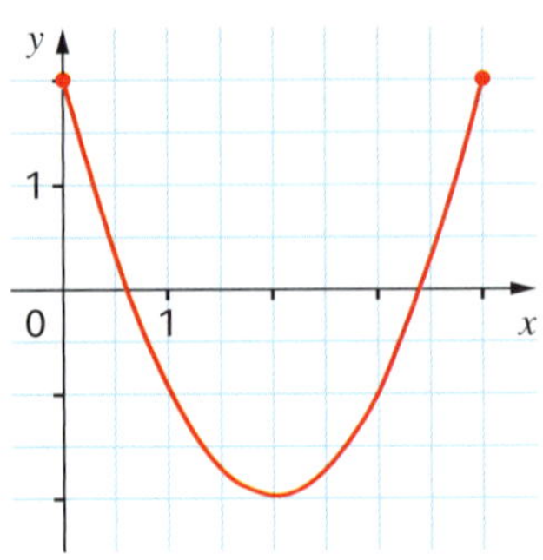

1. La fonction f semble-t-elle être dérivable en tout point de $[0 ; 4]$?

2. Déterminer le réel a tel que $f'(a)=0$.

3. Ordonner dans l'ordre croissant les nombres : $f'(0)$; $f'(1)$; $f'(2)$; $f'(3)$; $f'(4)$.

4. Quelles sont les valeurs de x qui semblent vérifier $f'(x) < 0$?

43 On considère une fonction f dont la représentation graphique donnée ci-dessous passe par les points A, B, C et D. Les tangentes à la courbe de f sont tracées en A, en B et en C.

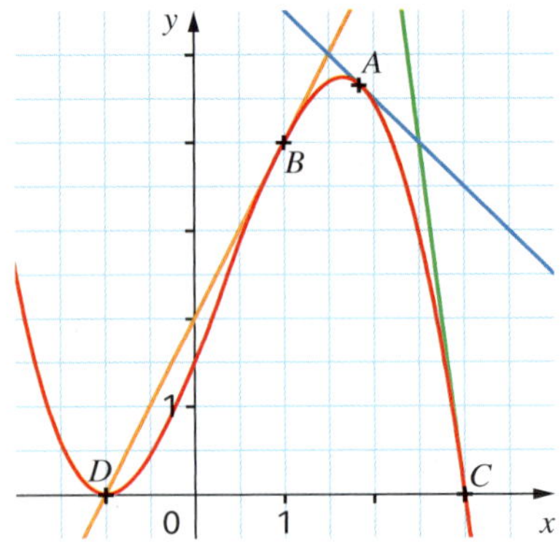

À quelles tangentes de la courbe peut-on associer les nombres dérivés suivants ?

1. –8 **2.** –1 **3.** 0 **4.** 2

44 Soit f la fonction carré définie sur $\mathbb{R}$ par $f(x) = x^2$.

1. a. Compléter le tableau ci-dessous.

a	–5	–3	0	4	11
$f'(a)$					

b. Conjecturer la valeur de $f'(a)$ en fonction de a.

2. a. Soit a un nombre réel.

Montrer que le taux d'accroissement de f entre a et $a + h$ (avec $h \neq 0$) est égal à $2a + h$.

b. De manière intuitive, vers quelle valeur se rapproche le nombre $2a + h$ lorsque le nombre h se rapproche de plus en plus de 0 ?

c. On admet que le nombre dérivé $f'(a)$ est égal à la valeur vers laquelle se rapproche le taux d'accroissement de f entre a et $a + h$ lorsque h est de plus en plus proche de 0.

Quel résultat permet d'obtenir la réponse à la question **2. b.** ?

45 Un objet est lâché en chute libre du haut d'un mat La distance parcourue par l'objet, en mètre, au bout de t secondes est donnée par $d(t) = 4{,}9t^2$. On admet que la vitesse instantanée de l'objet (en $m.s^{-1}$) au bout de t_0 secondes est égale au nombre dérivé $d'(t_0)$.

La vitesse de l'objet après deux secondes de chute est-elle égale au double de la vitesse après une seconde de chute ? Justifier.

46 On considère une fonction dérivable f définie sur l'intervalle $[0 ; 3]$.

On sait que : $f(0) = 1$ et $f'(0) = 2$; $f(1) = 3$ et $f'(1) = 0$; $f(2) = 0$ et $f'(2) = -1$; $f(3) = -1$ et $f'(3) = 0$.

Tracer une courbe qui pourrait être celle de la fonction f.

47 **Coût marginal en économie**

Chaque mois, une scierie fabrique jusqu'à 100 tonnes de planches de bois destinées à la fabrication de meubles.

Le coût total de production de x tonnes de planches, en millier d'euros, est donné par :

$$C(x) = 0{,}04x^2 + 0{,}15x + 25{,}3 \text{ avec } x \in [0\,;100]$$

En économie, le **coût marginal** $C_m(x)$ représente le coût supplémentaire engendré par la production de la dernière tonne produite lorsqu'on a déjà produit $x - 1$ tonnes. Ainsi, pour tout $x \in [0\,;100]$:

$$C_m(x) = C(x) - C(x-1)$$

1. Montrer que le coût marginal $C_m(x)$ correspond au taux d'accroissement de la fonction coût total C entre $x - 1$ et x.

2. Calculer le coût marginal :

a. de la 50e tonne produite ;

b. de la 100e tonne produite.

3. En général, on assimile la valeur du coût marginal de la q-ième tonne produite au nombre dérivé $C'(q)$.

a. À l'aide de la calculatrice, déterminer $C'(50)$ et $C'(100)$.

b. Les résultats obtenus sont-ils proches de ceux obtenus à la question **2.** ? L'assimilation entre le coût marginal $C'(q)$ et le nombre dérivé $C'(q)$ semble-t-elle raisonnable ?

2 Équation d'une tangente

48 Soit f une fonction dont la courbe est tracée dans le repère ci-contre, ainsi que trois tangentes $\mathcal{T}_1$, $\mathcal{T}_2$ et $\mathcal{T}_3$.

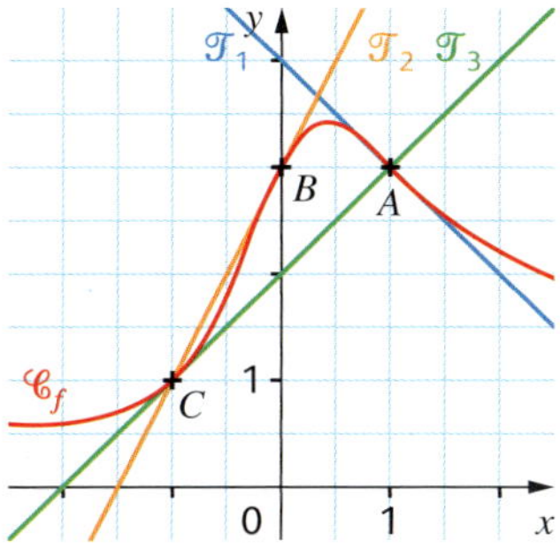

1. Lire l'équation de chaque tangente.

2. Calculer les coordonnées du point d'intersection des tangentes $\mathcal{T}_1$ et $\mathcal{T}_2$.

3. On admet que, en repère orthonormé, deux droites sont perpendiculaires lorsque le produit de leurs coefficients directeurs est égal à –1.

Montrer que $\mathcal{T}_1$ et $\mathcal{T}_3$ sont perpendiculaires.

49 On considère la fonction f définie sur $]0\,;+\infty[$ par $f(x) = \dfrac{1}{x}$.

1. Déterminer les équations des tangentes à la courbe de f aux points d'abscisse 0,5 ; 1 et 2.

2. Dans un repère, construire les trois tangentes puis la courbe de f sur $]0\,;+\infty[$.

Analyse d'un énoncé

50 **Exercice commenté**

On considère deux fonctions f et g définies sur $\mathbb{R}$ respectivement par :

- $f(x) = x^2 - 6x + 13$
- $g(x) = -x^2 + 10x - 19$

1. Montrer que chercher les coordonnées des points d'intersection des courbes $\mathscr{C}_f$ et $\mathscr{C}_g$ revient à résoudre l'équation $2(x-4)^2 = 0$.

➜ Pour savoir si deux courbes $\mathscr{C}_f$ et $\mathscr{C}_g$ ont des points d'intersection on doit résoudre l'équation $f(x) = g(x)$.

2. Montrer que les courbes $\mathscr{C}_f$ et $\mathscr{C}_g$ ont un unique point d'intersection P.

➜ Il faut montrer que l'équation $f(x) = g(x)$ admet une solution unique.

3. Montrer que les deux courbes ont une tangente commune en ce point P.

➜ Deux tangentes sont communes signifie qu'elles ont la même équation.

51 **Application immédiate**

Soient f et g deux fonctions définies sur $\mathbb{R}$ respectivement par :

- $f(x) = 3x^2 - 12x + 7$
- $g(x) = -x^2 - 4x + 3$

1. Montrer que les courbes de f et g ont un unique point commun P.

2. Montrer que les deux courbes ont une tangente commune en ce point P.

52 On donne ci-contre la courbe représentant une fonction f. Deux tangentes à cette courbe sont tracées, en $A(1\,;2)$ et en $B(2\,;3)$.

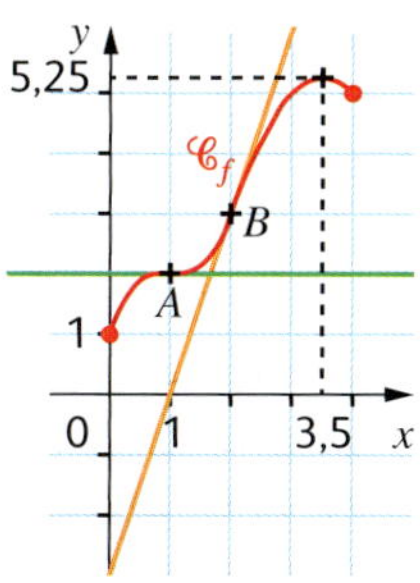

1. Quel est l'ensemble de définition de la fonction f ?

2. Préciser, par lecture graphique, l'équation réduite de chacune de ces deux tangentes.

3. Préciser, par lecture graphique, l'équation réduite de la tangente à $\mathscr{C}_f$ parallèle à la tangente en A.

4. Sur laquelle de ses parties la courbe $\mathscr{C}_f$ admet-elle des tangentes à coefficient directeur négatif ?

Apprendre à modéliser

DÉVELOPPER DES COMPÉTENCES

Les différents coûts en économie

Un maraîcher produit différents fruits et légumes. Chaque jour en été, ses plantes peuvent produire jusqu'à 60 kg d'une variété de tomates dont le kilo est vendu 5,90 € sur les marchés.

Partie A Le coût total

Le **coût total** de production, en euro, pour une production quotidienne de x kilos de cette variété de tomates est donné par :

$$C(x) = 0{,}005x^3 - 0{,}25x^2 + 5{,}5x + 25$$

$C(x)$ représente le coût total généré par la production de x kilos de tomates pour le producteur.

1. Calculer $C(0)$. Interpréter le résultat dans le contexte de l'exercice. Comment l'expliquer ?

2. a. À l'aide de la calculatrice, afficher le tableau de valeurs de la fonction coût total pour x allant de 0 à 60 avec un pas égal à 1.

b. Conjecturer le sens de variation de la fonction coût total. Interpréter dans le contexte de l'exercice.

3. a. Calculer $C(30)$ puis $C(55)$.

b. Le maraîcher gagne-t-il ou perd-il de l'argent s'il vend 30 kg de tomates ? 55 kg de tomates ? Justifier.

Partie B Le coût marginal

En économie, le **coût marginal** $C_m(x)$ représente le coût supplémentaire engendré par la production du dernier kilo de tomates produit lorsqu'il en est produit x kg. On a donc, pour tout $x \in [1 ; 60]$:

$$C_m(x) = C(x) - C(x-1)$$

1. Calculer le coût marginal du 30e kilo produit, puis du 55e kilo produit.

> $C(x) - C(x-1)$, c'est le coût total pour produire x kg diminué du coût total pour produire $(x-1)$ kg. C'est donc bien le coût de production de la x-ième unité produite…

2. En économie, on assimile la valeur du coût marginal du x-ième kilo de tomates produit au nombre dérivé $C'(x)$ où C est la fonction coût total.

a. À l'aide de la calculatrice, déterminer $C'(30)$ et $C'(55)$.

b. L'erreur commise en assimilant $C_m(x)$ à $C'(x)$ est-elle importante ?

Partie C Le coût moyen

Le **coût moyen** d'un kilo de tomates, en euro, lorsque le maraîcher en produit x kilos (avec $x \neq 0$) est donné par :

$$CM(x) = \frac{C(x)}{x}$$

1. Calculer le coût moyen d'un kilo de tomates, en euro, si le maraîcher en produit 30 kg, puis s'il en produit 55 kg.

2. a. À l'aide de la calculatrice, afficher le tableau de valeurs de la fonction coût moyen pour x allant de 0 à 60 avec un pas égal à 1.

b. Pour quelle quantité produite, en kg, le coût moyen est-il minimal ? Quel est ce coût moyen minimal ?

3. Montrer que lorsque le coût moyen est minimal, il est très proche du coût marginal.

Partie D Rythme de croissance du coût total

On admet que le rythme de croissance du coût total de production de x kilos de tomates (en euro par kg) est égal au nombre dérivé $C'(x)$.

Avec un logiciel de calcul formel, on calcule les nombres dérivés $C'(x)$ pour tout $x \in [0 ; 60]$.

1 Dérivée$(0.005x^3 - 0.25x^2 + 5.5x + 25)$

$\rightarrow \frac{3}{200}x^2 - \frac{1}{2}x + \frac{11}{2}$

1. À l'aide de la calculatrice, afficher le tableau de valeurs des nombres dérivés $C'(x)$ pour x allant de 0 à 60 avec un pas égal à 1.

2. Pour quelles quantités produites peut-on dire que le rythme de croissance du coût total de production diminue ? augmente ?

3. Pour quelle quantité produite peut-on dire qu'il y a une inflexion du rythme de croissance du coût total ?

Maths en situation...

53 … en médecine Propagation d'une épidémie

Dans une région, de nombreux élevages de canards sont touchés par une épidémie pendant plusieurs mois. Le nombre de canards malades, en millier, au bout de t mois est modélisé par la fonction f définie sur l'intervalle [0 ; 7,5] par :

$$f(t) = -0{,}8t^3 + 6t^2$$

On donne ci-contre la représentation graphique de la fonction f.

La courbe passe par le point A d'abscisse 2,5 et admet en ce point une tangente qui passe par le point B de coordonnées (4,5 ; 55).

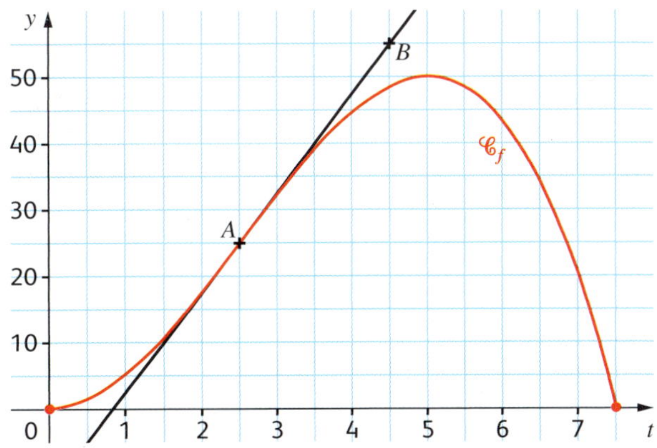

Partie A Étude de la fonction

1. Construire le tableau de variations de la fonction f sur l'intervalle [0 ; 7,5].

2. Au bout de combien de mois le nombre maximal de canards malades sera-t-il atteint ? Combien de canards seront malades à ce moment-là ?

3. Les autorités déclenchent une alerte sanitaire lorsque le nombre de canards malades dépasse 5 000 et la lèvent lorsque le nombre de canards malades diminue et repasse en dessous de 20 000.

Combien de temps l'alerte dure-t-elle ?

Partie B Étude de la vitesse de propagation

On admet que la vitesse de propagation de l'épidémie au bout de t mois est donnée par le nombre dérivé $f'(t)$.

1. a. Calculer le coefficient directeur de la tangente à la courbe de f au point A.

b. Interpréter le résultat obtenu dans le contexte de l'exercice.

2. Calculer la vitesse de propagation de la maladie au moment où le nombre maximal de canards malades est atteint.

3. Calculer la vitesse de propagation de la maladie au moment où les autorités lèvent l'alerte sanitaire.

4. Avec un logiciel de calcul formel, on obtient ci-contre les valeurs de $f'(t)$.

	Dérivée$(-0.8t^3 + 6t^2)$
1	$\rightarrow \dfrac{-12}{5}t^2 + 12\,t$

À l'aide de la calculatrice et en argumentant les réponses, préciser :

a. à quel moment la vitesse de propagation de l'épidémie semble maximale ;

b. sur quelle période la croissance de l'épidémie accélère ;

c. sur quelle période la croissance de l'épidémie ralentit.

54 … en géométrie Modélisation d'un toboggan

Un toboggan est représenté par la courbe ci-contre. Il est formé de :

- l'arc $\overset{\frown}{AB}$, courbe de la fonction f définie sur l'intervalle [0 ; 1] par $f(x) = -0{,}5x^2 + 4$;
- l'arc $\overset{\frown}{CD}$, courbe de la fonction g définie sur l'intervalle [3 ; 4] par $g(x) = 0{,}5x^2 + 4x + 9$;
- un segment $[BC]$ reliant les deux arcs précédents.

1. À l'aide de la calculatrice, déterminer $f'(1)$ et $g'(3)$.

2. a. Déterminer l'équation de la tangente à la courbe de f au point d'abscisse 1.

b. Déterminer l'équation de la tangente à la courbe de g au point d'abscisse 3.

c. Déterminer l'équation de la droite (BC).

d. Pourquoi peut-on dire que le segment $[BC]$ permet de « raccorder au mieux » les deux arcs de la courbe et ainsi obtenir un toboggan le plus « lisse » possible ?

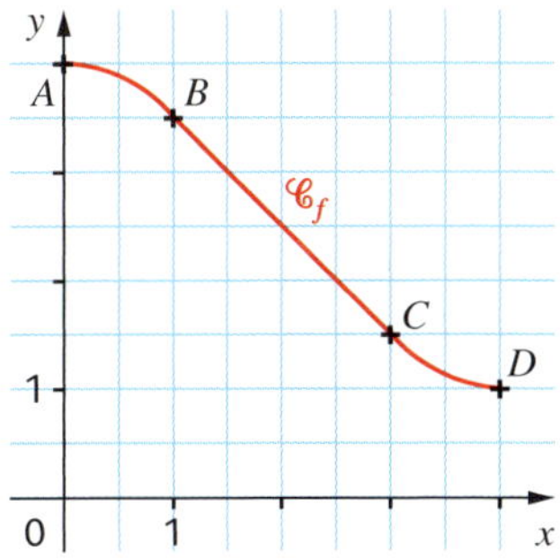

55 … en santé publique — Courbe de croissance d'un enfant

Le document ci-dessous montre les courbes de croissance d'un garçon âgé de 1 mois à 3 ans. La courbe centrale (notée M) représente les tailles médianes, en cm, constatées en France métropolitaine en 2018 en fonction de l'âge de l'enfant, en mois.

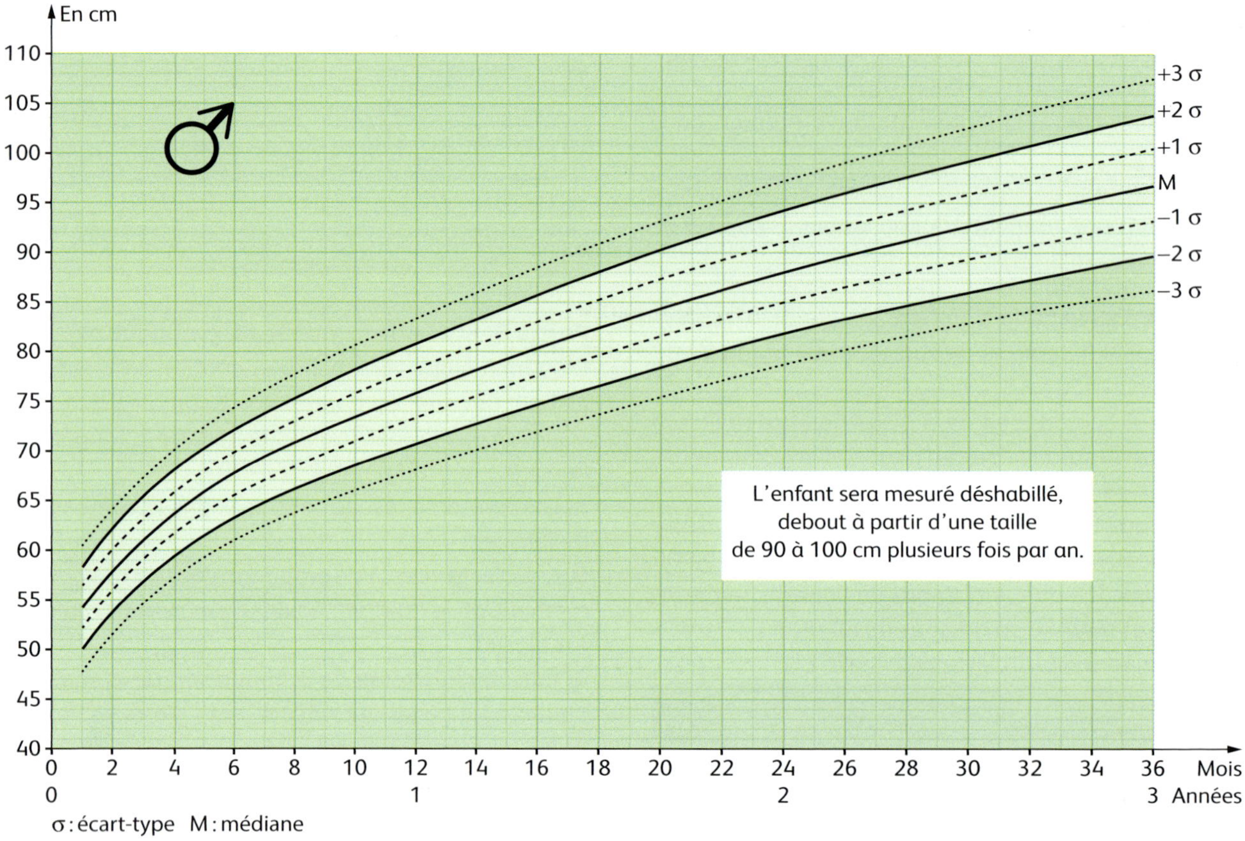

Courbes de croissance AFPA - CRESS/INSERM - CompuGroup Medical, 2018 [enfants nés à plus de 2 500 g et suivis par des médecins sur le territoire métropolitain].

Partie A Lecture du graphique

1. a. Lire la taille médiane des garçons âgés de deux mois, de deux ans.

b. Interpréter les résultats précédents.

2. Peut-on dire que l'évolution de la croissance des garçons âgés entre 1 et 12 mois est linéaire ? Pourquoi ?

Partie B Étude de la croissance

On admet que la courbe centrale des tailles médianes des garçons âgés de x mois (avec $0 \leqslant x \leqslant 36$) peut être modélisée par la fonction f définie par :

$$f(x) = 0{,}0009x^3 - 0{,}0775x^2 + 2{,}7482x + 52{,}959$$

1. Calculer $f(12)$. Interpréter le résultat et vérifier sa cohérence sur le graphique.

2. On admet que le rythme de croissance d'un garçon âgé de x mois est donné par le nombre dérivé $f'(x)$.

a. À l'aide de la calculatrice, calculer le rythme de croissance d'un garçon âgé de 1 mois, de 3 mois, de 6 mois, d'un an, de deux ans, puis de 3 ans.

b. Entre 0 et 3 ans, en s'appuyant sur la courbe donnée, définir une période de deux mois au cours de laquelle la croissance est accélérée, et une période de deux mois au cours de laquelle la croissance est ralentie.

c. Commenter l'évolution du rythme de croissance d'un garçon âgé de un mois à trois ans.

56 ... en chimie — Vitesse d'apparition d'un réactif dans une réaction chimique

On fait réagir en milieu acide des ions iodure I^- avec de l'eau oxygénée H_2O_2 selon l'équation :

$$H_2O_2 + 2H^+ + 2I^- \rightarrow 2H_2O + I_2$$

La concentration c (en mmol.L^{-1}) de diode I_2 produit en fonction du temps T (en minute) lors de cette réaction peut être modélisée par la fonction définie sur [0 ; 7] par :

$$c(t) = \frac{1}{50}\left(-t^3 + 10t^2 + 10t\right)$$

On admet que le nombre dérivé $c'(t)$ donne la vitesse d'apparition du diode au bout de t minutes.

1. Déterminer la concentration de produit au bout de 2 minutes.

2. Déterminer la vitesse d'apparition à l'instant initial.

3. Déterminer la vitesse d'apparition au bout de 6 minutes.

4. Conjecturer à quel instant la vitesse d'apparition est maximale.

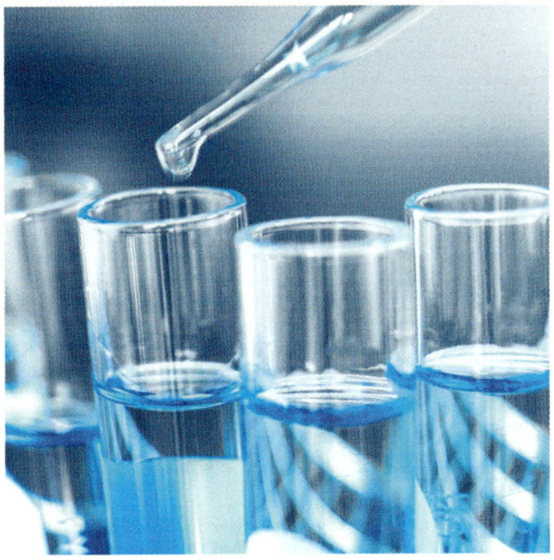

57 ... en démographie — Rythme de croissance d'une population

Le tableau ci-dessous indique le nombre d'habitants dans une ville, en millier, entre 2013 et 2022.

	A	B	C	D	E	F	G	H	I	J	K
1	Année	2013	2014	2015	2016	2017	2018	2019	2020	2021	2022
2	Rang de l'année *x*	0	1	2	3	4	5	6	7	8	9
3	Population	8,57	11,12	?	12,15	13,12	14,13	16,15	18,08	21,32	25,69

Partie A (facultative) Utilisation d'un tableur

1. a. Ouvrir une feuille de calcul d'un tableur et reproduire à l'identique le tableau ci-dessus, ou alors, ouvrir le fichier fourni.

b. Sélectionner les données des lignes 2 et 3 puis insérer un graphique sous la forme d'un nuage de points.

c. Sélectionner, à l'aide d'un clic droit, un des points du nuage puis :

- sélectionner *Ajouter une courbe de tendance* de type *polynomiale de degré* 3 ;
- cocher la case *Afficher l'équation sur le graphique*.

d. Noter l'équation de la courbe d'ajustement obtenue.

2. Le recensement de la ville n'a pas eu lieu en 2015. Estimer le nombre d'habitants dans cette ville cette année-là. Arrondir à la centaine près.

Partie B Étude de la population

On modélise le nombre d'habitants $f(x)$, en millier, par :

$$f(x) = 0{,}042x^3 - 0{,}382x^2 + 1{,}956x + 8{,}891$$

où x représente le nombre d'années depuis 2013.

1. En utilisant ce modèle, estimer le nombre d'habitants en 2025.

2. On admet que le rythme de croissance de la population de l'année $2013 + n$ est donné par le nombre dérivé $f'(n)$.

a. À l'aide de la calculatrice, déterminer $f'(0)$ et interpréter le résultat.

b. Déterminer une équation de la tangente à la courbe de f au point d'abscisse 0.

c. Dresser un tableau de valeurs de $f'(n)$ pour n allant de 0 à 12. Commenter le rythme de croissance de la population entre 2013 et 2025 selon ce modèle.

THÈME

8 Variation globale Fonctions dérivées

Modélisation du réel

Le terme « balistique » trouve son origine dans le grec ancien, au sens de « lancer ». Il s'applique à l'étude des trajectoires de projectiles, à laquelle l'humanité s'est intéressée depuis la Préhistoire, à des fins cynégétiques et, hélas, guerrières.

Voir Maths en situation p. 167

Les capacités du thème

- CAPACITÉ 1 Calculer des dérivées
- CAPACITÉ 2 Déterminer le sens de variation d'une fonction polynôme de degré inférieur ou égal à 3
- CAPACITÉ 3 Décrire les variations d'un phénomène en mobilisant la dérivée d'une fonction
- CAPACITÉ 4 Prévoir l'évolution d'un phénomène grâce à l'étude de la dérivée d'une fonction

Partir d'un bon pied

A Diaporama pour tester les bases

ACTIVITÉS MENTALES RAPIDES

B Variations, signe d'une fonction

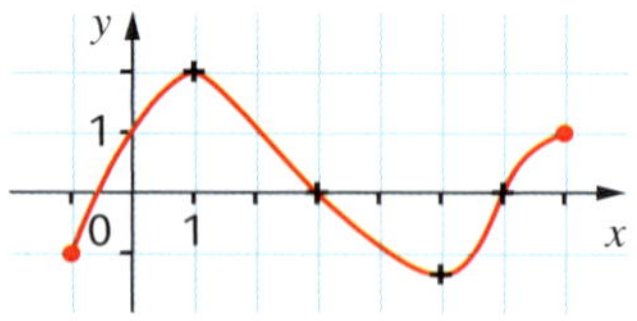

On donne ci-dessus la représentation graphique d'une fonction f. Préciser :

1. l'ensemble de définition de f ;
2. le tableau de variations de f ;
3. les maxima et minima de f ;
4. le tableau de signes de f.

C Vrai ou Faux ?

1. Une fonction positive sur un intervalle est croissante.
2. Si une fonction admet un maximum, il est positif.

automatismes

VIDÉO EXO 1 hachette-clic.fr/23ds1022

VIDÉO EXO 6 hachette ic.fr/23ds1023

Automatismes transversaux

1 QCM : Variations en pourcentages

Au moins une proposition est exacte dans chaque cas. Déterminer le(s) coefficient(s) multiplicateur(s) à appliquer à la valeur initiale pour obtenir la valeur finale.

1. Augmentation de 37 %.			
0,37	0,63	1,37	$1+\frac{37}{100}$

2. Diminution de 22 %.			
0,22	0,88	0,78	$1-0,22$

3. Deux augmentations successives de 22 %.			
1,44	$1,22^2$	1,4884	$0,22^2$

4. Trois diminutions successives de 17 %.			
$3\times0,17$	$0,17^3$	$1-3\times0,17$	$0,83^3$

5. Une augmentation de 33 % suivie d'une diminution de 42 %.		
$1,33\times0,58$	$1+(0,33-0,42)$	0,7714

6. Coefficient multiplicateur réciproque d'une augmentation de 65 %.			
$1-0,65$	$\frac{1}{0,65}$	$\frac{1}{1,65}$	Environ 0,61

7. Coefficient multiplicateur réciproque d'une diminution de 45 %.			
$-0,45$	$\frac{1}{0,55}$	$1-0,45$	Environ 1,82

2 Donner l'écriture décimale des nombres proposés.

1. 27 % **2.** 45,3 % **3.** 221 % **4.** $\frac{1}{8}$ **5.** $\frac{2}{3}$ **6.** $\frac{31}{5}$

3 Sur un marché spécialisé, les truffes sont commercialisées au prix de 0,75 € le gramme. Un restaurateur souhaite acheter sur ce marché 4 kg de truffes. Quel prix va-t-il payer pour cet achat ?

4 Résoudre dans $\mathbb{R}$ les équations suivantes.

1. $6x+8=-1$ **2.** $7x-1=-3x+19$

3. $2x^2=36$ **4.** $-\frac{7}{x}=21$

5 Le volume d'une boule de rayon R est donné par :

$$V=\frac{4}{3}\pi R^3$$

Calculer le volume exact, en cm^3, puis arrondi au centième :

1. d'une boule de rayon 3 cm ;

2. d'une boule de diamètre 10 cm.

Automatismes préparatoires du thème

Le graphique ci-dessous donne, pour trois types de véhicules différents, la consommation (en litre) du véhicule en fonction du temps, en minute, pour parcourir 100 km.

Tous les exercices ci-dessous s'y rapportent.

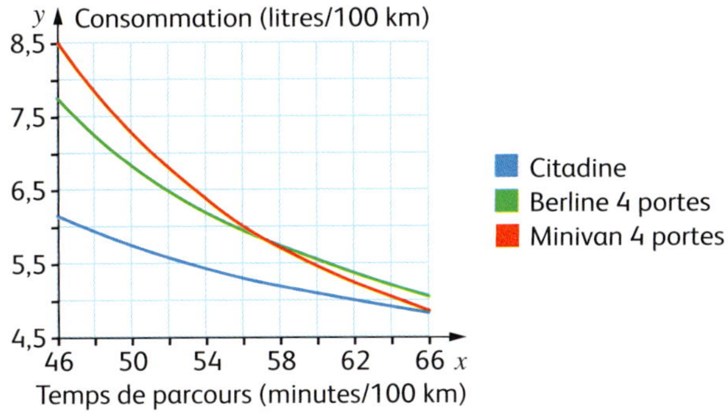

6 **1.** La courbe verte passe par le point de coordonnées (54 ; 6,2). Interpréter dans le contexte de ce graphique.

2. Deux berlines 4 portes parcourent 100 km, l'une en 46 min, l'autre en 56 min.

a. Quelle est leur différence de consommation sur 100 km ?

b. Au prix de 1,80 € le litre, quelle est la différence de dépense de carburant pour un « gain de temps » de 10 min ? Calculer sur cette base la différence de dépense de carburant pour « un gain » d'une heure. Calculer la différence, en pourcentage, avec le smic horaire net : 8,92 € au 01/01/2023.

7 **1.** Sous l'hypothèse de 1,80 € le litre de carburant, calculer la différence de dépense en carburant pour deux minivans parcourant respectivement 100 km en 46 min et en 66 min.

2. Sur un parcours de 300 km sur cette base, calculer la différence de temps de parcours et de budget carburant pour ces deux véhicules.

8 **1.** Un véhicule parcourt 100 km en 46 min. Quelle est sa vitesse en km/h ?

2. Même question pour un véhicule parcourant 100 km en 66 min.

9 Vrai ou Faux ?

a. « En passant de 120 à 100 km/h avec une berline 4 portes, l'économie de carburant réalisée est d'environ 25 %. »

b. « Avec un minivan, en passant de 120 à 100 km/h, on compense une augmentation de plus de 30 % du prix du carburant. »

Activités en situation...

Consolider les bases

Objectif
Réactiver le signe d'une expression.

Une entreprise fabrique et vend jusqu'à 8 000 ceintures en cuir par an. Le bénéfice, en dizaine de milliers d'euros, réalisé par la fabrication et la vente de x milliers de ceintures est donné par la courbe ci-contre d'une fonction B définie sur l'intervalle [0 ; 8].

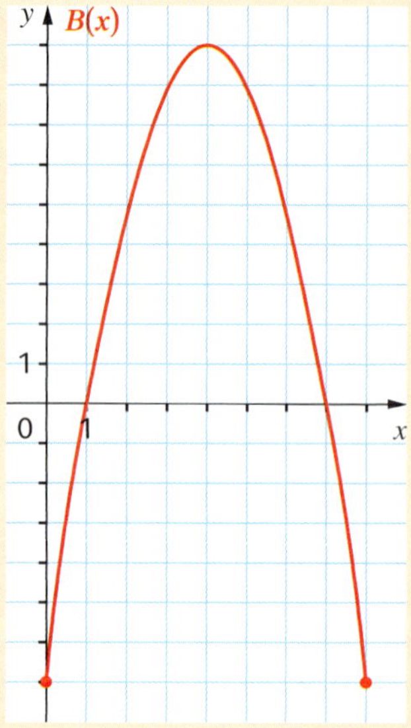

1 a. Déterminer $B(0)$. Interpréter le résultat dans le contexte de l'exercice.
b. Construire le tableau de variations de la fonction B sur [0 ; 8].
c. Pour quelle quantité produite et vendue le bénéfice de l'entreprise est-il maximal ? Quel est le montant du bénéfice maximal ?

2 a. Dresser le tableau de signes de la fonction B sur [0 ; 8].
b. En déduire les solutions de l'inéquation $B(x) \geqslant 0$. Interpréter les résultats dans le contexte de l'exercice.

3 On admet que la fonction B est définie sur l'intervalle [0 ; 8] par :

$$B(x) = -x^2 + 8x - 7$$

a. Développer $(x-1)(7-x)$. Qu'obtient-on ?
b. Dresser le tableau de signes de $(x-1)(7-x)$ en fonction des valeurs de x.
c. Retrouve-t-on les résultats de la question **2** b. ?

Situation 1 Fonction carré et nombre dérivé

Objectif
Découvrir la notion de fonction dérivée.

On considère la fonction carré f définie sur $\mathbb{R}$ par $f(x) = x^2$ et on note $\mathscr{C}_f$ sa représentation graphique.

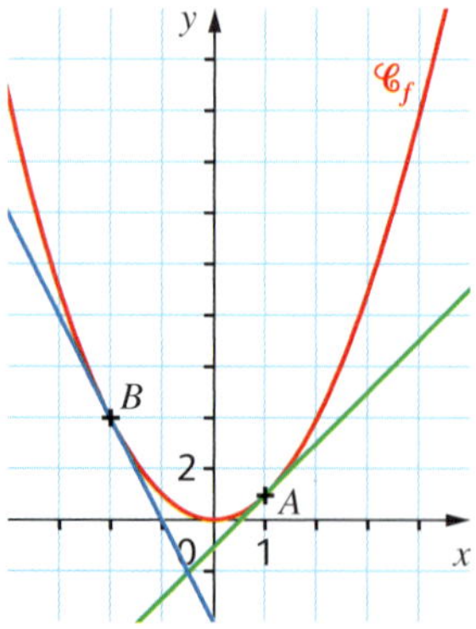

On appelle A et B les points d'abscisses respectives 1 et –2 de $\mathscr{C}_f$. On a représenté les tangentes à $\mathscr{C}_f$ aux points A et B.

1 Préciser $f'(1)$ et $f'(-2)$ par lecture graphique.

2 Recopier et compléter le tableau suivant à l'aide de la calculatrice :

x	–3	–2	–1	0	1	2	3
$f'(x)$							

3 Conjecturer l'expression de $f'(x)$ en fonction de x.

Info
On peut ainsi définir une nouvelle fonction qui à chaque réel x associe le nombre $f'(x)$. Cette fonction s'appelle **la fonction dérivée de** f, elle est notée f'.

Situation 2 Signe du nombre dérivé

Objectif
Conjecturer le lien entre sens de variation et signe de la dérivée.

On considère la fonction f définie sur $\mathbb{R}$ par $f(x) = 2x^2 + 5x + 3$ dont on donne la représentation graphique ci-contre.

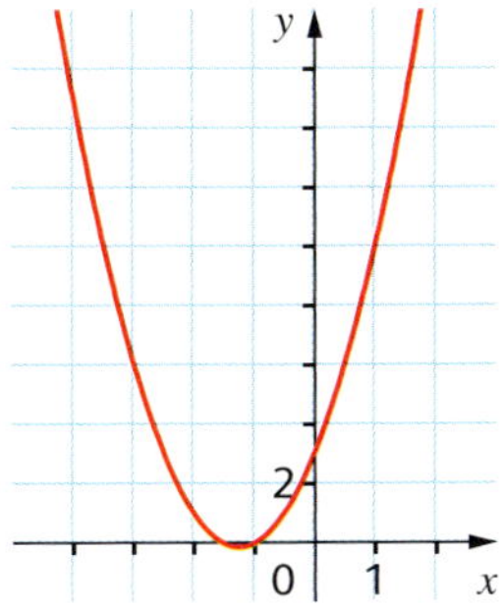

1 a. À l'aide de la représentation graphique ci-contre et de la calculatrice, conjecturer le sens de variation de la fonction f.
b. On considère un nombre réel x_0 dans un intervalle sur lequel f est croissante. Quel semble être le signe du coefficient directeur de la tangente à $\mathscr{C}_f$ en x_0 ?
c. On considère un nombre réel x_0 dans un intervalle sur lequel f est décroissante. Quel semble être le signe du coefficient directeur de la tangente à $\mathscr{C}_f$ en x_0 ?

2 a. Montrer que, pour tout réel x, $f'(x) = 4x + 5$.
b. Recopier et compléter le tableau suivant.

x	$-\infty$	…	$+\infty$
Signe de $f'(x)$			
Variations de f			

c. Conjecturer un lien entre le signe de $f'(x)$ sur un intervalle et le sens de variation de f sur ce même intervalle.

3 La question **2** confirme-t-elle les conjectures énoncées à l'aide de lectures graphiques à la question **1** ?

Info
2 c. Pour étudier les variations d'une fonction f on procédera, grâce à la propriété conjecturée, à l'étude du signe de sa fonction dérivée f'.

Situation 3 Aire maximale

Objectif
Résoudre un problème d'optimisation.

Arnaud souhaite construire un enclos rectangulaire dans son jardin pour en faire un potager. Il possède un grillage long de 60 mètres et veut que l'enclos ait l'aire la plus grande possible. Son objectif est de déterminer les dimensions et l'aire de cet enclos.

1 On note x et y les dimensions de l'enclos.
a. Déterminer une équation dont x et y sont solutions.
b. À quel intervalle x et y appartiennent-ils ? On notera cet intervalle I.
c. Exprimer y en fonction de x.
d. En déduire que l'aire de l'enclos, en m², est donnée pour tout $x \in \mathrm{I}$ par :
$$A(x) = -x^2 + 30x$$

2 a. Montrer que, pour tout réel x de I, $A'(x) = -2x + 30$.
b. Dresser le tableau de signes de $A'(x)$ pour x variant dans I.
c. En déduire le tableau de variations de A.

3 Conclure en donnant les dimensions et l'aire de l'enclos satisfaisant l'objectif d'Arnaud. Quelle est alors la nature du rectangle formant l'enclos ?

Info
Pour mettre en équation le problème, on commence par traduire mathématiquement le contexte de l'exercice.

Cours

1 Fonction dérivée

a Définition

On considère une fonction f définie sur un intervalle I telle que, pour tout nombre réel x de I, le nombre dérivé $f'(x)$ existe. On dit dans ce cas que la fonction f est dérivable sur l'intervalle I.

Une fonction dérivable admet une tangente en chaque point de sa représentation graphique.

Définition

On appelle **fonction dérivée de f** la fonction, notée f', qui à tout réel x de I, associe le nombre dérivé $f'(x)$.

b Dérivées des fonctions de référence

Théorème (admis)

Fonction f	Dérivée f'	f est dérivable sur
$f(x) = c$ (constante)	$f'(x) = 0$	$\mathbb{R}$
$f(x) = x$	$f'(x) = 1$	
$f(x) = x^2$	$f'(x) = 2x$	
$f(x) = x^3$	$f'(x) = 3x^2$	

Exemples

• On considère la fonction f définie sur $\mathbb{R}$ par $f(x) = 5$. C'est une fonction constante ($c = 5$). Alors, pour tout réel x :

$$f'(x) = 0$$

• On veut déterminer le nombre dérivé en 3 de la fonction carré. D'après le théorème, on a :

$$f'(3) = 2 \times 3 = 6$$

Remarque

On peut calculer les nombres dérivés des fonctions présentes dans le tableau précédent sans utiliser la calculatrice.

Par exemple le nombre dérivé en 4 de la fonction cube est :

$$f'(4) = 3 \times 4^2 = 48$$

c Dérivée d'une somme, d'un produit par un réel k

Théorème (admis)

Opération	Fonction f	Dérivée f'
Somme	$u + v$	$u' + v'$
Produit par un réel k	$k \times u$	$k \times u'$

Exemples

• On considère la fonction f définie sur $\mathbb{R}$ par $f(x) = x^2 + x$. Alors, pour tout réel x :

$$f'(x) = 2x + 1$$

• On considère la fonction g définie sur $\mathbb{R}$ par $g(x) = 4x^3$. Alors, pour tout réel x :

$$g'(x) = 4 \times 3x^2 = 12x^2$$

Remarques

• La fonction dérivée d'une fonction affine est une fonction constante, celle d'un polynôme du second degré est une fonction affine et un polynôme de degré 3 a pour fonction dérivée un polynôme du second degré.

• La dérivée du produit de deux fonctions n'est en général pas égale au produit des dérivées de ces fonctions.

méthode

CAPACITÉ 1 Calculer des dérivées

Énoncé

On considère les fonctions f, g et h définies sur $\mathbb{R}$ par :
- $f(x) = x^3 + x^2 + x$
- $g(x) = 8x^2$
- $h(x) = 2x^3 - 5x^2 + 3x - 4$

1. Calculer la fonction dérivée de chacune des fonctions.
2. Déterminer l'équation réduite de la tangente à la courbe $\mathscr{C}$ représentant la fonction f en son point d'abscisse 1.

Solution

1. • La fonction f est une somme de fonctions. On pose $u(x) = x^3$, $v(x) = x^2$ et $w(x) = x$. On a alors $f(x) = u(x) + v(x) + w(x)$.
La dérivée de f est égale à la somme des dérivées des fonctions u, v et w.
On calcule ces dérivées : $u'(x) = 3x^2$; $v'(x) = 2x$ et $w(x) = 1$.
Ainsi $f'(x) = u'(x) + v'(x) + w'(x) = 3x^2 + 2x + 1$.

• La fonction g est le produit d'une fonction par un nombre réel k. En effet, $g(x) = k \times u(x)$ où $k = 8$ et $u(x) = x^2$.
La dérivée de g est donc égale à $g'(x) = k \times u'(x)$.
On calcule la dérivée de u : $u'(x) = 2x$ d'après le théorème sur les dérivées des fonctions de référence.
Ainsi $g'(x) = 8 \times 2x = 16x$.

• La fonction h est une somme de fonctions, certaines de ces fonctions étant un produit d'une fonction de référence par un réel k. En utilisant les deux opérations sur les dérivées du théorème, on obtient :

$$g'(x) = 2 \times 3x^2 - 5 \times 2x + 3 \times 1 + 0 = 6x^2 - 10x + 3$$

2. L'équation réduite de la tangente à la courbe représentant la fonction f en son point d'abscisse a est donnée par $y = f'(a)(x - a) + f(a)$.
On calcule donc $f'(1) = 3 \times 1^2 + 2 \times 1 + 1 = 6$.
On calcule également : $f(1) = 3$.
La tangente recherchée a donc pour équation réduite $y = 6(x - 1) + 3$, c'est-à-dire $y = 6x - 3$.

Point méthode

1. Pour calculer la dérivée d'une fonction, on identifie les opérations (somme et produit par un nombre réel) sur les fonctions de références qui apparaissent dans l'expression de la fonction.

Point méthode

2. Pour calculer un nombre dérivé $f'(a)$, on peut calculer l'expression de la fonction dérivée $f'(x)$, puis chercher l'image $f'(a)$ de a par la dérivée f'.

J'applique

10 Calculer les fonctions dérivées des fonctions f, g et h définies sur $\mathbb{R}$ par :
1. $f(x) = 4x^3$
2. $g(x) = 2x^2 - 7x$
3. $h(x) = 3x^3 - 4x^2 + 5x - 2$

11 Calculer les fonctions dérivées des fonctions f, g et h définies sur $\mathbb{R}$ par :
1. $f(x) = \frac{5}{3}x^3$ **2.** $g(x) = \frac{1}{6}x^2 - \frac{1}{3}x$
3. $h(x) = \frac{1}{3}x^3 - \frac{5}{2}x^2 + 3x - 6$

12 Après avoir développé les expressions, calculer les fonctions dérivées des fonctions f, g, h et p définies sur $\mathbb{R}$ par :
1. $f(x) = x(x^2 + 3)$ **2.** $g(x) = (2x - 3)(x + 2)$
3. $h(x) = (x + 3)^2$ **4.** $p(x) = (x - 5)^2$

13 Déterminer l'équation réduite de la tangente à $\mathscr{C}_f$ au point d'abscisse a dans les cas suivants :
1. $f(x) = x^2$; $a = 1$
2. $f(x) = 3x^2 + x - 4$; $a = 2$
3. $f(x) = 2x^3 - 3x^2 + 2x - 1$; $a = -2$
4. $f(x) = 4x + 7$; $a = 4$

Cours

2 Variations d'une fonction

On considère une fonction f définie et dérivable sur un intervalle I.

a Lien entre variations et signe de la dérivée

Théorème (admis)

- Si f est croissante sur I, alors, pour tout réel x de I, $f'(x) \geqslant 0$.
- Si f est constante sur I, alors, pour tout réel x de I, $f'(x) = 0$.
- Si f est décroissante sur I, alors, pour tout réel x de I, $f'(x) \leqslant 0$.

Et réciproquement :

- Si, pour tout réel x de I, $f'(x) \geqslant 0$, alors f est croissante sur I.
- Si, pour tout réel x de I, $f'(x) = 0$, alors f est constante sur I.
- Si, pour tout réel x de I, $f'(x) \leqslant 0$, alors f est décroissante sur I.

Exemple

La fonction cube est définie sur $\mathbb{R}$ par $f(x) = x^3$. Pour tout réel x, $f'(x) = 3x^2 \geqslant 0$. La fonction cube est croissante sur $\mathbb{R}$.

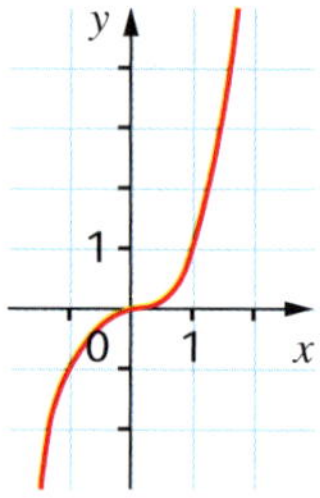

Conséquence

Pour étudier les variations d'une fonction f sur un intervalle I, on peut, si cela est possible, se ramener à l'étude du signe de sa fonction dérivée f'.
On procède en général de la façon suivante :
1. Calcul de la dérivée f' de la fonction f.
2. Étude du signe de $f'(x)$ sur I.
3. Construction, à partir du tableau de signes de $f'(x)$, du tableau de variations de f sur I, où figurent les images par f des bornes de I et des éventuelles valeurs pour lesquelles f change de sens de variation.

b Extremums d'une fonction

Définitions

On considère un nombre réel c de l'intervalle I.

- On dit que $f(c)$ est **le** maximum de f sur un intervalle J contenu dans I si, pour tout $x \in$ J, on a $f(x) \leqslant f(c)$.
- On dit que $f(c)$ est **un** maximum de f sur I s'il existe un intervalle ouvert contenu dans I sur lequel $f(c)$ est le maximum.
- On définit de même le minimum ou un minimum d'une fonction f.

Exemple

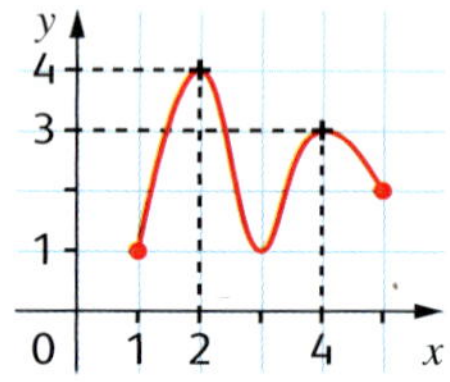

$4 = f(2)$ est **le** maximum de f sur [1 ; 5].
$3 = f(4)$ est **un** maximum de f sur [1 ; 5].
On parle de maximum local.

Remarque

Un maximum ou un minimum de la fonction f correspondent à l'ordonnée d'un « sommet » (vers le haut, ou vers le bas) de la courbe représentant f.

Propriété

On considère un nombre réel c de l'intervalle I.

Si $f'(c) = 0$ et si $f'(x)$ change de signe de part et d'autre de c, alors $f(c)$ est un extremum (maximum ou minimum) de f sur I.

$f(c)$ est un maximum

x		c	
$f'(x)$	+	0	−
$f(x)$	↗	$f(c)$	↘

$f(c)$ est un minimum

x		c	
$f'(x)$	−	0	+
$f(x)$	↘	$f(c)$	↗

Exemple

On considère la fonction f définie sur [−5 ; 5] par $f(x) = 2x^2 - 4x + 3$.
Pour tout x de [−5 ; 5] :

$$f'(x) = 4x - 4$$

On dresse le tableau de signes de $f'(x)$ puis le tableau de variations de f :

x	−5		1		5
$f'(x)$		−	0	+	
$f(x)$	73	↘	1	↗	33

méthode

CAPACITÉ 2 Déterminer le sens de variation d'une fonction polynôme de degré inférieur ou égal à 3

Énoncé

On considère la fonction f définie sur l'intervalle $[-2 ; 2]$ par $f(x) = x^3 + 0{,}5x^2 - 4x + 1$.

1. Déterminer, pour tout réel x de $[-2 ; 2]$, l'expression de la dérivée $f'(x)$.

2. Montrer que $f'(x) = (3x + 4)(x - 1)$.

3. a. Dresser le tableau de signes de $f'(x)$.

b. En déduire le tableau de variations de f.

c. Décrire les variations de f.

d. Déterminer le maximum et le minimum de f sur $[-2 ; 2]$.

Solution

1. $f'(x) = 3x^2 + 0{,}5 \times 2x - 4 = 3x^2 + x - 4$

2. $(3x + 4)(x - 1) = 3x \times x + 3x \times (-1) + 4 \times x + 4 \times (-1)$

$= 3x^2 - 3x + 4x - 4$

$= 3x^2 + x - 4$

Ainsi, pour tout réel x de $[-2 ; 2]$, on a :

$$f'(x) = (3x + 4)(x - 1)$$

3. a. On cherche les valeurs de x pour lesquelles $3x + 4 = 0$ et $x - 1 = 0$.

On obtient $x = -\frac{4}{3}$ et $x = 1$. On en déduit le tableau de signes de $f'(x)$.

b.

x	-2		$-\frac{4}{3}$		1		2
$3x+4$		$-$	0	$+$		$+$	
$x-1$		$-$		$-$	0	$+$	
$f'(x)$		$+$	0	$-$	0	$+$	
$f(x)$	3	↗	$\frac{131}{27}$	↘	$-1{,}5$	↗	3

c. La fonction f est croissante sur les intervalles $\left[-2 ; -\frac{4}{3}\right]$ et $[1 ; 2]$. La fonction f est décroissante sur $\left[-\frac{4}{3} ; 1\right]$.

d. Le maximum de f est $\frac{131}{27} \approx 4{,}85$ atteint pour $x = -\frac{4}{3}$ et le minimum de f est $-1{,}5$ atteint pour $x = 1$.

Point méthode

2. On développe l'expression proposée dans l'énoncé pour retrouver l'expression de $f'(x)$ calculée dans la question précédente.

Point méthode

3. a. On a montré dans la question **2.** que $f'(x)$ se factorise par $(3x + 4)(x - 1)$. On utilise cette forme pour dresser le tableau de signes de $f'(x)$.

Point méthode

3. c. Sur les intervalles pour lesquels $f'(x)$ est positif, f est croissante et sur les intervalles pour lesquels $f'(x)$ est négatif, f est décroissante.

J'applique

14 Étudier le sens de variation des fonctions f et g définies sur $[-5 ; 5]$ par $f(x) = 5x - 3$ et $g(x) = 2x^2 + 4x - 3$.

15 On considère la fonction f définie sur $[0 ; 4]$ par :

$$f(x) = x^2 - x - 2$$

1. Calculer $f'(x)$ et étudier son signe sur $[0 ; 4]$.

2. Étudier le sens de variation de f et en déduire les extremums de f sur $[0 ; 4]$.

16 On considère la fonction f définie sur $[-3 ; 3]$ par :

$$f(x) = x^3 + x^2 - x - 2$$

1. Calculer $f'(x)$.

2. Montrer que $f'(x) = (x + 1)(3x - 1)$.

3. Dresser le tableau de signes de $f'(x)$ sur $[-3 ; 3]$.

4. En déduire le tableau de variations de f puis les extremums de f sur $[-3 ; 3]$.

méthode

Capacité 3 Décrire les variations d'un phénomène en mobilisant la dérivée d'une fonction

Énoncé Une entreprise fabrique des cafetières pour une chaîne de magasins. Elle peut en produire au maximum 400 par jour. Le coût total de fabrication journalier (en euro) en fonction de la quantité q de cafetières fabriquées est donné par la fonction C définie sur l'intervalle [0 ; 400] par $C(q) = 0{,}06q^2 + 43{,}36q + 2\,560$. Chaque cafetière est vendue 79 €.

1. a. Calculer le coût de production pour 100 cafetières produites.
b. Calculer la recette pour 100 cafetières vendues.
2. a. Exprimer la recette $R(q)$, en euro, en fonction de la quantité q de cafetières vendues.
b. Montrer que le bénéfice journalier $B(q)$, en euro, en fonction de la quantité q de cafetières produites et vendues est donné par :

$$B(q) = -0{,}06q^2 + 35{,}64q - 2\,560$$

3. a. Calculer $B'(q)$.
b. Dresser le tableau de signes de $B'(q)$.
c. En déduire le tableau de variations de la fonction B sur [0 ; 400] et interpréter les variations de B dans le contexte de l'exercice.
d. Déterminer le bénéfice maximum et le nombre de cafetières qu'il faut produire et vendre pour réaliser ce bénéfice.

Solution

1. a. On calcule $C(100)$:
$C(100) = 0{,}06 \times 100^2 + 43{,}36 \times 100 + 2\,560 = 7\,496$
Produire 100 cafetières coûte 7 496 €.
b. La recette pour 100 cafetières est $79 \times 100 = 7\,900$ €.

2. a. $R(q) = 79q$
b. $B(q) = R(q) - C(q)$
$= 79q - (0{,}06q^2 + 43{,}36q + 2\,560)$
$= 79q - 0{,}06q^2 - 43{,}36q - 2\,560$
$= -0{,}06q^2 + 35{,}64q - 2\,560$

3. a. $B'(q) = -0{,}06 \times 2q + 35{,}64 = -0{,}12q + 35{,}64$
b. On résout $B'(q) = 0$: $-0{,}12q + 35{,}64 = 0$ équivaut à $q = \dfrac{-35{,}64}{-0{,}12}$ c'est-à-dire $q = 297$. On obtient :

c.

q	0		297		400
$B'(q)$		+	0	−	
$B(q)$	−2 560	↗	2 732,54	↘	2 096

Interprétation : de 0 à 297 cafetières vendues, le bénéfice augmente et de 297 à 400 cafetières vendues, le bénéfice diminue.
d. Le bénéfice maximum est 2 732,54 €, il est réalisé pour 297 cafetières vendues.

Point méthode
1. b. La recette est égale au produit du prix unitaire par le nombre d'unités vendues.
2. b. Le bénéfice est égal à la différence entre la recette et le coût de production.

J'applique

17 La valeur d'un bien immobilier a évolué entre 2020 et 2022. Son prix, en millier d'euros, peut être modélisé par la fonction f définie sur [0 ; 2] par $f(x) = 50x^3 - 300x^2 + 450x + 500$ où x désigne la durée, en année, depuis le 1er janvier 2020.

1. Quelle était la valeur du bien le 1er juillet 2020 ?
2. a. Calculer $f'(x)$.
b. Montrer que $f'(x) = 150(x-1)(x-3)$.
c. En déduire le tableau de variations de f.
d. Décrire l'évolution du prix de ce bien.

Capacité 4 Prévoir l'évolution d'un phénomène grâce à l'étude de la dérivée d'une fonction

Énoncé Lors d'une épidémie, un institut de veille sanitaire a modélisé le nombre de personnes malades au cours de la première semaine d'épidémie. Le nombre de cas, en centaine, en fonction de la durée t, en jour, est donné par la fonction f dérivable, définie sur $[0 ; +\infty[$ par $f(t) = -t^3 + 10{,}5t^2 + 11{,}25t$.

1. Combien y avait-il de cas au bout de 5 jours ?

2. a. Calculer $f'(t)$.

b. Montrer que $f'(t) = -3(t - 7{,}5)(t + 0{,}5)$.

c. En déduire le tableau de variations de la fonction f.

3. a. On appelle « pic épidémique » le moment, lors d'une épidémie, où le nombre de cas est maximal. Si l'évolution du nombre de cas est conforme à la modélisation, déterminer le pic épidémique pour l'épidémie étudiée.

b. Décrire l'évolution de l'épidémie si le nombre de cas est conforme à la modélisation.

Solution

1. On calcule $f(5)$: $f(5) = -5^3 + 10{,}5 \times 5^2 + 11{,}25 \times 5 = 193{,}75$. Au bout de 5 jours, il y avait 19 375 cas.

2. a. $f'(t) = -3 \times t^2 + 10{,}5 \times 2 \times t + 11{,}25 = -3t^2 + 21t + 11{,}25$.

b.
$$\begin{aligned}-3(t - 7{,}5)(t + 0{,}5) &= -3(t^2 + 0{,}5t - 7{,}5t - 3{,}75)\\ &= -3(t^2 - 7t - 3{,}75)\\ &= -3t^2 + 21t + 11{,}25\\ &= f'(t)\end{aligned}$$

c.

t	0		$7{,}5$		$+\infty$
-3		$-$		$-$	
$t - 7{,}5$		$-$	0	$+$	
$t + 0{,}5$		$+$		$+$	
$f'(t)$		$+$	0	$-$	
$B(q)$	0	↗	$253{,}125$	↘	

Point méthode
2. b. On développe l'expression proposée, on peut commencer par développer à l'aide de la double distributivité et ensuite multiplier les termes obtenus par -3.

3. a. Le maximum de f est atteint pour $t = 7{,}5$. Si l'épidémie se poursuit selon le modèle étudié, le pic épidémique aura lieu au cours du 8e jour.

b. Le nombre de cas augmente jusqu'au 8e jour puis diminue. À l'aide de la calculatrice, on peut conjecturer que le nombre de cas deviendrait nul au cours du 12e jour.

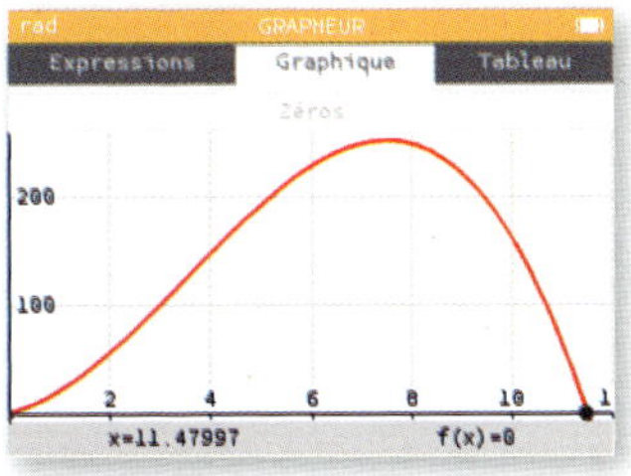

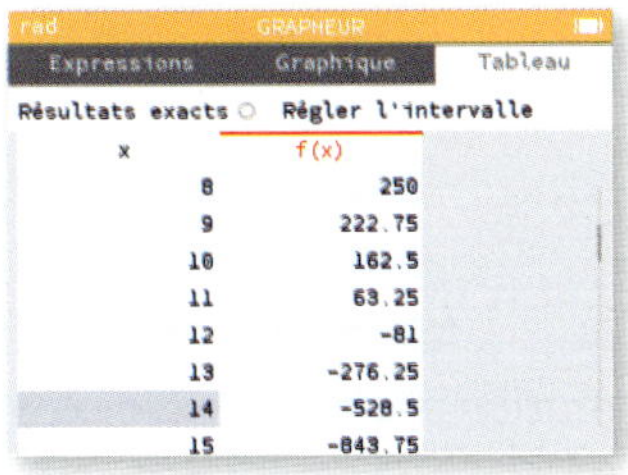

J'applique

18 Une entreprise fabrique des croquettes pour chiens. On admet que le bénéfice réalisé pour x tonnes de croquettes fabriquées et vendues par jour est donné par la fonction B définie sur l'intervalle $[0 ; 80]$ par :
$$B(x) = -x^3 + 105x^2 - 1800x - 4\,000$$

1. a. Calculer $B'(x)$ et montrer que :
$$B'(x) = -3(x - 10)(x - 60)$$

b. Étudier le signe de $B'(x)$ et en déduire le tableau de variations de B.

2. L'entreprise fabrique actuellement 70 tonnes. Doit-elle produire davantage pour augmenter ses bénéfices ?

Je fais le point

J'évalue mes connaissances

VERSION INTERACTIVE
hachette-clic.fr/23ds1024

Voir corrigés

QCM

Pour chacune des questions, indiquer la (ou les) bonne(s) réponse(s).

	a	b	c
1. Si $f(x) = x^2 + 2$ pour tout réel x alors :	$f'(x) = 2x + 2$	$f'(x) = 2x$	$f'(x) = 2(x + 1)$
2. Si $f(x) = x^3 + 2x^2 + 2$ pour tout réel x alors :	$f'(x) = 3x^2 + 4x$	$f'(x) = 3x^2 + 2x$	$f'(x) = x(3x + 4)$
3. Si $f(x) = x(x^2 + 2)$ pour tout réel x alors :	$f'(x) = 2x + 2$	$f'(x) = 3x^2 + 2$	$f'(x) = x^3 + 2x$
4. On a $f'(x) = 3x^2 + 6x$ pour tout réel x. L'expression de $f(x)$ peut être :	$f(x) = x^3 + 3x^2$	$f(x) = x^3 + 3x^2 + 4$	$f(x) = x^3 + 3x^2 + 3x$
5. Si $g(x) = 5x^3$ pour tout réel x alors :	g est constante sur $\mathbb{R}$	g est croissante sur $\mathbb{R}$	g est monotone sur $\mathbb{R}$
6. Voici le tableau de signes de la dérivée d'une fonction f dérivable sur $[-2 ; 5]$: (voir tableau ci-dessous) Une courbe pouvant représenter f est :	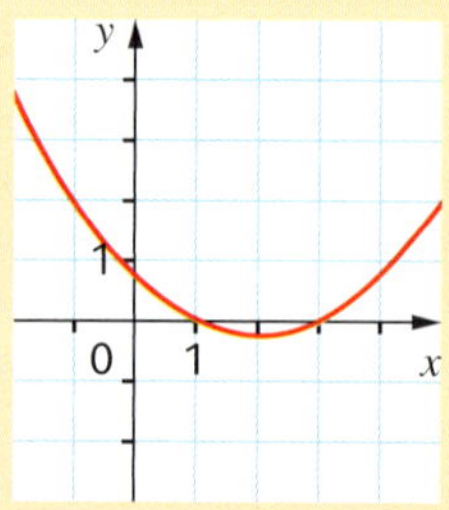	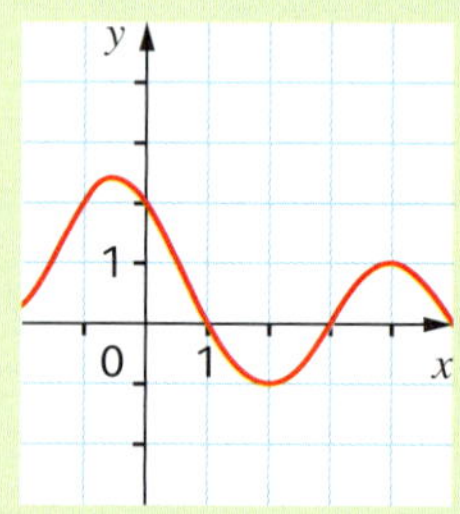	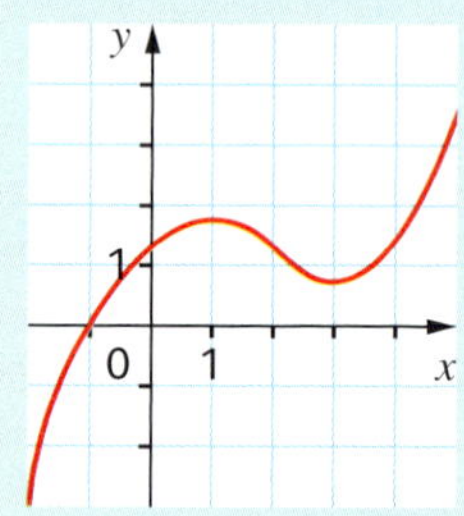
7. On donne la courbe représentative d'une fonction f définie sur $[-3 ; 5]$. Alors : 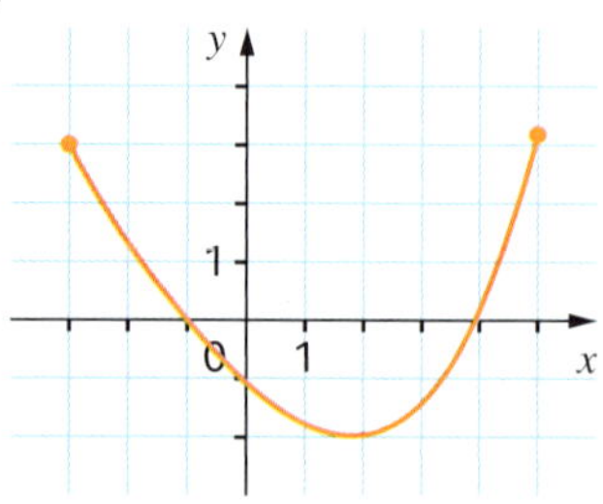	si x appartient à $[-1 ; 4]$ alors $f'(x) \leqslant 0$	si x appartient à $[2 ; 5]$ alors $f'(x) \geqslant 0$	f' s'annule une fois sur $[-3 ; 5]$

Tableau de la question 6 :

x	-2		1		3		5
$f'(x)$		$+$	0	$-$	0	$+$	

vrai ou faux ?

Indiquer pour chaque affirmation si elle est vraie ou fausse. Justifier.

Partie A.

On considère la fonction f définie sur $\mathbb{R}$ par :

$$f(x) = 3x^2 - 9x + 2$$

1. Pour tout réel x, $f'(x) = 6x - 9$.

2. $f'(x) \geqslant 0$ sur $[1 ; +\infty[$.

3. f est croissante sur $[1{,}5 ; +\infty[$.

4. 2 est le minimum de f sur $]-\infty ; 0]$.

5. Le minimum de f sur $\mathbb{R}$ est $f(1{,}5)$.

Partie B.

On considère la fonction g définie sur $\mathbb{R}$ par :

$$g(x) = x^3 - x^2 - x + 2$$

1. $g'(x) = (3x + 1)(x - 1)$.

2. $g'(x) \leqslant 0$ sur $\left]-\infty ; -\frac{1}{3}\right]$.

3. g est croissante sur $[1 ; +\infty[$.

4. 2 est le minimum de g sur $]-\infty ; 0]$.

Consolider les bases

19 Développer et réduire les expressions suivantes.

1. $(x-3)(x+4)$

2. $(2x+4)(x-7)$

3. $7(x+1)(2x+5)$

4. $-5(x-1)(x+2)$

20 Démontrer les égalités suivantes.

1. $(x-2)(x+3)=x^2+x-6$

2. $2x^2+3x-5=(x-1)(2x+5)$

3. $6x^2+3x-108=3(2x+9)(x-4)$

4. $-4x^2-32x-28=-4(x+7)(x+1)$

5. $x^2-2x+1=(x-1)^2$

21 Dresser le tableau de signes des expressions suivantes.

1. $(x-2)(x+4)$ **2.** $(-2x+4)(x-8)$

3. $(x+2)^2$ **4.** $(x+4)(x-1)(x+2)$

22 Dresser le tableau de signes des expressions suivantes.

1. $2x(x+1)(2x+3)$

2. $2(x-3)(x+5)$

3. $-3(-2x+5)(4x-8)$

4. $\dfrac{(x+3)(x-1)}{(4x+3)}$

23 Dresser le tableau de signes de la fonction f définie sur $\mathbb{R}$ dont on donne la représentation graphique ci-dessous.

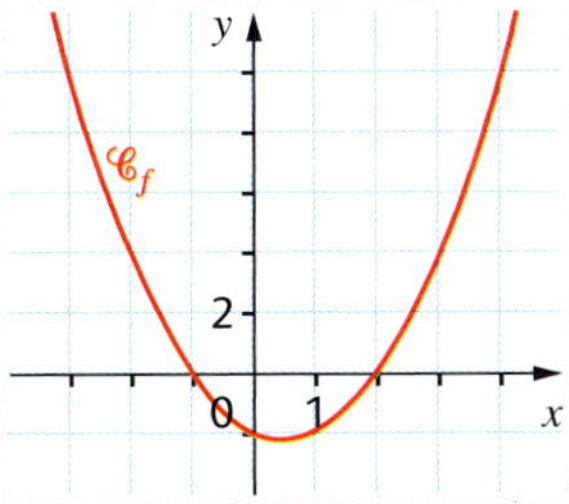

24 Dresser le tableau de variations de la fonction f définie sur $\mathbb{R}$ dont on donne la représentation graphique ci-dessous.

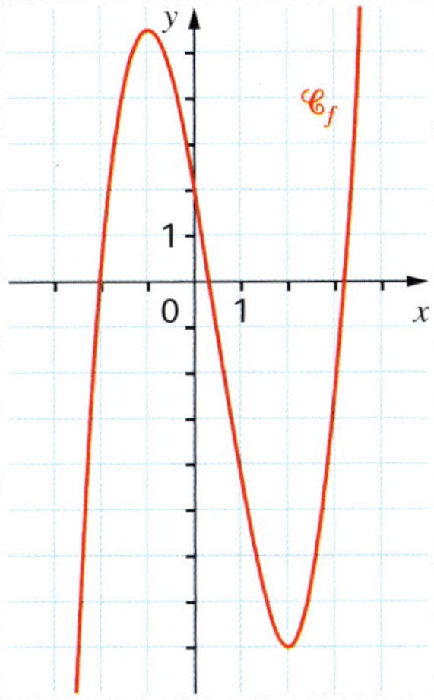

Connaître le cours

25 Calculer les dérivées des fonctions définies sur $\mathbb{R}$ par les expressions suivantes.

1. $f(x)=-17$

2. $g(x)=x$

3. $h(x)=x^2$

4. $u(x)=x^3$

26 Calculer les dérivées des fonctions définies sur $\mathbb{R}$ par les expressions suivantes.

1. $f(x)=-14x$

2. $g(x)=4x+8$

3. $h(x)=2x^2+x+3$

4. $u(x)=4x^3-7x^2+2$

27 Calculer les dérivées des fonctions définies sur $\mathbb{R}$ par les expressions suivantes.

1. $f(x)=\dfrac{5}{4}x^2-\dfrac{3}{4}x$

2. $g(x)=-\dfrac{1}{3}x^3-\dfrac{11}{2}x^2+7x-1$

28 On considère la fonction f définie sur $\mathbb{R}$ par :

$$f(x)=-5x+5$$

1. Calculer $f'(x)$ et étudier son signe sur $\mathbb{R}$.

2. Décrire le sens de variation de f.

29 On considère la fonction f définie sur $[-7\,;7]$ par :

$$f(x)=2x^2-8x+1$$

1. Calculer $f'(x)$ et étudier son signe sur $[-7\,;7]$.

2. Dresser le tableau de variations de f sur $[-7\,;7]$.

30 On considère la fonction f définie sur $\mathbb{R}$ par :

$$f(x)=x^3+2x^2+1$$

1. Calculer $f'(x)$.

2. Factoriser $f'(x)$ et dresser le tableau de signes de $f'(x)$ sur $\mathbb{R}$.

3. Dresser le tableau de variations de f sur $\mathbb{R}$.

31 On considère la fonction f définie sur $\mathbb{R}$ par :

$$f(x)=\frac{1}{3}x^3+2x^2+4x-5$$

1. Calculer $f'(x)$.

2. Factoriser $f'(x)$ et dresser le tableau de signes de $f'(x)$ sur $\mathbb{R}$.

3. Dresser le tableau de variations de f sur $\mathbb{R}$.

32 On considère la fonction f dont on donne la représentation graphique ci-contre (exercice **24**).
Répondre par vrai ou par faux aux affirmations suivantes, en justifiant.

1. $f'(-2)=0$

2. Si x appartient à $[-2\,;0]$, alors $f'(x)\geqslant 0$.

3. Si $x\geqslant 2$, alors $f'(x)\geqslant 0$.

4. Si x appartient à $[-1\,;2]$, alors $f'(x)\leqslant 0$.

5. La fonction dérivée f' s'annule deux fois sur $\mathbb{R}$.

exercices Application

Capacité 1 Calculer des dérivées

33 QCM

Pour chaque question, donner la (ou les) bonne(s) réponse(s).

1. Soit f définie sur $\mathbb{R}$ par $f(x) = 2x^3 - 3x^2 + x - 1$.

a. $f'(x) = 2x^2 - 3x + 1$

b. $f'(x) = 6x^2 - 6x + 1$

c. $f'(x) = 12x - 6$

2. Soit f définie sur $\mathbb{R}$ par $f(x) = x^2 + 5x + 3$.

a. $f(-1) = -3$ **b.** $f'(-1) = 0$ **c.** $f'(-1) = 3$

2. Soit g définie sur $\mathbb{R}$ par $g(x) = 4x^3 - 5x + 1$.

a. $g'(x) = 12x^2 - 5$

b. La tangente à la courbe de g au point d'abscisse 0 a pour coefficient directeur 1.

c. La fonction g a la même dérivée que la fonction h définie par $h(x) = 4x^3 - 5x + 10$.

3. Soit f définie sur $\mathbb{R}$ par $f(x) = x^2 - 3x + 4$.

La tangente à la courbe de f au point d'abscisse 1 a pour équation :

a. $y = 3x - 1$ **b.** $y = -x + 3$ **c.** $y = -x + 1$

34 Calculer la fonction dérivée de chacune des fonctions f suivantes.

1. $f(x) = 7$ **2.** $f(x) = -3x + 2$

3. $f(x) = 5x^2 + 2x + 9$ **4.** $f(x) = 4x^3 + 6x^2 - 5x + 3$

35 Calculer la fonction dérivée de chacune des fonctions f suivantes.

1. $f(x) = 4 - x$ **2.** $f(x) = 5x + 7$

3. $f(x) = 6x^2 - 7x + 1$ **4.** $f(x) = x^3 - x^2 + x + 1$

36 Pour chaque fonction f, définie pour tout $x \in \mathbb{R}$ par son expression $f(x)$, déterminer l'équation réduite de la tangente à la courbe de f au point d'abscisse a.

1. $f(x) = 3x - 5$; $a = 2$

2. $f(x) = x^2 - 3x + 2$; $a = 3$

3. $f(x) = 4x^3 - 3x^2 + 2x + 1$; $a = -1$

37 **1.** Pour tout $x \in \mathbb{R}, f(x) = 2x^3 + 6x^2$.
Montrer que $f'(x) = 6x(x + 2)$.

2. Pour tout $x \in \mathbb{R}, f(x) = 3x^3 - x$.
Montrer que $f'(x) = (3x - 1)(3x + 1)$.

3. Pour tout $x \in \mathbb{R}, f(x) = x^3 + x^2 - 8x + 2$.
Montrer que $f'(x) = (3x - 4)(x + 2)$.

4. Pour tout $x \in \mathbb{R}, f(x) = 8x^3 - 21x^2 - 27x + 54$.
Montrer que $f'(x) = 3(4x - 9)(2x + 1)$.

38 Soit la fonction f définie sur $\mathbb{R}$ par :

$$f(x) = x^3 - 3x$$

1. Calculer $f'(x)$.

2. Montrer que les tangentes à la courbe de f aux points d'abscisses -2 et 2 sont parallèles.

39 Soient f et g deux fonctions définies sur $\mathbb{R}$ respectivement par :

$$f(x) = x^2 - 6x + 13 \text{ et } g(x) = -x^2 + 10x - 19$$

1. Montrer que, dans un repère, les courbes des deux fonctions se coupent en un point A d'abscisse 4.

2. Calculer $f'(x)$ et $g'(x)$.

3. Montrer qu'au point A les deux courbes ont une tangente commune.

Capacité 2 Déterminer le sens de variation d'une fonction polynôme de degré inférieur ou égal à 3

40 Dans chacun des cas ci-dessous, on donne le tableau de variations d'une fonction polynôme f. Dresser le tableau de signes de $f'(x)$ suivant les valeurs de x.

1.

x	-1	10
$f(x)$	-3 ↗	9

2.

x	$-\infty$	7	$+\infty$
$f(x)$	↘	-3	↗

3.

x	0	1	5	$+\infty$
$f(x)$	0 ↗	7 ↘	-25 ↗	

41 Dans chacun des cas, on donne la courbe d'une fonction f. Dresser le tableau de signes de $f'(x)$ suivant les valeurs de x.

1.

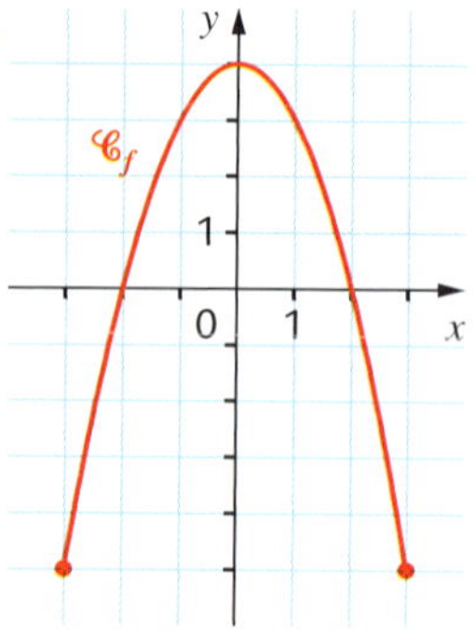

2.

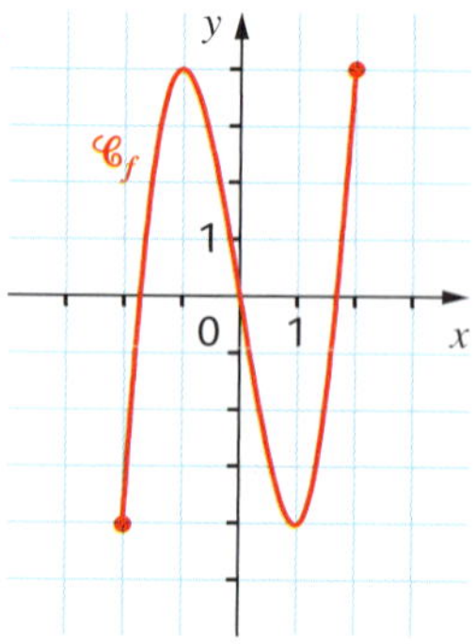

42 Vrai ou faux ?

1. La dérivée d'une fonction polynôme du second degré est une fonction affine.

2. Soit f une fonction définie sur $\mathbb{R}$ dont la fonction dérivée est une constante positive.

a. La fonction f est affine.

b. La fonction f est croissante sur $\mathbb{R}$.

3. Si $f'(x) = -2x$, alors f est une fonction croissante sur $]-\infty ; 0]$.

Pour les exercices **43** à **47**, après avoir calculé la dérivée et étudié le signe de la dérivée, établir le tableau de variations de la fonction f sur l'intervalle I indiqué.

43 $f(x) = 4x - 7$; $\mathrm{I} = [-3\ ;\ 3]$

44 $f(x) = 3x^2 + 6x - 5$; $\mathrm{I} = \mathbb{R}$

45 $f(x) = -x^2 + 8x + 2$; $\mathrm{I} = [0\ ;\ 10]$

46 $f(x) = 4x^2 - 8x - 1$; $\mathrm{I} = [0\ ;\ 10]$

47 $f(x) = x^2 + 7x + 10$; $\mathrm{I} = [0\ ;\ +\infty[$

48 On considère la fonction f définie sur $\mathbb{R}$ par :

$$f(x) = x^3 + 3x^2 + 2$$

1. Calculer $f'(x)$. **2.** Montrer que $f'(x) = 3x(x+2)$

3. Recopier et compléter le tableau de signes suivant.

x	$-\infty$		…		…		$+\infty$
$3x$		…		…	0	…	
$x+2$		…	0	…		…	
$f'(x)$		…	0	…	0	…	

4. En déduire les variations de f sur $\mathbb{R}$.

49 On considère la fonction f définie sur $\mathbb{R}$ par :

$$f(x) = x^3 + 6x^2 - 63x + 10$$

1. Calculer $f'(x)$.

2. Montrer que $f'(x) = (3x - 9)(x + 7)$.

3. Dresser le tableau de signes de $f'(x)$ suivant les valeurs de x. En déduire les variations de f sur $\mathbb{R}$.

50 Soit f la fonction définie sur $\mathbb{R}$ par :

$$f(x) = x^3 - 3x + 3$$

1. Calculer $f'(x)$. **2.** Factoriser $f'(x)$.

3. Dresser le tableau de signes de $f'(x)$ suivant les valeurs de x. En déduire les variations de f sur $\mathbb{R}$.

51 Reprendre les questions de l'exercice **50** avec $f(x) = 5x^3 - 5x^2 + 5$.

52 On considère la fonction f définie sur $[-10\ ;\ 10]$ par $f(x) = 5x^2 - 20x + 4$.

1. a. Calculer $f'(x)$.

b. Étudier le signe de $f'(x)$ sur $[-10\ ;\ 10]$.

2. a. Étudier le sens de variation de f.

b. En déduire les extremums de f sur $[-10\ ;\ 10]$.

53 On considère la fonction f définie sur $[-5\ ;\ 5]$ par $f(x) = x^3 + 2{,}5x^2 - 2x + 1$.

1. Calculer $f'(x)$.

2. Montrer que $f'(x) = (x + 2)(3x - 1)$ et étudier son signe sur $[-5\ ;\ 5]$.

3. Étudier le sens de variation de f et en déduire les extremums de f sur $[-5\ ;\ 5]$.

CAPACITÉ 3 Décrire les variations d'un phénomène en mobilisant la dérivée d'une fonction

54 Soit f la fonction définie sur $[0\ ;\ 10]$ par :

$$f(x) = 1\,000(x^3 - 1{,}5x^2 - 60x + 400)$$

1. a. Calculer $f'(x)$.

b. Montrer que $f'(x) = 3\,000(x - 5)(x + 4)$.

c. Déterminer le signe de $f'(x)$ sur $[0\ ;\ 10]$ et en déduire le tableau de variations de f sur $[0\ ;\ 10]$.

2. Le responsable d'une syndicat mixte d'adduction d'eau déclarait :

« La fonction f définie ci-dessus correspond au remplissage de notre retenue d'eau durant les onze derniers mois. De 400 000 m^3, nous avons vu le volume baisser et grâce à des pluies abondantes, le volume est remonté jusqu'à 650 000 m^3 ».

a. Décrire l'évolution du volume d'eau dans la retenue sur cette période de onze mois.

b. Quel a été le volume d'eau minimum dans la retenue sur cette période de onze mois ?

c. Quelle est, pour cette retenue d'eau, la variation en pourcentage entre le volume minimum et le volume maximum sur la période ?

55 Un artisan fabrique et vend des vases. On suppose que toute sa production est vendue.

L'artisan veut faire une étude sur la production d'un nombre de vases compris entre 0 et 60. Il estime que le coût de production de x vases fabriqués est modélisé par la fonction C dont l'expression est $C(x) = x^2 - 10x + 500$, où x appartient à l'intervalle $[0\ ;\ 60]$.

Chaque vase est vendu 50 euros.

1. Déterminer le coût de production de 40 vases fabriqués.

2. On note $R(x)$ la recette, en euro, correspondant à la vente de x vases fabriqués.

Exprimer $R(x)$ en fonction de x.

3. a. Montrer que le bénéfice, en euro, réalisé par la fabrication et la vente de x vases, est donné par la fonction B dont l'expression est $B(x) = -x^2 + 60x - 500$, où x appartient à l'intervalle $[0\ ;\ 60]$.

b. Calculer $B'(x)$.

c. Déterminer le signe de $B'(x)$ sur l'intervalle $[0\ ;\ 60]$.

d. Dresser le tableau de variations de la fonction B sur l'intervalle $[0\ ;\ 60]$.

e. En déduire le nombre de vases à fabriquer et à vendre pour réaliser un bénéfice maximal.

Exercices Application

Capacité 4 — Prévoir l'évolution d'un phénomène grâce à l'étude de la dérivée d'une fonction

56 On lance verticalement vers le haut un projectile avec une vitesse initiale de 10 m/s.
Sa hauteur (en mètre) à chaque instant t (en seconde) compris entre 0 et 20, est donnée par :

$$h(t) = -0{,}5t^2 + 10t$$

1. Étudier les variations de la hauteur du projectile sur [0 ; 20].
2. Quelle hauteur maximale le projectile atteint-il ?

57 Un laboratoire pharmaceutique fabrique et commercialise un produit. Ce laboratoire peut produire de 5 à 30 kg du produit par semaine. Le coût total de production, exprimé en euro, est modélisé par la fonction C ayant pour expression $C(x) = \frac{1}{3}x^3 - 11x^2 + 100x + 72$ où x appartient à l'intervalle [5 ; 10].

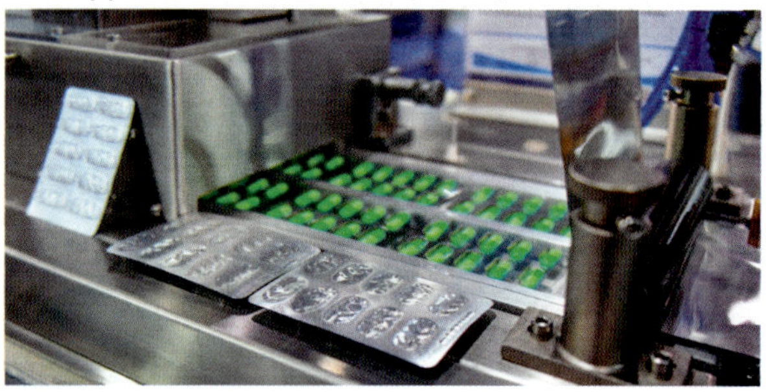

1. Calculer le coût de production pour 10 kg de produit fabriqué.
2. Après une étude de marché, le prix de vente du produit a été estimé à 60 € le kg.
Donner, en fonction de x, l'expression de $R(x)$ où $R(x)$ modélise la recette induite par la vente de x kg de produit.
3. a. Montrer que le bénéfice réalisé par l'entreprise, c'est-à-dire la différence entre la recette et le coût de production, est modélisé par la fonction B dont l'expression est :

$$B(x) = -\frac{1}{3}x^3 + 11x^2 - 40x - 72$$

où x appartient à l'intervalle [5 ; 10].
b. Calculer $B'(x)$ et montrer que :

$$B'(x) = (-x + 2)(x - 20)$$

c. En déduire les variations de B sur l'intervalle [5 ; 30].
4. a. On considère que la production est entièrement vendue. Déterminer la quantité à produire pour réaliser un bénéfice maximum.
b. Le service de commercialisation du laboratoire a fixé un objectif de vente entre 15 kg et 24 kg pour la semaine à venir. Quel est le bénéfice minimum envisageable ?

58 On donne dans le tableau ci-dessous la population, en millier d'habitants, d'une ville entre 2013 et 2022.

Année	2013	2014	2015	2016	2017
Population	82,16	82,26	82,44	82,52	82,53
Année	2018	2019	2020	2021	2022
Population	82,50	82,44	82,31	82,22	82,00

On estime que la population, exprimée en millier d'habitants, peut être modélisée par la fonction f définie sur $[0 ; +\infty[$ par :

$$f(x) = -0{,}02x^2 + 0{,}16x + 82{,}18$$

où x est la durée, en année, écoulée depuis 2013.
On représente ci-contre la fonction f et le nuage de points associé aux données du tableau.

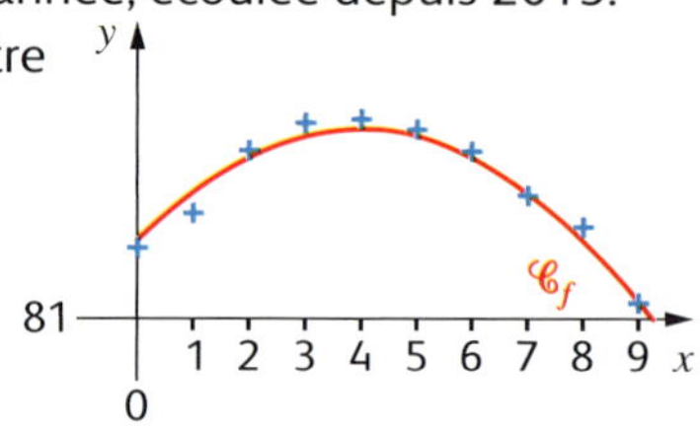

1. À combien peut-on estimer la population de cette ville en 2023 ?
2. Calculer $f'(x)$.
3. Étudier le signe de $f'(x)$ et en déduire le tableau de variations de f sur $[0 ; +\infty[$.
4. Décrire l'évolution de la population si elle suit le modèle choisi.

59 Afin de modéliser la trajectoire d'un lancer de ballon de basket d'un joueur, on étudie la fonction f définie sur l'intervalle [0 ; 6] par :

$$f(x) = -0{,}4x^2 + 2{,}2x + 2$$

où x est la distance, en mètre, parcourue horizontalement par le ballon et $f(x)$ est la hauteur du ballon correspondante.
1. De quelle hauteur le ballon est-il lancé ?
2. a. Calculer $f'(x)$.
b. Étudier le signe de $f'(x)$ et en déduire le tableau de variations de f sur l'intervalle [0 ; 6].
c. Quelle est la hauteur maximale atteinte par le ballon lors de ce lancer ?
3. Un panier de basket est situé à 3,05 mètres de haut et se trouve à 5 mètres du joueur. Le ballon peut-il rentrer dans le panier ?

1 Fonction dérivée

60 Vrai ou faux ?

Dire si chacune des affirmations suivantes est vraie ou fausse.

1. On considère la fonction f définie sur $\mathbb{R}$ par :

$$f(x) = x^3 - x$$

La tangente à la courbe de f au point d'abscisse -1 coupe l'axe des ordonnées en 2.

2. On considère la fonction f définie sur $\mathbb{R}$ par :

$$f(x) = 4x^3 + 2x - 3$$

La courbe représentative n'admet aucune tangente parallèle à l'axe des abscisses.

3. Soit f la fonction définie et dérivable sur $\mathbb{R}$ telle que $f'(x) = 3x^2 + 2x$.
On a nécessairement $f(0) = 0$.

61 Pour accéder au service d'urgence d'un hôpital, un brancard doit passer sur une rampe.
Cette rampe doit répondre aux critères suivants.

- S'élever de 1 mètre au total entre le niveau du sol et l'accès au service d'urgence.
- Avoir une longueur au sol de 10 mètres.
- Relier le sol horizontal à une plateforme inclinée (voir schéma ci-contre) constituant l'entrée du service d'urgence. Cette plateforme inclinée est modélisée par la droite d'équation $y = 0{,}1x$.

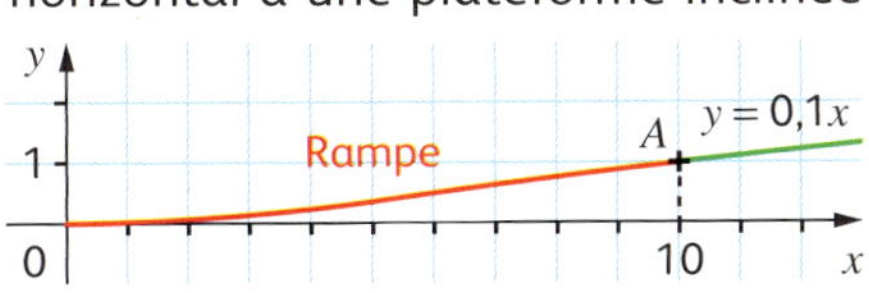

- Aucune secousse ne doit être provoquée par le profil de l'ensemble du parcours.

On note f la fonction dont la courbe modélise le profil de la rampe.

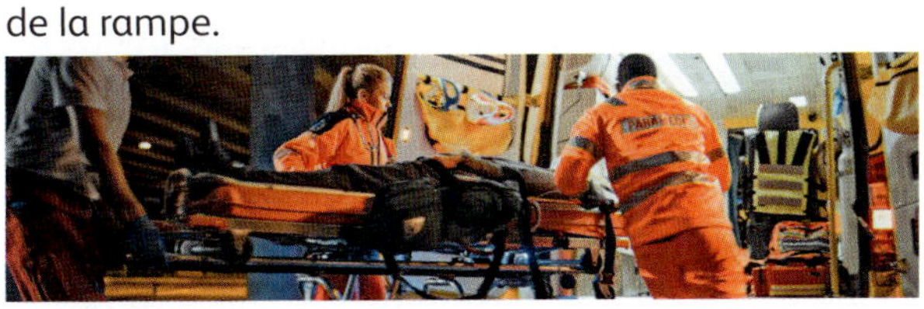

1. Parmi les propositions suivantes, laquelle traduit « La rampe touche le sol en O. » ?
a. $f(1) = 0$ **b.** $f(0) = 1$ **c.** $f(0) = 0$

2. Traduire de la même manière « La rampe rejoint la plateforme inclinée en A. »

3. Parmi les propositions suivantes, laquelle traduit « Le brancard ne subit aucune secousse en O. » ?
a. $f'(1) = 0$ **b.** $f'(0) = 1$ **c.** $f'(0) = 0$

4. Traduire de la même manière « Le brancard ne subit aucune secousse en A. »

5. Montrer que la fonction f définie sur l'intervalle $[0\,;10]$ par $f(x) = -0{,}001x^3 + 0{,}02x^2$ vérifie toutes les conditions imposées pour la rampe.

62 On considère la fonction f définie sur $\mathbb{R}$ par :

$$f(x) = 2x^3 - 6x^2 + x + 5$$

On note $\mathscr{C}_f$ la courbe représentative de f dans un repère.

1. Calculer $f'(x)$.

2. Déterminer l'équation réduite de la tangente T à la courbe $\mathscr{C}_f$ au point d'abscisse 3.

3. a. Développer l'expression $6(x+1)(x-3)$.

b. Montrer qu'il existe une autre tangente à $\mathscr{C}_f$ parallèle à la tangente T. Préciser en quel point.

63 On considère une fonction f définie sur $\mathbb{R}$ par $f(x) = ax^2 + bx + c$ où a, b et c sont des réels.
On donne les trois renseignements suivants.

- La courbe de f coupe l'axe des ordonnées en 5.
- La courbe de f admet au point d'abscisse 1 une tangente d'équation $y = 2x + 6$.
- La courbe de f admet au point d'abscisse 2 une tangente parallèle à l'axe des abscisses ;

1. À l'aide des renseignements fournis :
a. montrer que $c = 5$;
b. déterminer les nombres dérivés $f'(1)$ et $f'(2)$.

2. Calculer $f'(x)$.

3. a. Montrer que les nombres a et b sont solutions du système $\begin{cases} 2a + b = 2 \\ 4a + b = 0 \end{cases}$

b. Résoudre le système.

c. Donner l'expression de la fonction f.

2 Variations d'une fonction

64 La courbe d'une fonction f définie sur l'intervalle $[0\,;4]$ est donnée ci-contre.
Elle admet en $A(2\,;1)$ une tangente parallèle à l'axe des abscisses.
Parmi les trois courbes ci-dessous, laquelle peut représenter la fonction dérivée f' de f ? Justifier.

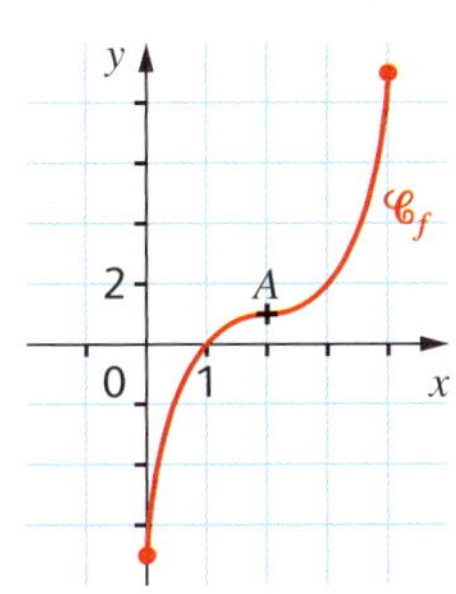

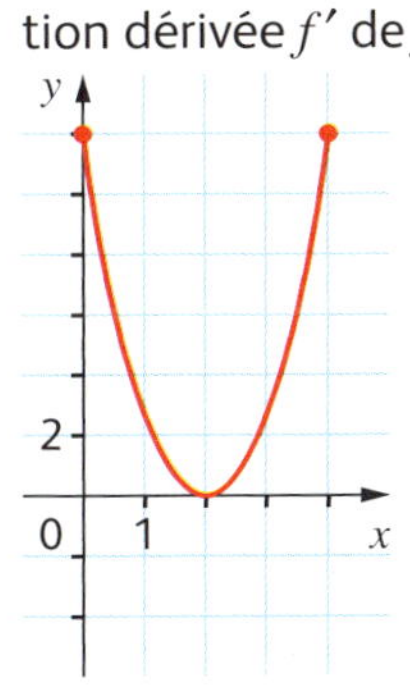

Courbe 1

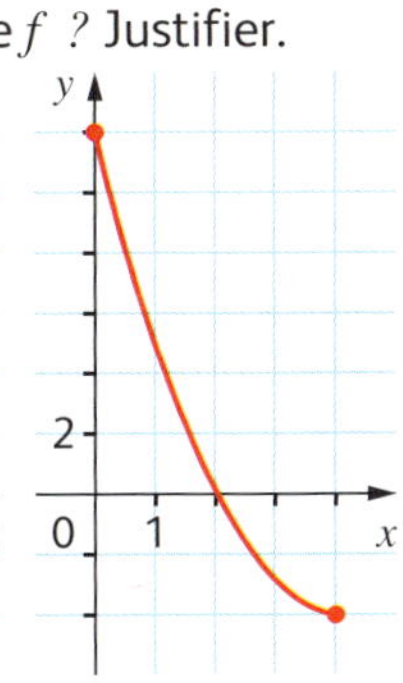

Courbe 2

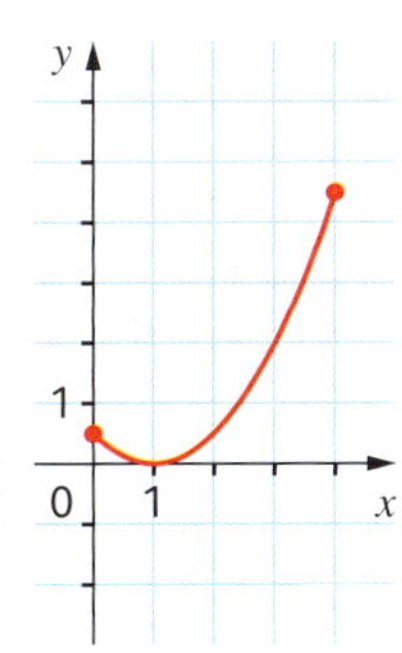

Courbe 3

exercices Entraînement

65 Les courbes ci-dessous représentent quatre fonctions f_1, f_2, f_3 et f_4 définies et dérivables sur $[-2 ; 1]$.

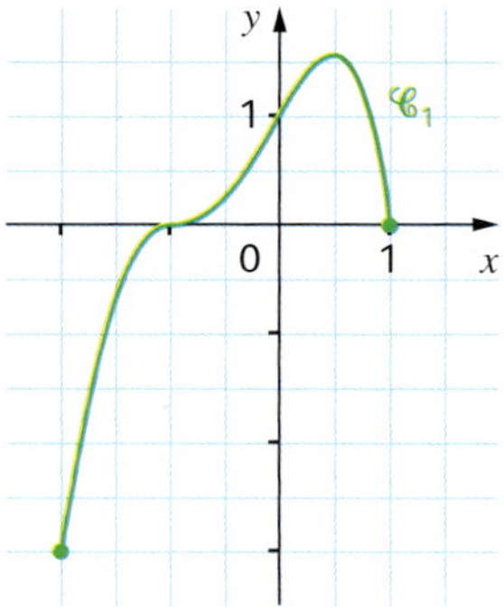

Courbe de f_1

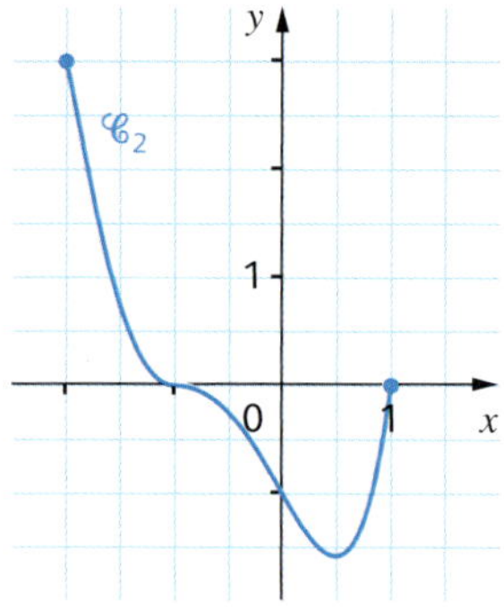

Courbe de f_2

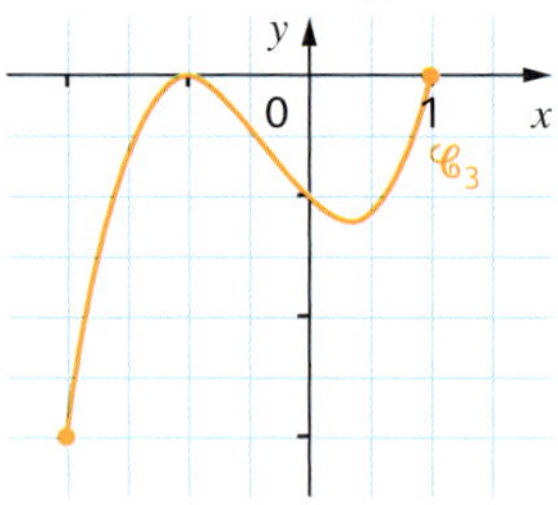

Courbe de f_3

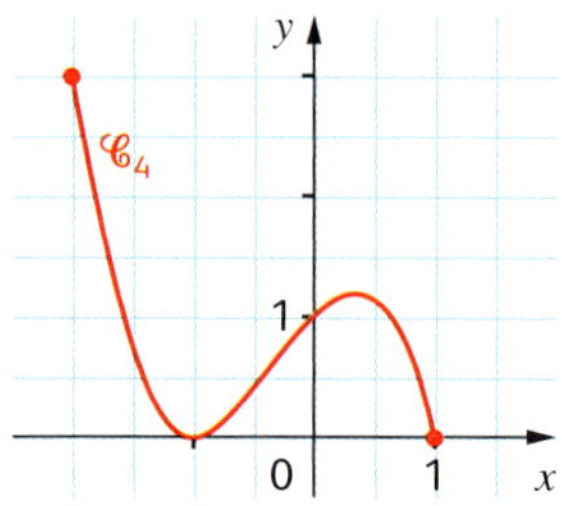

Courbe de f_4

1. Voici les tableaux de signes de ces fonctions :

a.

x	-2		-1		1
…		$-$	0	$+$	

b.

x	-2		-1		1
…		$+$	0	$+$	

c.

x	-2		-1		1
…		$-$	0	$-$	

d.

x	-2		-1		1
…		$+$	0	$-$	

Associer chaque fonction à son tableau de signes.

2. Voici les tableaux de signes de leurs dérivées :

a.

x	-2		-1		$0{,}5$		1
…		$+$	0	$+$	0	$-$	

b.

x	-2		-1		$0{,}5$		1
…		$-$	0	$-$	0	$+$	

c.

x	-2		-1		$\frac{1}{3}$		1
…		$-$	0	$+$	0	$-$	

d.

x	-2		-1		$\frac{1}{3}$		1
…		$+$	0	$-$	0	$+$	

Associer chaque fonction au tableau de signes de sa dérivée.

66 **Exercice guidé**

On considère la fonction f définie sur $\mathbb{R}$ par :

$$f(x) = 4x^3 - 20x^2 + 25x$$

Un logiciel de calcul formel fournit tous les résultats ci-contre.

1 Factoriser$(4x^3 - 20x^2 + 25x)$
→ $x\,(2\,x - 5)^2$

2 Résoudre$(4x^3 - 20x^2 + 25x = 0)$
→ $\left\{x = 0, x = \frac{5}{2}\right\}$

3 Dérivée$(4x^3 - 20x^2 + 25x)$
→ $12\,x^2 - 40\,x + 25$

4 Factoriser$(12x^2 - 40x + 25)$
→ $(2\,x - 5)\,(6\,x - 5)$

1. Démontrer tous les résultats de la capture d'écran.

2. En quels points la courbe de la fonction f coupe-t-elle l'axe des abscisses ?

3. Étudier les variations de la fonction f sur $\mathbb{R}$.

Pistes de résolution

1. Pour vérifier une factorisation, il peut être pratique de la développer.
2. Tout point situé sur l'axe des abscisses a son ordonnée nulle.
3. Pour étudier les variations d'une fonction, on étudie le signe de sa dérivée.

67 Le tableau ci-dessous donne l'évolution du nombre d'habitants dans un village depuis 2015.

Année	Rang x_i	Population y_i
2015	0	1 730
2016	1	1 923
2017	2	2 104
2018	3	2 234
2019	4	2 543
2021	6	3 435
2022	7	4 089

1. Dans un repère, construire le nuage de points de coordonnées $(x_i ; y_i)$.

2. Soit f la fonction définie sur l'intervalle $[0 ; 15]$ par $f(x) = 0{,}04x^2 + 0{,}08x + 1{,}64$.

a. Construire la courbe de f dans le même repère et vérifier qu'elle ajuste correctement le nuage de points ci-dessus.

b. En raison de la pandémie de Covid-19, le recensement n'a pas eu lieu en 2020.
Estimer le nombre d'habitants en 2020.

c. Calculer $f'(x)$.

d. Étudier les variations de f sur $[0 ; 15]$.
Que peut-on dire de la population si l'évolution se maintient jusqu'en 2030 ?

e. On admet que le rythme de croissance de la population de l'année $2015 + x$ est donné par :

$$g(x) = f'(x)$$

Étudier l'évolution du rythme de croissance de la population entre 2015 et 2030.

68 Une flèche est tirée avec un arc afin d'obtenir une trajectoire parabolique.

La hauteur dans le ciel, en mètre, de la flèche depuis son lancement est donnée par $f(t) = -0{,}5t^2 + 5t + 1{,}8$ où t représente le temps écoulé en seconde.

On admet que la vitesse instantanée de la flèche à un instant t_0 est égale, en m.s^{-1}, à $f'(t_0)$ où f' est la fonction dérivée de la fonction f.

1. De quelle hauteur est tirée la flèche ?

2. Étudier les variations de f sur l'intervalle [0 ; 12].

3. À quel instant la hauteur de la flèche est-elle maximale ? Quelle est la vitesse de la flèche à ce moment-là ?

4. a. À l'aide de la calculatrice, estimer à quel instant la flèche retombe au sol.

b. Quelle est la vitesse de la flèche lorsqu'elle atteint le sol ?

69 Étude d'un bénéfice

Partie A – Vrai ou faux ?

Soit f la fonction définie sur l'intervalle [0 ; 10] par :

$$f(x) = x^3 - 48x + 600$$

Dans le repère ci-dessous, on donne la courbe de la fonction $\mathscr{C}_f$ et la droite Δ d'équation $y = 99x$.

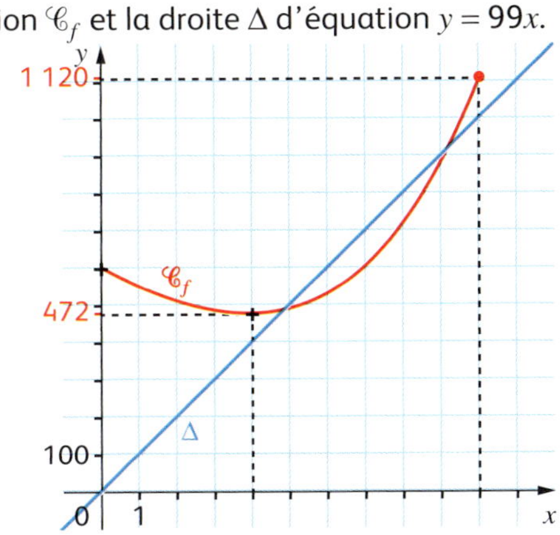

Les affirmations suivantes sont-elles vraies ou fausses ? Justifier.

1. $f'(x) = 3(x-4)(x+4)$

2. $f'(x) \geqslant 0$ pour $x \in [0 ; 10]$

3. $f'(4) = 0$

4. f admet un minimum en $x = 4$.

5. $f(x) < 99x$ pour tout $x \in]4 ; 9[$.

Partie B

Une entreprise fabrique chaque jour entre 4 000 et 10 000 crayons. Le coût journalier de production de q milliers de crayons, en euro, est donné par $C(q) = q^3 - 48q + 600$.

Chaque millier de crayons est vendu 99 €.

1. Exprimer la recette $R(q)$ en fonction de la quantité q, en millier, de crayons vendus.

2. Montrer que le bénéfice journalier $B(q)$, exprimé en euro, est donné par :

$$B(q) = -q^3 + 147q - 600 \text{ avec } q \in [4 ; 10]$$

3. a. Calculer $B'(q)$.

b. Vérifier que $B'(q) = -3(q-7)(q+7)$.

4. Étudier le signe de $B'(q)$ sur [4 ; 10] et dresser le tableau de variations de la fonction B.

5. En déduire le nombre de crayons à produire quotidiennement pour obtenir un bénéfice maximal. Quel est alors ce bénéfice maximal ?

70 Coût moyen

Une entreprise produit des appareils électroménagers.

Le coût de production de x appareils est donné, en euro, par :

$$C(x) = x^2 + 50x + 100$$

pour $5 \leqslant x \leqslant 40$.

Le **coût moyen** de production d'un objet, lorsque l'entreprise en fabrique x, est égal à :

$$f(x) = \frac{C(x)}{x} \text{ pour } 5 \leqslant x \leqslant 40$$

1. Montrer que, pour tout $x \in [5 ; 40]$, on a :

$$f(x) = x + 50 + \frac{100}{x}$$

2. Un logiciel de calcul formel donne le résultat admis ci-contre :

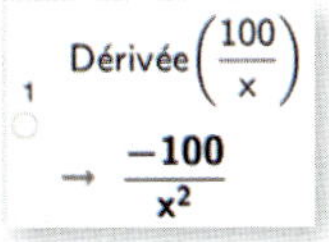

Montrer que $f'(x) = \dfrac{(x-10)(x+10)}{x^2}$

3. Étudier le signe de $f'(x)$ et dresser le tableau de variations de f sur [5 ; 40].

4. Pour quelle valeur de x le coût moyen est-il minimal ? Préciser alors sa valeur.

71 On considère une pyramide $SABCD$ de base carrée de côté a, avec $a \in [0 ; 1]$, et de hauteur $1 - a$.

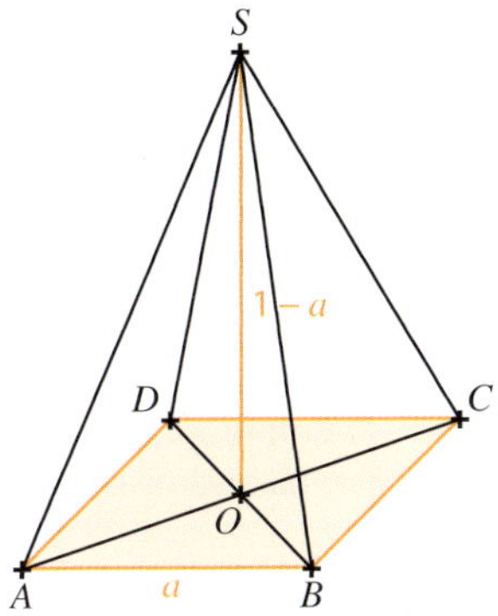

1. Exprimer en fonction de a le volume de la pyramide noté $V(a)$.

2. Montrer que le volume est maximal pour une valeur de a qu'on déterminera.

Apprendre à modéliser

DÉVELOPPER DES COMPÉTENCES

Modéliser les coûts de production, un bénéfice

Une entreprise qui fabrique du mobilier urbain s'intéresse au coût unitaire de production, en euro, ainsi qu'au bénéfice réalisé durant une semaine. Chaque semaine, l'entreprise produit et vend x lots de mobilier urbain où x est un entier compris entre 0 et 100.

Partie A Coût unitaire de production

La courbe donnée ci-dessous représente le coût unitaire de production $f(x)$ en fonction du nombre x de lots fabriqués.

Le coût unitaire désigne le coût de fabrication d'une unité. Il varie, en général, en fonction du nombre d'unités produites, qui influence les coûts de production.

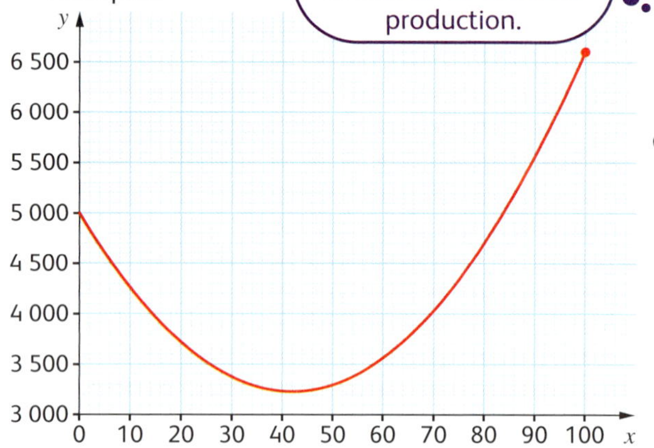

1. Déterminer graphiquement le coût unitaire de production lorsque l'entreprise fabrique 70 lots. Quelle autre quantité de lots fabriqués donne le même coût unitaire de production ?

2. Déterminer graphiquement la quantité de lots que l'entreprise doit produire pour que le coût unitaire soit minimal. Quel est alors ce coût ?

3. On admet que $f(x) = x^2 + bx + 5\,000$.

a. Déterminer le réel b sachant que le coût unitaire pour 100 lots produits est de 6 600 €.

b. On donne ci-contre une capture d'écran d'un logiciel de calcul formel. Retrouver algébriquement tous les résultats de la question **1.**

1 factoriser$(x^2 - 84x + 980)$
→ $(x - 70)(x - 14)$

c. Calculer $f'(x)$.

d. Étudier les variations de la fonction f sur l'intervalle $[0\,;100]$.

Retrouve-t-on les résultats de la question **2.** ?

Partie B Coût total de production et bénéfice

1. Montrer que le coût total de production pour x lots fabriqués est :

$$C(x) = x^3 - 84x^2 + 5\,000x$$

2. Chaque lot est vendu 5 000 €.

a. Exprimer la recette réalisée par l'entreprise lorsqu'elle vend x lots de mobilier urbain. On la notera $R(x)$.

b. Justifier que le bénéfice, en euro, réalisé lorsque l'entreprise produit et vend x lots est donné par la fonction B définie par :

$$B(x) = -x^3 + 84x^2$$

3. a. Vérifier que $B(x) = x^2(-x + 84)$.

b. Dresser le tableau de signes de $B(x)$ pour x allant de 0 à 100.

c. Pour quelles quantités produites et vendues l'entreprise perd-elle de l'argent ?

4. a. Calculer $B'(x)$ où B' désigne la fonction dérivée de la fonction B.

b. Montrer que $B'(x) = 3x(56 - x)$.

c. Étudier le signe de $B'(x)$ pour tout nombre x de l'intervalle $[0\,;100]$ et dresser le tableau de variations de la fonction B sur l'intervalle $[0\,;100]$.

d. En déduire le nombre x_M de lots que l'entreprise doit fabriquer et vendre pour réaliser un bénéfice maximal.

e. Quelle est la valeur du bénéfice maximal de l'entreprise ?

Partie C Coût marginal

En économie, le coût marginal $C_m(x)$ correspond au coût engendré par la dernière unité produite lorsque l'entreprise fabrique x lots. Il est assimilé à la dérivée du coût total de production.

1. Donner l'expression du coût marginal $C_m(x)$ en fonction de x.

2. Montrer que lorsque le coût unitaire de production est minimal, il est égal au coût marginal.

maths en situation...

72 … en géométrie Optimiser le volume d'une boîte

Chloé souhaite réaliser des boîtes de rangement en carton, sans couvercle, ayant la forme d'un parallélépipède rectangle. Elle dispose pour cela de feuilles cartonnées rigides dont la longueur est 80 cm et la largeur 50 cm. Pour réaliser la boîte de rangement, Chloé découpe aux quatre coins de chaque feuille cartonnée quatre carrés identiques de côté x cm puis replie le carton suivant les segments $[AB]$, $[BC]$, $[CD]$ et $[DA]$, comme le montre le schéma.

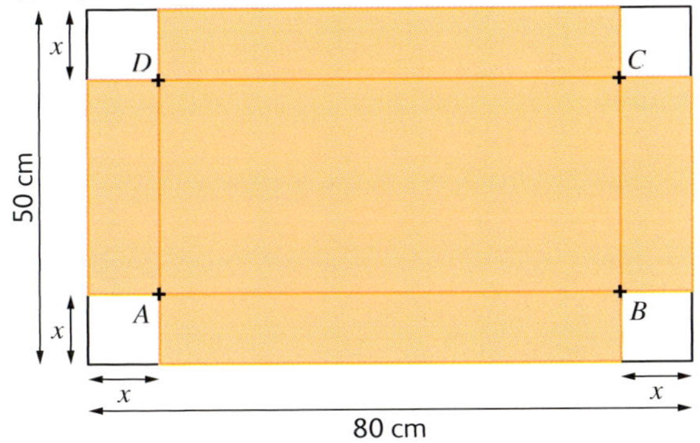

Chloé souhaite savoir si le volume varie selon les valeurs de x, et connaître dans ce cas la valeur de x qui permet de construire une boîte dont le volume sera maximal.

1. À quel intervalle I appartient x pour que la boîte soit réalisable ?

2. Exprimer les longueurs AB et AD en fonction de x.

3. Montrer que le volume de la boîte est donné par la fonction V définie par :

$$V(x) = 4x^3 - 260x^2 + 4\,000x \text{ où } x \in \text{I}$$

4. a. Calculer $V'(x)$.

b. Montrer que $V'(x) = 4(x - 10)(3x - 100)$.

c. Étudier le signe de $V'(x)$ pour tout nombre x de l'intervalle I et dresser le tableau de variations de la fonction V sur I.

d. Pour quelle(s) valeur(s) de x le volume de la boîte est-il maximal ?

Quel est le volume maximal de la boîte ?

Donner dans ce cas les dimensions de la boîte.

73 … en sport Étude d'un lancer de poids

Lors d'une compétition d'athlétisme, un entraîneur analyse la technique d'un lanceur de poids, et notamment la trajectoire du poids lors d'un lancer.

On modélise la hauteur du poids par la fonction h définie par :

$$h(x) = -0{,}08x^2 + 0{,}8x + 1{,}92$$

La variable x représente la distance horizontale, en mètre, parcourue par le poids depuis son lancer.

1. a. De quelle hauteur le poids est-il lancé ?

b. À quelle hauteur est le poids lorsque la distance horizontale parcourue est de 2 m ?

c. La hauteur du poids double-t-elle lorsque la distance au sol double ?

2. a. Montrer que $h(x) = -0{,}08(x + 2)(x - 12)$.

b. On appelle longueur d'un lancer la distance horizontale parcourue par le poids lorsque celui-ci retombe sur le sol. Quelle est la longueur L du lancer ?

c. Pour quelles valeurs de x cette modélisation est-elle valide ?

3. a. Calculer $h'(x)$.

b. Étudier les variations de la fonction h sur l'intervalle $[0 ; L]$ où L est la valeur obtenue à la question **2. b.**

4. a. Déterminer la hauteur maximale atteinte par le poids. *Arrondir au centimètre.*

b. Quelle est la distance au sol du poids au moment où sa hauteur est maximale ?

74 … en biologie Volume d'air dans les poumons

Lors d'une respiration (c'est-à-dire une inspiration et une expiration), le volume d'air, en litre, présent dans un poumon peut être modélisé par la fonction V définie par :

$$V(t) = -0{,}04t^3 + 0{,}21t^2 + 0{,}24t$$

où t est le temps exprimé en seconde.

On admet que $t \in [0 ; 7]$.

1. Montrer que $V'(t) = -0{,}06\,(2t + 1)(t - 4)$.

2. Étudier le signe de $V'(t)$ et en déduire les variations de la fonction V sur l'intervalle $[0 ; 7]$.

3. Déterminer le volume maximal d'air inhalé lors d'une respiration.

4. En justifiant la démarche, combien de temps dure une expiration selon ce modèle ?

Maths en situation...

75 … en médecine — Concentration d'un médicament dans le sang

Afin de traiter une maladie, un médicament est injecté à un patient par voie intramusculaire à un instant $t = 0$.

La concentration du principe actif du médicament dans le sang du patient, exprimée en mg.L^{-1}, au bout de t heures est donnée par :

$$c(t) = 0{,}25t^3 - 3{,}5t^2 + 12{,}25t \text{ où } t \in [0\,;7].$$

Ce médicament est jugé efficace lorsque la concentration du principe actif dans le sang est supérieure à 9 mg.L^{-1}.

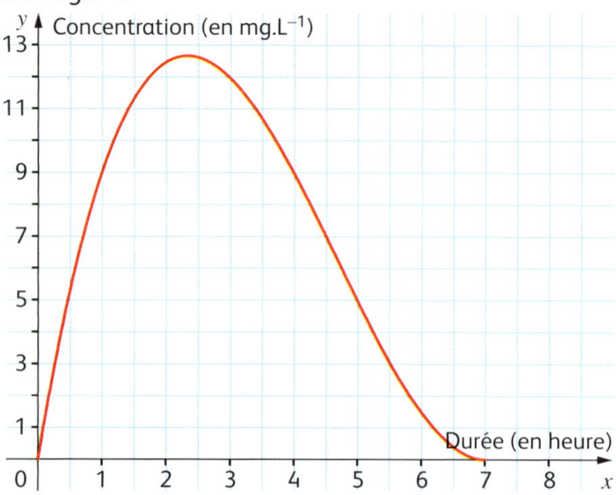

Partie A Lecture graphique

1. Estimer graphiquement :

a. au bout de combien de temps après l'injection le médicament commence à être efficace ;

b. pendant combien de temps le médicament reste efficace ;

c. à quel moment la concentration est maximale. Quelle est la concentration maximale ?

Partie B Étude de la fonction concentration

1. a. Une capture d'écran d'un logiciel de calcul formel affiche le résultat suivant :

Factoriser(0.25 t^3 – 3.5 t^2 + 12.25 t – 9)

1 → $(t-9)(t-4)\dfrac{t-1}{4}$

À l'aide de cette capture d'écran, résoudre algébriquement dans l'intervalle $[0\,;7]$ l'inéquation $c(t) \geqslant 9$.

b. Quel résultat de la **partie A** retrouve-t-on ?

2. a. Calculer $c'(t)$ où c' est la fonction dérivée de la fonction c.

b. Montrer que $c'(t) = 0{,}25(3t - 7)(t - 7)$.

c. Étudier le signe de $c'(t)$ sur l'intervalle $[0\,;7]$ et en déduire les variations de c sur $[0\,;7]$.

d. À quel instant t_0 après l'injection, donné à la minute près, la concentration du principe actif est-elle maximale ? Quelle est la concentration maximale ?

Partie C Vitesse d'élimination du principe actif

Une fois le pic de concentration atteint à l'instant t_0, la vitesse d'élimination du principe actif du médicament dans le sang à l'instant t est définie par $v(t) = -c'(t)$ où $t \in [t_0\,;7]$.

Cette vitesse s'exprime en mg.L^{-1}.h^{-1}.

1. Exprimer $v(t)$ en fonction de t.

2. Calculer $v'(t)$ où v' est la fonction dérivée de la fonction v.

3. Étudier les variations de la fonction v sur l'intervalle $[t_0\,;7]$.

4. À quel instant t_1 après l'injection, donné à la minute près, la vitesse d'élimination du principe actif est-elle maximale ?

76 … en architecture — Une façade parabolique

Un hangar possède une façade parabolique comme l'indique le graphique ci-contre. La forme est modélisée par la fonction f définie sur l'intervalle $[-3\,;3]$ par :

$$f(x) = -x^2 + 9$$

La porte d'accès à l'intérieur du bâtiment est représentée par le rectangle $IJKL$.

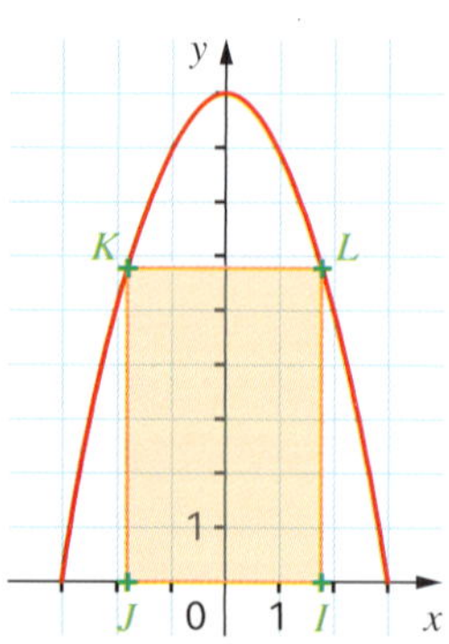

I et J sont deux points symétriques sur l'axe des abscisses, K et L sont symétriques sur la parabole.

On note x l'abscisse de I avec $x \in [0\,;3]$.

1. a. Exprimer les longueurs IJ et IL en fonction de x.

b. Montrer que l'aire du rectangle $IJKL$ est donnée par la fonction :

$$A(x) = -2x^3 + 18x$$

2. a. Calculer $A'(x)$.

b. Montrer que la fonction dérivée de A est :

$$A'(x) = -6(x - \sqrt{3})(x + \sqrt{3})$$

c. Dresser le tableau de signes de $A(x)$ sur $[0\,;3]$. En déduire les variations de la fonction A sur $[0\,;3]$.

d. Pour quelle(s) valeur(s) de x la porte d'entrée du hangar aura une aire maximale ?

Maths en situation...

77 ... en économie — L'offre et la demande

Une entreprise produit et vend des fours électriques dont le prix de vente est compris entre 300 et 2 000 euros.

• Le nombre de fours, en millier, qu'est prête à produire l'entreprise pour un prix de vente de x centaines d'euros est modélisé par la fonction « offre » f définie sur l'intervalle [3 ; 20] par :

$$f(x) = 0{,}15x^2 + 0{,}5x + 44$$

• Le nombre de fours, en millier, qui pourraient être achetés pour un prix de vente de x centaines d'euros est modélisé par la fonction « demande » g définie sur l'intervalle [3 ; 20] par :

$$g(x) = -0{,}05x^2 - 1{,}2x + 81$$

1. a. Calculer $f'(x)$ où f' est la fonction dérivée de la fonction f.

b. Montrer que la fonction f est croissante sur l'intervalle [3 ; 20]. Interpréter cette croissance.

2. a. Calculer $g'(x)$ où g' est la fonction dérivée de la fonction g.

b. Montrer que la fonction g est décroissante sur l'intervalle [3 ; 20]. Interpréter cette décroissance.

3. a. Montrer que résoudre l'équation $f(x) = g(x)$ équivaut à résoudre l'équation :

$$0{,}2(x + 18{,}5)(x - 10) = 0$$

b. Déterminer le prix d'équilibre, c'est-à-dire le prix pour lequel l'offre et la demande sont égales. En déduire la quantité d'équilibre.

c. Calculer le chiffre d'affaires engendré par la vente des fours à l'équilibre.

78 ... en économie — Minorer la consommation de papier...

Un éditeur doit produire un livre dont les contraintes sont les suivantes.

• La hauteur d'une page ne doit pas dépasser 40 cm.

• Sur chaque page, le texte doit être imprimé dans une zone rectangulaire de 216 cm² dont les dimensions sont notées x et y comme le montre le schéma ci-dessous.

• Les marges verticales doivent mesurer 1 cm et les marges horizontales doivent mesurer 1,5 cm.

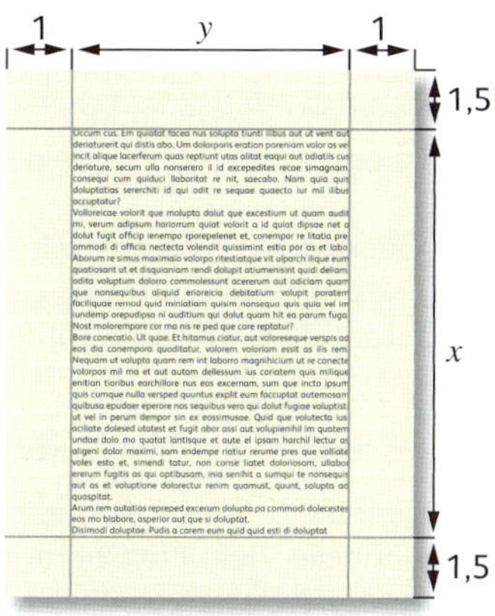

On souhaite déterminer les dimensions d'une page pour que la consommation de papier soit minimale.

1. Montrer que $y = \dfrac{216}{x}$.

2. a. Exprimer en fonction de x la hauteur d'une page.

b. Exprimer en fonction de y la largeur d'une page.

c. Montrer que l'aire totale d'une page est donnée par :

$$A(x) = 2x + 222 + \frac{648}{x}$$

3. Un logiciel de calcul formel donne le résultat admis suivant :

1 $\quad \text{Dérivée}\left(\dfrac{648}{x}\right)$

$\rightarrow \quad \mathbf{\dfrac{-648}{x^2}}$

Montrer que $A'(x) = \dfrac{2(x-18)(x+18)}{x^2}$.

4. Étudier le signe de $A'(x)$ sur l'intervalle [0 ; 40] et en déduire les variations de la fonction A.

5. a. Pour quelle valeur de x l'aire totale d'une page sera-t-elle minimale ?

b. Quelle est l'aire minimale d'une page ?

6. En déduire les dimensions d'une page pour que la consommation de papier soit minimale.

Programme officiel (extrait)

Contenus d'enseignement

Analyse de l'information chiffrée

L'analyse de l'information chiffrée portant sur des problématiques d'actualité (développement durable, changement climatique, biodiversité, économie, démographie, santé publique, etc.) permet d'éclairer les élèves sur certains débats actuels et de développer le sens critique.
En prolongement du programme de seconde dans lequel ont été introduits des indicateurs utiles pour l'analyse d'un unique caractère statistique, cette partie aborde l'analyse statistique bivariée. Il s'agit d'une première sensibilisation aux bases de données.
Certaines données étudiées peuvent être issues de ressources d'autres enseignements dispensés au lycée (enseignement scientifique, enseignement moral et civique, enseignement de spécialité). Les possibilités offertes par l'informatique permettent le stockage et la manipulation de données massives. Certaines de ces données sont disponibles sur des sites institutionnels comme ceux de l'Institut national de la statistique et des études économiques (Insee), de l'Institut national d'études démographiques (Ined) ou dans le catalogue data.gouv des données de l'administration. D'autres figurent dans des rapports publics comme ceux du Groupe d'experts intergouvernemental sur l'évolution du climat (Giec).
L'analyse bivariée cherche à étudier les éventuelles relations entre deux caractères. Elle doit s'illustrer en utilisant des représentations de données réelles, qui peuvent aussi s'obtenir par le traitement à l'aide d'un tableur de fichiers d'une taille raisonnable.

Situations et problèmes	Contenus mathématiques
• Analyse croisée de couples de caractères (exemples : genre, âge, revenus, indicateurs de santé, indicateurs financiers, température, niveau des océans, proportion de gaz à effet de serre, etc.). • Les données peuvent être présentées sous la forme d'un tableau ou d'un diagramme obtenu à partir d'un fichier de données en utilisant un tableur.	• Analyse statistique de deux caractères. • Tableau croisé d'effectifs. • Exemples d'analyse du croisement de deux caractères par représentation graphique (nuage de points, diagrammes en barres, diagrammes circulaires). • Détermination dans un fichier de données d'un sous-ensemble d'individus répondant à un sous-caractère (filtre, utilisation des ET, OU, NON).

Capacités attendues
- Dresser un tableau croisé de deux caractères à partir d'un fichier de données.
- Utiliser un tableur pour représenter des données sous forme de tableau ou de diagramme.

Phénomènes aléatoires

L'analyse statistique bivariée abordée dans la partie précédente permet d'introduire naturellement la notion de fréquence conditionnelle. Dans le cas d'un tirage aléatoire dans une population finie, la fréquence peut être identifiée à une probabilité. La notion de probabilité conditionnelle permet d'introduire de manière intuitive celle de l'indépendance : deux événements A et B sont dits indépendants si la probabilité conditionnelle de A sachant B est égale à la probabilité de A (sous réserve de la non-nullité de celle de B).
Grâce à des outils numériques, on simule une succession de tirages aléatoires indépendants (par exemple, des tirages avec remise dans une urne) afin de poursuivre l'approche vulgarisée de la loi des grands nombres initiée en classe de seconde. La possibilité de présenter des problèmes simples relatifs à des jeux de hasard datant du XVIIIe siècle confère à cette partie une dimension historique.

Situations et problèmes	Contenus mathématiques
Sciences de la vie Tests médicaux : faux positifs et faux négatifs. **Théorie des jeux** Modélisation ou simulation de jeux simples : pile ou face, jeu de « croix ou pile » de d'Alembert, jeu de pierre-feuille-ciseaux, jeu du lièvre et de la tortue, jeu du « passe-dix » (problème du grand-duc de Toscane). Stratégie gagnante au jeu de Monty Hall. **Histoire des mathématiques** Traduction en langage des probabilités de la correspondance épistolaire entre Fermat et Pascal à propos du problème des partis.	Fréquence conditionnelle, fréquence marginale. Probabilité conditionnelle : définition, notation, calcul à partir d'un tableau croisé d'effectifs ou d'un arbre de probabilités. Indépendance de deux événements. Succession d'événements indépendants, équiprobables ou non.

Capacités attendues

- Construire un tableau croisé d'effectifs ou un arbre de probabilité associé à un phénomène aléatoire.
- Calculer des fréquences conditionnelles et des fréquences marginales à partir d'un tableau croisé d'effectifs.
- Interpréter un tableau croisé en utilisant des fréquences conditionnelles.
- Calculer des probabilités conditionnelles à l'aide d'un tableau croisé d'effectifs ou d'un arbre pondéré.

Phénomènes d'évolution

Cette partie est consacrée à des notions mathématiques permettant de modéliser des phénomènes en évolution : les suites, qui modélisent des grandeurs dont l'évolution est discrète, et les fonctions, qui modélisent des grandeurs dont l'évolution est continue.
L'objectif est d'appréhender deux modèles classiques d'évolution, la croissance linéaire et la croissance exponentielle, sans exclure la présentation d'autres modèles.
La compréhension et l'interrogation critique des modèles étudiés permettent de développer des capacités de raisonnement et d'argumentation. Leur mise en pratique, tant dans des situations internes qu'externes aux mathématiques, permet de consolider des habiletés en matière de calcul, d'analyse et de production de graphiques ainsi que dans l'utilisation d'outils numériques.
Les deux modes de génération d'une suite, par récurrence et explicite, peuvent être introduits lors de la résolution de problèmes. On peut, par exemple, prendre appui sur des motifs géométriques ou sur un contexte historique, comme le problème de remboursement d'une dette posé par Euler dans *Introduction à l'analyse infinitésimale*.
Lors des premières modélisations d'une grandeur discrète par une suite, on veille à utiliser la notation fonctionnelle $u(n)$, préalablement à la notation indicielle u_n.

Croissance linéaire

Les suites arithmétiques et les fonctions affines modélisent des grandeurs discrètes ou continues dont le taux d'accroissement est constant. Les fonctions affines, déjà étudiées en classe de seconde, peuvent faire l'objet d'un travail succinct. Le professeur peut mettre en parallèle le sens de variation des fonctions affines et celui des suites arithmétiques.

Situations et problèmes	*Contenus mathématiques*
Éducation économique, financière et budgétaire Placement à intérêts simples, croissance d'un poste budgétaire. **Dénombrement** Motifs géométriques évolutifs en forme de T ou de croix, carré bordé.	**Suites arithmétiques** Définition par la relation de récurrence. Explicitation du terme de rang n. Sens de variation. Représentation graphique.
Physique Correspondance entre degrés Celsius et Fahrenheit. **Économie** Modélisation de l'offre et de la demande par des fonctions affines, point d'équilibre. **Enseignement moral et civique** Modélisation du barème de l'impôt sur le revenu par une fonction affine par morceaux (taux marginal, taux moyen). **Sciences de la Terre** Modèle linéaire de l'évolution du niveau moyen des océans.	**Fonctions affines** L'objectif est de remobiliser les connaissances abordées en classe de seconde : représentation graphique, sens de variation, lien entre le taux d'accroissement et le coefficient directeur de la droite représentative.

Capacités attendues

- Reconnaître un phénomène discret ou continu de croissance linéaire et savoir le modéliser.
- Calculer un terme de rang donné d'une suite arithmétique définie par une relation fonctionnelle ou une relation de récurrence.
- Réaliser et exploiter la représentation graphique des termes d'une suite arithmétique ou d'une fonction affine.
- Résoudre un problème de seuil dans le cas d'une croissance linéaire.

Croissance exponentielle

Les suites géométriques modélisent des grandeurs discrètes dont le taux d'évolution est constant.
Les fonctions exponentielles sont présentées comme un prolongement des suites géométriques de raison positive à des valeurs non entières positives.
Dans le cadre d'une approche différenciée de cette introduction, il est possible :
- de se limiter au recours à la calculatrice pour obtenir la valeur de a^x pour tout réel positif x ;
- de « compléter » le nuage de points représentant une suite géométrique pour obtenir la courbe d'une fonction continue ;
- d'ajouter des « points intermédiaires » à ce nuage par dichotomies successives (moyenne arithmétique des abscisses et moyenne géométrique des ordonnées) à l'aide d'un tableur ;

- de commencer par définir la racine n-ième d'un réel positif, puis de construire les puissances à exposant rationnel positif afin de conserver les propriétés des fonctions puissances entières étudiées en seconde.

Les propriétés algébriques des fonctions exponentielles sont admises, par extension des propriétés des puissances entières.
Le professeur peut mettre en parallèle le sens de variation des fonctions exponentielles et celui des suites géométriques.

Situations et problèmes	Contenus mathématiques
Sciences de la vie Élimination d'une substance dans le sang. **Dénombrement** Motifs géométriques évolutifs (triangle de Sierpinski, etc.). **Éducation économique, financière et budgétaire** Emprunt, placement à intérêts composés, gestion d'une dette, croissance d'un poste budgétaire.	**Suites géométriques à termes strictement positifs** Définition par relation de récurrence. Explicitation du terme de rang n. Sens de variation. Représentation graphique.
Éducation économique, financière et budgétaire Valeur au bout d'une fraction d'annuité d'un capital placé à intérêts composés à taux annuel constant. **Économie, géographie** Analyse comparée de l'accroissement d'une population et des ressources alimentaires (modèle de Malthus). **Sciences sociales** Modélisation simplifiée de la propagation d'une rumeur (cascades verticales). **Physique et sciences de la vie et de la Terre** Nombre de noyaux radioactifs présents dans un échantillon au bout d'une fraction de demi-vie. Applications à la médecine et à la datation par le carbone 14. **Sciences de la vie** Taux de reproduction R_0 d'un virus lors d'une épidémie.	**Fonctions exponentielles** Introduction de la fonction $x \mapsto a^x$ ($a^x > 0, x \geqslant 0$). Propriétés algébriques (admises, par extension des propriétés des puissances entières). Variations. Représentation graphique. Cas particulier de l'exposant $1/n$. Taux d'évolution moyen correspondant à n évolutions successives.

Capacités attendues

- Reconnaître un phénomène discret ou continu de croissance exponentielle et savoir le modéliser.
- Calculer un terme de rang donné d'une suite géométrique définie par une relation fonctionnelle ou une relation de récurrence.
- Calculer un taux d'évolution moyen.
- Réaliser et exploiter la représentation graphique des termes d'une suite géométrique ou d'une fonction exponentielle.
- Résoudre un problème de seuil dans le cas d'une croissance exponentielle par le calcul, à l'aide d'une représentation graphique ou en utilisant un outil numérique.

Variation instantanée, variation globale

La notion de dérivée est utilisée pour étudier les variations de certains phénomènes.
On met en évidence par des zooms successifs qu'une courbe donnée a localement l'apparence d'une droite. Après cette sensibilisation, le nombre dérivé peut être présenté, à l'aide d'un logiciel de géométrie dynamique, comme étant le coefficient directeur de la tangente, position limite des sécantes passant par le point considéré.
Dans le cadre de la différenciation, ce nombre peut aussi être introduit en considérant la vitesse instantanée d'un mobile à un instant donné.
L'approche graphique se prolonge globalement dans la découverte du lien entre le signe de la fonction dérivée et les variations de la fonction.
Parmi les outils mathématiques permettant de traiter des problèmes d'optimisation, l'un des plus simples et des plus efficaces est le signe de la fonction dérivée. Pour identifier un extremum, la seule analyse du tableau de variation suffit.
Dans le cas de fonctions donnant lieu à des calculs complexes, on peut recourir à un logiciel de calcul formel qui permet d'obtenir ou de factoriser la dérivée afin de résoudre le problème posé.
On peut s'appuyer sur des données réelles en utilisant un tableur pour modéliser leur évolution globale à l'aide d'une courbe de tendance polynomiale et étudier leurs variations.

Situations et problèmes	Contenus mathématiques
Sciences de la vie Courbe de croissance d'un enfant. **Physique** Vitesse instantanée d'un mobile animé d'un mouvement rectiligne. **Chimie** Vitesse d'apparition d'un produit ou de disparition d'un réactif dans une réaction chimique. **Économie** Coût marginal défini comme la variation du coût total induite par la production et la vente d'une unité supplémentaire, et modélisé par la dérivée du coût total.	**Variation instantanée (nombre dérivé)** Tangente à une courbe en un point. Nombre dérivé comme coefficient directeur de la tangente.
Économie Modélisation par une fonction du coût de production et du chiffre d'affaires d'une entreprise, étude du bénéfice. Optimisation des dimensions d'un emballage pour en réduire le coût.	**Variation globale (fonction dérivée)** Fonction dérivée. Sens de variation d'une fonction, lien avec le signe de la fonction dérivée sur un intervalle. Dérivée des fonctions constante, identité, carré et cube. Dérivée d'une somme, du produit par un nombre réel. Application à la dérivée d'un polynôme de degré inférieur ou égal à 3. Tableau de variation, à l'aide si besoin d'un logiciel de calcul formel.

Capacités attendues

- Interpréter le nombre dérivé dans le cadre d'un modèle d'évolution.
- Interpréter géométriquement le nombre dérivé comme coefficient directeur de la tangente.
- Décrire les variations d'un phénomène en mobilisant la dérivée d'une fonction.
- Déterminer le sens de variation d'une fonction polynomiale de degré inférieur ou égal à trois (la forme factorisée de la dérivée pourra être donnée).
- Prévoir l'évolution d'un phénomène grâce à l'étude de la dérivée d'une fonction.

Automatismes

Cette partie du programme vise à construire et à entretenir des habiletés mathématiques (connaissances, procédures et stratégies) dans les domaines des représentations graphiques, du traitement des données et du calcul. Il s'agit à la fois de garantir un socle de connaissances et de compétences fondamentales nécessaires à tout citoyen, d'asseoir des réflexes intellectuels pour s'engager avec succès dans la résolution de problèmes et pour développer une posture critique et réfléchie dans la lecture et la représentation de données.

Sans faire l'objet d'un chapitre d'enseignement spécifique, le développement des capacités énoncées ci-dessous requiert un entraînement régulier tout au long de l'année, par exemple lors d'activités ritualisées de début de séance sous forme de « questions flash », privilégiant l'activité mentale et la verbalisation des procédures.

Il convient de s'appuyer sur des situations simples pour ne pas occulter l'objectif d'apprentissage par des difficultés inhérentes à la compréhension de l'énoncé.

Représentations graphiques

- Préciser sur un graphique les grandeurs en jeu, les unités et les échelles.
- Lire sur un graphique les variations d'une grandeur : croissance ou décroissance, doublement régulier, accélération ou ralentissement de la croissance.
- Estimer graphiquement une valeur atteinte, un antécédent, un seuil.

Traitement de données

- Appliquer un pourcentage d'augmentation ou de diminution.
- Calculer un taux d'évolution global à partir de taux d'évolution successifs, calculer un taux d'évolution réciproque.

Calcul numérique et algébrique

- Effectuer mentalement des calculs simples mettant en jeu des nombres décimaux, des fractions et des pourcentages.
- Passer d'une écriture d'un nombre à une autre (décimale, fractionnaire, sous forme de pourcentage).
- Utiliser un ordre de grandeur pour contrôler un résultat.
- Effectuer une application numérique d'une formule mathématique (longueurs, aires, volumes) ou d'une formule simple provenant d'une autre discipline.
- Résoudre une équation du premier degré du type $ax + b = cx + d$ ou $\frac{a}{x} = b$ ou une équation du second degré du type $x^2 = a$.

Je retiens les principales touches de la GRAPH 35+ E

pour choisir le menu :

- RUN-MAT pour calculer
- STAT pour utiliser les fonctions de statistiques et de probabilités
- GRAPH pour tracer des courbes et utiliser le solveur graphique
- TABLE pour tabuler une fonction
- PRGM pour écrire et exécuter un programme

pour accéder à des commandes, classées par grands thèmes : **LIST**, **STAT** ou **PRB**

la variable « x » lorsqu'on définit une fonction dans les menus GRAPH et TABLE

pour calculer avec des fractions

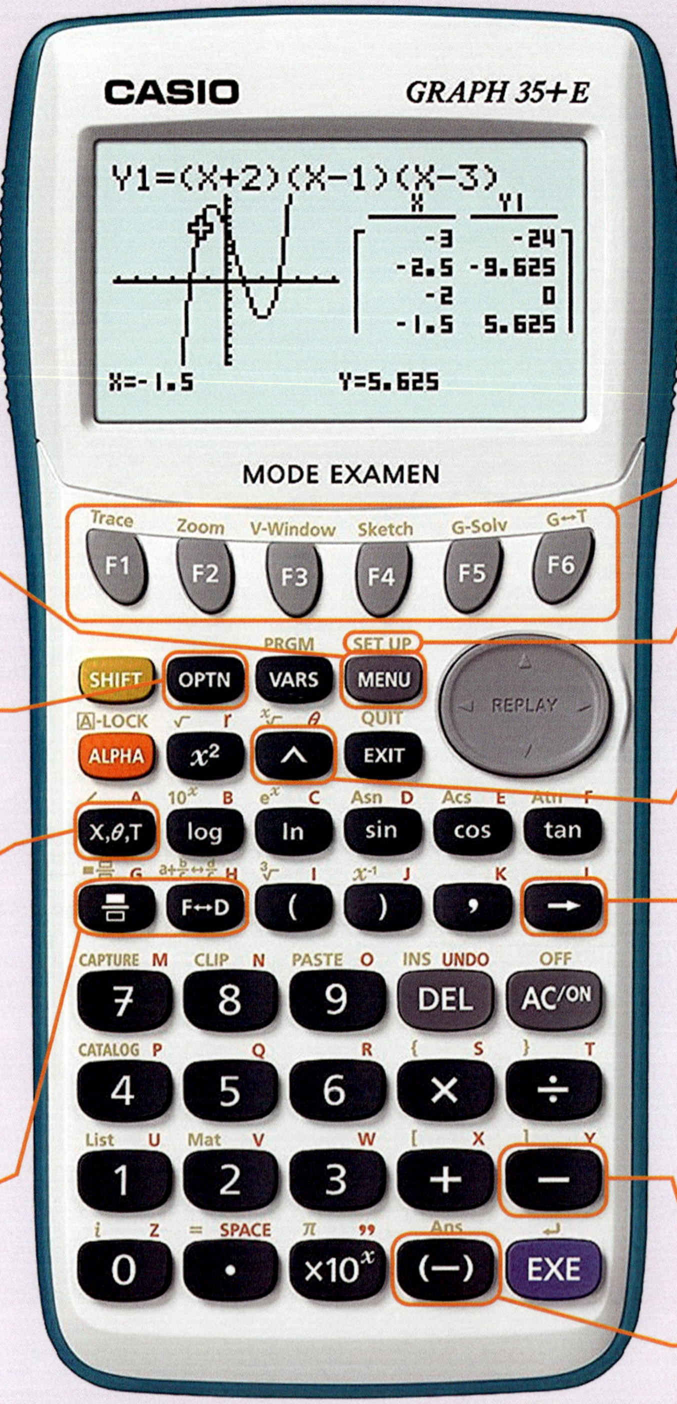

pour choisir une commande écrite en bas de l'écran

pour paramétrer la calculatrice : angle en degré ou radian, quadrillage affiché ou non, …

pour élever à une puissance, exemple 2^3

pour stocker une valeur dans une variable

⚠ ne pas confondre ces deux touches :
(–) pour le signe négatif d'un nombre
– pour l'opération soustraction

J'étudie une fonction

On traite l'exemple de la fonction f définie par :
$f(x) = -0{,}25x^2 - x + 1$ sur $[-6\,;3]$

1. Saisir l'expression de f : menu GRAPH ou TABLE

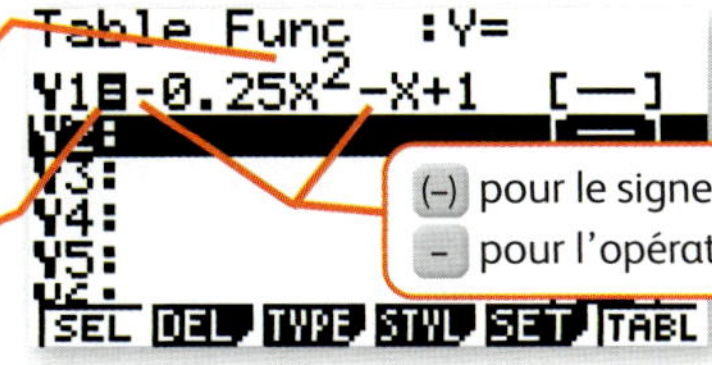

2. Dresser le tableau de valeurs de f : menu TABLE

a. Définir les paramètres de tabulation : SET

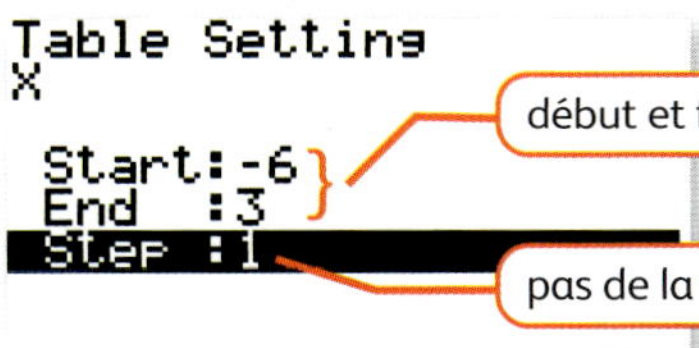

b. Afficher le tableau de valeurs : TABL

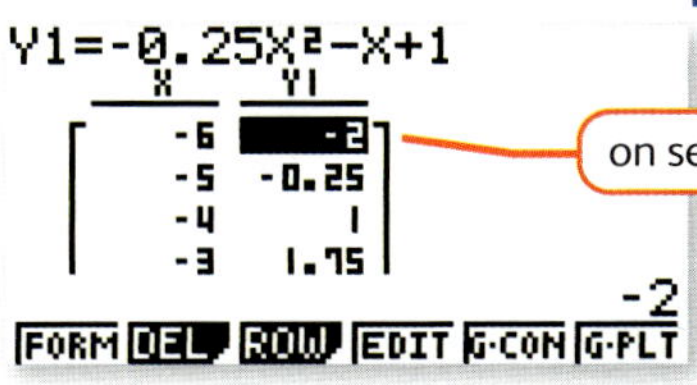

3. Tracer $\mathscr{C}_f$ et se déplacer sur $\mathscr{C}_f$: menu GRAPH

a. Définir la fenêtre d'affichage : SHIFT V-WIN

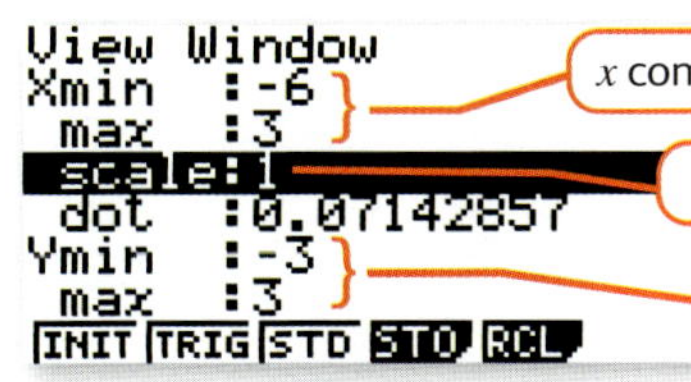

b. Tracer $\mathscr{C}_f$ DRAW et se déplacer sur $\mathscr{C}_f$ SHIFT TRCE

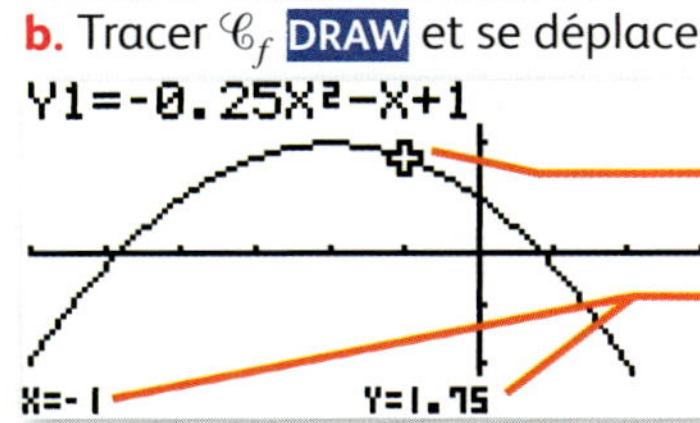

4. Utiliser le solveur graphique dans le menu GRAPH

a. Le sélectionner : SHIFT G-SLV

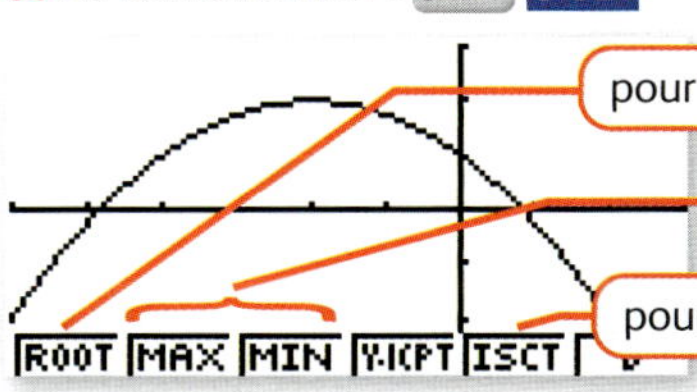

b. Choisir l'instruction souhaitée et lire la solution

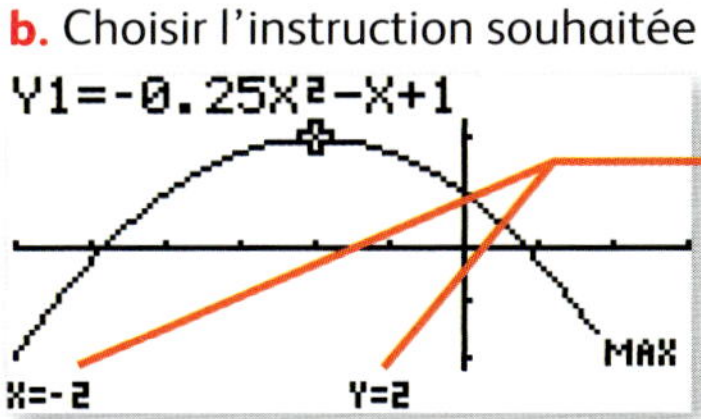

5. Calculer un nombre dérivé $f'(a)$ dans le menu RUN-MAT

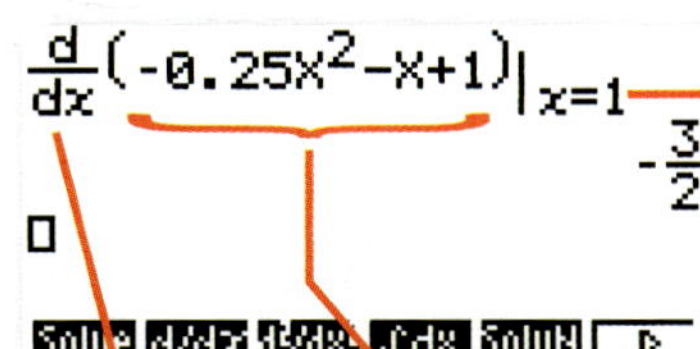

J'étudie une suite définie par récurrence

On traite l'exemple de la suite (u_n) définie par $u_{n+1} = 2u_n + 1$, avec $u_0 = 2$.

1. Saisir l'expression de la suite (u_n) : menu RECUR

2. Dresser le tableau de valeurs de la suite (u_n)

On appuie sur TABL :

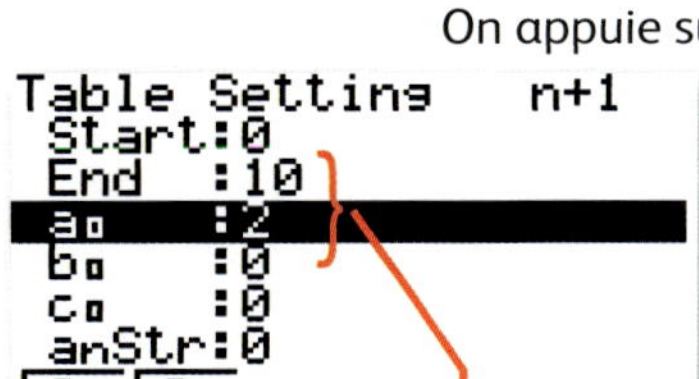

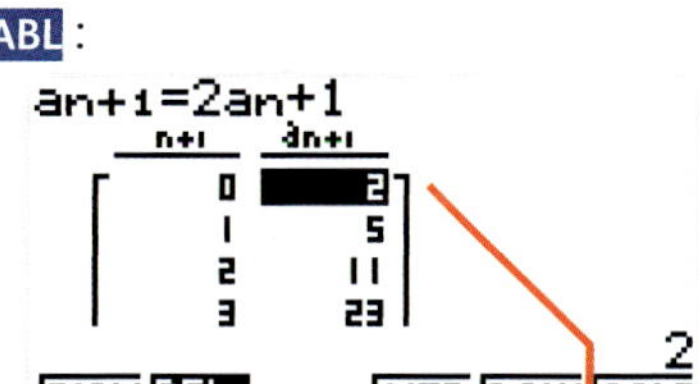

Je retiens les principales touches de la TI 82-Advanced

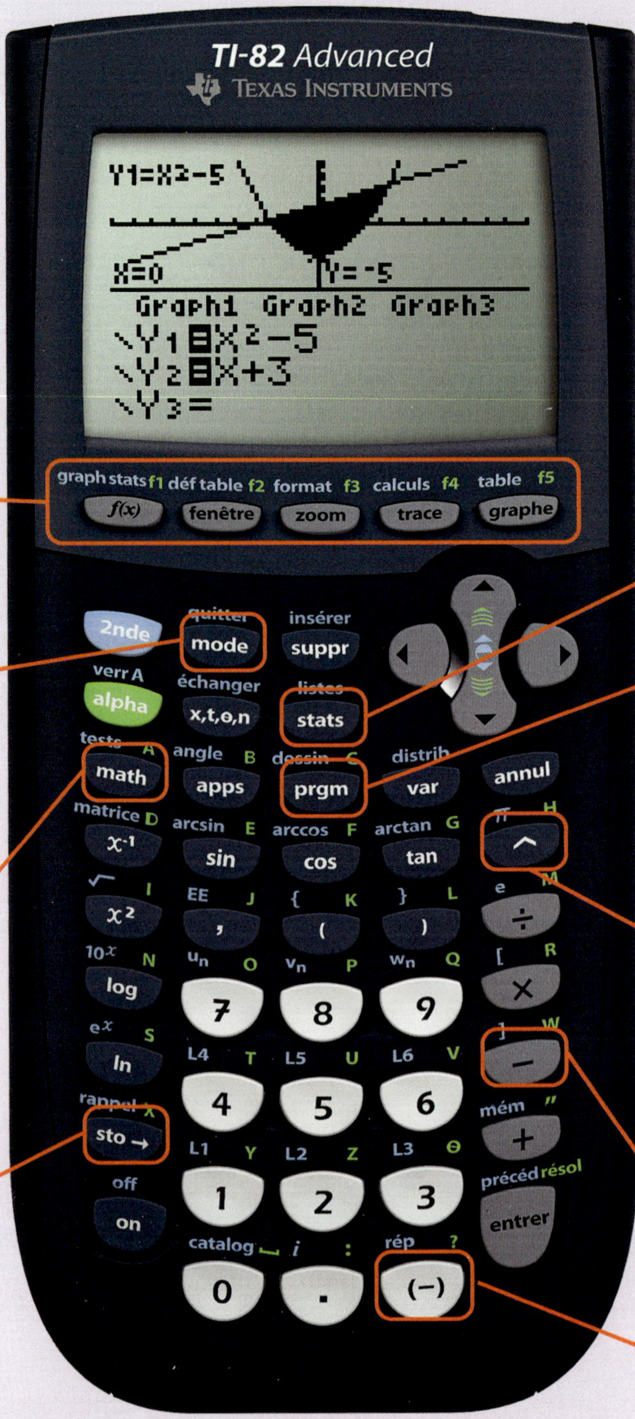

pour accéder aux commandes liées aux graphiques ou aux tabulations

pour paramétrer la calculatrice : angle en degré ou radian, quadrillage affiché ou non, …

pour accéder à d'autres commandes, classées par grands thèmes : MATH, NUM ou PRB

pour stocker une valeur dans une variable

pour accéder aux commandes liées aux statistiques

pour accéder aux commandes liées à la programmation

pour élever à une puissance, exemple 2^3

⚠ ne pas confondre ces deux touches :
(−) pour le signe négatif d'un nombre
− pour l'opération soustraction

J'étudie une fonction

On traite l'exemple de la fonction f définie par :
$f(x) = -0{,}25x^2 - x + 1$ sur $[-6\,;3]$

1. Saisir l'expression de f dans $f(x)$

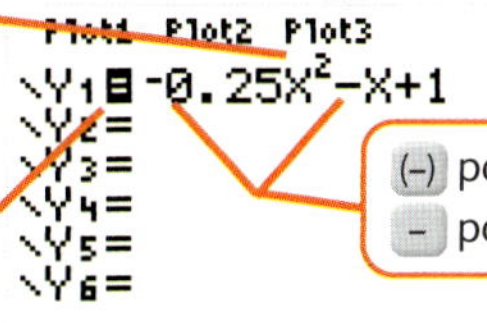

X est obtenu par x, t, θ, n

« = » est sur fond noir : l'expression est sélectionnée

(–) pour le signe négatif de – 0,25

– pour l'opération soustraction

2. Dresser le tableau de valeurs de f

a. Définir les paramètres de tabulation : 2nde déf table

début de l'intervalle d'étude

pas de la tabulation

b. Afficher le tableau de valeurs : 2nde table

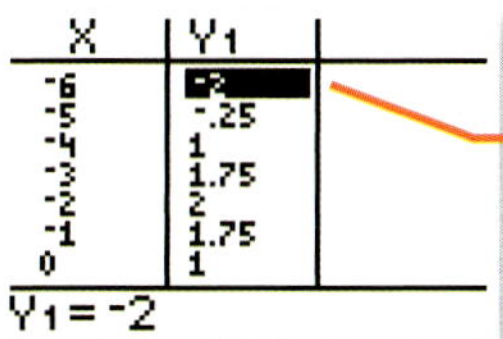

on se déplace avec les flèches

3. Tracer $\mathscr{C}_f$ et se déplacer sur $\mathscr{C}_f$

a. Définir la fenêtre d'affichage : fenêtre

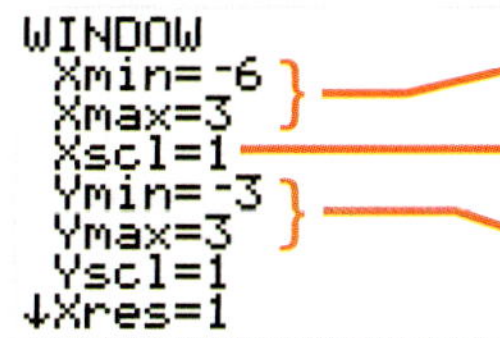

x compris entre –6 et 3

échelle sur (Ox)

y compris entre –3 et 3

b. Tracer $\mathscr{C}_f$ graphe et se déplacer sur $\mathscr{C}_f$ trace

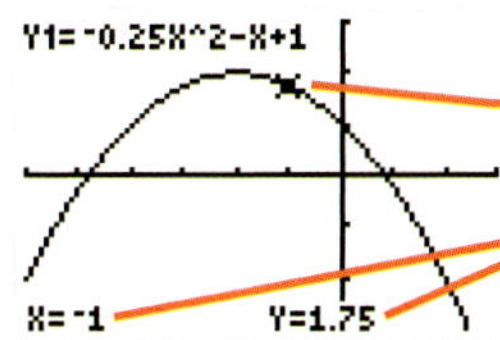

on déplace le point avec les flèches

on lit ses coordonnées

4. Utiliser le solveur graphique dans le menu graphe

a. Le sélectionner : 2nde calculs

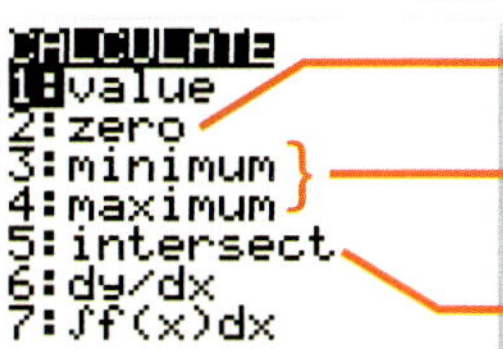

pour les racines

pour les extrema

pour les points d'intersection

b. Choisir l'instruction souhaitée et lire la solution

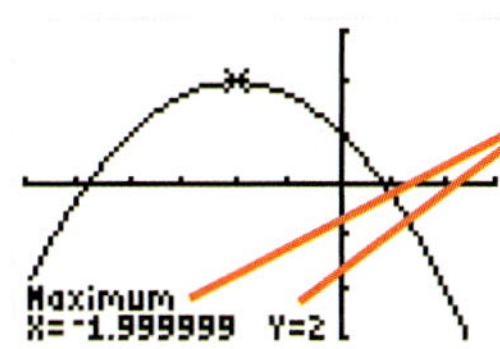

le maximum est 2, atteint en $x = -2$

5. Calculer un nombre dérivé $f'(a)$ dans le menu de calculs :

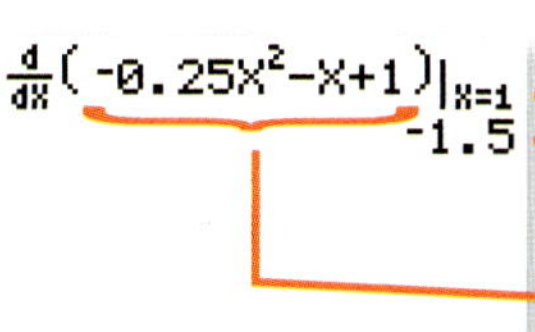

« d/dx » obtenu par **8 : nDeriv(** on précise la variable X par x

le réel a

on lit $f'(a)$, ici $f'(1) = -1{,}5$

l'expression $f(x)$

J'étudie une suite définie par récurrence

On traite l'exemple de la suite (u_n) définie par $u_{n+1} = 2u_n + 1$, avec $u_0 = 2$.

1. Définir le mode « Suite » : mode

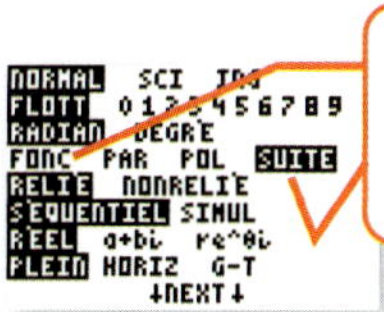

FONC pour définir une fonction, **SUITE** pour une suite récurrente

2. Saisir l'expression u_n : f(x)

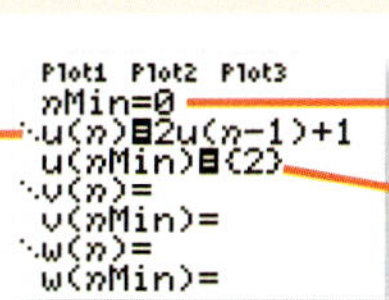

pour définir l'indice et la valeur du terme initial

« u » s'obtient par 2nde 7

« n » s'obtient par x,t,θ,n

3. Dresser le tableau de valeurs de la suite (u_n) : 2nde graphe

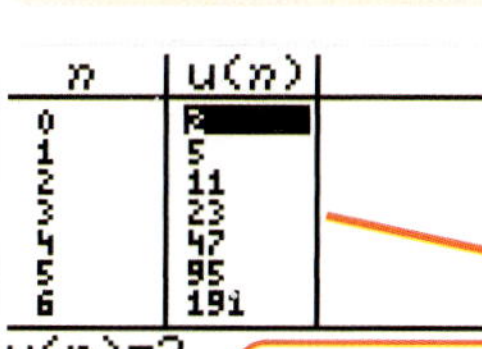

on se déplace dans le tableau avec les flèches

Je retiens les principales touches de la NumWorks

pour choisir le menu :

- pour calculer
- pour utiliser les fonctions
- pour faire des statistiques
- pour étudier numériquement une suite
- pour programmer en Python
- pour paramétrer les calculs

la variable « x » lorsqu'on définit une fonction

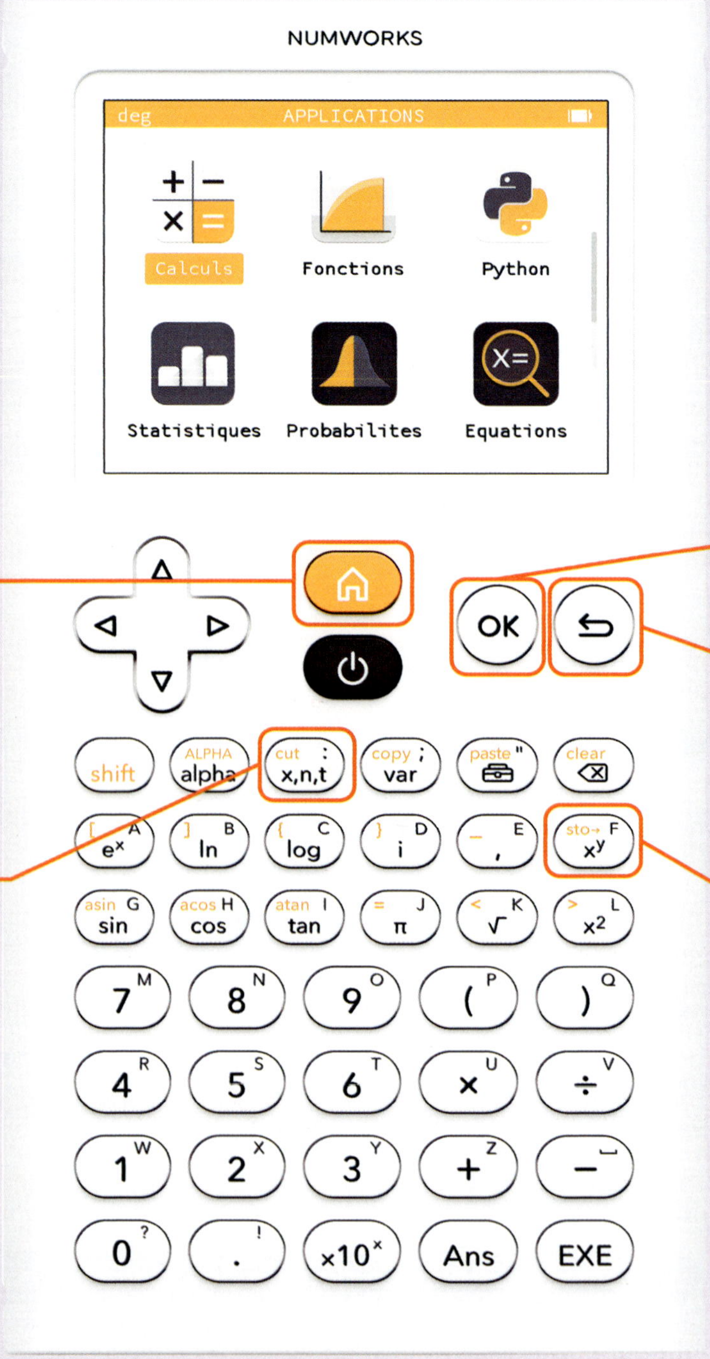

pour valider une instruction

pour revenir au menu ou à l'instruction précédente

pour élever à une puissance, exemple 2^3

J'étudie une fonction

On traite l'exemple de la fonction f définie par :

$$f(x) = -0{,}25x^2 - x + 1 \text{ sur } [-6\,;3]$$

1. Saisir l'expression de f dans [Fonctions]

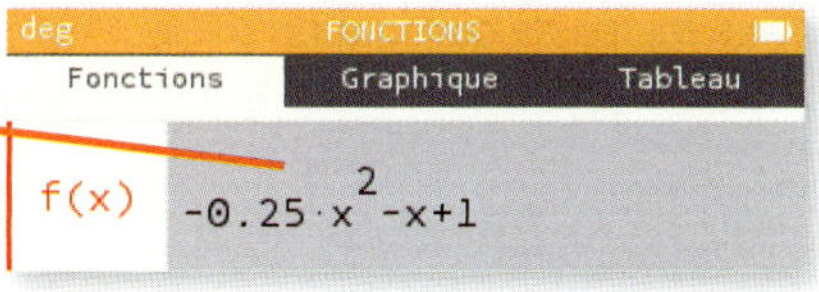

x est obtenu par [x, n, t,]

2. Dresser le tableau de valeurs de f : **Afficher les valeurs** [OK]

a. Définir les paramètres de tabulation : **Régler l'intervalle**

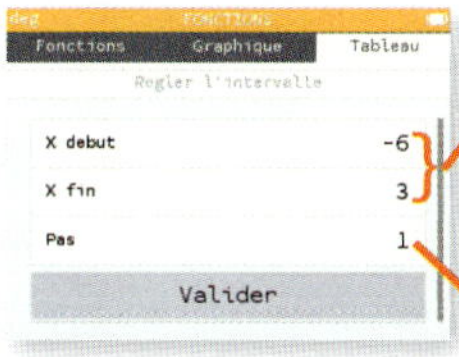

début et fin de l'intervalle d'étude

pas de la tabulation

b. Afficher le tableau de valeurs

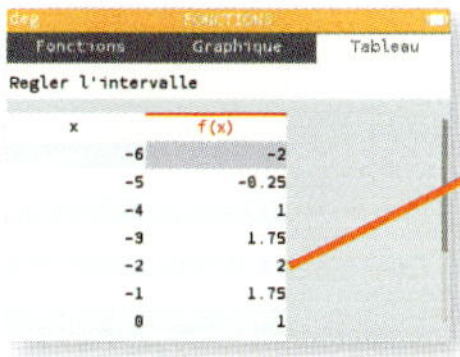

on se déplace avec les flèches

3. Tracer $\mathscr{C}_f$ et se déplacer sur $\mathscr{C}_f$: **Tracer le graphique** [OK]

a. Définir la fenêtre d'affichage : **Axes**

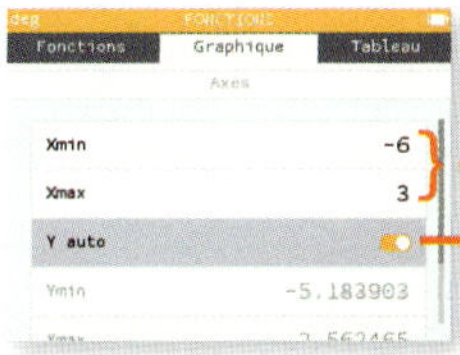

x compris entre -6 et 3

(Oy) réglé de façon automatique

b. Tracer $\mathscr{C}_f$ et se déplacer sur $\mathscr{C}_f$

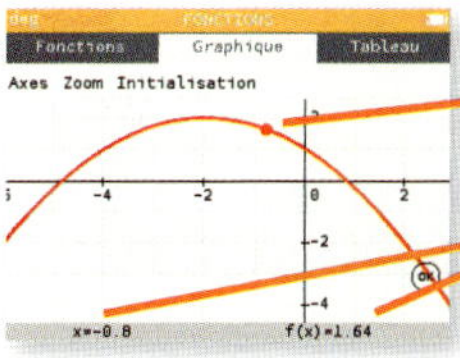

on déplace le point avec les flèches

on lit ses coordonnées

4. Utiliser le solveur graphique

a. Le sélectionner : [OK]

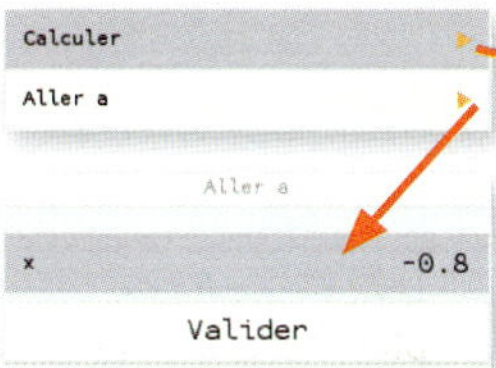

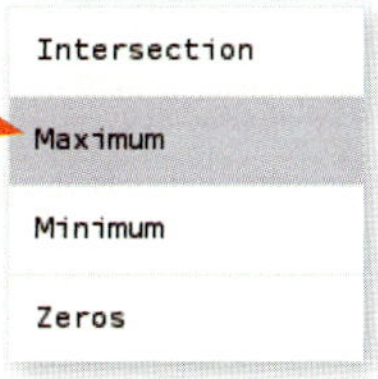

b. Choisir l'instruction souhaitée et lire la solution

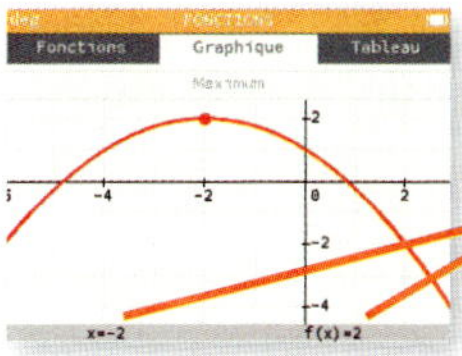

le maximum est 2, atteint en $x = -2$

5. Calculer un nombre dérivé $f'(a)$:

a. Menu [Calculs] avec [paste] **Analyse**, puis **Dérivée** :

$$\frac{d}{dx}\left(-0.25x^2-x+1\right)\Big|_{x=1} \qquad -1.5$$

b. Menu [Fonctions], une fois la courbe $\mathscr{C}_f$ tracée :

[OK] **Nombre dérivé** à cocher, puis se déplacer sur l'abscisse a souhaitée :

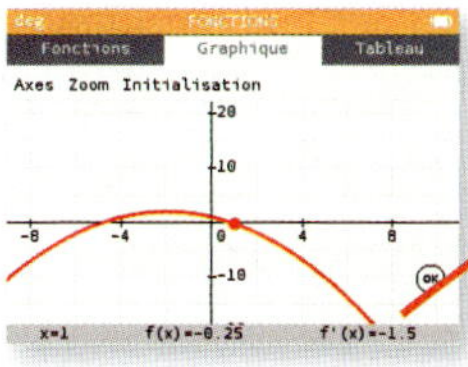

on lit $f'(a)$. Ici $f'(1) = -1{,}5$

J'étudie une suite définie par récurrence

On traite l'exemple de la suite (u_n) définie par $u_{n+1} = 2u_n + 1$, avec $u_0 = 2$.

1. Définir la suite en choisissant son « type » :

- u_n (explicite)
- u_{n+1} (récurrente d'ordre 1)

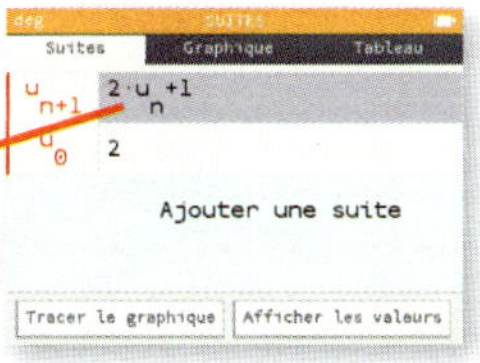

u_n s'obtient par [alpha] [x^U] [(^P] [x,n,t] [)^Q]

2. **Afficher les valeurs** et **régler l'intervalle** :

on se déplace avec les flèches

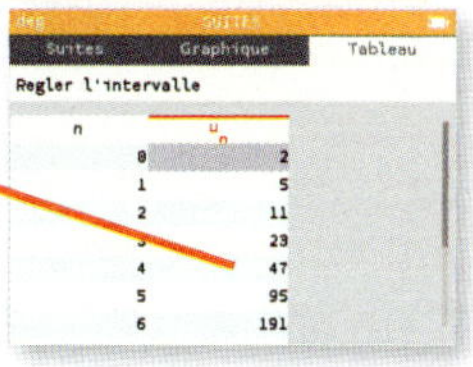

Rappels

Les captures d'écran sont faites avec le logiciel Excel. On retrouvera les mêmes informations et formules sur les tableurs de LibreOffice (Calc.) et d'OpenOffice (Calc.).

Une feuille de calcul d'un tableur est formée de cellules dans lesquelles on peut écrire du texte ou des formules. Une **formule** commence toujours par =.

Dans l'exemple ci-dessous, la cellule sélectionnée est la cellule C2 et on y a inséré la formule suivante : =A2+B2. Comme les cellules A2 et B2 contiennent respectivement les valeurs 5 et 2, alors la valeur affichée dans la cellule C2 est 7.

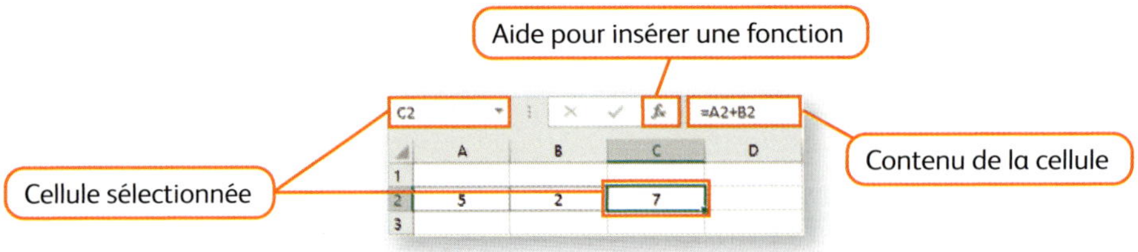

Étude d'une suite définie par récurrence

On traite l'exemple de la suite $u(n)$ définie par $u(n+1) = 2u(n) + 1$ avec $u(0) = 2$.

1. On prépare les cellules afin de créer un tableau de valeurs.
Une première ligne pour les valeurs de n et une seconde pour les valeurs de $u(n)$.
Dans la cellule C1, on saisit la formule **=B1+1** et on peut étirer la formule vers la droite en plaçant le pointeur sur le **coin inférieur droit de la cellule**, puis on tire vers la droite en maintenant le bouton gauche de la souris enfoncé.

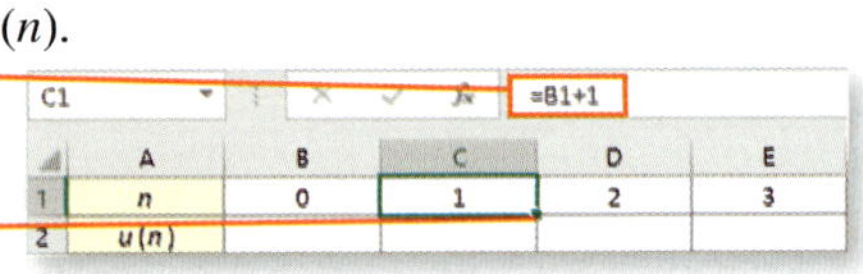

2. On saisit le nombre 2, la valeur de $u(0)$, dans la cellule B2.

3. Dans la cellule C2 on saisit la formule permettant de calculer $u(1)$ à partir de $u(0)$, donc à partir du contenu de la cellule B2.
Ainsi, on saisit :
=2*B2+1 puis on étire la formule vers la droite.

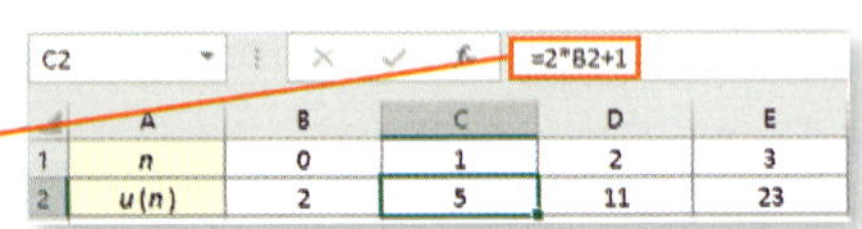

Créer un graphique

Tout d'abord, on sélectionne la (ou les) série(s) de données que l'on veut représenter.

Excel	LibreOffice	OpenOffice
Dans le menu *Insertion* puis *Graphiques*, on choisit le type de graphique. 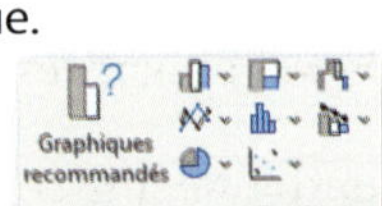	On clique sur l'icône *Diagramme* ou sur le menu *Insertion* puis *Diagramme*.	On clique sur l'icône *Diagramme* ou sur le menu *Insertion* puis *Diagramme*.

Quelques fonctions utiles

Fonction **SI**	Exemple
Vérifie si une condition est respectée ou non puis renvoie une valeur si la condition est vraie et une autre valeur sinon. Syntaxe : SI(test;valeur_vrai;valeur_faux)	La formule =SI(A1>B1 ;1 ;0), saisie dans la cellule C1, renvoie le nombre **1** si A1>B1 et le nombre **0** sinon. 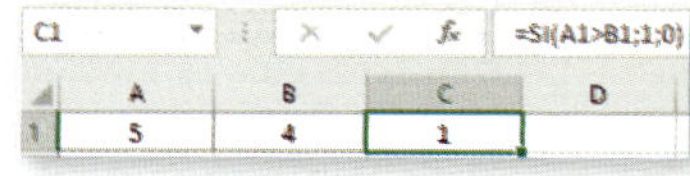 **Remarque** Lorsque la valeur à afficher est un texte, il faut l'écrire entre guillemets.
Fonction **NB.SI**	Exemple
Renvoie le nombre de cellules non vides répondant à une condition à l'intérieur d'une plage. Syntaxe : NB.SI(plage;critère)	La formule =NB.SI(A1:D1;10), saisie dans la cellule D2, compte le nombre de fois où le nombre 10 apparaît dans les cellules A1, B1, C1 et D1. 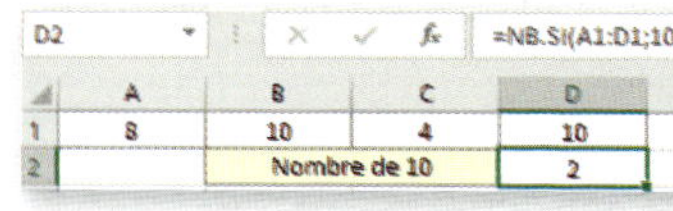 **Remarque** Si le critère contient une inégalité, il faut l'écrire entre guillemets.
Fonction **ET**	Exemple
Renvoie VRAI si toutes les conditions sont vraies et FAUX sinon. Syntaxe : ET(test_1;test_2;...)	La formule =ET(A1>10 ;B1>10), saisie dans la cellule C1, renvoie VRAI si les valeurs contenues dans les cellules A1 et B1 sont toutes les deux strictement supérieures à 10 et FAUX sinon. 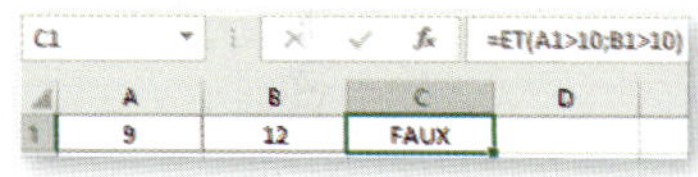
Fonction **OU**	Exemple
Renvoie VRAI si au moins une des conditions est vraie et FAUX sinon. Syntaxe : OU(test_1;test_2;...)	La formule =OU(A1>10 ;B1>10), saisie dans la cellule C1, renvoie VRAI si au moins l'une des valeurs contenues dans les cellules A1 et B1 est strictement supérieure à 10 et FAUX sinon. 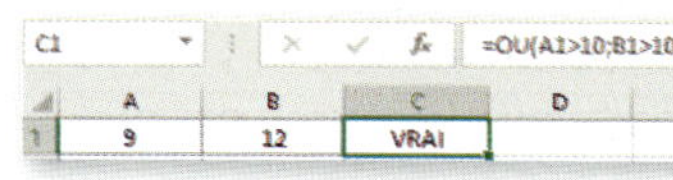
Fonction **NON**	Exemple
Renvoie FAUX si la condition est vraie et VRAI sinon. Syntaxe : NON(test)	La formule =NON(A1>10), saisie dans la cellule B1, renvoie FAUX si A1>10 et VRAI sinon. 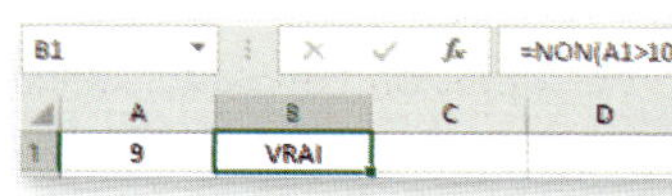
Fonction **SOMME**	Exemple
Renvoie la somme des contenus des cellules dans la plage. Syntaxe : SOMME(plage)	La formule =SOMME(A1:D1), saisie dans la cellule D2, calcule la somme des contenus des cellules A1, B1, C1 et D1. 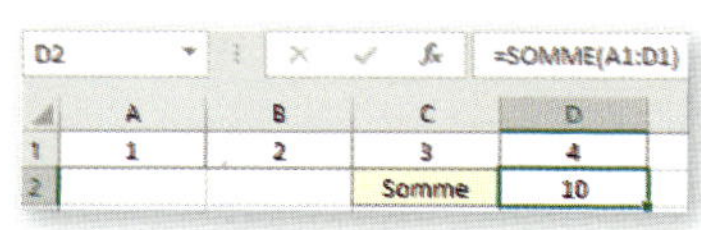
Fonction **ALEA**	Exemple
Renvoie un nombre aléatoire de l'intervalle [0 ;1[. Syntaxe ALEA(). La fonction **ALEA.ENTRE.BORNES** renvoie un entier aléatoire compris entre deux entiers. Syntaxe : ALEA.ENTRE.BORNES(a;b)	La formule =ALEA.ENTRE.BORNES(1;6), saisie dans la cellule A1, renvoie le tirage aléatoire d'un entier compris entre 1 et 6 (simulation d'un lancer de dé). 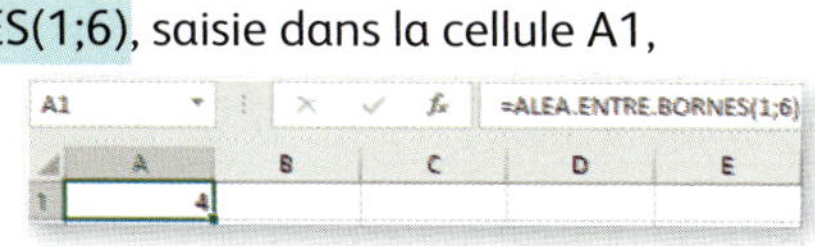 **Remarque** La touche F9 pour Excel permet de recalculer toutes les formules de la feuille de calcul, en particulier les tirages aléatoires générés par la fonction ALEA. Pour LibreOffice et OpenOffice, ce sont les touches Alt+Ctrl+F9.

Corrigés

Thème 1

Méthode

11 **1.** Les caractères étudiés sont l'âge et le sexe de l'employé.
2. Il y a 250 employés dans l'entreprise.
3. Il y a 130 femmes et 120 hommes.
4. Il y a 68 hommes employés de moins de 40 ans dans l'entreprise.
5.

	Hommes	Femmes	Total
Moins de 40 ans	68	92	160
Plus de 40 ans	52	38	90
Total	120	130	250

12 **1.** $f = \frac{95}{200} = 0{,}475$

2. $f = \frac{52}{105} \approx 0{,}495$

3. $f = \frac{62}{115} \approx 0{,}539 < 0{,}55$. C'est faux.

13 **1.** Les caractères étudiés sont le type de fleurs et sa couleur.
2.

	Rouges	Jaunes	**Total**
Roses	7	3	10
Tulipes	2	5	7
Total	9	8	17

3. $f = \frac{10}{17} \approx 0{,}588$

4. $f = \frac{7}{9} \approx 0{,}778$

14 **1.** `=OU(B2="Femme";C2<=30000)`
2. `=ET(C2>20000;D2=1)`

J'évalue mes connaissances

QCM

1. Réponses b et c, car on étudie les horaires (matin, journée ou soir) et la temporalité (semaine ou week-end).
2. Réponse a.
3. Réponse c, car 28 + 35 + 70 = 133.
4. Réponse c, car $\frac{15}{100} \times 400 = 60$.
5. Réponse a, car $f = \frac{133}{400} = 0{,}3325 = 33{,}25\,\%$.
6. Réponse b, car $f = \frac{179}{400} = 0{,}4475 = 44{,}75\,\%$.
7. Réponse a, car $f = \frac{35}{133} \approx 26\,\%$.
8. Réponse b, car $f = \frac{60}{267} \approx 22\,\%$.

Vrai ou faux ?

Partie A.
1. Vrai, car 20 + 10 + 12 + 8 = 50.
2. Vrai, car $f = \frac{20+10}{50} = 0{,}6 = 60\,\%$.
3. Faux, car $f = \frac{8}{12+8} = 0{,}4 = 40\,\%$.
4. Vrai, car 10 garçons ont eu la moyenne parmi les 18 garçons : $f = \frac{10}{18} \approx 56\,\%$.

Partie B.
1. Faux, être malade ou non est un seul caractère lié à la santé de la personne. Le deuxième caractère est le fait d'être fumeur ou non.
2. Faux, car 75 + 15 = 90. Il y a 90 fumeurs.
3. Vrai, car $f = \frac{15+75}{15+75+103+32} = \frac{90}{225} = 0{,}4 = 40\,\%$.
4. Faux, car $f = \frac{75}{90} \approx 83\,\%$.
5. Faux, car il y a 32 non-fumeurs parmi les 107 malades, donc $f = \frac{32}{107} \approx 30\,\%$.

Consolider les bases

15 **1.** $\frac{1}{2} \times 15 = 7{,}5$

2. $\frac{1}{6} \times 30 = 5$

3. $\frac{1}{8} \times 54 = 6{,}75$

16 **1.** 8 **2.** 6 **3.** 23,5

17 **1.** $\frac{70}{100} \times 30 = 21$

2. $\frac{20}{100} \times 50 = 10$

3. $\frac{60}{100} \times 20 = 12$

18 **1.** 20 % de **150** est égal à 30.
2. **40%** de 50 est égal à 20.
3. 15 % de 80 est égal à **12**.

19 $\frac{82}{250} = 0{,}328$. 32,8 % des spectateurs ont bénéficié du tarif réduit.

20 **1.** $\frac{350}{945} \approx 0{,}371$. 37 % des élèves sont en Seconde.

2. $\frac{52}{100} \times 350 = 182$. Il y a 182 filles en Seconde.

21 $55 \times \frac{100}{44} = 125$. Il y a 125 membres.

22 **1.** $\frac{13+15+9+11+14+13}{6} = 12{,}5$

Sa moyenne est de 12,5.
2. $\frac{2}{6} \approx 33\,\%$

33 % de ses notes sont en dessous de 12,5.

23 **1.** $100\,\% - (64\,\% + 32\,\%) = 4\,\%$

4 % des élèves sont internes.
2. $\frac{60}{100} \times \frac{64}{100} = 0{,}384$. Le pourcentage de garçons demi-pensionnaires est de 38,4 %.

24 $C_m = 1 + \frac{43}{100} = 1{,}43$; $\frac{1}{C_m} - 1 \approx -30\,\%$. Il faut diminuer d'environ 30 % son prix pour se ramener à sa valeur initiale.

Connaître le cours

25 1. Il y a 24 cadres dans l'entreprise.
2. 24 – 15 = 9. Il y a 9 femmes cadres.
3. 15 + 6 = 21. Il y a 21 hommes.
4. $f=\dfrac{19}{40}=0{,}475$
5. $f=\dfrac{15}{40}=0{,}375$

26 1. $f=\dfrac{120}{200}=0{,}6$
2. a. Il y a 27 garçons parmi les externes.
b. Il y a 60 élèves externes.
c. $f=\dfrac{27}{60}=0{,}45$
3. $f=\dfrac{87}{120}=0{,}725$

27 1. Les caractères étudiés sont l'espèce et le sexe de l'animal.

	Bovins	Porcins	**Total**
Femelles	80	30	110
Mâles	95	45	140
Total	175	75	250

Thème 2

Méthode

15 1. $P(\mathrm{F})=\dfrac{94}{200}=0{,}47$; $P(\mathrm{T})=\dfrac{125}{200}=0{,}625$;
$P(\mathrm{F}\cap\mathrm{T})=\dfrac{55}{200}=0{,}275$
2. $P_{\mathrm{T}}(\mathrm{F})=\dfrac{55}{125}=0{,}44$. La probabilité que le membre soit une femme sachant que le membre joue au tennis est de 0,44.
$P_{\overline{\mathrm{T}}}(\overline{\mathrm{F}})=\dfrac{36}{75}=0{,}48$. La probabilité que le membre soit un homme sachant que le membre joue au padel est de 0,48.
3. $P_{\mathrm{T}}(\mathrm{F})\neq P(\mathrm{F})$, donc F et T ne sont pas indépendants.

16

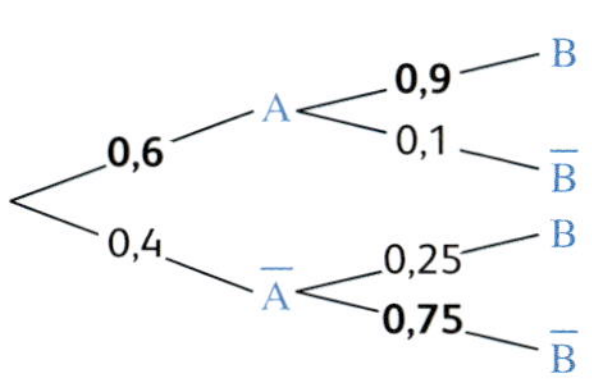

J'évalue mes connaissances

QCM

1. Réponse c, car $P(\mathrm{E})=\dfrac{200}{800}=0{,}25$.
2. Réponse b, car $P(\overline{\mathrm{F}})=\dfrac{380}{800}=0{,}475$.
3. Réponse b, car $P(\mathrm{F}\cap\mathrm{D})=\dfrac{240}{800}=0{,}3$.
4. Réponse a.
5. Réponse b, car $P_{\mathrm{D}}(\overline{\mathrm{F}})=\dfrac{260}{500}=0{,}52$.
6. Réponse a.
7. Réponse c, car $P(\overline{\mathrm{I}})=\dfrac{500+200}{800}=0{,}875$.
8. Réponses a et c, car $P_{\mathrm{I}}(\overline{\mathrm{F}})=\dfrac{60}{100}=0{,}6$

vrai ou faux ?

Partie A.
1. Vrai, car $P_{\mathrm{A}}(\mathrm{B})$ est au 2e niveau de l'arbre.
2. Vrai, car $P(\overline{\mathrm{A}})=1-P(\mathrm{A})=1-0{,}6=0{,}4$.
3. Faux, car $P(\mathrm{A}\cap\mathrm{B})=P(\mathrm{A})\times P_{\mathrm{A}}(\mathrm{B})=0{,}6\times0{,}2=0{,}12$.
4. Vrai, car $P_{\mathrm{A}}(\overline{\mathrm{B}})$ est au 2e niveau de l'arbre.
5. Faux, car $P(\overline{\mathrm{A}}\cap\mathrm{B})=P(\overline{\mathrm{A}})\times P_{\overline{\mathrm{A}}}(\mathrm{B})=0{,}4\times0{,}4=0{,}16$.
6. Vrai, car $P_{\overline{\mathrm{A}}}(\overline{\mathrm{B}})$ est au 2e niveau de l'arbre.
7. Faux, car $P_{\mathrm{A}}(\mathrm{B})=0{,}2\neq P(\mathrm{B})$.

Partie B.
1. Vrai, car $P(\mathrm{C})=0{,}3$ et $P(\overline{\mathrm{C}})=1-P(\mathrm{C})=0{,}7$.
2. Faux, car $P(\mathrm{C}\cap\mathrm{T})=P(\mathrm{C})\times P_{\mathrm{C}}(\mathrm{T})$
$=0{,}3\times0{,}25=0{,}075$.
3. Vrai, car $P_{\mathrm{C}}(\overline{\mathrm{T}})=1-P_{\mathrm{C}}(\mathrm{T})=0{,}75$.
4. Faux, car $P(\overline{\mathrm{C}}\cap T)=P(\overline{\mathrm{C}})\times P_{\overline{\mathrm{C}}}(\mathrm{T})$
$=0{,}7\times0{,}1=0{,}07$.
5. a. Faux, car $P(\mathrm{T})=0{,}145\neq0{,}25=P_{\mathrm{C}}(\mathrm{T})$.
b. Vrai, car $P_{\mathrm{T}}(\mathrm{C})=\dfrac{P(\mathrm{C}\cap\mathrm{T})}{P(\mathrm{T})}=\dfrac{0{,}075}{0{,}145}\approx0{,}517$.

Consolider les bases

18 1. a. L'univers est $\Omega=\{1\,;2\,;3\,;4\,;5\,;6\,;7\,;8\}$.
b. Il y a 8 issues.
2. a. $\mathrm{A}=\{2\,;4\,;6\,;8\}$ b. $P(\mathrm{A})=\dfrac{4}{8}=0{,}5$

19 1.

	Cyclisme	Natation	Course à pied	**Total**
Junior	321	247	377	945
Sénior	398	139	173	710
Vétéran	257	456	342	1 055
Total	976	842	892	2 710

2. La probabilité est de $\dfrac{945}{2\,710}\approx0{,}4$.
3. La probabilité est de $\dfrac{842}{2\,710}\approx0{,}3$.
4. La probabilité est de $\dfrac{257}{2\,710}\approx0{,}1$.
5. La probabilité est de $0{,}4+0{,}3-0{,}1=0{,}6$.

20 1. $P(\overline{\mathrm{A}})=1-P(\mathrm{A})=1-0{,}3=0{,}7$
2. $P(\mathrm{A}\cup\mathrm{B})=P(\mathrm{A})+P(\mathrm{B})-P(\mathrm{A}\cap\mathrm{B})$
$=0{,}3+0{,}6-0{,}15$
$=0{,}75$

21 1. $P(\overline{\mathrm{B}})=1-P(\mathrm{B})=1-0{,}3=0{,}7$
2. $P(\mathrm{A}\cup\mathrm{B})=P(\mathrm{A})+P(\mathrm{B})-P(\mathrm{A}\cap\mathrm{B})$
$=0{,}2+0{,}3-0$
$=0{,}5$

Corrigés

22 **1.** Il y a 6 résultats possibles.
2. Tous les nombres formés sont multiples le 3. La probabilité est de 1.
3. Deux des nombres formés sont pairs, la probabilité est de $\frac{2}{6}=\frac{1}{3}$.
4. Tous les nombres formés sont multiples de 3, aucun n'est donc premier. La probabilité est de 0.

Connaître le cours

23 **1. a.** et **b.** $P_B(A)=\frac{P(A\cap B)}{P(B)}=\frac{0{,}2}{0{,}7}\approx 0{,}29$
2. $P_A(B)=\frac{P(A\cap B)}{P(A)}=\frac{0{,}2}{0{,}5}=0{,}4$

24 **1.** $P(A)=\frac{18}{36}=0{,}5$
2. $P(C\cap A)=\frac{12}{36}=\frac{1}{3}$
3. $P_A(C)=\frac{12}{18}=\frac{2}{3}$ et $P_A(C)=\frac{P(A\cap C)}{P(A)}=\frac{2}{3}$.

25 **1.** Faux, car $P_A(B)=\frac{0{,}24}{0{,}4}=0{,}6$.
2. Vrai, car $P_A(B)=P(B)$.

26 **1.** $P_B(A)=P(A)$: ils sont indépendants.
2. $P_A(B)\neq P(B)$: ils ne sont pas indépendants.
3. $P_B(A)=\frac{0{,}42}{0{,}7}=0{,}6=P(A)$: ils sont indépendants.

27 **1.**

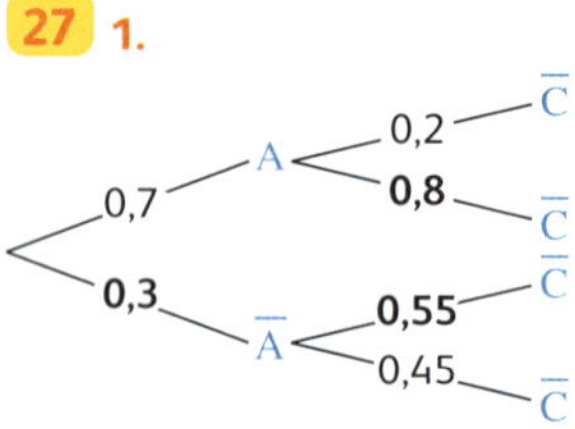

2. $P(A)=0{,}7$ et $P_A(C)=0{,}2$
3. $P(A\cap C)=P(A)\times P_A(C)$
$=0{,}14$

28 **1.** On a $P_A(B)=P(B)$ ainsi :
$$P(A\cap B)=P(A)\times P_A(B)=P(A)\times P(B)$$
2. Non, s'ils étaient incompatibles on aurait $P(A\cap B)=0$, or $P(A\cap B)=P(A)\times P(B)$ et les événements A et B sont de probabilités non nulles.

Thème 3

méthode

15 **1.** $u(0)=5\,800$; $u(1)=5\,800+800=6\,600$
2. Chaque année, il gagne en moyenne 800 abonnés. Ainsi, pour tout entier naturel n, $u(n+1)=u(n)+800$; u est donc une suite arithmétique de raison 800.

18 **1.** $u(1)=u(0)+7=-2+7=5$;
$u(2)=u(1)+7=5+7=12$; $u(3)=u(2)+7=12+7=19$.
2. La suite u est arithmétique de raison 7.

19 **1.** Pour tout entier naturel n, $u(n)=u(0)+nr=1+4n$.
2. $u(1)=1+4\times 1=5$ et $u(10)=1+4\times 10=41$.

21 **1.** $u(1)=u(0)-3=8-3=5$
$u(2)=u(1)-3=5-3=2$
$u(3)=u(2)-3=2-3=-1$

2.

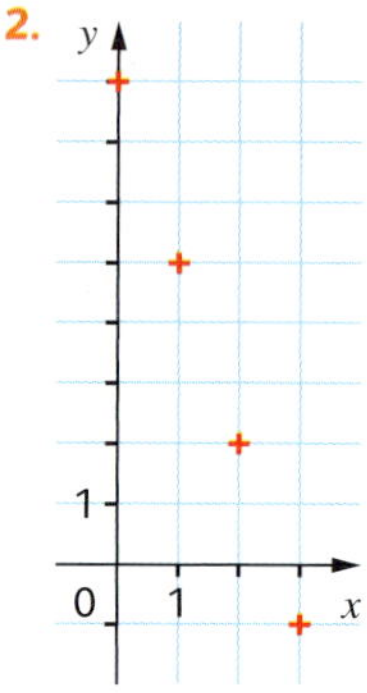

24 **1.** $u(0)=1\,800$
2. $u(1)$ représente le salaire mensuel de Laura en 2023.
$u(1)=u(0)+35=1\,800+35=1\,835$
3. Chaque année, le salaire mensuel de Laura augmente de 35 €, donc, pour tout entier naturel n, $u(n+1)=u(n)+35$.
4. La suite u est donc arithmétique de raison $r=35$.
5. $u(2)=1\,870$; $u(3)=1\,905$; $u(4)=1\,940$; $u(5)=1\,975$; $u(6)=2\,010$. En 2028, le salaire mensuel de Laura sera supérieur à 2 000 €.
6. On cherche n tel que $u(n)$ soit supérieur ou égal à $2\times u(0)$.
Pour tout entier naturel n, $u(n)=u(0)+nr=1\,800+35n$. On cherche à résoudre l'inéquation $1\,800+35n\geqslant 3\,600$.
$$1\,800+35n\geqslant 3\,600 \Leftrightarrow 35n\geqslant 1\,800 \Leftrightarrow n\geqslant \frac{1\,800}{35}\approx 51{,}4$$
À ce rythme, il faudrait 52 ans pour que le salaire mensuel de Laura double !

J'évalue mes connaissances

QCM

1. Réponse **c**, car $u(n+1)=u(n)-3$.
2. Réponse **b**, car $u(1)=u(0)-3=12$.
3. Réponse **b**, car $r=-3<0$.
4. Réponse **c**, car $v(1)=v(0)+5=7$ et $v(2)=v(1)+5=12$.
5. Réponse **b**, car $v(n)=v(0)+nr$ avec $r=5$.
6. Réponse **a**, car $r=5>0$.
7. Réponses **a** et **c**, car $w(0)=2\times 0-1=-1$.
8. Réponse **b**, car $w(2)=2\times 2-1=3$.
9. Réponse **c**, car $r=-6$ et $t(3)=t(2)-6=-10$.
10. Réponses **a** et **c**, car $r=t(1)-t(0)=-6$.

vrai ou faux ?

Partie A.
1. Faux, car $u(0)=420$.
2. Vrai, car $u(1)=u(0)+27=447$ et $u(2)=u(1)+27=474$.
3. Faux, car $u(3)$ est le loyer, en euro, au 1er août 2025. $(2022+3=2025)$
4. Vrai, car chaque année le loyer augmente de 27 € au 1er août.
5. Faux, car la raison est $r=27>0$.
6. Vrai, car pour tout entier naturel n, $u(n)=u(0)+nr=420+27n$.
7. Vrai, car $u(3)=528<550$ et $u(4)=555>550$.

Partie B.
1. Vrai, car $u(0)=-1$.
2. Faux, car $u(2)=5$.
3. Vrai, car $u(1)-u(0)=3$.

4. Faux, $u(5) = u(4) + 3 = 14$.
5. Faux, car pour tout entier naturel n, $u(n) = u(0) + nr = -1 + 3n$.
6. Faux, car $u(3) = 8 < 10$.

Consolider les bases

25 1. $f(0) = -1$ 2. $f(5) = 29$
3. $f(-1) = -7$ 4. $f\left(\frac{1}{6}\right) = 0$

26 1. $g(0) = 1$ 2. $g(3) = -20$
3. $g(-1) = -4$ 4. $g\left(\frac{1}{3}\right) = \frac{4}{3}$

27 1. $x + 3 < 0 \Leftrightarrow x < -3$
2. $2x + 5 > 3 \Leftrightarrow 2x > -2 \Leftrightarrow x > -1$
3. $-2x + 4 < 10 \Leftrightarrow -2x < 6 \Leftrightarrow x > -3$
4. $x + 5 < 3x - 1 \Leftrightarrow -2x < -6 \Leftrightarrow x > 3$

28 Réponses 3. et 4.

29 Les valeurs dans les cellules A2, A3 et A4 sont respectivement 7 ; 12 et 17.

30 1. En 2021, il y a 68 500 abeilles adultes dans la ruche et en 2022, il y en a 62 000.
2. Réponse b.

Connaître le cours

31 $u(1) = u(0) + 2 = 16 + 2 = 18$; $u(2) = 20$; $u(3) = 22$.

32 La raison r vaut : $r = u(2) - u(1) = -3$.

33 1. Faux, la raison vaut -7.
2. Faux, la suite v n'est pas arithmétique.

34 Réponse 3.

35 1. Pour tout entier naturel n, $u(n) = u(1) + (n - 1)r$, donc, $u(n) = 107 - 13(n - 1) = 120 - 13n$.
2. $u(123) = -1\,479$.

36 1. $r = 4 > 0$, donc la suite u est croissante.
2. $u(0) = -7$; $u(1) = -3$; $u(2) = 1$; $u(3) = 5$.

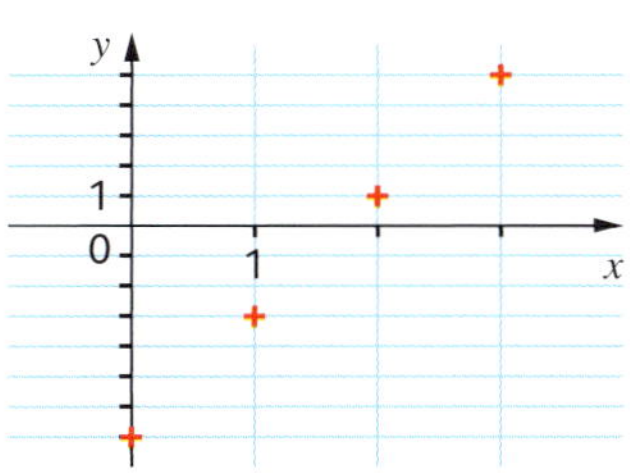

37 1. $u(0) = 3$ 2. $r = -2$

38 1. u est croissante. 2. u est décroissante.
3. u est décroissante. 4. u est croissante.

Thème 4

Méthode

10 1. a. $60 \times 2{,}5 + 55 = 205$ euros
$60 \times 4{,}75 + 55 = 340$ euros
b. $p(x) = 60x + 55$
c. La situation correspond à un phénomène continu de croissance linéaire car elle est modélisée par la fonction affine p.

2. $60 > 0$ donc la fonction p est strictement croissante.

x	0	10
$p(x)$	55	↗ 655

3. • $p(x) = 385 \Leftrightarrow 60x + 55 = 385 \Leftrightarrow x = 5{,}5$. L'intervention dure 5 h 30.
• $p(x) > 600 \Leftrightarrow 60x + 55 > 600 \Leftrightarrow x > 9 + \frac{5}{60}$. L'intervention dure plus de 9 h 05.

11 1. $f(20) = 35$ et $f(30) = 60$.
2. Dans un repère, on place les points $A(20 ; 35)$ et $B(30 ; 60)$. La droite (AB) est la représentation graphique de f.

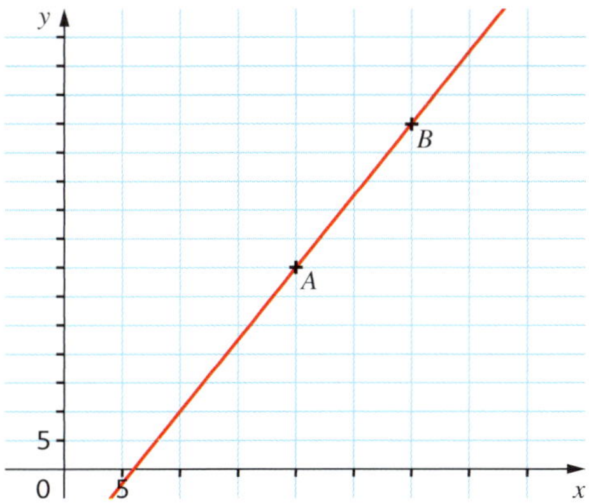

3. a. Par lecture graphique, $f(x) > 50$ lorsque $x > 26$.
Algébriquement, $f(x) > 50 \Leftrightarrow 2{,}5x - 15 > 50 \Leftrightarrow x > 26$.
Le nombre de litres de glace vendus dépasse 50 lorsque la température dépasse 26 °C.
b. Par lecture graphique, $f(x) > 70$ lorsque $x > 34$.
Algébriquement, $f(x) > 70 \Leftrightarrow 2{,}5x - 15 > 70 \Leftrightarrow x > 34$.
Le nombre de litres de glace vendus dépasse 70 lorsque la température dépasse 34 °C.

J'évalue mes connaissances

QCM

1. Réponse a, car pour $x = 10$, le point de (AB) a une ordonnée négative.
2. Réponse a, car pour $y = 10$, le point de (AB) a une abscisse négative.
3. Réponse c, car pour $x = 3$, le point de (CD) a pour ordonnée 5.
4. Réponse a, car $\frac{y_B - y_A}{x_B - x_A} = \frac{\Delta y}{\Delta x} = \frac{2}{-2} = -1$.
5. Réponses a et c, car $\frac{y_D - y_C}{x_D - x_C} = \frac{\Delta y}{\Delta x} = \frac{2}{1} = 2$.
6. Réponse c, car la droite (AB) coupe l'axe des ordonnées en $y = 3$.
7. Réponse b, par lecture graphique.
8. Réponse c, car $f(x) = ax + b$ avec $a = -1$ d'après 4. et $b = 3$ d'après 6.
9. Réponse b, car $g(x) = ax + b$ avec $a = 2$ d'après 5. et $b = -1$ d'après 7.
10. Réponse b, car $f(x) = g(x) \Leftrightarrow -x + 3 = 2x - 1 \Leftrightarrow x = \frac{4}{3}$ et $f\left(\frac{4}{3}\right) = g\left(\frac{4}{3}\right) = \frac{5}{3}$.
11. Réponse b, car $g(x) \geqslant 3 \Leftrightarrow 2x - 1 \geqslant 3 \Leftrightarrow x \geqslant 2$.

Corrigés

vrai ou faux ?

Partie A.

1. Vrai, car $f(x) = ax + b$ avec $a = 2$.
2. Faux, car $g(x) = ax + b$ avec $a = -3$.
3. Vrai, car $f(x) \geqslant 5 \Leftrightarrow 2x - 3 \geqslant 5 \Leftrightarrow x \geqslant 4$.
4. Faux, car $g(x) \geqslant 4 \Leftrightarrow -3x + 1 \geqslant 4 \Leftrightarrow x \leqslant -1$.

Partie B.

1. Faux, car $f(0) = -3$.
2. Faux, car $g(x) = ax + b$ avec $a = -3$, or $\dfrac{y_D - y_C}{x_D - x_C} = \dfrac{-3-1}{1-0} = -4$.

Consolider les bases

12 **1.** Non, car la courbe de g n'est pas une droite.
2. a. $g(0) = 2$ **b.** $g(1) = 4$
3. a. La fonction g est strictement croissante sur $\mathbb{R}$.
b. Pour $y = 5$, on associe un seul point sur la courbe, donc 5 admet un unique antécédent par la fonction g.

13 **1.** Non, car $f(x)$ n'est pas de la forme $ax + b$.
2. a. Non, car $f(1) = 1$ donc $f(1) \neq 4$.
b. Oui, car $f(2) = 4$.
c. Oui, car $f(-2) = 4$.

14 **1.**

x	-3	-1	2	4
$h(x)$	-4 ↗	3 ↘	-4 ↗	3

2. $h(0) = 1$
3. -2 possède trois antécédents : $-2{,}7$ (environ) ; 1 et 3.

15 Le nombre 10 possède deux antécédents 1 et 3 donc l'aire du carré $MNPQ$ est égale à 10 cm² lorsque $AM = 1$ ou $AM = 3$.
2. Pour $AM = 0{,}5$, on estime que l'aire est égale à 12,5 cm².
3. L'aire est minimale lorsque $AM = 2$ et l'aire minimale est égale à 8 cm².

Connaître le cours

16 **1.** f est affine car $f(x) = ax + b$ avec $a = 3$ et $b = -4$.
2. $f(2) = 2$
3. $f(-4) = -16$
4. $f(x) = 5 \Leftrightarrow 3x - 4 = 5 \Leftrightarrow x = 3$

17 **1.** On a $g(0) = 3$ et $g(2) = -1$. La fonction g est affine donc sa représentation graphique est une droite qui passe par les points de coordonnées (0 ; 3) et (2 ; –1).

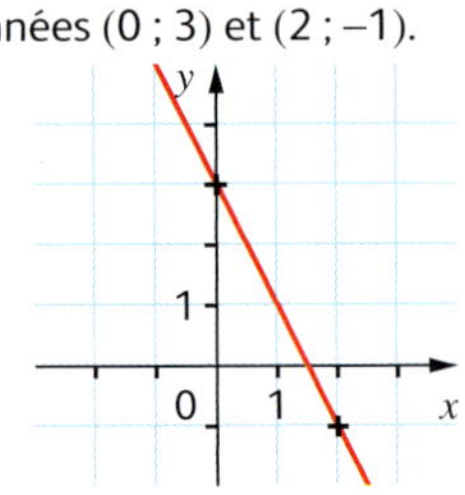

2. La fonction g est strictement décroissante sur $\mathbb{R}$.

18 **1. a.** $h(0) = 2$
b. L'ordonnée à l'origine de la droite représentant h est 2.
2. a. $a = \dfrac{\Delta y}{\Delta x} = \dfrac{1}{1} = 1$
b. $a = 1$; $a > 0$ donc h est strictement croissante sur $\mathbb{R}$.
3. $h(x) = ax + b$ avec $a = 1$ et $b = 2$, soit $h(x) = x + 2$.

19 **1. a.** $\dfrac{k(3) - k(2)}{3-2} = \dfrac{4-2}{3-2} = \dfrac{2}{1} = 2$
b. La fonction k est affine donc $k(x) = ax + b$ où a est égal au taux d'accroissement, donc $a = 2$. Ainsi, $a > 0$ donc la fonction k est strictement croissante sur $\mathbb{R}$.
2. $k(x) = ax + b$ avec $a = 2$ donc $k(x) = 2x + b$. Or $k(3) = 4$ ainsi on a $2 \times 3 + b = 4$, soit $b = -2$. Donc $k(x) = 2x - 2$.

20 **1.** • La fonction f est représentée par la droite rouge d_2.
• La fonction g est représentée par la droite bleue d_4.
• La fonction h est représentée par la droite orange d_3.
• La fonction k est représentée par la droite verte d_1.
2. d_4 - d_3 - d_2 - d_1

Thème 5

méthode

10 On regarde le rapport $\dfrac{u_1}{u_0} = \dfrac{u_2}{u_3} = 6$. La raison de la suite est donc $q = 6$.

11 $v_1 = v_0 \times 2 = 7 \times 2 = 14$; $v_2 = v_1 \times 2 = 28$
$v_3 = v_2 \times 2 = 28 \times 2 = 56$

13 **1.** $u_1 = 7 \times u_0 = 7 \times 2 = 14$; $u_2 = 7 \times u_1 = 98$; $u_3 = 7 \times u_2 = 686$
2. L'expression $u_{n+1} = 7 \times u_n$ indique que la suite est géométrique de raison 7.

14 **1.** $u_{n+1} = u_n \times 2$
2. $u_n = u_0 \times 2^n = 1 \times 2^n = 2^n$
3. $u_1 = 1 \times 2 = 2$ et $u_{10} = 2^{10} = 1\,024$

16 **1.** On a $u_0 > 0$ et $q = 0{,}75 < 1$, la suite est donc décroissante.
2. $u_1 = 4 \times 0{,}75 = 3$
$u_2 = 3 \times 0{,}75 = 2{,}25$
$u_3 = 2{,}25 \times 0{,}75 = 1{,}6875$
3.

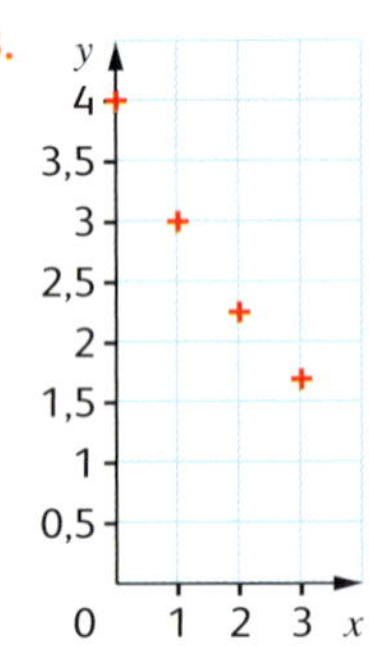

19 **1.** $u_0 = 18\,000$; $u_1 = 18\,000 \times 95 = 17\,100$
2. $u_{n+1} = 0{,}95 \times u_n$, cette expression indique que la suite est géométrique de raison $q = 0{,}95$.
3.

n	0	1	2	3	4
u_n	18 000	17 100	16 245	15 432,75	14 661,11

4. $u_4 = 14\,661{,}11$ donc Alexandre pourra acheter la voiture en 2027.

J'évalue mes connaissances

QCM

1. Réponse c, car l'expression ne correspond à aucune suite connue.
2. Réponse b, car elle est donnée par l'expression $u_{n+1} = u_n \times 1{,}5$.
3. Réponse a, car la raison de la suite est supérieure à 1.
4. Réponse a, car elle est donnée par l'expression $w_n = 9 \times 0{,}7^n$.
5. Réponse b, car la raison de la suite est inférieure à 1.
6. Réponse b, car $v_0 = 11^0 = 1$.
7. Réponse a, car le 2e terme est $v_1 = 11^1 = 11$.
8. Réponses a et c, car le 4e terme est $u_4 = 1{,}5^3 \times 8 = 27$.
9. Réponse a, car on commence au rang 1 avec une raison $q = 1{,}5$.

vrai ou faux ?

Partie A.
1. Vrai.
2. Vrai, car en 2024 le capital est de $1\,000 \times 1{,}05 = 1\,050$ €.
3. Faux, car la raison est de $1 + \frac{5}{100} = 1{,}05$.
4. Vrai, car en 2025 le capital est de $1\,050 \times 1{,}05 = 1\,102{,}5$ €.
5. Vrai, car u_5 est le montant au 1er janvier 2023 + 5.
6. Faux, car $u_{n+1} = 1{,}05 \times u_n$.
7. Faux, car $q = 1{,}05 > 1$.
8. Faux, car la formule est $u_n = 1{,}05^n \times 1\,000$.
9. Vrai, car en 2033 on a $1\,000 \times 1{,}05^{10} = 1\,628{,}89$ €.

Partie B.
1. Faux, car on lit $u_0 = 8$.
2. Faux, car on lit $u_1 = 4$.
3. Vrai, car on a $q = \frac{u_1}{u_0} = 0{,}5$.
4. Faux, car $q = 0{,}5 < 1$.
5. Vrai, car $u_0 = 8$ et $q = 0{,}5$.
6. Vrai, car la suite est décroissante et $u_2 = 2$.

Consolider les bases

20 **1.** $1 + \frac{20}{100} = 1{,}2$ **2.** $1 - \frac{10}{100} = 0{,}9$
3. $1 - \frac{35}{100} = 0{,}65$ **4.** $1 + \frac{55}{100} = 1{,}55$

21 **1.** $1 - \frac{7}{100} = 0{,}93$ **2.** $1 - \frac{71}{100} = 0{,}29$
3. $1 + \frac{39}{100} = 1{,}39$ **4.** $1 + \frac{1}{100} = 1{,}01$

22 **1.** $1{,}2 \times 0{,}8 = 0{,}96$ **2.** $1{,}75 \times 0{,}75 = 1{,}3125$
3. $1{,}4 \times 1{,}4 = 1{,}96$ **4.** $0{,}65 \times 0{,}65 = 0{,}4225$

23 **1.** $t = 1{,}09 - 1 = 0{,}09$: augmentation de 9 %.
2. $t = 0{,}27 - 1 = -0{,}73$: diminution de 73 %.
3. $t = 2 - 1 = 1$: augmentation de 100 %.
4. $t = 0{,}98 - 1 = -0{,}02$: diminution de 2 %.

24 $899 \times 0{,}7 = 629{,}3$ €

25 **1.** $\frac{42{,}5 - 50}{50} = -0{,}15$: diminution de 15 %.
2. $CM_{rec} = \frac{1}{CM} = \frac{1}{0{,}85}$: augmentation d'environ 17,65 %.

26 **1.** Pour avril il y a $300 \times 3 = 900$ joueurs.
2. Réponse a. : =B2*3.

Connaître le cours

27 **1.** L'expression $u_{n+1} = 0{,}4 \times u_n$ indique que la suite est géométrique.
2. $u_1 = 10 \times 0{,}4 = 4$; $u_2 = 4 \times 0{,}4 = 1{,}6$; $u_3 = 1{,}6 \times 0{,}4 = 0{,}64$.

28 **1.** $u_{n+1} = u_n \times 3$.
2. $u_1 = 3 \times \frac{1}{3} = 1$; $u_2 = 1 \times 3 = 3$; $u_3 = 3 \times 3 = 9$.

29 $u_1 = 8 \times 1{,}5 = 12$; $u_2 = 12 \times 1{,}5 = 18$; $u_3 = 18 \times 1{,}5 = 27$.

30 $v_2 = 24 \times 0{,}6 = 14{,}4$; $v_3 = 14{,}4 \times 0{,}6 = 8{,}64$; $v_4 = 8{,}64 \times 0{,}6 = 5{,}184$.

31 Réponse **2.** : la raison est $q = 0{,}5$ et le premier terme 2.

32 **1.** Faux, car la raison de la suite $q = 2$ est supérieure à 1.
2. Vrai, car la raison de la suite $q = 0{,}7$ est inférieure à 1.

33 **1.** La raison est $q = 0{,}5 < 1$ donc la suite est décroissante.
2.

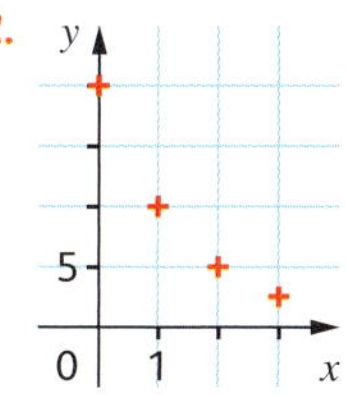

34 **1.** On voit graphiquement que la suite est décroissante.
2. La raison est $q = \frac{1}{2} = 0{,}5$. Le premier terme est $u_1 = 8$.
3. $u_n = 8 \times 0{,}5^{n-1}$.
4. $u_{10} = 8 \times \left(\frac{1}{2}\right)^9 = \frac{8}{2^9} = \frac{1}{2^6} = \frac{1}{64}$.

Thème 6

Méthode

17 **1. a.** Pour tout $n \in \mathbb{N}$, $u_{n+1} = 1{,}09 \times u_n$, la suite (u_n) est géométrique de raison $q = 1{,}09$ et de terme initial $u_0 = 5\,400$.
Pour tout $n \in \mathbb{N}$, on a $u_n = 5\,400 \times 1{,}09^n$.
b. 10 semaines correspondent à 2,5 mois. On ne peut donc pas utiliser la suite car $2{,}5 \notin \mathbb{N}$.
2. a. La fonction $x \mapsto 1{,}09^x$ est une fonction exponentielle dont la variable x est un nombre réel dans $[0 ; +\infty[$ donc la fonction f est une modélisation continue à croissance exponentielle du nombre mensuel de visiteurs.
b. $f(2{,}5) = 5\,400 \times 1{,}09^{2{,}5} \approx 6\,698$, soit 6 698 visiteurs.

18 **1.** et **2. a.**

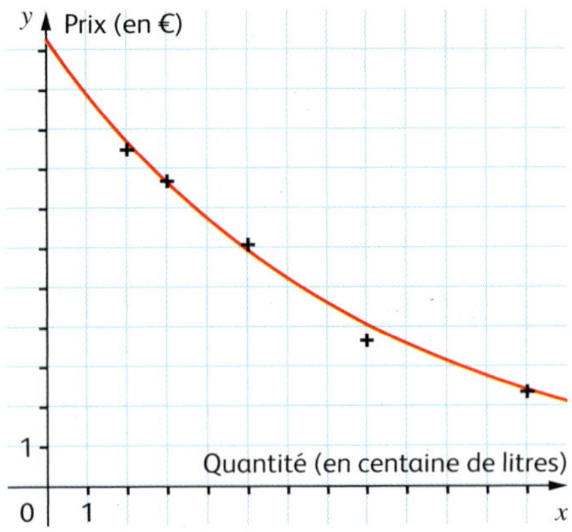

b. La courbe de la fonction passe près des points du nuage, donc on peut estimer que la fonction est une bonne modélisation du prix de vente d'un litre de jus.

c. Par lecture graphique, $f(x) < 3$ lorsque $x > 10{,}3$ environ. Il faut donc acheter plus de 1 030 litres pour que le prix du litre soit inférieur à 3 euros.

20 **1.** • $CM_{\text{Global}} = 1{,}10 \times 1{,}12 \times 1{,}03 = 1{,}26896$ donc le taux global est $t_{\text{Global}} = 1{,}26896 - 1 = 0{,}26896$. Le bénéfice a progressé globalement de 26,896 % entre 2020 et 2022.

• $CM_{\text{Moyen}} = 1{,}26896^{\frac{1}{3}} \approx 1{,}0826$ donc le taux moyen annuel est $t_{\text{Moyen}} = 1{,}0826 - 1 = 0{,}0826$. Le bénéfice a progressé en moyenne de 8,26 % chaque année entre 2020 et 2022.

2. $54\,000 \times 1{,}26896 \times 1{,}0826 \approx 74\,183$. En 2023, le bénéfice s'élèvera à 74 183 euros.

J'évalue mes connaissances

QCM

1. Réponse **b**, car $a^{3,2} \times a^{2,5} = a^{3,2+2,5} = a^{5,7}$.

2. Réponse **a**, car $\dfrac{(a^{2,6})^2 \times a^{9,8}}{a^{15}} = a^{2,6\times2+9,8-15} = a^0 = 1$.

3. Réponse **b**, car on associe le coefficient multiplicateur 1,05 à une augmentation de 5 %.

4. Réponses **a** et **c**, car une fonction exponentielle est positive et $0 < 0{,}98 < 1$.

5. Réponse **c**, car $1{,}3 > 1$ donc la fonction exponentielle $x \mapsto 1{,}3^x$ est croissante et elle est multipliée par $-2 < 0$.

6. Réponses **a** et **b**, car $f(0) = 1$ et $f(2) = 6{,}25$.

7. Réponse **b**, car $f(0) = g(0) = 1$, donc les deux courbes passent par le point de coordonnées (0 ; 1).

8. Réponses **a**, **b** et **c**, car la racine 3-ième de 8 est $\sqrt[3]{8} = 8^{\frac{1}{3}} = 2$.

9. Réponse **b**, car $1{,}20 \times 1{,}40 = 1{,}68$ et $1{,}68^{\frac{1}{2}} \approx 1{,}2961$.

vrai ou faux ?

Partie A.

1. Vrai, car $f(0) = 59$ soit 59 milliers.

2. Vrai, car $f(2{,}25) \approx 39{,}855$ soit 39 855 entrées.

3. Faux, car la fonction f est décroissante.

4. Faux, car $f(2{,}5) \approx 38{,}154$ et $f(2{,}75) \approx 36{,}528$.

Partie B.

1. a. Vrai, car $1{,}20 \times 0{,}8 = 0{,}96$ et $0{,}96^{\frac{1}{2}} \approx 0{,}98$.

Ainsi $t_{\text{Moyen}} = 0{,}98 - 1 = -0{,}02$. Soit −2 % en moyenne chaque mois.

b. Faux, car $1{,}44^{\frac{1}{4}} \approx 1{,}095$. Ainsi $t_{\text{Moyen}} = 1{,}095 - 1 = 0{,}095$, soit + 9,5 % en moyenne chaque mois.

2. a. Vrai, car $\dfrac{33\,000 - 21000}{6} = 2\,000$.

b. Faux, car $CM_{\text{Global}} = \dfrac{33\,000}{21000} \approx 1{,}5714$ et $1{,}5714^{\frac{1}{6}} \approx 1{,}078$. Ainsi $t_{\text{Moyen}} = 1{,}078 - 1 = 0{,}078$. Soit + 7,8 % en moyenne chaque mois.

Consolider les bases

21 **1.** 2^{12} **2.** 2^{17} **3.** 2^5 **4.** $2^0 = 1$

22 **1.** $f(-1) = 8$; $f(0) = 3$; $f(1) = 0$.

2.

x	0	1	1,5	2	2,5	3	4
$f(x)$	3	0	−0,75	−1	−0,75	0	3

3.

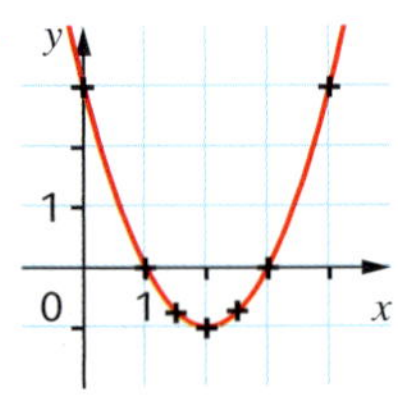

4.

x	$-\infty$	2	$+\infty$
$f(x)$	↘	−1	↗

5. La fonction admet un minimum en $x = 2$, égal à −1.
Pas de maximum.

23 **1.** [−2 ; 6]

2. $f(-1) = 0$; $f(0) = 1$ et $f(3) = 1$.

3. Antécédents de −1 : 6.
Antécédents de 0 : −1 et 5.
Antécédents de 3 : il n'y en a pas.

4.

x	−2	2	6
$f(x)$	−0,5 ↗	2	↘ −1

5. $f(x) \leqslant 1 \Leftrightarrow x \in [-2 ; 0] \cup [3 ; 6]$

24 **1.** $1{,}15 \times 1{,}08 = 1{,}242$, soit +24,2 %.

2. $1540 \times 1{,}242 = 1912{,}68$ soit 1 912 habitants.

25 $CM_{\text{Global}} = 1{,}25 \times 1{,}25 = 1{,}5625$

$CM_{\text{Réciproque}} = \dfrac{1}{1{,}5625} = 0{,}64$. Cela correspond à une baisse de 36 %.

26 **1.** Vrai, car $1{,}24^3 \approx 1{,}907$ et $1{,}38^2 \approx 1{,}904$.

2. Vrai, car $1{,}331^{\frac{1}{3}} = 1{,}10$.

Connaître le cours

27 **1.** $f(0)=1$ et $f(1)=1{,}25$

2. $1{,}25 > 1$ donc la fonction f est strictement croissante sur $[0\,;+\infty[$.

x	0 $\qquad$ $+\infty$
$f(x)$	1 ↗

3. La fonction f admet un minimum égal à 1 en $x=0$.

28 **1.** $f(0)=1$ et $f(1)=0{,}9$

2. $0{,}9 < 1$ donc la fonction f est strictement décroissante sur $[0\,;+\infty[$.

x	0 $\qquad$ $+\infty$
$f(x)$	1 ↘

3. La fonction f admet un maximum égal à 1 en $x=0$.

29 **1.** Réponse **a.**, car $3^{2,1}\times 3^{5}=3^{2,1+5}=3^{7,1}$.

2. Réponse **a.**, car $5^{2}\times 5^{3,4}=5^{2+3,4}=5^{5,4}$.

3. Réponse **c.**, car $\dfrac{(1{,}5^{2})^{5,5}}{1{,}5^{3,5}}=1{,}5^{2\times5,5-3,5}=1{,}5^{7,5}$.

30 $C_f=C_3\,;C_g=C_1\,;C_h=C_2$ et $C_k=C_4$.

31 **1.** 2,32 **2.** 1,36 **3.** 1,52 **4.** 1,36

32 **1.** $(1{,}05\times1{,}12\times0{,}76)^{\frac{1}{3}}\approx 0{,}963$

Or $0{,}963-1=-0{,}037$. Le taux moyen est $-3{,}7\,\%$.

2. $(0{,}90\times0{,}68\times1{,}04)^{\frac{1}{3}}\approx 0{,}86$

Or $0{,}86-1=-0{,}14$. Le taux moyen est $-14\,\%$.

33 **1.** $1{,}30\times1{,}80\times x=1{,}638 \Leftrightarrow x=0{,}7$

Or $0{,}7-1=-0{,}3$. La baisse est de $30\,\%$.

2. $(1{,}30\times1{,}80\times0{,}7)^{\frac{1}{3}}\approx 1{,}179$.

Or $1{,}179-1=0{,}179$. Le taux moyen est $17{,}9\,\%$.

Thème 7

Méthode

12 **1.** $f'(1)=-2$ et $f'(2)=0$.

2. a. On obtient sur la calculatrice :

$\frac{d}{dx}((x-2)^2+1)\Big|_{x=3}$ $\qquad$ 2

$\frac{d}{dx}((x-2)^2+1)\Big|_{x=4}$ $\qquad$ 4

Donc $f'(3)=2$ et $f'(4)=4$.

b. Le coefficient directeur de la tangente à la courbe de f au point d'abscisse 3 vaut 2, celui de la tangente à la courbe de f au point d'abscisse 4 vaut 4.

3. La courbe de la fonction f étant une parabole tournée vers le haut, $\mathcal{T}_2$ est la seule tangente « horizontale ».

13 **1.** On calcule $d'(2)$ à l'aide de la calculatrice :

$\frac{d}{dx}(4.9x^2)\Big|_{x=2}$ $\qquad$ 19.6

2. a. On cherche $t \geqslant 0$ tel que $d(t)=176{,}4$. On résout donc $4{,}9t^2=176{,}4$. On obtient $t=6$. La pierre touchera le fond du puits au bout de 6 secondes.

b. La vitesse de la pierre au moment où elle touche le sol est donnée, en m.s^{-1}, par $d'(6)$:

$\frac{d}{dx}(4.9x^2)\Big|_{x=6}$ $\qquad$ 58.8

J'évalue mes connaissances

QCM

1. Réponse **b**, car B a pour coordonnées $(0\,;1)$.
2. Réponse **b**, car $f(0)$ est l'ordonnée du point B.
3. Réponse **a**, car $f(3)$ est l'ordonnée du point C.
4. Réponse **a**, car la tangente en A est horizontale.
5. Réponse **c**, car la tangente en B a pour coefficient directeur -2.
6. Réponse **a**, car la tangente en B a pour coefficient directeur -2 et pour ordonnée à l'origine 1.
7. Réponse **c**, car $\dfrac{\Delta y}{\Delta x}=\dfrac{4}{1}=4$.
8. Réponse **b**, car la tangente à $\mathcal{C}_f$ au point d'abscisse 2 est horizontale.
9. Réponse **a**, car la tangente à C_f au point d'abscisse 1 « descend ».
10. Réponse **c**, car la tangente à C_f au point d'abscisse -2 « monte ».

vrai ou faux ?

Partie A.

1. Faux, car $f'(2)=0$.
2. Vrai, car la tangente est horizontale et a pour ordonnée à l'origine 3.
3. Faux, car $f'(0)=2$.
4. Faux, car $f'(4)=-2$.
5. Faux, car $f'(0)>0$ et $f'(4)<0$.
6. Faux, car cette tangente a pour équation $y=2x+1$.

Partie B.

1. Vrai, car $f(0)=-0{,}5\times0^2+2\times0+1=1$.
2. Faux, car $f(2{,}5)=-0{,}5\times2{,}5^2+2\times2{,}5+1=2{,}875$.
3. Vrai (on calcule $f'(1)$ à l'aide de la calculatrice).
4. Faux, car à l'aide de la calculatrice : $f'(3)=-1$.
5. Vrai (on calcule $f'(5)$ à l'aide de la calculatrice).
6. Vrai, car $f(4)=1$ et $f'(4)=-2$, la tangente a pour équation $y=-2(x-4)+1$ c'est-à-dire $y=-2x+9$.
7. Faux, car à l'aide de la calculatrice, on trouve : $f'(3{,}5)=-1{,}5$.

Consolider les bases

15 d_1 a pour coefficient directeur $-0{,}5$; d_2 a pour coefficient directeur 1,5 ; d_3 a pour coefficient directeur 0 et d_4 a pour coefficient directeur -3.

16 d_1 a pour équation réduite $y=3x-1$; d_2 a pour équation réduite $y=\dfrac{2}{3}x+1$; d_3 a pour équation réduite $y=-\dfrac{2}{3}x+3$ et d_4 a pour équation réduite $y=-2x-2$.

17

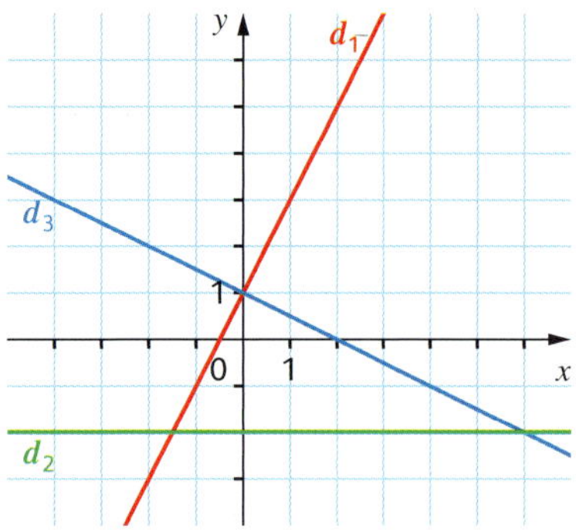

18 **1.** (AB) a pour équation réduite $y = -x + 6$.
2. (AB) a pour équation réduite $y = \frac{2}{3}x - \frac{2}{3}$.

19 **1.** $D_f = [-1\ ;\ 3]$.
2. $f(-1) = 0$; $f(0) = 4$; $f(1) = 2$ et $f(2) = 0$.
3. -1 n'a pas d'antécédent par f ; 0 a pour antécédents -1 et 2 ; 4 a pour antécédents 0 et 3.
4.

x	-1		0		2		3
$f(x)$	0	↗	4	↘	0	↗	4

5. Le minimum de f est 0 atteint pour $x = -1$ et $x = 2$ et le maximum de f est 4 atteint pour $x = 0$ et $x = 3$.

20 **1.** $f(-1) = 1 + 4 + 3 = 8$
2.

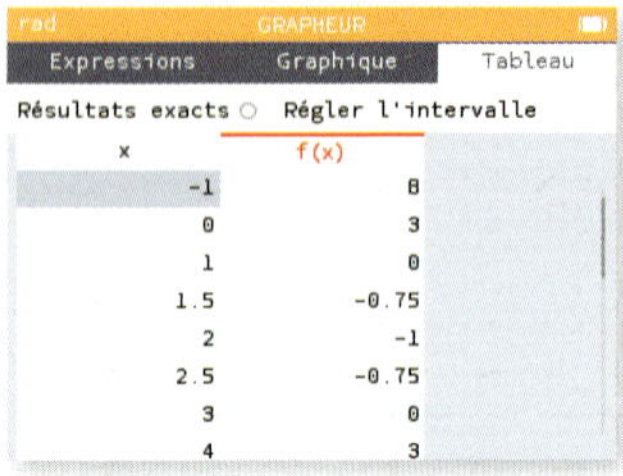

3.

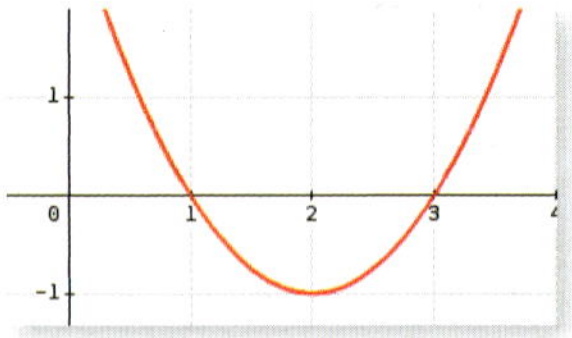

Connaître le cours

21 $f'(1) = -1$; $f'(3) = 0$ et $f'(7) = 2$.

22 **1.** $f'(-1) = 4$; $f'(0) = 4$ et $f'(3) = 4$.
2. $f'(-1) = -13$; $f'(0) = -3$ et $f'(3) = 27$.

23 **1.** $f'(-1) = 6$; $f'(0) = 1{,}5$ et $f'(3) = 0{,}24$.
2. $f'(-1) = 3$; $f'(0) = 0$ et $f'(3) = 27$.

24 **1. a.** $f(3) = 2$ et $f'(3) = 3$.
b. On obtient l'équation réduite de $\mathcal{T}_1 : y = 3x - 7$.
2. On obtient l'équation réduite de $\mathcal{T}_2 : y = 3x - 23$ et l'équation réduite de $\mathcal{T}_3 : y = -3x + 15$.
3. $\mathcal{T}_1$ et $\mathcal{T}_2$ sont parallèles car elles ont le même coefficient directeur.

25 **1.** $f(-2) = 4 - 2 + 1 = 3$ et $f(-1) = 1 - 1 + 1 = 1$.
2. $f'(-2) = -3$ et $f'(-1) = -1$.
3. L'équation réduite de la tangente à la courbe de f au point d'abscisse -2 est $y = -3x - 3$ et l'équation réduite de la tangente à la courbe de f au point d'abscisse -1 est $y = -x$.

26 **1.** L'équation réduite de la tangente à la courbe de f au point d'abscisse -2 est $y = 36x + 45$ et l'équation réduite de la tangente à la courbe de f au point d'abscisse -1 est $y = 12x + 8$.
2. L'équation réduite de la tangente à la courbe de f au point d'abscisse -2 est $y = -0{,}25x - 1$ et l'équation réduite de la tangente à la courbe de f au point d'abscisse -1 est $y = -x - 2$.

Thème 8

Méthode

10 **1.** $f'(x) = 4 \times 3x^2 = 12x^2$
2. $g'(x) = 2 \times 2x - 7 \times 1 = 4x - 7$
3. $h'(x) = 3 \times 3x^2 - 4 \times 2x + 5 \times 1 = 9x^2 - 8x + 5$

15 **1.** $f'(x) = 2x - 1$

x	0		$0{,}5$		4
$f'(x)$		$-$	0	$+$	
$f(x)$	-2	↘	$-2{,}25$	↗	10

2. La fonction f est décroissante sur $[0\ ;\ 0{,}5]$ et croissante sur $[0{,}5\ ;\ 4]$. Elle a pour minimum $-2{,}25$ atteint pour $x = 0{,}5$; et pour maximum 10 atteint pour $x = 4$.

17 **1.** $f(0{,}5) = 50 \times 0{,}5^3 - 300 \times 0{,}5^2 + 450 \times 0{,}5 + 500$
$= 656{,}25$
Le bien valait 656 250 € le 1er juillet 2020.
2. a. $f'(x) = 50 \times 3x^2 - 300 \times 2x + 450 \times 1$
$= 150x^2 - 600x + 450$
b. $150(x - 1)(x - 3) = 150(x^2 - 4x + 3)$
$= 150x^2 - 600x + 450$
$= f'(x)$
c.

x	0		1		2
150		$+$		$+$	
$x - 1$		$-$	0	$+$	
$x - 3$		$-$		$-$	
$f'(x)$		$+$	0	$-$	
$f(x)$	500	↗	700	↘	600

d. Le prix du bien immobilier a augmenté durant l'année 2020, puis a diminué durant l'année 2021.

18 **1. a.** $B'(x) = -3x^2 + 210x - 1\,800$
$-3(x - 10)(x - 60) = -3(x^2 - 70x + 600)$
$= -3x^2 + 210x - 1\,800$
$= B'(x)$

b.

x	0		10		60		80
-3		–		–		–	
$x-10$		–	0	+		+	
$x-60$		–		–	0	+	
$B'(x)$		–	0	+	0	–	
$B(x)$	–4 000	↘	–12 500	↗	50 000	↘	12 000

2. La fonction B est décroissante dur [70 ; 80], si elle produit plus que 70 tonnes ses bénéfices vont diminuer.

J'évalue mes connaissances

QCM

1. Réponse b.
2. Réponses a et c, car $f'(x) = 3x^2 + 2 \times 2x = 3x^2 + 4x$.
3. Réponse b, car $f(x) = x^3 + 2x$ donc $f'(x) = 3x^2 + 2$.
4. Réponses a et b, il faut dériver les fonctions proposées en a et b.
5. Réponse b, car $g'(x) = 10x^2 \geqslant 0$ sur $\mathbb{R}$.
6. Réponse c, car à l'aide du tableau de signes de $f'(x)$, on déduit le tableau de variations de la fonction représentée en c.
7. Réponses b et c, car f est croissante sur [2 ; 5] donc b est vraie ; la courbe de f semble avoir une seule tangente horizontale donc c est vraie aussi.

vrai ou faux ?

Partie A.

1. Vrai, car $f'(x) = 3 \times 2x - 9 = 6x - 9$.
2. Faux, car $f'(1) = -3 < 0$.
3. Vrai, car $f'(x) \geqslant 0$ sur $[1{,}5 ; +\infty[$.
4. Vrai, car f est décroissante sur $]-\infty ; 0]$ et $f(0) = 2$.
5. Vrai, car f est décroissante sur $]-\infty ; 1{,}5]$ et croissante sur $[1{,}5 ; +\infty[$.

Partie B.

1. Vrai, car $g'(x) = 3x^2 - 2x - 1$ et $(3x+1)(x-1) = 3x^2 - 2x - 1$.
2. Faux, car $g'(x) \geqslant 0$ sur $\left]-\infty ; -\frac{1}{3}\right]$ (dresser le tableau de signes).
3. Vrai, car $g'(x) \geqslant 0$ sur $[1 ; +\infty[$.
4. Faux, car $g(-1) = (-1)^3 - 1^2 - (-1) + 2 = 1 < 2$.

Consolider les bases

19 **1.** $(x-3)(x+4) = x^2 + x - 12$
2. $(2x+4)(x-7) = 2x^2 - 10x - 28$
3. $7(x+1)(2x+5) = 7(2x^2 + 12x + 5) = 14x^2 + 49x + 35$
4. $-5(x-1)(x+2) = -5(x^2 + x - 2) = -5x^2 - 5x + 10$

20 **1.** $(x-2)(x+3) = x^2 + 3x - 2x - 6 = x^2 + x - 6$
2. $(x-1)(2x+5) = 2x^2 + 5x - 2x - 5 = 2x^2 + 3x - 5$
3. $3(2x+9)(x-4) = 3(2x^2 + x - 36) = 6x^2 + 3x - 108$
4. $-4(x+7)(x+1) = -4(x^2 + 8x + 7) = -4x^2 - 32x - 28$
5. $(x-1)^2 = x^2 - 2x + 1$

21 **1.** $(x-2)(x+4)$

x	$-\infty$		-4		2		$+\infty$
$x-2$		–		–	0	+	
$x+4$		–	0	+		+	
$(x-2)(x+4)$		+	0	–	0	+	

2. $(-2x+4)(x-8)$

x	$-\infty$		2		8		$+\infty$
$-2x+4$		+	0	–		–	
$x-8$		–		–	0	+	
$(-2x+4)(x-8)$		–	0	+	0	–	

3. $(x+2)^2$

x	$-\infty$		-2		$+\infty$
$(x+2)^2$		+	0	+	

4. $(x+4)(x-1)(x+2)$

x	$-\infty$		-4		-2		1		$+\infty$
$x+4$		–	0	+		+		+	
$x-1$		–		–		–	0	+	
$x+2$		–		–	0	+		+	
$(x+4)(x-1)(x+2)$		–	0	+	0	–	0	+	

22 **1.** $2x(x+1)(2x+3)$

x	$-\infty$		$-1{,}5$		-1		0		$+\infty$
$2x$		–		–		–	0	+	
$x+1$		–		–	0	+		+	
$2x+3$		–	0	+		+		+	
$2x(x+1)(2x+3)$		–	0	+	0	–	0	+	

2. $2(x-3)(x+5)$

x	$-\infty$		-5		3		$+\infty$
$2(x-3)(x+5)$		+	0	–	0	+	

3. $-3(-2x+5)(4x-8)$

x	$-\infty$		2		$2{,}5$		$+\infty$
$-3(-2x+5)(4x-8)$		+	0	–	0	+	

4. $\dfrac{(x+3)(x-1)}{(4x+3)}$

x	$-\infty$		-3		$-0{,}75$		1		$+\infty$
$\dfrac{(x+3)(x-1)}{(4x+3)}$		–	0	+	‖	–	0	+	

23

x	$-\infty$		-1		2		$+\infty$
$f(x)$		+	0	–	0	+	

24

x	$-\infty$		-1		2		$+\infty$
$f(x)$		↗	5,5	↘	-8	↗	

Connaître le cours

25 **1.** $f'(x) = 0$
2. $g'(x) = 1$
3. $h'(x) = 2x$
4. $u'(x) = 3x^2$

26 **1.** $f'(x) = -14$
2. $g'(x) = 4$
3. $h'(x) = 4x + 1$
4. $u'(x) = 12x^2 - 14x^2$

27 **1.** $f'(x) = \frac{5}{2}x - \frac{3}{4}$
2. $g'(x) = -x^2 - 11x + 7$

28 **1.** $f'(x) = -5 < 0$ sur $\mathbb{R}$.
2. La fonction f est donc décroissante sur $\mathbb{R}$.

29 **1.** et **2.** $f'(x) = 4x - 8$. On en déduit :

x	-7		2		7
$f'(x)$		$-$	0	$+$	
$f(x)$	155	↘	-7	↗	43

30 **1.** $f'(x) = 3x^2 + 4x$
2. et **3.** $f'(x) = x(3x + 4)$. On en déduit :

x	$-\infty$		$-\frac{4}{3}$		0		$+\infty$
x		$-$		$-$	0	$+$	
$3x + 4$		$-$	0	$+$		$+$	
$f'(x)$		$+$	0	$-$	0	$+$	
$f(x)$		↗	$\approx 2{,}19$	↘	1	↗	

31 **1.** $f'(x) = x^2 + 4x + 4$
2. et **3.** $f'(x) = (x + 2)^2$. On en déduit :

x	$-\infty$		-2		$+\infty$
$f'(x)$		$+$	0	$+$	
$f(x)$		↗		↗	

32 **1.** Faux, $f'(-2) > 0$ car f est strictement croissante sur $]-\infty ; -1]$.
2. Faux, car f est décroissante sur $[-1 ; 0]$.
3. Vrai, car f est croissante sur $[2 ; +\infty[$.
4. Vrai, car f est décroissante sur $[-1 ; 2]$.
5. Vrai, car la courbe de f a deux tangentes horizontales.

Achevé d'imprimer en Italie par Grafica Veneta en avril 2023
Dépôt légal : Avril 2023 - Collection 65 - édition 01 - 89/1813/3